高等院校经济管理类专业应用型系列教材

中央银行学

石丹林　吴　琼　主　编

李秀萍　余　航　丁建芳　副主编

清华大学出版社

北　京

内容简介

本书围绕中央银行在制定和执行货币政策、金融监管、组织清算等方面的基本职责，从中央银行的形成与发展、职能定位、业务运作、制定实施货币政策、对金融业实施监管等方面进行了分析。

本书既可作为高等院校金融学专业应用型本科生教材使用，也可供经济和工商企业管理从业人员以及其他对该领域感兴趣的人员阅读。

图书在版编目(CIP)数据

中央银行学/石丹林，吴琼主编．—北京：清华大学出版社，2015(2022.8重印)
高等院校经济管理类专业应用型系列教材
ISBN 978-7-302-36910-3

Ⅰ.①中… Ⅱ.①石… ②吴… Ⅲ.①中央银行—经济理论—高等学校—教材 Ⅳ.①F830.31

中国版本图书馆CIP数据核字(2014)第131418号

责任编辑：刘翰鹏 刘士平
封面设计：宋 彬
责任校对：刘 静
责任印制：朱雨萌

出版发行：清华大学出版社
网 址：http://www.tup.com.cn，http://www.wqbook.com
地 址：北京清华大学学研大厦A座 **邮 编**：100084
社 总 机：010-83470000 **邮 购**：010-62786544
投稿与读者服务：010-62776969，c-service@tup.tsinghua.edu.cn
质量反馈：010-62772015，zhiliang@tup.tsinghua.edu.cn
课件下载：http://www.tup.com.cn，010-62795764
印 装 者：三河市龙大印装有限公司
经 销：全国新华书店
开 本：185mm×260mm **印 张**：18.5 **字 数**：421千字
版 次：2015年1月第1版 **印 次**：2022年8月第8次印刷
定 价：49.00元

产品编号：058358-02

在国际金融危机之后，各国中央政府都在千方百计思考如何应对金融危机和确保金融稳定。因此需要深入研究中央银行学和及时总结我国成功应对金融危机的金融政策，这是金融学学科与时俱进的责任所在。本书是清华大学出版社已出版的《货币银行学》教材的姊妹篇。它从中央银行学的视角，继续对深入探讨货币发行与通货膨胀之间的关系，如何应对国际金融市场的长期动荡，如何加强中央银行对商业银行的有效监管，如何审慎看待金融创新在当代金融业中的发展，如何清醒认识虚拟经济与实体经济之间的辩证统一关系，以及如何完善金融政策、优化宏观调控国民经济的金融工具等问题给出专业理论的解释。

本书主要是为高等院校金融学专业应用型本科生编写的，同时也可以作为金融研究、经济研究和工商企业管理从业人员以及其他对该领域感兴趣人员的参考书。

本书在华中师范大学石丹林教授的指导下，由下列人员分工撰写：第1章、第2章、第6章由武汉东湖学院吴琼编写，第3章、第4章、第5章由武汉东湖学院李秀萍编写，第7章由武汉东湖学院熊典编写，第8章由武汉东湖学院丁建芳编写，第9章由武汉东湖学院吕丹编写，第10章由武汉东湖学院余航编写。全书由石丹林、吴琼、李秀萍提出写作大纲并最终总纂定稿。

本书在编写过程中，参阅了中外学者相关方面的诸多教材和文献，吸收了他们的最新研究成果，在此向他们表示衷心的感谢。

本书的出版得到了清华大学出版社、武汉东湖学院、汉口学院、武汉商贸职业学院和武汉科技大学城市学院的大力支持和热情帮助，在此一并感谢。

由于编者水平有限，本书难免存在不足之处，恳请广大读者提出宝贵意见，以利修订完善。

编　者

2014年12月于武汉

目录 contents

第1章 中央银行制度的形成与发展

学习目标

(1) 了解中央银行产生的历史背景;

(2) 理解中央银行制度的普及与发展;

(3) 掌握中央银行的性质与职能;

(4) 理解中央银行制度的类型与组织结构。

在现代经济运行过程中,中央银行是一种非常特殊的政府性金融机构。中央银行承担着国家宏观经济调控、调节货币流通和信用活动以及维护全社会金融稳定等任务。中央银行制度是在经济和金融发展过程中逐渐形成和发展起来的。当今世界各国都实行中央银行制度,其中绝大多数国家实行独立的中央银行制度,但是也有一些在地域上相近的国家共同组成货币联盟,实行联合的或者跨国的中央银行制度。中央银行制度在近百年的经济与社会发展过程中一直发挥着非常重要的作用。随着金融成为现代经济发展的核心要素和经济全球化趋势的不断增强,中央银行制度的作用变得更加突出。目前,中央银行制度已经成为各国最基本的经济制度之一。由于中央银行本身的特殊地位及其社会责任,它超出了一般机构或者部门的范畴。本章将分析中央银行产生的历史背景与金融基础、中央银行制度的普及与发展、中央银行的性质与职能、中央银行制度的基本类型与中央银行的组织结构等。

关键词

中央银行;发行的银行;银行的银行;政府的银行;最后贷款人;单一式中央银行制度;一元式中央银行制度;二元式中央银行制度;复合式中央银行制度;准中央银行制度;跨国中央银行制度

1.1 中央银行的产生与中央银行制度的形成

中央银行是在资本主义银行制度发展过程中，以社会生产力的发展为基础，与商品货币经济的高度发达程度相适应，从商业银行中独立出来的一种特殊的政府性金融机构。中央银行是国家赋予其制定和执行货币政策，对国民经济进行宏观调控，对其他金融机构乃至金融业进行监督管理的特殊的金融机构。中央银行是一个由政府组建的机构，负责控制国家货币供给、信贷条件，监管金融体系，特别是商业银行和其他储蓄机构。中央银行作为金融主管当局，代表政府管理金融机构、制定和执行货币政策。

1.1.1 中央银行产生的历史背景与金融基础

中央银行产生于17世纪中后期，形成于19世纪初。商品经济的迅速发展，经济危机的频繁发生，银行信用的普遍化和集中化，既为中央银行的产生奠定了经济基础，又为中央银行的产生提供了客观要求。

1. 中央银行产生的历史背景

(1) 商品经济的快速发展

欧洲的封建社会解体较早，12世纪开始逐步兴盛起来的生产力革命和科学技术的发展，冲破了宗教神学统治的中世纪黑暗，动摇了封建社会的基础。13—14世纪的西欧，商品经济已经得到初步发展。15—16世纪，欧洲资本主义制度开始形成，社会生产加速转向商品化，手工业开始脱离农业而成为新的独立部门，并且形成了若干工业中心[①]。中央银行起源于17世纪中后期。1656年瑞典银行建立。建立初期，瑞典银行还是具有私营性质的银行，主要开展货币发行业务和票据抵押贷款业务，并没有超出一般商业银行的范畴。1668年，瑞典政府将瑞典银行收归为国有，开始将货币发行权向瑞典银行集中，从而使得瑞典银行开始具有某些中央银行的特征。正因为如此，学术界有些学者认为中央银行的历史是从瑞典银行开始的。1694年，英格兰银行作为历史上最早的股份制银行诞生。英格兰银行成立初期就与英国政府保持着非常特殊的关系。英格兰银行是最早具备完整的中央银行特征并且成为其他国家建立中央银行范本的银行。学术界大部分的经济学家认为英格兰银行才是中央银行的鼻祖。

17世纪的欧洲，随着纺织、酿酒、食品和农具制造业等行业逐渐脱离农业成为新的独立部门，工商业和新式农业占据着社会生产的主导地位，商品经济获得迅速发展。商品经济的迅速发展以及由此产生的社会矛盾是促使中央银行产生的历史背景。18世纪的工业革命促进了经济和社会发展，进一步为中央银行职能的逐步完善提供了条件。

(2) 商业银行的普遍设立

商品经济的快速发展和资本主义生产方式的兴起为欧洲大陆的货币兑换商转变成银

---

① 王广谦．中央银行学(第三版)．北京：高等教育出版社，2011：2-3.

行创造了条件，从而使得欧洲的银行业逐步兴盛。银行业的产生有两条途径：一是由在此之前的货币兑换商和银钱业发展演变而来；二是直接设立适应资本主义发展需要的新的银行。[①] 15—16世纪出现的米兰银行、威尼斯银行等已经具有现代银行的某些特征。17—18世纪欧洲工业革命和资本主义制度的确立，使得社会生产力获得空前大发展，也为银行业的发展提供了巨大空间。银行业的发展不仅表现为银行数量的迅速增加，还表现为银行业务完全脱离货币兑换、金银保管和高利贷的传统形式，发行银行券、为企业办理转账和为新兴行业提供融资及服务成为当时银行的重要业务。银行业的发展极大地促进了资本主义的发展，也为瑞典银行和英格兰银行由商业银行向中央银行转变创造了条件。

(3) 货币信用关系广泛存在于经济和社会体系中

商品经济的快速发展和银行的普遍设立，促进了货币、信用与经济三方面的融合。为了保证商品经济的顺利运转，客观上要求信用关系连接商品生产的全部过程。以货币关系为特征的银行信用逐步替代商业信用成为信用的主要形式。特别是在现代银行成立之后，货币成为信用的主要载体。一方面银行通过吸收存款和金融创新手段增加资金来源作为经营资本；另一方面，银行通过直接向企业提供资金和对商业票据办理承兑、贴现和抵押贷款等业务将商业信用转化为银行信用，扩大了信用范围和规模。货币信用关系的广泛存在大大促进了社会化大生产和商品经济的发展；反之，商品经济的进一步发展又促进了信用关系的扩展。

(4) 经济发展过程中表现出来的新矛盾

随着资本主义的发展，由资本主义自身固有的矛盾所决定的经济危机必然会出现。虽然此时信用制度和银行体系已经成为商品经济运行的重要支撑，但是对于银行的设立、业务活动的创新和信用规模的扩大却没有相应的制度来进行有效规定，整个银行体系呈现出不稳定的趋势。第一，发行银行券的银行因经营规模不同和信誉不同而被社会广泛接受的程度差异很大。小型银行由于经营规模小和知名度有限，其发行的银行券的社会认知度较低，限制了商品流通的范围，阻碍商品经济的发展。第二，票据交换和清算业务的迅速增长使交换和清算的速度减缓。随着信用制度的发展，商业银行相互之间的债权债务关系日益复杂，需要进行交换的票据数量和清算的业务量迅速增加，使规模有限的商业银行难以应付，可以清算的债权债务关系的范围有限，降低了清算速度。第三，银行的破产倒闭使信用体系和经济运行不断受到冲击。银行经营规模小，抵御风险的能力差。债权债务清算效率低下，造成信用锁链的断裂，使得银行倒闭经常发生，破坏信用体系和经济体系的正常运行。第四，缺少统一规则的竞争使得金融秩序出现混乱。银行业的激烈竞争迫使一些银行破坏货币发行纪律，滥发货币，造成货币兑付困难。一些银行高息揽储，亦给金融秩序带来混乱。商品经济愈发发展，缺少统一规则的竞争使得金融秩序出现混乱这一矛盾也就愈发突出，建立稳定的信用制度和银行体系成为金融和经济发展的迫切需要。

---

① 付一书．中央银行学．上海：复旦大学出版社，2009：2.

2. 中央银行产生的金融基础

商品经济的快速发展与脆弱的信用制度和银行体系之间的矛盾是中央银行产生的历史必然。18 世纪后期至 19 世纪中期，随着资本主义生产力水平的不断提高、商品流通规模和范围的扩大以及货币信用业务的扩展、股份制银行的增多，原有的银行制度越来越不适应当时经济的发展。

(1) 银行券统一发行的需要

在资本主义工业革命的推动下，社会生产力和商品流通范围迅速扩大，货币信用业务迅速扩展，银行的数量急剧增加。流通中的货币由实物货币演变到由货币符号来充当。本身并没有价值的金属货币的代表符号，其流通支付能力取决于它兑换金属货币的能力，即取决于发行银行的信誉。各银行纷纷发行银行券，但是银行并不能保证自己发行的银行券能够随时足额兑换，其造成的后果随着货币信用关系的发展越来越严重。

第一，银行券的流通范围依据发行银行的实力、资信状况、经营状况和分支机构设置状况而大相径庭。第二，不同的银行券有着不同的流通范围，与货币作为“一般等价物”的本质属性相悖，给社会生产和流通带来困难。第三，银行券是金属货币的符号，其流通和支付能力取决于它所兑换金属货币的能力。随着银行数量的不断增加和银行竞争的加剧，银行不能保证所发行货币及时兑现的情况时有发生；另外，银行的不断倒闭亦影响银行券的信誉和流通。第四，如果银行券的发行数量超过客观需要，会造成银行券贬值，将给经济发展造成严重后果。

资本主义经济的发展，客观上要求信用货币的发行权应该走向集中统一，以保证货币流通的稳定，保证银行券成为能够在全国市场范围内广泛流通的一般信用货币[①]。人们意识到解决问题的办法是由资金雄厚、有权威的银行发行能够在全社会流通的货币，限制和取消一般银行的货币发行权，将货币发行权集中到几家或一家银行。

(2) 统一票据交换和清算的需要

随着银行业务的不断扩大，银行收受票据的数量不断增长，各银行之间的债权债务关系日益复杂，票据交换业务越来越繁重。由各银行分别进行轧差清算，不仅异地结算时间延长、速度减缓，即使同城结算也越来越困难，结算花费的时间越来越长。因此，由单个银行或几家银行自行处理票据交换和清算的方式已经不能满足当时商品经济发展和银行业务迅速扩展的需要，迫切要求建立一个全国统一和公正的权威性清算机构，作为金融支付体系的核心，快速清算银行间各种票据使资金顺畅流通，保证商品经济的持续发展。

(3) 充当最后贷款人的需要

在社会化大生产和商品经济快速发展的情况下，企业对银行贷款的需求量不断增加，为了满足借款人的资金需求，同时也是为了自己获取利益的需要，商业银行尽量减少支付准备金。但是，当发生贷款不能按期收回或存款的突然大量提现时，一部分银行就会发生资金周转不灵、兑现困难的情况。为了应对突发情况，商业银行可以采取同业拆借、提取在其他银行的存款以及出售部分资产应急。但是，同业拆借和出售资产不仅数量有限，也需要付出一定的代价。随着银行业务的规模扩大和复杂化，银行的经营风险不断增大，资

---

① 付一书．中央银行学．上海：复旦大学出版社，2009：4.

金调度困难和支付能力不足的情况时有发生。一家银行的支付困难导致整个金融业发生支付危机的可能性变成现实。为了保护存款人的利益和维护金融体系的稳定，客观上需要有一家权威机构集中银行的一部分现金准备，充当银行的"最后贷款人"。

(4) 对金融业实施监管的需要

随着商品货币经济关系的发展，银行业在整个社会经济关系中的地位和作用日益重要，金融稳定成为经济发展的重要条件。保证各种金融业务和金融市场的健康发展，维持金融稳定，需要建立一套有利于金融业公平有序竞争的规则和机制，并且由政府对其规则执行和机制运行进行监督。由于金融业的特殊性，对金融业的监督管理如果完全依靠行政手段，不仅会扼杀金融市场的创造性和活力，还会大大降低金融市场效率，增加金融动荡的可能性。因此，政府对金融业的监督管理和金融市场的调控，往往通过运用市场手段，利用金融市场的运作机制来进行。专门从事金融业管理、监督及协调的机构要有一定的技术能力和操作手段，在业务上与银行有着密切联系，以便制定的各项政策和规定能够通过业务活动得到贯彻实施，并且能够体现政府的意志。

(5) 满足政府融资的需要

在资本主义制度的确立过程中，政府的职能不断加强。政府职能的加强增加了政府的开支。为了弥补财政赤字，政府经常需要从银行获得资金融通。即使不发生财政赤字，由于收入和支出在时间上的不一致性，获得短期资金融通成为政府履行职能的重要条件。政府虽然通过与多家银行建立融资关系，基本上可以保证资金的来源。但是，当政府需要巨额资金弥补财政赤字时，个别银行并不能满足政府需要。因此，当资本主义发展到一定阶段，客观上需要有一个机构对政府的收支、资金往来和融资进行专门管理。

1.1.2 中央银行制度的初步形成

商品经济和金融业的发展为中央银行的产生提出了内在要求，而国家对经济、金融业管理的加强又为中央银行的产生提供了外在动力，中央银行的产生便是这两种力量共同作用的结果。当国家通过法律或特殊规定对某家银行或新建一家银行赋予某些特权并要求其他所有银行和金融机构及整个经济体系接受该银行的这些特权时，中央银行制度便形成了。

1. 中央银行产生的途径

中央银行的产生一般有两条途径：一是由资本实力雄厚、社会信誉卓著、与政府有特殊关系的大商业银行逐步地缓慢发展演变而来(1913 年以前)。在演变过程中，政府根据客观需要，不断赋予这家大商业银行某些特权，从而使这家大银行逐步具备中央银行的某些性质并最终发展成为中央银行，典型代表是瑞典银行和英格兰银行。二是由政府出面通过法律规定直接组建一家银行作为一国的中央银行，典型代表是美国联邦储备体系①。

从世界范围看，中央银行的产生和中央银行制度的形成与发展迄今已经经历了 300 多年的历史。总的来看，从 17 世纪中后期中央银行萌芽到 20 世纪初第一次世界大

① 付一书．中央银行学．上海：复旦大学出版社，2009：7.

战结束后国际社会联合呼吁重建国际货币体系和金融秩序止的250多年间，中央银行和中央银行制度基本上处于初步形成和发展时期①。

（1）瑞典银行

瑞典银行成立于1656年，最初是一般的私营银行，但是该行在其业务活动上从一开始就比当时已经存在的其他银行前进了一大步，它是最早发行银行券和办理证券抵押贷款业务的银行之一。1668年，政府出面将其改组为国家银行②。在政府将瑞典银行收归国有的同时，瑞典银行也开始具有中央银行的某些特征。因此，有些学者把1668年作为中央银行的正式开端。1897年，瑞典政府通过法案，将货币发行权集中于瑞典银行，该行发行的货币为唯一的法偿货币，取消了当时28家银行所拥有的货币发行权，并责令逐步收回，使瑞典银行独占了货币发行权，完成了向中央银行转变的关键一步。

（2）英格兰银行

英格兰银行的成立晚于瑞典银行，但其与英国政府的特殊关系使其最早具有中央银行的基本性质和特征。1691年，英国政府财政困难，苏格兰人佩特森建议募集120万英镑作为资本金，建立银行，并将资本金全部借给英国政府。1694年7月27日英国议会通过了《威廉玛丽法》，确定英格兰银行为国家银行，同意英格兰银行拥有不超过资本总额的货币发行权。1697年英国政府通过法案禁止设立股份制银行。到1746年，英格兰银行借给政府的贷款已达到1168.68万英镑。英格兰银行成为英国政府的大债主，英国政府则以不准设立其他股份制银行作为回报。1797年盛传法军将入侵英国，发生银行挤兑，各家私人银行纷纷向英格兰银行提取准备金，英国政府通过《限制支付法》，规定除军费和政府命令必须支付金属货币以外，一律支付纸币。1826年英国政府虽然通过法案允许设立其他股份制银行，但规定这些银行的银行券只能在离伦敦城65英里以外的地区流通。1833年允许股份制银行在伦敦经营存款业务。但是只有英格兰银行发行的银行券具有无限清偿的资格。1844年7月29日英国国会通过由当时的首相皮尔主持的《皮尔条例》。该条例的主要内容如下：①将英格兰银行分为发行部和银行部。发行部可以用持有的1400万英镑证券（其中1101.51万英镑是政府债券）以及贵金属做发行准备，发行等额银行券。其中用证券做准备的发行最高限额为1400万英镑。超过此限额要用金银做准备，其中白银做准备的发行不得超25%。②不批准新的银行发行货币。③规定任何人都可以按3英镑17先令9便士兑换1盎司黄金的比价向发行部兑换黄金。④进一步确认英格兰银行券在英格兰和威尔士的法偿货币地位。《皮尔条例》不仅确立了英格兰银行货币发行银行的地位，也为其他国家以后建立中央银行提供了模式。1872年伦敦已经成为世界上最大的金融市场，英格兰银行面对日益增加的资产负债规模，开始尝试运用对商业银行的贷款利率包括再贴现率对信用进行调节。此举使得英国安然度过了1873年发生的金融危机，不仅为英格兰银行赢得了巨大的声誉，最终确立其中央银行的地位，也使英格兰银行成为各国建立中央银行的范本。

---

① 王广谦．中央银行学（第三版）．北京：高等教育出版社，2011：5.

② 1968年该行300年大庆时建立了经济学诺贝尔奖基金。

(3) 美国联邦储备体系

1913 年成立的美国联邦储备体系是美国的中央银行。美国先后成立过美国第一银行和第二银行。这两家银行都具有一定的中央银行性质，但自身经营目标不明确，均在 20 年经营期满后被迫停业。

美国在 1782 年建立的北美银行是美国第一家现代银行。1791 年美国建立第一联邦银行，资本金 1000 万美元，其中 20%由政府出资，营业期限为 20 年。第一联邦银行在主要城市开设 8 家分行。主要业务内容是发行货币、接受政府存款和向政府机构提供贷款以及办理票据贴现和接受私人存款。同时，通过拒收过度发行银行券的州立银行银行券或要求发行银行兑换黄金，达到管理州立银行、整顿货币发行纪律的目的，引起州立银行和反对加强联邦权力的农业州的普遍不满和反对。他们认为第一联邦银行的建立违反了联邦宪法关于没有明确规定属于联邦政府的权力全部属于各州政府的原则。国会以一票之差否决了第一联邦银行的展期申请。

1816 年国会批准建立第二联邦银行。第二联邦银行的资本金为 3500 万美元，联邦政府拥有 20%，其他内容与第一联邦银行基本相同。结果也因同样原因遭到反对，而未能在 1836 年以后继续存在。此后至 1863 年，美国进入自由银行时代，货币流通和信用秩序更加混乱。1863 年美国国会通过《全国货币法》。主要内容是：①建立国民银行制度，国民银行在联邦政府注册。②设立专门监督国民银行活动的“货币监理官”。③建立货币发行准备制度，由财政部印制统一的银行券，国民银行每发行 90 美元银行券需要在货币监理官处存入 100 美元公债。若发生银行倒闭，货币监理官将债券出售偿还银行券持有人。这种货币发行制度虽然抑制了货币滥发造成的混乱，但是却不能适应经济发展对货币的需要。

1908 年 5 月国会建立国家货币委员会，调查研究各国银行制度。1912 年决定建立兼顾各州利益、又能满足银行业集中管理需要的联邦储备制度。1913 年 12 月 23 日国会通过《联邦储备条例》。这是银行制度史上划时代的创举，为中央管理和地方管理、自愿参加和强迫参加、政府所有和私人所有、政府管理和私人管理的相互平衡和折中提供了成功的范例。作为中央银行的一种形式，美国联邦储备体系的建立在发达资本主义国家中是比较晚的。美国联邦储备体系的建立标志着中央银行制度在世界范围的基本确立。

从 1656 年瑞典银行设立到 1913 年美国联邦储备体系建立，中央银行制度的基本建立经历了将近 260 年的时间。这一时期，全世界经自然演变而形成或者专门设立的中央银行全世界约有 29 家。其中，瑞典银行、英格兰银行、法兰西银行、德国国家银行、日本银行和美国联邦储备体系是主要代表。

专栏 1-1　主要国家中央银行制度的初步形成

一、法兰西银行

法兰西银行是法国的中央银行。法兰西银行于 1800 年 1 月 18 日由时任第一执政的拿破仑·波拿巴建立，其最初成立的目的是负责纸币的发行，帮助法国经济摆脱法国大革命带来的萧条。拿破仑在执政期间，对法国的行政和法律体制进行了重大的改革。法兰西银行是巴黎金融业的核心。而巴黎不仅是全法国的金融和经济中心，也是整个欧洲大陆的金融中心。1848 年，法兰西银行垄断了全法国的货币（银行券）发行权，在其后的 30 年间完成了向现代中央银行的过渡。它发行的法郎是法国的法偿货币，它掌握的外汇和黄金是法郎国际购买力的保证，它出售的债券是最高的信誉保证，也是法国政府获得资金的最后渠道。

二、德意志联邦银行

德意志联邦银行的前身——帝国银行作为德国的中央银行诞生于 1876 年 1 月 1 日。在这之前德国的每个州都有发行银行，其中普鲁士银行最为重要。1871 年，德国中央集权思想占上风，发行银行推举普鲁士银行作为中央银行，担负运用利率政策、稳定全国信用的职责。虽然以后普鲁士银行改名帝国银行成为中央银行，但各发行银行仍然在一定限额之下保持货币发行权限。1900 年前，有 20 家发行银行将发行权转让给中央银行。至 1906 年，发行银行仅存 4 家，除帝国银行以外，其他银行发行货币的数额也非常有限，可以说帝国银行已基本垄断货币发行权。

三、日本银行

1877 年日本发生西南战争，日本政府为了筹集军费，大量发行货币，造成货币贬值、物价飞涨、贵金属外流和利率居高不下。通货膨胀不仅使财政进一步恶化，也严重阻碍了经济的发展。为了遏制急速恶化的通货膨胀，日本政府认识到必须整顿货币发行秩序和建立中央银行，统一货币发行。1882 年 3 月通过《建立日本银行的奏议》，6 月通过《日本银行条例》，同年 10 月模仿英格兰银行，建立了日本银行。资本金分为 5 万股，每股 200 日元，政府持有 2.5 万股。民间股东共有 580 名，其中三井、安田等财阀约占 17.9%。

2. 中央银行制度基本设立时期的主要特点

(1) 由普通银行自然演进

早期的中央银行大多数是由普通商业银行经过长期演变而成的。一般称之为自然演进型中央银行。

(2) 逐步集中货币发行

商业银行向中央银行自然演进的过程就是一个逐步集中掌握货币发行权的过程。

(3) 对一般银行提供服务

早期中央银行都为商业银行提供贷款、票据交换和资金清算服务，最终成为全国统一的银行清算中心。

1.1.3 中央银行制度的推广与强化发展

1. 中央银行制度的推广

第一次世界大战不仅是对各国战争能力的考验，也是对各国货币制度的考验。为了适应战时财政需要，中央银行大肆发行货币，向财政大量借贷，引起通货膨胀。战后，深受通货膨胀之苦的各国都深感稳定币值的必要性，1920 年在比利时的首都布鲁塞尔举行了历史上第一次国际金融会议。会议强调通胀的根源是财政赤字，稳定币值的关键在于财政平衡，货币发行银行要摆脱各国政府政治上的控制。因为银行券已经代替贵金属成为流通货币，要完全恢复金本位制比较困难。因此，此次会议建议各国应该建立中央银行。

由中央银行集中货币发行,有利于控制货币发行和稳定币值。

1922 年,在瑞士日内瓦召开国际经济会议,又重申和强调了布鲁塞尔会议的决议,建议尚未建立中央银行的国家尽快建立中央银行,共同维持国际货币体系和经济的稳定。因此,第一次世界大战结束与第二次世界大战发生之间成为中央银行制度推广的时期。中央银行制度推广时期对中央银行制度建设最重要的贡献是进一步统一了货币发行。从 1921 年至 1942 年,新成立的中央银行有 43 家,欧洲 16 家,美洲 15 家,亚洲 8 家,非洲 2 家,大洋洲 2 家。世界上主要国家差不多都在这一时期建立了中央银行。

(1) 中央银行制度推广的原因

除了布鲁塞尔会议和日内瓦会议的推动之外,这一时期中央银行制度发展的原因还有:

① 新国家的产生。"一战"后新产生的国家需要解决国内货币金融问题,先后设立了中央银行。

② 来自国外的支持。许多国家为解决经济困难、金融混乱,依靠国际联盟或者美国的帮助设立了中央银行。

③ 重建币制的需要。为稳定币值、重建币制,各国不得不强化、改组或者新设中央银行。

④ 货币发行的制度化。为了改变货币发行混乱的状况,稳定币值,各国都授权中央银行集中统一发行钞票,并建立了比例发行准备制度。

(2) 中央银行制度推广时期的特点

① 大部分的中央银行都不是由商业银行自然演进而成,而是出于通货膨胀的压力,依靠政府的力量创建的。

② 大部分中央银行在实行短暂的金本位制以后,大多对货币发行制度进行了改革,恢复虚金本位制,建立了比例准备金制度和垄断货币发行权,停止对政府财政直接提供贷款。稳定币值成为中央银行的首要任务。

③ 由于 1930 年大危机的发生,大量金融机构的倒闭给当时的社会经济造成巨大震荡和破坏,使人们认识到金融机构和金融体系保持稳定的必要性,进一步严格和规范了存款准备金制度,使之成为中央银行管理金融的重要手段。

2. 中央银行制度的强化发展

第二次世界大战结束以后,各参战国都面临重建经济的任务。在凯恩斯宏观经济理论的指导下,中央银行制度获得进一步完善和发展。中央银行成为国家干预和调节经济,稳定金融市场的必不可少的工具。

(1) 各国政府加强对中央银行控制的原因

① 金本位制已经完成历史使命,虚金本位制也难以恢复,为货币信用政策成为政府干预和调节经济的手段提供了重要条件。

② 宏观经济调节理论为国家干预经济提供了依据。

③ 1930 年大危机时代的罗斯福新政为政府通过中央银行干预经济提供了依据。

④ 金本位制的消亡和国际贸易的不平衡发展带来贸易战、汇兑战和关税战此起彼伏,需要各国政府和金融当局的合作协调。

(2) 中央银行制度变化的特点

中央银行的发展出现了制度规范化和经济目标统一化的特点,国家加强了对中央银行的控制。

中央银行制度出现以下变化：

① 国有化。许多国家对中央银行实行国有化。首先是法兰西银行在 1945 年 12 月 2 日被国有化，原股东的股票按照 1944 年 9 月 1 日至 1945 年 8 月 31 日的价格计算，换取 3%利率的政府债券。其次是英格兰银行的国有化。1946 年英国政府将英格兰银行收归国有。股东用股票换取面值 4 倍的政府债券。再次是原联邦德国于 1957 年 7 月 26 日公布《德意志联邦银行法》，将 10 个州的中央银行和柏林中央银行合并为德意志联邦银行，行使中央银行职能。中央银行国有化的原因：中央银行作为金融管理当局需要采取中性立场，以社会利益为目标；中央银行不应以赢利为目标；信用货币发行产生的巨额利益应归于国家。

② 中央银行成为国家干预和调节宏观经济的重要工具。由于中央银行垄断了货币发行权，中央银行的最后贷款人职能不仅在商业银行发生危机时行使，亦成为日常经济运行中经常向商业银行和其他金融机构提供金融支持以及调节货币供应量的手段。

③ 中央银行调节经济手段的相对成熟。首先，中央银行放弃商业银行业务，专门行使中央银行职能。其次，各国中央银行以普通买卖者的身份积极参与公开市场交易。再次，存款准备金制度的功能由防止流动性危机转变为货币政策工具。

④ 中央银行成为各国政府进行政策协调窗口的作用越来越大。战后，在布雷顿森林体系框架下，成立了以国际货币基金组织和世界银行等为代表的一系列国际金融组织，负责协调各国货币政策。随着经济和金融的国际化程度不断提高，区域性的金融组织不断产生。中央银行作为一国的货币当局参加政策协调的影响越来越大。

专栏 1-2 中国中央银行制度的建立与发展

一、中国中央银行的萌芽

1904 年清政府户部奏清政府成立户部银行，资本金 400 万两白银，由国内各界认股。但认股不踊跃，结果由政府拨款 20 万两，于 1905 年 8 月在北京开业。1908 年户部改为度支部，户部银行改为大清银行，经理国库、发行货币。同时，又因邮传部指责户部银行管不好外汇，要求成立交通银行。1908 年 3 月 4 日，交通银行开业，发行货币，经办铁路、轮船、电报、邮政等部门的一切收支。与户部银行共同分担部分中央银行职能。清政府垮台以后，中国银行和交通银行均由北洋政府控制。由于交通银行的总办是袁世凯的秘书长，交通银行的中央银行职能有所加强。不仅交通银行的纸币成为法偿货币，而且还代理国库。

二、国民政府时期的中央银行

1924 年孙中山在广州成立国民政府，设立中央银行。1926 年攻陷武汉后，又在武汉设立中央银行。但事实上都没有真正行使中央银行职能。1927 年国民政府公布《中央银行条例》，1928 年 10 月公布《中央银行章程》，11 月 1 日中央银行开业。总行设立在上海，资本金 2000 万元，全部由政府拨款。业务是经理国库、发行货币，行使中央银行职能。国民政府指定中国银行为"国际汇兑银行"，交通银行为"发展全国实业的银行"，1935 年将"豫鄂皖赣四省农民银行"改为"中国农民银行"。1935 年 5 月 23 日正式颁布《中央银行法》，进一步明确中央银行是国家银行，隶属于总统府，总行由上海迁移至南京，资本金增加至1亿元。同年11月4日进行币制改革,放弃银本位制。规定中央银行、中国银行和交通银行发行的货币为法币,农民银行发行的货币虽然不是法币,但被准许与法币同时流通。1937年7月在上海成立"四行联合办事总处"对四行业务进行监督。1939年又将其作为四行之间联系机构的地位提升为中国金融的最高决策机构。抗战爆发后,中央银行临时迁移到上海后,再迁移至重庆。与中国银行、交通银行和农民银行在四川成立联合办事处,处理战时金融事务。1939年颁布《国库法》。1942年7月1日公布《钞票统一发行办法》,完成将货币发行权统一到中央银行的改革。1945年3月,财政部授权中央银行检查监督全国金融机构。抗战胜利后,中央银行迁回上海。

三、苏维埃政府时期的中央银行

与此同时,中国共产党领导的根据地政府也于1932年在江西瑞金成立"中华苏维埃共和国国家银行"。除经营一般业务外,还具有发行货币的特权和代理国库等中央银行的职能。1935年红军长征到达陕北后,中华苏维埃国家银行与陕甘宁苏维埃银行合并,改称"国家银行西北分行"。1937年陕甘宁边区政府成立以后,又改称"陕甘宁边区银行"。

四、新中国时期的中央银行

新中国成立前,1948年12月1日合并解放区的各家银行在石家庄成立了中国人民银行。1949年2月迁入北京,并按行政区划建立分支行,形成改革开放以前的中央银行体系。中国人民银行依据其特点及在经济中的作用,大致可以分成三个时期:1948—1953年整顿经济时期、1953—1983年计划经济时期和1983年以后金融改革时期。

1.1948—1953年整顿经济时期

首先,中国人民银行通过接管官僚资本银行,取缔外国银行在华的一切特权,改造私营企业,建立以中国人民银行为主体,管理公私合营银行,扶助农村集体信用合作组织,监督和利用私营银行的社会主义金融体系。按照行政体系,在全国建立了中国人民银行的分支机构体系。其次,中国人民银行一方面通过迅速建立自己的分支机构,扩大业务,为恢复经济服务,作为商业银行发挥作用;另一方面,又通过制定和执行统一的金融政策,执行管理金融的职能。再次,该时期货币政策目标是稳定物价,通过开发储蓄品种,减少游资对市场的冲击和将资金优先贷给国有贸易企业,帮助吞吐物资,平抑物价。

2.1953—1983年计划经济时期

首先,配合高度集中的计划经济体制,中国人民银行也形成了"大一统"的集商业银行和中央银行于一身,并排除其他金融形式的金融体制。虽然名义上存在中国银行、中国农业银行和中国人民保险公司等金融机构,但实际上仅仅是中国人民银行的一个部门,不仅业务上,而且在资金的来源和人事管理上全部隶属于中国人民银行。其次,中国人民银行通过编制全国综合信贷计划,建立高度集中统一的信贷计划管理体制。即一切存款上缴中国人民银行总行,一切贷款由总行根据国家的计划指标进行分配。再次,中国人民银行作为中央银行虽然保留垄断货币发行权的职能,但是,货币发行量的控制权并不属于中国人民银行。在计划经济体制下,计划以产品为中心,资金成为配套资金,中国人民银行只能被动地适应产品的生产和流通的需要,配合计划进行发行。货币政策的唯一使命就是如何配合完成计划,而为实现货币政策目标使用的手段也基本上是行政手段。代理国库也仅仅是象征意义上的资金出纳,因为财政资金的收入和支出都是跟着计划走。因此,中国人民银行已经失去通常意义上的中央银行职能，成为计划经济体制中的一个政府部门。

3. 1983 年以后金融改革时期

(1) 1983—2003 年间的中国人民银行。1983 年 9 月 17 日，国务院发布了《关于中国人民银行专门行使中央银行职能的决定》。1984 年 1 月 1 日，中国工商银行设立，承担了原来由中国人民银行经办的城镇居民储蓄存款和城市工商信贷业务，中国人民银行成为我国专门的中央银行。中国人民银行专门行使中央银行职能对于集中资金进行重点建设、加强宏观经济调控、进一步搞活经济和稳定货币流通、健全和完善社会主义金融体系等多方面具有重要的意义。1993—2002 年间的中国人民银行。1992 年中共"十四大"明确了我国经济体制改革的目标是建立社会主义市场经济体制。1993 年 11 月党的十四届三中全会作出了《中共中央关于建立社会主义市场经济体制若干问题的决定》，随后明确的市场取向的各项经济体制改革全面启动。1995 年 3 月我国颁布了《中华人民共和国中国人民银行法》，从法律上进一步明确了中国人民银行作为我国中央银行的性质和基本职能。这标志着我国现代中央银行制度正式进入法制化发展的新阶段。1998 年 10 月，中国人民银行及其分支机构在全国范围内进行改组，撤销各省级分行，按照经济区域在全国设立九个大区分行和两个营业部。这有利于中国人民银行摆脱地方政府的干预，更好履行中央银行职责。

(2) 我国中央银行制度的最新发展。为了进一步加强金融宏观调控和金融监管，根据第十届全国人民代表大会审议通过的国务院机构改革方案的规定，2003 年我国将中国人民银行对银行、金融资产管理公司、信托投资公司及其他存款类金融机构的监管职能分离出来，并和中央金融工委的相关职能进行整合，于 4 月 28 日正式成立了中国银行业监督管理委员会。人民银行不再承担上述监管职能，有利于其在国务院领导下更好地制定和执行货币政策，更好地发挥货币政策在宏观调控和防范与化解金融风险中的作用，进一步改善金融服务。随着社会主义市场经济体制的不断完善，中国人民银行作为中央银行在宏观调控体系中的作用将更加突出。为适应职能调整，12 月 27 日，第十届全国人大常委会第六次会议通过了《中国人民银行法》的修改决定。修改后的《中国人民银行法》，将中国人民银行的职责调整为制定和执行货币政策、维护金融稳定和提供金融服务三个方面。2005 年 8 月 10 日，中国人民银行成立上海总部，承担部分总行职能。

(资料来源：童适平．中央银行学教程．上海：复旦大学出版社，2007)

专栏 1-3　世界各国中央银行名录

国　　家	中央银行名称
Afghanistan 阿富汗	Afghanistan Bank 阿富汗银行
Albania 阿尔巴尼亚	State Bank of Albania 阿尔巴尼亚国家银行
Algeria 阿尔及利亚	Banque Centrale d'Algérie 阿尔及利亚中央银行
Argentina 阿根廷	Banco Central de la Republica Argentina 阿根廷中央银行
Australia 澳大利亚	Reserve Bank of Australia 澳大利亚储备银行
Austria 奥地利	Osterreichische Nationalbank 奥地利国家银行
Bahrain 巴林	National Bank of Bahrain 巴林国家银行

续表

国　家	中央银行名称
Bangladesh 孟加拉	Bangladesh Bank 孟加拉银行
Barbados 巴巴多斯	Central Bank of Barbados 巴巴多斯中央银行
Belgium 比利时	Banque Nationale de Belgique 比利时国家银行
Benin 贝宁	Banque Centrale des Etats de I'Afrique de'Ouest 东非国家中央银行
Bolivia 玻利维亚	Banco Central de Bolivia 玻利维亚中央银行
Botswana 博茨瓦纳	Bank of Botswana 博茨瓦纳银行
Brazil 巴西	Banco Central do Brasil 巴西中央银行
Brunei 文莱	National Bank of Brunei 文莱国家银行
Bulgaria 保加利亚	Banque Nationale de Bulgarie 保加利亚国家银行
Burma 缅甸	Union of Burma Bank 缅甸联邦银行
Burundi 布隆迪	Banque de la Republique de Burundi 布隆迪银行
Cameroon 喀麦隆	Banque d'Etats de I'Afrique Centrale 中非国家银行
Canada 加拿大	Bank of Canada 加拿大银行
Central Africa 中非	Banque d'Etats de I'Afrique Centrale 中非国家银行
Chad 乍得	Banque d'Etats de I'Afrique Centrale 中非国家银行
Chile 智利	Banco Central de Chile 智利中央银行
China 中国	People's Bank of China 中国人民银行
Columbia 哥伦比亚	Banco de la Republica Columbia 哥伦比亚共和国银行
Cango 刚果	Banque d'Etats de I'Afrique Centrale 中非国家银行
Costa Rica 哥斯达黎加	Banco Central de Costa Rica 哥斯达黎加中央银行
Cuba 古巴	Banco Nacional de Cuba 古巴国家银行
Cyprus 塞浦路斯	Central Bank of Cyprus 塞浦路斯中央银行
Denmark 丹麦	Denmarks Nationalbank 丹麦国家银行
Dominican Republic 多米尼加共和国	Banco Central de la Republica Dominicana 多米尼加中央银行
Ecuador 厄瓜多尔	Banca Central del Ecuador 厄瓜多尔中央银行
Egypt 埃及	Central Bank of Egypt 埃及中央银行
El Salvador 萨尔瓦多	Banco Central de Reserve de EL Salvador 萨尔瓦多中央储备银行
Ethiopia 埃塞俄比亚	National Bank of Ethiopia 埃塞俄比亚国家银行
Fiji 斐济	Central Monetary Authority of Fiji 斐济中央金融局
Finland 芬兰	Suomen Pankki-Finlands Bank 芬兰银行
France 法国	Banque de France 法兰西银行
Gabon 加蓬	Banque d'Etats de I'Afrique Centrale 中非国家银行
Gambia 冈比亚	Central Bank of the Gambia 冈比亚中央银行
Germany(F. R. G.) 德意志联邦共和国	Deutsche Bundesbank 德意志联邦银行
Ghana 加纳	Bank of Ghana 加纳银行
Greece 希腊	Bank of Greece 希腊银行
Laos 老挝	Banque Nationale du Laos 老挝国家银行
Lebanon 黎巴嫩	Banque du Liban 黎巴嫩银行
Liberia 利比里亚	National Bank of Liberia 利比里亚国家银行
Libya 利比亚	Central Bank of Libya 利比亚中央银行
Liechtenstein 列支敦士登	Bank in Liechtenstein 列支敦士登银行

续表

国　　家	中央银行名称
Luxembourg 卢森堡	Commissaire du Control des Banques 银行管理委员会
Madagascar 马达加斯加	Banque Centrale de la Republique Madagascar 马达加斯加中央银行
Malawi 马拉维	Reserve Bank of Malawi 马拉维储备银行
Malaysia 马来西亚	Bank Negara Malaysia 马来西亚国家银行
Mali 马里	Banque Centrale du Mali 马里中央银行
Malta 马耳他	Central Bank of Malta 马耳他中央银行
Mauritania 毛里塔尼亚	Banque Centrale du Mauritanie 毛里塔尼亚中央银行
Mauritius 毛里求斯	Bank of Mauritius 毛里求斯银行
Mexico 墨西哥	Banco de Mexico 墨西哥银行
Mongolia 蒙古	State Bank of Mongolia 蒙古国国家银行
Morocco 摩洛哥	Banque de Moroc 摩洛哥银行
Mozambique 莫桑比克	Banco de Mozambique 莫桑比克银行
Nepal 尼泊尔	Nepal Rastra Bank 尼泊尔国家银行
Netherlands 荷兰	De Nederlanden Bank 荷兰银行
New Zealand 新西兰	Reserve Bank of New Zealand 新西兰储备银行
Nicaragua 尼加拉瓜	Banco Central de Nicaragua 尼加拉瓜中央银行
Niger 尼日尔	Banque Centrale des Etats de I'Afrique de I'Ouest 西非国家中央银行
Nigeria 尼日利亚	Central Bank of Nigeria 尼日利亚中央银行
Norway 挪威	Norges Bank 挪威银行
Oman 阿曼	Central Bank of Oman 阿曼中央银行
Pakistan 巴基斯坦	State Bank of Pakistan 巴基斯坦国家银行
Panama 巴拿马	Banco Nacional de Panamá 巴拿马国家银行
Papua New Guinea 巴布亚新几内亚	Bank of Papua New Guinea 巴布亚新几内亚银行
Paraguay 巴拉圭	Banco Central del Paraguay 巴拉圭中央银行
Peru 秘鲁	Banco Central de Reserve del Peru 秘鲁中央储备银行
Philippines 菲律宾	Central Bank of the Philippines 菲律宾中央银行
Poland 波兰	Narodowy Bank Polska 波兰国家银行
Portugal 葡萄牙	Banco de Portugal 葡萄牙银行
Qatar 卡塔尔	Qatar National Bank 卡塔尔国家银行
Romania 罗马尼亚	Banque National de la Republique Socialistt de Romania 罗马尼亚国家银行
Rwanda 卢旺达	Banque Nationale de Rwanda 卢旺达国家银行
Saudi Arabia 沙特阿拉伯	Saudi Arabian Monetary Agency 沙特阿拉伯金融管理局
Senegal 塞内加尔	Banque Cetrale des Etats de I'Afrique de I'Ouest 东非国家中央银行
Sierra Leone 塞拉利昂	Bank of Sierra Leone 塞拉利昂银行
Somalia 索马里	Central Bank of Somalia 索马里中央银行
South Africa 南非	South Africa Reserve Bank 南非储备银行
Spain 西班牙	Banco de Espana 西班牙银行
Sri Lanka 斯里兰卡	Central Bank of Sri Lanka 斯里兰卡中央银行

续表

国　　家	中央银行名称
Sudan 苏丹	Bank of Sudan 苏丹银行
Surinam 苏里南	Centrale Bank van Surinam 苏里南中央银行
Sweden 瑞典	Sveriges Riksbank 瑞典银行
Swizerland 瑞士	Banque Nationale Suisse 瑞士国家银行
Syria 叙利亚	Banque Centrale de Syria 叙利亚中央银行
Tanzania 坦桑尼亚	Bank of Tanzania 坦桑尼亚银行
Thailand 泰国	Bank of Thailand 泰国银行
Togo 多哥	Banque Centrale des Etats de I'Afrique de I'Ouest 西非国家中央银行
Trinidad and Tobago 特立尼达和多巴哥	Central Bank of Trinidad and Tobago 特立尼达和多巴哥中央银行
Tunisia 突尼斯	Banque Centrale de Tunisie 突尼斯中央银行
Turkey 土耳其	Turkiye Cumhuriyet Merkez Bankasi 土耳其中央银行
Uganda 乌干达	Bank of Uganda 乌干达银行
United Arab Emirates 阿拉伯联合酋长国	United Arab Emirates Currency Board 阿拉伯联合酋长国金融局
United Kingdom 英国	Bank of England 英格兰银行
United States of America 美国	Federal Reserve System 联邦储备系统
Burkina Faso 布基纳法索	Banque Centrale des Etats de I'Afrique de I'Ouest 西非国家中央银行
Uruguay 乌拉圭	Banco Central del Uruguay 乌拉圭中央银行
Russia 俄罗斯	Central Bank of Russia Federation 俄罗斯中央银行
Venezuela 委内瑞拉	Banca Central de Venezuela 委内瑞拉中央银行
Vietnam 越南	State Bank of the Socialist Republic of Vietnam 越南国家银行
Yugoslavia 南斯拉夫	Narodna Banka Jugoslavija 南斯拉夫国家银行
Zaire 扎伊尔	Banque du Zaire 扎伊尔银行
Zambia 赞比亚	Bank of Zambia 赞比亚银行
Zimbabwe 津巴布韦	Reserve Bank of Zimbabwe 津巴布韦储备银行

（资料来源：根据相关资料整理而成）

1.2　中央银行的性质与职能

中央银行的性质与职能之间既相互联系，又相互制约。中央银行的性质决定职能，职能是性质的体现，而中央银行的性质和职能又是由其在国民经济中的地位所决定的。对中央银行地位、性质和职能的分析是理解和掌握现代中央银行制度的基础。

1.2.1　中央银行的性质

中央银行的性质是指中央银行自身所具有的特有属性。从中央银行业务活动的特点和发挥的作用看，中央银行既是为商业银行等普通金融机构和政府提供金融服务的特殊金融机构，又是制定和实施货币政策、监督管理金融业、规范与维护金融秩序、调控金融和经济运行的宏观管理部门。

1. 中央银行是一国信用制度的枢纽

(1) 银行信用构成一国信用制度的基础，在整个社会信用中居于主导地位。

银行既是信用活动的参与者，也是信用活动的调节者。而中央银行又处于银行体系的核心，维护支付清算系统的正常运行，并根据经济发展的客观需要，运用货币政策工具影响商业银行的信用行为，达到控制社会信用规模、调节信用结构的目的。

(2) 中央银行垄断货币发行，是整个社会信用工具的总供给者。

通过改变货币发行量，实现对信用规模和结构的调整。中央银行是商业银行的唯一货币供应者和社会信用活动的最后贷款人。中央银行决定社会信用的规模。中央银行管理货币流通，实行在信用规模不变情况下的信用结构调整。

(3) 中央银行既是金融市场的参与者又是引导者，在金融市场上处于支配地位。

通过公开市场操作，中央银行直接参与金融市场的活动，调节社会的货币供应量，影响社会信用规模；通过调整贴现率和存款准备金比率等政策工具，引导信用活动按照中央银行的政策意向进行。

2. 中央银行与政府存在特殊关系

(1) 中央银行代表国家制定和执行各种金融法规。

通过立法，将金融机构及其行为纳入法制轨道是维持和管理金融秩序的最基本方法。中央银行代表国家直接制定或者参与制定金融法规，保障金融稳健运行。在很多国家，中央银行代表国家监督金融法规的执行状况，对金融业执行监督和管理的职能。

(2) 中央银行配合政府的宏观经济目标，制定和执行货币政策。

中央银行根据国家的宏观经济目标和经济的运行状况，制定适合的货币政策予以配合和调控。

(3) 中央银行代表国家管理金融市场。

中央银行是金融市场的组织者和管理者，为金融市场的运作制定规则，对进入金融市场的金融机构和其他交易者进行筛选。中央银行可以通过货币政策工具和中央银行的地位对金融市场发挥调节作用，以维持金融市场的秩序。

(4) 中央银行代表国家管理国库和向政府提供融资。

绝大多数国家都将财政资金的收入和支付委托中央银行进行管理，当政府的财政资金在收入和支付时间上发生不一致时，中央银行有责任向政府提供融资，以利于政府职能的正常运行。

(5) 中央银行代表国家参与国际金融活动和管理国家黄金外汇储备。

中央银行代表国家参加国际金融组织，参与国际重大金融贸易的谈判和决策，代表国家干预国际金融市场以及代表国家向外举债或提供融资等。

3. 中央银行在经济运行和发展中发挥特殊作用

(1) 中央银行的作用首先体现在稳定货币和稳定经济方面。

稳定货币就是要对货币的供应量进行控制，使之符合客观经济的需要。稳定经济就是要对金融机构的经营状况进行监督，避免金融机构的经营不稳影响经济的稳定运行。

(2) 中央银行的作用体现在调节信用和调节经济方面。

由于中央银行掌握了货币政策的制定权和执行权，可以运用扩张性或紧缩性的货币政策对信用和经济进行调节。

(3) 由于金融机构都在中央银行开设账户，形成以中央银行为中心的资金清算体系，中央银行向金融机构提供集中清算服务，加速资金周转。

综上所述，中央银行的性质可以概括为：中央银行是特殊的金融机构；中央银行是特殊的国家管理机关；中央银行是保障金融稳健运行、调控宏观经济的工具。

1.2.2　中央银行的职能

中央银行的职能是中央银行的性质在其业务活动中的具体体现，尽管各国的政治与经济制度、社会历史背景、商品经济与信用制度的发展水平各不相同，但是中央银行的基本功能大致相似。中央银行具有三大职能：发行的银行、银行的银行、政府的银行。

1. 中央银行是发行的银行

中央银行是发行的银行是指中央银行被国家赋予了集中与垄断货币发行的特权，是国家唯一的货币发行机构，这是中央银行发挥其全部职能的基础。

(1) 中央银行集中与垄断货币发行权的意义。

垄断货币发行权已经成为中央银行最基本、最重要的标志；垄断货币发行权是统一货币发行与流通的基本保证；垄断货币发行权是稳定货币币值的基本条件。垄断货币发行也是中央银行发挥其全部职能的基础。

(2) 中央银行垄断货币发行权的必要性。

① 统一国内货币形式，避免货币流通混乱。

② 保证全国货币市场的统一。如果发行主体过多，必然形成依据于货币种类、信誉和币值的分散的货币市场，限制货币流通的范围，阻碍商品的流通。

③ 保持币值稳定和根据经济形势变化，灵活调节货币流通量。中央银行垄断货币发行权可依据法律规定的货币发行制度发行货币，保证货币发行纪律。

④ 中央银行垄断货币发行权是中央银行制定和执行货币政策的基础。

(3) 中央银行垄断货币发行的基本职责。

① 根据经济发展的需要，掌握货币发行，调节货币流通。在信用货币制度下，中央银行发行的货币数量要以经济发展的客观要求为依据，货币供应与流通中的货币需求基本保持一致，为经济稳定和持续增长提供适宜的金融环境。

② 掌握货币发行准备，控制信用规模，调节货币供应量。

③ 根据流通的实际需要，印刷、铸造或销毁票币，进行库款调拨，调剂地区间的货币分布和面额比例，满足社会对票币提取和支付的不同要求。

2. 中央银行是银行的银行

中央银行是与商业银行和其他金融机构发生业务往来的机构。与商业银行发生存贷款关系，是全国的票据交换中心，向金融机构提供资金往来和清算服务，是存款准备金的保管者,也是银行的最后贷款人。因此,中央银行是银行的银行。

(1) 集中存款准备金。

中央银行集中存款准备金的目的,首先,保持商业银行的清偿能力。商业银行在经营过程中发现了一条“大数定律”,即银行经营达到一定规模,在一定的时间内,既有客户来提取存款,也有客户来存款,用来应付客户提现要求的是所吸收存款的一小部分,其余部分可以用于投资。银行经营规模越大,用以应付客户提现要求的存款准备金在所吸收存款中的比率越低。银行清偿能力强则克服流动性危机的能力也强。由一家权威机构规定银行的存款准备金的比率并集中保管存款准备金,保证商业银行的清偿能力,增强商业银行抵御流动性危机的能力。其次,控制商业银行货币创造能力和信用规模。最后,增强中央银行的资金实力。中央银行在集中保管存款准备金的同时,也拥有了对存款准备金的支配权,增强了中央银行的资金实力。

(2) 最后贷款人。

通常采用再贴现和抵押贷款两种形式。英格兰银行最早开始再贴现贷款,即商业银行等金融机构将已贴现但未到期的商业票据交给中央银行再贴现,以获得资金融通。最初一般只对商业票据进行再贴现。第一次世界大战以后,政府债务增加,政府发行的债券也成为再贴现对象。随着政府调节宏观经济职能的加强,中央银行也将再贴现贷款作为调节货币供应量的重要渠道,扩大再贴现对象的范围。随着商业银行资产构成多样化和有价证券市场的发展,商业银行使用高质量的有价证券和票据作为抵押向中央银行申请贷款也成为中央银行履行最后贷款人职能的重要形式。

中央银行履行最后贷款人职能的主要目的是:第一,当个别金融机构发生资金周转困难时,提供贷款,防止挤兑以及信用危机。第二,增加金融机构短期头寸的调剂渠道。随着金融市场的发展,虽然同业拆借市场等货币市场发展为商业银行等金融机构调剂短期头寸提供了方便,但并不总是能够满足金融机构的需要。第三,调节银行信用和货币供给。通过中央银行贷款向社会提供基础货币,再通过商业银行的存款货币创造,调节货币供应。

(3) 票据交换和清算。

由于商业银行都必须将准备金存入中央银行,因此,就在中央银行开设账户。其他金融机构并不一定有准备金存款的约束,但是,通过与商业银行建立资金结算关系可以明显提高结算效率。特别是银行存款资金和非银行金融机构投资资金相互联通的金融创新进一步促使非银行金融机构也愿意在中央银行开设账户。这为中央银行负责全国的资金清算带来了极大便利。中央银行通过清算系统,及时了解金融机构的经营状况,有利监督和控制金融体系的正常运转。

3. 政府的银行

中央银行既是政府管理金融的工具,又为政府提供金融服务。主要表现为:①代理国库。包括办理政府预算收入的交纳和划分;办理预算支出的拨付;向政府财政部门报告预算收支的情况和办理有关国库的其他业务。②代理政府债券发行。政府财政经常会发生支出大于收入的赤字,特别是在凯恩斯主义的指导下,政府经常通过发行建设公债,扩大公共支出,刺激经济增长。中央银行利用其掌握的业务手段,代理政府债券发行。③为政府融通资金,提供信贷支持。由于政府财政收入和支出在时间上存在差异,因此,中央银行需要向政府提供短期融资。④代表国家参加国际金融组织和国际金融活动。随着经济一体化和金融国际化的不断发展,国际性的金融协调越来越重要。中央银行由于其业务性质和专业性往往经政府授权作为政府代表参加国际金融组织和金融会议,与外国中央银行就金融贸易进行谈判和协调以及管理政府之间的金融往来和债权债务关系。⑤制定和实施货币政策。⑥金融监管。由于存在外部效应、信息不对称,对金融业必须进行监管。⑦向政府提供信息和决策建议。中央银行在其业务活动的过程中集聚了不少经济金融信息和资料。由于中央银行地位的特殊性,通过中央银行渠道获得的资料和研究报告真实可靠、具有权威性。政府在进行决策时,中央银行是信息和决策建议的重要来源。中央银行经常担任政府的经济顾问。

总之,"发行的银行""银行的银行"和"国家的银行",体现了中央银行的基本职能(如表 1-1 所示),世界上绝大多数国家的中央银行一般都具备这三大基本职能。

表 1-1　中央银行的基本职能

职　能	内　涵
发行的银行	中央银行被国家赋予了集中与垄断货币发行的特权,是国家唯一的货币发行机构,这是中央银行发挥其全部职能的基础
银行的银行	中央银行是与商业银行和其他金融机构发生业务往来的机构。与商业银行发生存贷款关系,是全国的票据交换中心;向金融机构提供资金往来和清算服务,是存款准备金的保管者,也是银行的最后贷款人
政府的银行	中央银行既是政府管理金融的工具,又为政府提供金融服务。主要表现为:代理国库、代理政府债券发行、为政府融通资金,提供信贷支持、代表国家参加国际金融组织和国际金融活动、制定和实施货币政策、金融监管、向政府提供信息和决策建议等

专栏 1-4　中国人民银行的性质与职能

一、中国人民银行的性质

中央银行的性质取决于其在国民经济中的地位。在计划经济时代,中国人民银行是计划经济体制下唯一的银行,职责是为计划经济服务。因此,既具有中央银行的性质也同时具有商业银行的性质。作为商业银行,不以营利为目的,也不能自主开展业务活动;作为中央银行,没有货币政策目标,也基本不具备货币政策手段。1983 年 9 月,国务院决定中国人民银行专门行使国家中央银行职能。从 1984 年开始,由新建立的中国工商银行承接中国人民银行的商业银行业务,中国人民银行专门履行中央银行职责。1995 年 3 月 18 日,第八届全国人民代表大会第三次会议通过了《中华人民共和国中国人民银行法》,至此,中国人民银行作为中央银行以法律形式被确定下来。中国人民银行是我国政府的一个组成部门,从而决定中国人民银行的货币政策必须服从政府的宏观经济政策,中国人民银行的这个性质决定了中国人民银行不可能像发达的市场经济国家那样,过分强调中央银行的独立性。因为我国经济正在从传统的经济体制向社会主义市场经济体制转变,从宏观到微观需要改革的部分很多,而从整个社会的角度对改革进行通盘考虑,作出决策和承担实施责任的是政府，中国人民银行理应配合我国政府完成这个转变。

为了防止中国人民银行成为向财政提供资金的“钱袋”，损坏人民币的信用基础。《中华人民共和国中国人民银行法》明确规定中国人民银行不得对政府财政透支，不得直接认购、包销国债和其他政府债券。不得向地方政府、各级政府部门提供贷款，不得向非银行金融机构以及其他单位和个人提供贷款。从而保证中国人民银行具有相对独立性，既要为改革和政府的宏观政策服务，又要维护币值的稳定。

综上所述，中国人民银行的性质：中国人民银行是特殊的金融机构；中国人民银行是特殊的国家管理机关。

二、中国人民银行的职能

中国人民银行的主要职能包括：发行的银行、政府的银行和银行的银行。作为发行的银行，《中华人民共和国中国人民银行法》第一章第四条规定：中国人民银行的职责之一是发行人民币、管理人民币流通、调节货币供应量。但是，在第五条又规定：中国人民银行就年度货币供应量、利率、汇率和国务院规定的其他重要事项作出的决定，报国务院批准后执行。调节社会信用量的货币供应量、利率和汇率等政策手段的使用，最终还需要政府的批准。作为政府的银行，《中华人民共和国中国人民银行法》规定：依法制定和执行货币政策；代理国库，代表政府参加国际金融组织；研究和拟定金融工作的方针、政策、法规、制度和业务规章；统一管理存贷款利率和人民币汇价；按照规定审批、监督管理金融机构；管理境内金融市场等；负责金融业的统计、调查、分析和预测；国务院规定的其他职责。作为银行的银行，集中保管存款准备金、充当商业银行的最后贷款人和全国金融机构的资金清算中心；维护支付、清算系统的正常运行。此外，中国人民银行还受国家委托持有、管理、经营国家外汇储备、黄金 储备和根据国务院规定，管理国家外汇管理局。

银监会成立后，中国人民银行新的职能正式表述为“制定和执行货币政策、维护金融稳定、提供金融服务。”中国人民银行职能的变化集中表现为“一个强化、一个转换和两个增加”。“一个强化”，即强化与制定和执行货币政策有关的职能。“一个转换”，即转换实施对金融业宏观调控和防范与化解系统性金融风险的方式。“两个增加”，即增加反洗钱和管理信贷征信两项职能。

（资料来源：童适平．中央银行学教程．上海：复旦大学出版社，2007）

专栏 1-5　中华人民共和国中国人民银行法(修正)

（1995 年 3 月 18 日第八届全国人民代表大会第三次会议通过 根据 2003 年 12 月 27 日第十届全国人民代表大会常务委员会第六次会议《关于修改〈中华人民共和国中国人民银行法〉的决定》修正）

第一章　总则

第一条　为了确立中国人民银行的地位，明确其职责，保证国家货币政策的正确制定和执行，建立和完善中央银行宏观调控体系，维护金融稳定，制定本法。

第二条　中国人民银行是中华人民共和国的中央银行。中国人民银行在国务院领导下，制定和执行货币政策，防范和化解金融风险，维护金融稳定。

第三条　货币政策目标是保持货币币值的稳定，并以此促进经济增长。

第四条　中国人民银行履行下列职责：

（一）发布与履行其职责有关的命令和规章；

（二）依法制定和执行货币政策；

（三）发行人民币，管理人民币流通；

（四）监督管理银行间同业拆借市场和银行间债券市场；

（五）实施外汇管理，监督管理银行间外汇市场；

（六）监督管理黄金市场；

（七）持有、管理、经营国家外汇储备、黄金储备；

（八）经理国库；

（九）维护支付、清算系统的正常运行；

（十）指导、部署金融业反洗钱工作，负责反洗钱的资金监测；

（十一）负责金融业的统计、调查、分析和预测；

（十二）作为国家的中央银行，从事有关的国际金融活动；

（十三）国务院规定的其他职责。

中国人民银行为执行货币政策，可以依照本法第四章的有关规定从事金融业务活动。

第五条　中国人民银行就年度货币供应量、利率、汇率和国务院规定的其他重要事项作出的决定，报国务院批准后执行。

中国人民银行就前款规定以外的其他有关货币政策事项作出决定后，即予执行，并报国务院备案。

第六条　中国人民银行应当向全国人民代表大会常务委员会提出有关货币政策情况和金融业运行情况的工作报告。

第七条　中国人民银行在国务院领导下依法独立执行货币政策，履行职责，开展业务，不受地方政府、各级政府部门、社会团体和个人的干涉。

第八条　中国人民银行的全部资本由国家出资，属于国家所有。

第九条　国务院建立金融监督管理协调机制，具体办法由国务院规定。

第二章　组织机构

第十条　中国人民银行设行长一人，副行长若干人。中国人民银行行长的人选，根据国务院总理的提名，由全国人民代表大会决定；全国人民代表大会闭会期间，由全国人民代表大会常务委员会决定，由中华人民共和国主席任免。中国人民银行副行长由国务院总理任免。

第十一条　中国人民银行实行行长负责制。行长领导中国人民银行的工作，副行长协助行长工作。

第十二条　中国人民银行设立货币政策委员会。货币政策委员会的职责、组成和工作程序，由国务院规定，报全国人民代表大会常务委员会备案。中国人民银行货币政策委员会应当在国家宏观调控、货币政策制定和调整中，发挥重要作用。

第十三条　中国人民银行根据履行职责的需要设立分支机构，作为中国人民银行的派出机构。中国人民银行对分支机构实行统一领导和管理。中国人民银行的分支机构根据中国人民银行的授权，维护本辖区的金融稳定，承办有关业务。

第十四条　中国人民银行的行长、副行长及其他工作人员应当恪尽职守，不得滥用职权、徇私舞弊，不得在任何金融机构、企业、基金会兼职。

第十五条　中国人民银行的行长、副行长及其他工作人员，应当依法保守国家秘密，并有责任为与履行其职责有关的金融机构及当事人保守秘密。

第三章　人民币

第十六条　中华人民共和国的法定货币是人民币。以人民币支付中华人民共和国境内的一切公共的和私人的债务，任何单位和个人不得拒收。

第十七条　人民币的单位为元，人民币辅币单位为角、分。

第十八条　人民币由中国人民银行统一印制、发行。

中国人民银行发行新版人民币，应当将发行时间、面额、图案、式样、规格予以公告。

第十九条　禁止伪造、变造人民币。禁止出售、购买伪造、变造的人民币。禁止运输、持有、使用伪造、变造的人民币。禁止故意毁损人民币。禁止在宣传品、出版物或者其他商品上非法使用人民币图样。

第二十条　任何单位和个人不得印制、发售代币票券，以代替人民币在市场上流通。

第二十一条　残缺、污损的人民币，按照中国人民银行的规定兑换，并由中国人民银行负责收回、销毁。

第二十二条　中国人民银行设立人民币发行库，在其分支机构设立分支库。分支库调拨人民币发行基金，应当按照上级库的调拨命令办理。任何单位和个人不得违反规定，动用发行基金。

第四章　业务

第二十三条　中国人民银行为执行货币政策，可以运用下列货币政策工具：

（一）要求银行业金融机构按照规定的比例交存存款准备金；

（二）确定中央银行基准利率；

（三）为在中国人民银行开立账户的银行业金融机构办理再贴现；

（四）向商业银行提供贷款；

（五）在公开市场上买卖国债、其他政府债券和金融债券及外汇；

（六）国务院确定的其他货币政策工具。

中国人民银行为执行货币政策，运用前款所列货币政策工具时，可以规定具体的条件和程序。

第二十四条　中国人民银行依照法律、行政法规的规定经理国库。

第二十五条　中国人民银行可以代理国务院财政部门向各金融机构组织发行、兑付国债和其他政府债券。

第二十六条　中国人民银行可以根据需要，为银行业金融机构开立账户，但不得对银行业金融机构的账户透支。

第二十七条　中国人民银行应当组织或者协助组织银行业金融机构相互之间的清算系统，协调银行业金融机构相互之间的清算事项，提供清算服务。具体办法由中国人民银行制定。

中国人民银行会同国务院银行业监督管理机构制定支付结算规则。

第二十八条 中国人民银行根据执行货币政策的需要，可以决定对商业银行贷款的数额、期限、利率和方式，但贷款的期限不得超过一年。

第二十九条 中国人民银行不得对政府财政透支，不得直接认购、包销国债和其他政府债券。

第三十条 中国人民银行不得向地方政府、各级政府部门提供贷款，不得向非银行金融机构以及其他单位和个人提供贷款，但国务院决定中国人民银行可以向特定的非银行金融机构提供贷款的除外。

中国人民银行不得向任何单位和个人提供担保。

第五章 金融监督管理

第三十一条 中国人民银行依法监测金融市场的运行情况，对金融市场实施宏观调控，促进其协调发展。

第三十二条 中国人民银行有权对金融机构以及其他单位和个人的下列行为进行检查监督：

（一）执行有关存款准备金管理规定的行为；

（二）与中国人民银行特种贷款有关的行为；

（三）执行有关人民币管理规定的行为；

（四）执行有关银行间同业拆借市场、银行间债券市场管理规定的行为；

（五）执行有关外汇管理规定的行为；

（六）执行有关黄金管理规定的行为；

（七）代理中国人民银行经理国库的行为；

（八）执行有关清算管理规定的行为；

（九）执行有关反洗钱规定的行为。

前款所称中国人民银行特种贷款，是指国务院决定的由中国人民银行向金融机构发放的用于特定目的的贷款。

第三十三条 中国人民银行根据执行货币政策和维护金融稳定的需要，可以建议国务院银行业监督管理机构对银行业金融机构进行检查监督。国务院银行业监督管理机构应当自收到建议之日起三十日内予以回复。

第三十四条 当银行业金融机构出现支付困难，可能引发金融风险时，为了维护金融稳定，中国人民银行经国务院批准，有权对银行业金融机构进行检查监督。

第三十五条 中国人民银行根据履行职责的需要，有权要求银行业金融机构报送必要的资产负债表、利润表以及其他财务会计、统计报表和资料。中国人民银行应当和国务院银行业监督管理机构、国务院其他金融监督管理机构建立监督管理信息共享机制。

第三十六条 中国人民银行负责统一编制全国金融统计数据、报表，并按照国家有关规定予以公布。

第三十七条 中国人民银行应当建立、健全本系统的稽核、检查制度，加强内部的监督管理。

第六章 财务会计

第三十八条 中国人民银行实行独立的财务预算管理制度。中国人民银行的预算经国务院财政部门审核后，纳入中央预算，接受国务院财政部门的预算执行监督。

第三十九条　中国人民银行每一会计年度的收入减除该年度支出，并按照国务院财政部门核定的比例提取总准备金后的净利润，全部上缴中央财政。中国人民银行的亏损由中央财政拨款弥补。

第四十条　中国人民银行的财务收支和会计事务，应当执行法律、行政法规和国家统一的财务、会计制度，接受国务院审计机关和财政部门依法分别进行的审计和监督。

第四十一条　中国人民银行应当于每一会计年度结束后的三个月内，编制资产负债表、损益表和相关的财务会计报表，并编制年度报告，按照国家有关规定予以公布。

中国人民银行的会计年度自公历1月1日起至12月31日止。

第七章　法律责任

第四十二条　伪造、变造人民币，出售伪造、变造的人民币，或者明知是伪造、变造的人民币而运输，构成犯罪的，依法追究刑事责任；尚不构成犯罪的，由公安机关处十五日以下拘留、一万元以下罚款。

第四十三条　购买伪造、变造的人民币或者明知是伪造、变造的人民币而持有、使用，构成犯罪的，依法追究刑事责任；尚不构成犯罪的，由公安机关处十五日以下拘留、一万元以下罚款。

第四十四条　在宣传品、出版物或者其他商品上非法使用人民币图样的，中国人民银行应当责令改正，并销毁非法使用的人民币图样，没收违法所得，并处五万元以下罚款。

第四十五条　印制、发售代币票券，以代替人民币在市场上流通的，中国人民银行应当责令停止违法行为，并处二十万元以下罚款。

第四十六条　本法第三十二条所列行为违反有关规定，有关法律、行政法规有处罚规定的，依照其规定给予处罚；有关法律、行政法规未作处罚规定的，由中国人民银行区别不同情形给予警告，没收违法所得，违法所得五十万元以上的，并处违法所得一倍以上五倍以下罚款；没有违法所得或者违法所得不足五十万元的，处五十万元以上二百万元以下罚款；对负有直接责任的董事、高级管理人员和其他直接责任人员给予警告，处五万元以上五十万元以下罚款；构成犯罪的，依法追究刑事责任。

第四十七条　当事人对行政处罚不服的，可以依照《中华人民共和国行政诉讼法》的规定提起行政诉讼。

第四十八条　中国人民银行有下列行为之一的，对负有直接责任的主管人员和其他直接责任人员，依法给予行政处分；构成犯罪的，依法追究刑事责任：

（一）违反本法第三十条第一款的规定提供贷款的；

（二）对单位和个人提供担保的；

（三）擅自动用发行基金的。

有前款所列行为之一，造成损失的，负有直接责任的主管人员和其他直接责任人员应当承担部分或者全部赔偿责任。

第四十九条　地方政府、各级政府部门、社会团体和个人强令中国人民银行及其工作人员违反本法第三十条的规定提供贷款或者担保的，对负有直接责任的主管人员和其他直接责任人员，依法给予行政处分；构成犯罪的，依法追究刑事责任；造成损失的，应当承担部分或者全部赔偿责任。

第五十条 中国人民银行的工作人员泄露国家秘密或者所知悉的商业秘密，构成犯罪的，依法追究刑事责任；尚不构成犯罪的，依法给予行政处分。

第五十一条 中国人民银行的工作人员贪污受贿、徇私舞弊、滥用职权、玩忽职守，构成犯罪的，依法追究刑事责任；尚不构成犯罪的，依法给予行政处分。

第八章 附则

第五十二条 本法所称银行业金融机构，是指在中华人民共和国境内设立的商业银行、城市信用合作社、农村信用合作社等吸收公众存款的金融机构以及政策性银行。在中华人民共和国境内设立的金融资产管理公司、信托投资公司、财务公司、金融租赁公司以及经国务院银行业监督管理机构批准设立的其他金融机构，适用本法对银行业金融机构的规定。

第五十三条 本法自公布之日起施行。

（资料来源：中国人民银行网站 . http://www.pbc.gov.cn/publish/tiaofasi/272/1383/13831/13831_.html）

1.3 中央银行的制度类型与组织结构

为保证有效履行职能、实现政策目标，中央银行必须建立起完善的制度和组织结构。由于各国的社会制度、经济发展水平、金融发达程度和文化传统等情况不尽相同，中央银行的制度类型、资本金来源、组织结构存在着较大差异，表现出多样化的形式。各个国家的中央银行制度大体上可以分为四种类型：单一式中央银行制度、复合式中央银行制度、准中央银行制度和跨国中央银行制度，如表1-2所示。

表1-2 四种不同的中央银行制度

中央银行制度类型	内 涵
单一式中央银行制度	单一式中央银行制度是指国家建立单纯的中央银行机构，使之全面行使中央银行职能，领导全部金融事业的中央银行制度（分为一元式中央银行制度和二元式中央银行制度）
复合式中央银行制度	复合式中央银行制度是指国家不单独设立专司中央银行职能的中央银行机构，而是由一家集中央银行与商业银行职能于一身的国家大银行兼行中央银行职能的中央银行制度
准中央银行制度	准中央银行体制是指不设通常意义上的完整的中央银行，而设立类似中央银行的金融管理机构，执行部分中央银行职能，或者由政府授权某个或几个商业银行承担部分中央银行的职能
跨国中央银行制度	跨国中央银行体制是指若干国家联合组建一家中央银行，在成员国范围内行使全部或部分中央银行职能。其中有两种情况，一种是没有建立中央银行的数个国家组建一家联合中央银行；另一种是联合建立跨国中央银行的各国本来就建立了中央银行

1.3.1 中央银行制度的基本类型

1. 单一式中央银行制度

单一式中央银行制度是指国家建立单纯的中央银行机构，使之全面行使中央银行职能，领导全部金融事业的中央银行制度。

(1) 一元式

一元式中央银行体制是指仅有一家中央银行行使中央银行的权力和履行中央银行的全部职能。该类型中央银行的特点是权力集中统一、职能完善，根据需要在全国设立一定数量的分支机构，是中央银行最完整和标准的形式。目前世界上绝大多数国家的中央银行体制都采取这种形式。分支机构数量的多少依据各国中央银行的性质和在本国经济中的地位而定。

(2) 二元式

二元式中央银行体制是指在一个国家内设立一定数量的地方中央银行，并由地方银行推选代表组成在全国范围行使中央银行职能的机构，从而形成由中央和地方两级相对独立的中央银行机构共同组成的中央银行体系。在这种体系中，中央的中央银行是最高金融决策机构，地方中央银行要接受中央的中央银行的监督和指导。货币政策在全国范围内是统一的，但在货币政策的具体实施、金融监管和中央银行有关业务的具体操作等方面，地方中央银行在其辖区内有一定的独立性。

2. 复合式中央银行制度

复合式中央银行制度是指国家不单独设立专司中央银行职能的中央银行机构，而是由一家集中央银行与商业银行职能于一身的国家大银行兼行中央银行职能的中央银行制度。这种中央银行制度往往与中央银行初级发展阶段和国家实施计划经济体制相适应。计划经济体制下，银行的职能仅限于现金的出纳和保管，中央银行成为单纯的货币发行机构宏观和微观的经济活动都被纳入计划的轨道，货币政策完全丧失调节经济的功能。

3. 准中央银行制度

准中央银行体制是指不设通常意义上的完整的中央银行，而设立类似中央银行的金融管理机构，执行部分中央银行职能，或者由政府授权某个或几个商业银行承担部分中央银行的职能。我国香港特别行政区采用这种类型。在货币发行制度方面，至今为止没有统一，由汇丰银行和渣打银行负责，1994 年中国银行也成为发行银行。

4. 跨国中央银行制度

跨国中央银行体制是指若干国家联合组建一家中央银行，在成员国范围内行使全部或部分中央银行职能。其中有两种情况，一种是没有建立中央银行的数个国家组建一家联合中央银行；另一种是联合建立跨国中央银行的各国本来就建立了中央银行。不管哪种情况，建立这种中央银行体制的目的是为了与区域性经济联合和货币联盟体制相适应。跨国中央银行的主要职能是为成员国发行共同使用的货币，制定统一的货币政策，监督成员国的金融机构和金融市场，对成员国政府进行融资以及办理成员国共同商定并授权的其他金融业务。

1.3.2 中央银行的资本组成

1. 全部股份为国家所有

全部资本为国家所有的中央银行有两种情况，即由国家直接拨款建立中央银行或国家收购私人股份，将私人所有或部分国家所有的中央银行改组而成。历史悠久的中央银行大部分是从商业银行演变而来，其资本最初也为私人所有。在中央银行的长期发展和演变过程中，国家为了加强对经济的干预，认为排除私人资本更有利于为国家整体经济目标服务，逐步实行国有化。特别是在第二次世界大战结束之后，掀起了中央银行国有化的高潮。英国和法国等欧洲历史比较悠久的中央银行就是在这个时期实现国有化的。在这个时期新成立的中央银行大多是由国家出资建立的。中央银行采取国家所有制形式的主要还有荷兰、挪威、西班牙、加拿大、澳大利亚、埃及等50多个国家。

2. 国家拥有部分股份与民间股份混合所有

公私股份混合所有的中央银行也可以称为半国有化中央银行。其资本金的一部分为国家所有；另一部分为私人所有。国家持有的股份一般占资本总额的一半以上。例如日本的中央银行日本银行就是公私混合所有的中央银行，银行总资本为1亿日元。国家持有总资本的55%，其余45%由私人持有[①]。在采取这种所有制结构的中央银行体制中，股东的权限受到很大限制。例如日本银行法就规定，日本银行不成立股东大会，股东不能参加日本银行的经营活动，负责日本银行日常运营的理事就更不是由股东推举产生的。股东的权限仅仅是按照法律规定，每年领取最高不超过5%的红利。日本银行的盈余在扣除红利和公积金以后全部上缴国库。私人持有股份的转让需要获得日本银行的同意。中央银行采取这种所有制形式的主要国家还有比利时(国家所有占50%)、墨西哥(国家所有占51%)以及奥地利和土耳其等。

3. 全部股份非国家所有

全部股份私人所有的中央银行实际上是私人银行经政府授权，执行中央银行职能。意大利的中央银行意大利银行是其典型代表。由私人银行执行中央银行职能，受到某些限制。意大利银行在1936年成为唯一发行货币的银行的同时，根据同年公布的《储蓄保护和信用管制法》，意大利银行的股份持有人被限定为储蓄银行、全国性银行、公营信贷机构等金融机构。美国12家联邦储备银行的资本金也都是由联邦储备银行各会员银行出资的。商业银行要成为联邦储备银行的会员银行必须购买所属联邦区的联邦储备银行的股份，购买的股份既不能多也不能少，而是按照规定相当于该银行资本金和公积金的6%，实际上缴3%，联邦储备银行董事会根据需要可以随时要求会员银行上缴3%。但是，联邦储备银行几乎不需要这些资金。因此，董事会也从来没有向会员要求过。由于会员银行资本金和公积金会发生变化，因此，上缴联邦储备银行6%的实际数额也需要随时跟着调整。会员银行不能将所持联邦储备银行的股份转卖和用于抵押。会员银行可以依据所持股份，获得最高不超过6%的红利，如果是1942年3月以前的股份还可以享受红

① 王广谦．中央银行学(第三版)．北京：高等教育出版社，2011：22．

利免税优待。

4. 无资本金的中央银行

由于中央银行获得国家的特别授权执行中央银行职能以后，马上就可以通过发行货币和吸收金融机构的准备金存款获得资金来源。因此，作为中央银行有无资本金在其实际业务活动中并不重要。例如韩国的中央银行韩国银行就是无资本金的特殊法人。

5. 多国共有资本的中央银行

货币联盟中成员国共同组建中央银行的资本金是由各成员国按商定比例认缴的，各国以认缴比例拥有对中央银行的所有权。

无论中央银行的资本金是属于国家还是公私混合所有，都不会对中央银行的性质和业务活动产生实质性的影响。因为国家对中央银行拥有直接控制和监督的权力，私人持股者既无决策权也无经营权。因此，从这个意义上说，任何一个国家的中央银行本质上都是政府机构，随着时间的推移和中央银行职能的不断完善，中央银行的资本结构日趋国有化，已经成为第二次世界大战以后现代中央银行制度发展的普遍规律[①]。

1.3.3 中央银行的组织结构

1. 中央银行的权力分配结构

依据所在国家经济发展水平、国家体制以及历史传统等因素，中央银行的权力、职责和范围等也有所不同。中央银行在货币政策、中央银行业务方针和主要干部的人事任免以及规章制度方面的权力可以分为决策权、执行权和监督权。各国中央银行体制不同，如何行使上述权限可以分为高度集中和相对分离两种模式。

(1) 决策机构权、执行机构权和监督机构权一体化的模式

通过建立理事会集中所有的权限，理事会既是货币政策、业务方针和规章制度的制定者，也是具体实施者和监督者。美国联邦储备体系是这种模式的代表。美国联邦储备体系的最高决策机构是联邦储备银行理事会。理事会的主要职责是：制定货币政策(变更存款准备金率、批准调整再贴现率)；保证支付体系的正常运转；监管联邦储备银行和会员银行；监督执行有关消费信贷的联邦法规。理事会成员共 7 人，由总统任命，但需得到参议院批准。任期 14 年，每两年更换 1 人，不得连任。如果有理事任期未满辞职，新补充的理事不仅可以担任前任理事余下的任期，如果重新当选，还可以继续任职 14 年。因此，理论上理事的任期可以长达接近 28 年。理事会设主席副主席各 1 人，由总统在理事会成员中挑选，但也需得到参议院的认可，任期 4 年，可在理事任期内连任。联邦储备体系内又设联邦公开市场委员会，负责联邦储备银行理事会在公开市场的操作，买卖政府和联邦机构证券、吞吐存款机构准备金以及规定和指导外汇市场上美元对外币的操作。联邦公开市场委员会由 12 人组成，联邦储备银行理事会 7 名成员，加 5 名联邦储备银行行长，其中纽约联邦储备银行行长是当然委员，其余 4 人由各联邦储备银行行长轮流担任，任期 4 年。

---

① 付一书．中央银行学．上海：复旦大学出版社，2009：45.

(2) 决策机构权、执行机构权和监督机构权相对分离的模式

分别由不同的机构行使决策、执行和监督权。日本、法国、德国和瑞士采取这种模式。日本银行的最高决策机构是日本银行政策委员会，其主要职责是：改变再贴现率和存款准备金比率；调整金融市场运行规则以及日本银行主要职能机构的变更等重要事项。日本银行政策委员会由9名委员组成，包括日本银行总裁和2名副总裁以及来自外部的6名委员，全部由内阁任命，国会批准，任期5年。日本银行的最高执行机构是日本银行理事会，主要职责是执行政策委员会的决定和处理日常经营中的重大事项。理事会由日本银行正副总裁和17名理事组成，正副总裁任期5年，其他理事任期4年，均由大藏大臣任命。日本银行另设监事会，负责监督检查日本银行的业务和政策执行情况。

(3) 决策机构权、执行机构权和监督机构权由不同机构交叉承担

这种权力分配结构的设置，中央银行通常设有一个主要的决策机构，除此之外，还设有专门的执行机构和监督机构，它们也有一定的决策权。采用这种最高权力机构模式的有瑞士、比利时、荷兰等国的中央银行。

决策权、执行权和监督权集中的模式决策层次少、权力集中，有利于政策间的衔接和一致，便于迅速决策和操作。弊端在于，相互之间缺乏制衡机制；决策权、执行权和监督权相对分离的模式，有利于专业化管理和权力的制衡，弊端在于，相互协调的效率较低。

2. 中央银行的内部机构设置

中央银行履行其职能是通过其内部机构进行的。内部机构设置的合理与否和各机构相互之间配合如何直接关系到中央银行业务的开展和完成其职能的效率。虽然各国中央银行的内部机构设置不尽相同，但其大多包括以下三大部门：①行使中央银行职能的部门。这是中央银行内部机构的核心部分，包括货币发行的部门、办理与金融机构业务往来的部门、组织清算的部门和货币政策操作部门。如果金融监管没有从中央银行分离，还包括监管部门。②为中央银行有效行使职能提供支援和后勤保障的部门，包括行政管理部门、服务部门和后勤部门。③为中央银行行使职能提供咨询、调研和分析的部门。由于中央银行货币政策在宏观经济政策中的地位越来越重要，货币政策正确与否又主要依据中央银行对经济和金融形势的正确分析和判断。因此，各国中央银行越来越重视调查统计和政策研究部门，这个部门在中央银行内部机构设置中所占的比重不断提高。

3. 中央银行的分支机构设置

中央银行为了高效和顺利完成其职责，需要通过在地方建立分支机构推行其业务和货币政策。各地实际经济发展水平差异较大，由各地分支机构搜集信息并向总行报告可以使得货币政策的制定更加符合实际情况。因此，中央银行普遍实行分支机构的体制。不仅一元式中央银行体制建立分支机构，即使是二元式中央银行体制下的地方中央银行虽然在法律地位上是独立的，亦不能在辖区内实行与总行不同的货币政策和制度。

(1) 按照区域进行设置

以经济区域为主、兼顾行政区划设置分支机构这种设置模式是按照经济区域设置分行，并考虑行政区划的因素。例如日本银行把全国47个都道府县划分为33个业务区，每区设立一个分行。德国则将各州中央银行作为德意志联邦银行的分行，分行以下根据业务需要设置分支机构。其他采取这种模式的还有意大利、匈牙利和南斯拉夫等国家的中

央银行。我国也在1998年对中国人民银行的分支机构设置进行了改革,改按行政区域设置分支机构为以经济区域为主、兼顾行政区划的模式。将全国划分为9个业务区,分别是:天津、沈阳、上海、南京、济南、武汉、西安、广州和成都,每区设分行。在各个区内,基本上根据行政区划,设立中心支行和支行。

(2) 按照行政区进行设置

为了与计划经济体制相适应,苏联和1998年以前的中国人民银行按照行政区域进行设置。在这种模式下,中央银行的分支机构设置与国家行政区划一致,逐级设置分行或支行,并规定分支机构的行政级别。分支机构的规模与业务量无关,而与行政级别有关。各分支机构之间根据行政级别发生垂直的隶属关系。

(3) 按照经济区域进行设置

按照这个原则设置分支机构,主要考虑各地经济金融发展状况和中央银行业务量的多少,根据实际需要进行设置。主要因素有地域关系,经济金融联系的密切程度,历史传统和业务量。分支机构一般设置在该区域的经济金融中心,机构规模大小也视实际情况而定。这种设置方式的主要特点反映了中央银行是国家宏观经济调控部门而非一般行政机构;有利于中央银行各项政策的贯彻和货币政策的集中统一,少受地方政府的干预;有利于贯彻市场经济的原则;设置的主动权在中央银行,可根据需要确定设置的数量和分布。目前大多数国家中央银行都是按照这个原则设置分支机构的。

1.3.4 中国人民银行体制和组织结构

1. 中国人民银行体制

中国人民银行实行一元式中央银行体制,由中国人民银行执行中央银行的全部职责,并按照《中华人民共和国中国人民银行法》第二章第十二条的规定,根据履行职责的需要设立分支机构,作为中国人民银行的派出机构。中国人民银行对分支机构实行集中统一领导和管理。

2. 中国人民银行资本所有

根据《中华人民共和国中国人民银行法》第一章第八条,中国人民银行的全部资本由国家出资,属于国家所有。

3. 中国人民银行机构设置

中央银行要有效地履行其职责,需要有自身的组织机构作保证。目前中国人民银行的机构设置如图1-1所示。

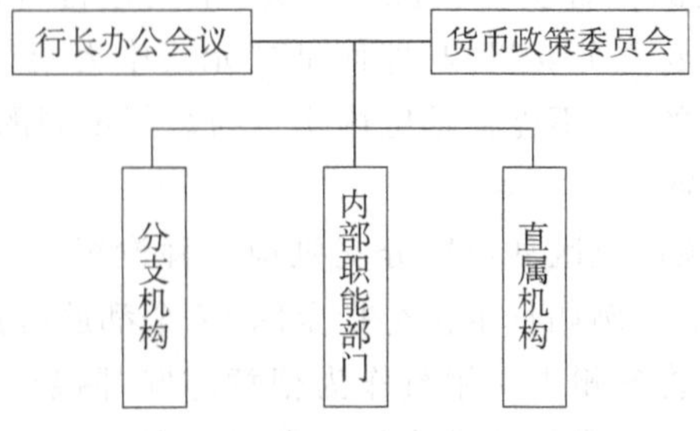

图1-1 中国人民银行机构设置

(1) 中国人民银行的最高权力机构

根据我国的国情以及新中国成立以来中国人民银行组织机构的情况规定中国人民银行设行长1名，副行长若干人。中国人民银行行长的人选，根据国务院总理的提名，由全国人民代表大会决定，副行长由国务院总理任免。根据《中国人民银行法》，中国人民银行实行行长负责制，行长是中国人民银行的行政首长，行长行使最高决策权。为有助于货币政策的正确制定，中国人民银行设立货币政策委员会。货币政策委员会集中了有关部委及银行家和金融专家学者，他们共同研究货币政策，能更好地反映社会各方面对货币政策制定的要求，充分发挥货币政策的宏观调控作用。《中国人民银行法》第十二条规定："中国人民银行设立货币政策委员会。货币政策委员会的职责、组成和工作程序，由国务院规定，报全国人民代表大会常务委员会备案。中国人民银行货币政策委员会应当在国家宏观调控、货币政策制定和调整中，发挥重要作用。"

(2) 中国人民银行内部的职能部门

根据履行职责的需要，共设18个内部职能部门。

① 办公厅

组织协调总行机关日常工作，承担有关文件的起草、重要会议的组织、文电处理、秘书事务、信息综合、新闻发布、档案、信访、保密等工作。

② 条法司

起草金融法律法规草案；依法承办金融法律法规的有关解释工作，承担行政复议和行政应诉工作；开展金融法律咨询服务，组织金融法制教育和宣传。

③ 货币政策司

研究、拟定与实施中央银行货币政策和货币政策中介目标；研究提出关于选择和运用各种货币政策工具、保持货币币值的稳定的意见和建议并负责实施；研究、拟定和实施信贷政策，促进国民经济和区域经济的协调发展；负责中国人民银行货币政策委员会秘书处的日常工作。

④ 银行监管一司

承办对国有独资商业银行、政策性银行和外资银行的监管工作。依法审核其分支机构的设立、变更、终止及业务范围；拟定业务管理的规章制度；监测资产负债比例、信贷资产质量、业务活动、财务收支等经营管理情况；审查负责人任职资格。

⑤ 银行监管二司

承办对股份制商业银行和城市商业银行的监管工作。依法审核有关机构的设立、变更、终止及业务范围；拟定业务管理的规章制度；监测资产负债比例、信贷资产质量、业务活动、财务收支等经营管理情况；审查负责人任职资格。

⑥ 非银行金融机构监管司

承办对全国非银行金融机构(证券、保险除外)的监管工作。依法审核有关机构的设立、变更、终止及业务范围；拟定业务管理的规章制度；监测资产负债比例、资产质量、财务状况、业务活动等经营管理情况；审查负责人任职资格。

⑦ 合作金融机构监管司

承办对农村和城市合作金融机构的监管工作。指导合作金融机构坚持"自愿入股、民主管理、主要为入股社员服务”的原则，规范合作金融机构的管理；研究并推动合作金融体制改革，拟定合作金融机构资产负债比例管理、信贷资产质量管理、风险管理、利率管理、结算管理等业务管理制度，对其经营风险进行监控，督促其完善内部监督和制约机制；拟定合作金融机构设置条件、业务经营范围、法人代表任职资格等管理办法并组织实施。

⑧ 统计司

负责经济金融信息的搜集、统计和分析；拟定中国人民银行系统经济、金融统计制度，管理和协调金融系统的统计工作；组织中国人民银行系统的调查统计数据库建设和信息自动化系统建设；向金融系统和国务院综合部门提供金融信息咨询。

⑨ 会计财务司

拟定金融业统一的会计和结算制度、办法和细则并组织实施；管理中国人民银行财务工作，编制并监督检查中国人民银行财务收支计划，编制资产负债表、损益表等财务会计报表。

⑩ 支付科技司

负责支付清算、联行结算和账户的管理以及组织现代化支付系统的建设、推广和应用；编制金融科技发展规划，拟定金融科技政策、标准和管理办法。

⑪ 国际司

承办中国人民银行与国际金融组织、香港特别行政区及澳门、台湾地区金融组织和各国中央银行的官方联系及业务往来的有关工作；负责中国人民银行的外事管理工作。

⑫ 内审司

监督检查中国人民银行各职能司(局)、直属机构和分支机构及其工作人员依法履行公务的情况，特别是执行财务纪律的情况；承办对主要负责人的离任稽核工作，对违法违规人员的处理提出建议。

⑬ 人事教育司

拟定中国人民银行系统人事、劳动工资的管理制度及办法并组织实施；管理中国人民银行直属院校；组织中国人民银行系统人员考试、测评和智力引进工作，拟定人员培训规划；管理中国人民银行系统机构编制。

为履行《中华人民共和国中国人民银行法》规定的职责，保证科学制定和实施货币政策，有效实行金融监管，中国人民银行设立研究局、货币金银局、国库局、保卫局、培训中心，作为支持服务体系。上述单位的人员参照国家公务员的办法管理，编制共 260 名。

⑭ 研究局

围绕货币政策决策，对经济增长及其运行进行分析与预测，跟踪研究我国产业政策和工业、农业、财税、外贸等部门经济动态及货币信贷、利率、汇率、金融市场、金融风险等重大政策并向行领导提出政策建议。

⑮ 货币金银局

拟定有关货币发行和金银管理的办法；承担人民币管理和反假人民币的工作；安排现钞和辅币的生产、保管、储运、更新、销毁；管理现金的投放、回笼及库款安全；管理全国的金银收购配售库存和国家黄金储备；管理金银开发基金；管理全国黄金市场。

⑯ 国库局

办理国家金库业务，对下级库实行业务管理；代理国务院财政部门向各金融机构发行、兑付国债和其他政府债券；监督和维护国库资金的安全和完整。

⑰ 保卫局

负责中国人民银行系统的保卫工作；对金融诈骗、盗窃、抢劫案件进行综合分析，制定防范措施；组织金银、现钞、有价证券的武装押运工作。

⑱ 培训中心

承担中国人民银行工作人员的各类培训和金融业高级管理人员任职资格培训工作。中国人民银行的分支机构是总行的派出机构，其主要职责是按照总行的授权，主要负责本辖区的金融监管。此外，中国人民银行还设立了印制总公司、清算中心、中国外汇交易中心等直属企事业单位及驻外机构。

本章小结

(1) 统一货币发行、解决政府融资、保证银行支付、建立票据清算中心及统一金融监管等各方面对于经济发展提出的客观要求直接推动了中央银行的产生，中央银行的形成与发展经历了一个长期的历史发展过程。

(2) 中央银行的产生一般有两条途径：①由资本实力雄厚、社会信誉卓著、与政府有特殊关系的大商业银行逐步地发展演变而来。在演变过程中，政府根据客观需要，不断赋予这家大商业银行某些特权，从而使这家大银行逐步具备中央银行的某些性质并最终发展成为中央银行，典型代表是瑞典银行和英格兰银行。②由政府出面通过法律规定直接组建一家银行作为一国的中央银行，典型代表是美国联邦储备体系。

(3) 中央银行的性质是指中央银行自身所具有的特有属性。从中央银行业务活动的特点和发挥的作用看，中央银行既是为商业银行等普通金融机构和政府提供金融服务的特殊金融机构，又是制定和实施货币政策、监督管理金融业、规范与维护金融秩序、调控金融和经济运行的宏观管理部门。

(4) 中央银行的职能是中央银行的性质在其业务活动中的具体体现，尽管各国的政治与经济制度、社会历史背景、商品经济与信用制度的发展水平各不相同，但是中央银行的基本功能大致相似。中央银行具有三大职能：发行的银行、银行的银行、政府的银行。

(5) 多个国家的中央银行制度虽然各不相同，但是大体上可以分为四种类型：单一式中央银行制度、复合式中央银行制度、准中央银行制度和跨国中央银行制度。

复习思考题

(1) 简述中央银行产生的历史背景。

(2) 如何理解中央银行的性质？

（3）中央银行的职能是什么？
（4）中央银行的资本结构有哪几种类型？
（5）中央银行的组织结构包括哪些内容？
（6）分析中国人民银行的体制和组织结构。

第2章 中央银行在现代经济体系中的地位与作用

学习目标

(1) 了解中央银行在现代经济体系中的地位与作用;

(2) 理解中央银行的独立性;

(3) 掌握中央银行相对独立性的主要内容;

(4) 理解中央银行与各方面的关系。

随着经济、金融和科技的迅速发展,现代经济体系与以往的经济体系相比,无论是在运行方面还是在组织管理方面都表现出极大的不同。中央银行在现代经济体系中的地位和作用已经极为突出,它不但是整个金融体系运行的中心和全社会货币、信用的调节者,而且成为经济与社会稳定、健康发展的主要组织者和保证者。

关键词

经济全球化;金融国际化;稳定币值;通货膨胀;集中清算;资金周转;金融风险;独立性;相对独立性

2.1 中央银行在现代经济体系中的地位与作用

2.1.1 现代经济运行的特点

目前,世界各国的经济已经达到了相当发达的程度。现代社会的经济运行,较之以前传统的或不甚发达的经济来说,已经具有很多新的特点。对于现代经济运行的特点,就与中央银行相关的方面来分析,表现在以下几个方面。

1. 实物经济运行与金融运行交融在一起,金融已成为现代经济的核心

在以往的经济体系中,实物经济运行与金融运行虽然有一定的联系,但总体而言,二者的运行较为独立。在现代经济体系中,尽管各个国家的发达程度差异较大,但有一点是共同的,即金融已经与各国的经济紧密相连,金融已经渗透到经济活动的各个方面,且其影响力越来越大。金融与经济的交融是伴随着经济的发展和金融自身的发展而逐步加强的。随着经济货币化程度的不断加深、信用的发展以及新的经济组织形式和各种新型金融工具的不断出现,经济运行和金融运行已经融合在一起,并且方式越来越复杂、内容越来越丰富。现代经济体系一方面表现为实物经济的运行;另一方面表现为金融的运行。

虽然经济发展的基本动力是来自人类社会自身发展的内在需求,但制度、体制、组织、科技等方面的因素对经济发展的影响力越来越大,其中金融的作用日益突出,比如金融对经济的作用范围越来越宽、经济对金融的依赖程度越来越高等。金融不但通过其自身的特点(如货币方便商品流通、信用促进资金融通等)为经济发展提供条件,而且还通过促进社会储蓄向社会投资的转化为经济发展提供资本支持,通过货币创造为经济发展提供先导力量,通过金融市场的有效运作实现社会资源的优化合理配置等。因此,金融已经成为现代经济的核心,金融的发展状况成为经济发展的重要影响因素。

2. 经济的全球化与金融的国际化并行

随着科技发展和人类文明的进步,世界各国之间的经济联系日益增强。各个国家已经不可能脱离世界而独自发展,特别是在经济方面,已经呈现出全球一体化的大趋势,世界进入到各国相互依存、共同发展的历史新时期。经济一体化的内在要求推动着金融国际化的发展,而金融的国际化又为经济的一体化不断创造着必要条件。在20世纪后半叶,世界经济的增长在很大程度上是从全球经济一体化中取得的,世界市场不断扩大,国际贸易的增长速度大大快于世界经济的平均增长速度。在这个过程中,金融国际化不但为其提供了必要条件,而且还成为促进经济一体化的主要力量,国际资本流动的增长速度不但领先于国际贸易,更领先于世界经济的增长。

金融国际化主要表现为:①跨越国界的金融业务已经占据很大比重。一方面是因为国际贸易的迅速增长使得国际结算业务和国际金融服务业务的比重大大增加;另一方面表现在国际资本流动和资金融通业务的比重迅速上升。②金融机构的跨国设立。一方面是外国金融机构大量进入本国;另一方面是本国金融机构走向国际。随着金融机构的交互设立，金融业在国际走向融合。③金融市场走向全球一体化。由于科技的发展、通信技术的完善以及各种金融工具的创新，各国的金融市场已与国际金融市场紧密地联系在一起，银行及其顾客在世界所有的金融中心都可以进行各种传统的和创新的金融交易[①]。

随着经济现代化进程的加快，全球经济一体化和金融国际化的趋势也在迅速增强，二者互为对方创造着持续发展的动力和条件。

专栏2-1 金融国际化

金融国际化是经济全球化的重要组成部分，主要表现为金融市场国际化、金融交易国际化、金融机构国际化和金融监管国际化。金融国际化推动了经济全球化的发展。金融国际化是指一国的金融活动超越本国国界，脱离本国政府金融管制，在全球范围展开经营、寻求融合、求得发展的过程。金融国际化是经济全球化的重要内容。

一、金融国际化的动因

1. 自由化政策为金融国际化提供了有利的制度基础

20世纪70年代，发展中国家开始一系列的金融体制改革，改变了金融落后的状况，在一定程度上推进了金融开放和金融自由化。20世纪80年代初开始，以美、英、日、德和法国为主的工业化国家相继实施金融自由化措施，放松金融管制、取消利率上限、引入创新金融工具、放宽市场准入和营业限制。自由化政策突破和改变了各国金融抑制或金融管制的各种传统制度，形成了与金融国际化要求相适应的新规则。

2. 信息革命为金融国际化提供了强大的技术手段

现代计算机技术和通信技术的发展，消除了各国市场之间和国际市场之间金融信息传递的时空障碍，提供了高速度、低成本处理大规模金融交易的技术手段。

特别是网络技术的发展，使得全球范围的资金流动和交易清算瞬间即可完成。

3. 创新为金融国际化提供了多样化的运作载体

金融国际化需要新的制度、新的技术，更需要新的载体。从20世纪60年代末起，各国金融机构为了规避政府管制，拓展海外市场，掀起了金融创新浪潮。新的金融市场、新的金融机构和新的金融工具，比如离岸金融市场、跨国银行、金融产品证券化和金融衍生工具等不断涌现，成为金融国际化的有效载体。金融国际化的进程实际上就是一个金融创新的过程，金融创新不断为金融国际化的推进和扩展开辟道路。

二、金融国际化的表现形式

金融国际化主要表现为金融市场国际化、金融交易国际化、金融机构国际化和金融监管国际化。

1. 金融市场国际化

金融市场国际化有两层含义：伴随着金融管制的取消或放松和国内金融市场向国际投资者的开放，本国的居民和非居民享受同等的金融市场准入和经营许可待遇；离岸金融市场，与国内金融市场即在岸市场相比，离岸市场直接面向境外投资者的国际金融交易，

---

① 王广谦．中央银行学(第三版)．北京：高等教育出版社，2011：31．

与市场所在国的国内经济几乎无关。

2. 金融交易国际化

金融交易国际化是指交易范围、交易对象、交易活动、交易规范、交易技术的国际化。伴随着外汇管制和其他金融管制的逐步放松，国际金融市场上非中介化趋势日益显现。所谓非中介化是指银行不再充当借贷双方的中介机构。经银行中介的国际借贷渐遭冷落，国际证券市场开始繁荣，并成为国际融资的主要形式和渠道。证券化筹资工具中除了传统的欧洲债券外，还包括各类融资票据、公司股票的异地上市、存托凭证以及金融衍生品等。证券化融资的国际交易量及其增长，反映了金融国际化的迅猛发展势头。

3. 金融机构国际化

金融机构国际化包括两个方面：参与国际金融活动的机构日益增多，国际化范围扩大；金融机构实施跨国经营战略，国际化程度提高。最近10多年中，国际金融市场上的机构投资者以全球化战略为指导，不断提高国外资产的控制额，同时更多地采用同业跨国收购或跨部门兼并的方式直接拓展海外金融市场份额，形成了诸如日本野村证券那样的"全球金融超级市场"、美国美林公司那样的"巨型零售经纪人商店"，以及所罗门公司那样的"全球证券贸易商行"。

4. 金融监管国际化

金融市场和交易的国际化，使银行和非银行金融机构日益摆脱各国政府的监管，国际金融市场上的不平等竞争和经营风险日益加剧。为使银行提高资产效率和规避经营风险，1988年国际清算银行与12个发达国家协商后公布了"巴塞尔协议"，该协议已成为当代全球银行业共同遵守的基本准则。国际金融监管还在地区层面上展开，如欧盟的银行顾问委员会和监管当局联络组，取得了显著成效。在证券领域，国际证券委员会不仅致力于保障银行业与非银行业之间的公平竞争，而且更关注衍生金融工具的国际风险管理。

三、金融国际化的发展趋势

1. 金融国际化的规模不断扩大

在当今各国普遍开放的全球政策背景下，金融国际化进程明显加快，规模不断扩大。除了绝对规模外，全球金融交易量相对于国际贸易和世界产值的比重也呈上升趋势。

2. 各国的国际金融依存度进一步提高

国际金融依存度是指金融资产的跨国持有的程度。它包括国内金融资产被外国居民持有和国内居民持有外国金融资产两个方面。几乎所有的发达国家都基本实现了金融市场开放，允许金融资产的跨国经营。尽管大部分发展中国家经济与金融发展程度相对较低，但金融跨国化经营带来的积极效应，使它们进一步开放金融市场，提高了国际金融依存度。

3. 新兴工业化经济体在金融国际化中的作用增强

在金融国际化的各个方面，发达国家，尤其是美国、日本和欧盟中的发达国家发挥着主要作用。全球资本市场85%的融资流动仍集中在发达国家。然而，自亚太地区新兴国际金融中心崛起以来，金融国际化集中于发达国家的传统格局开始发生变化。20世纪90年代以来，一些新崛起的发展中国家不断通过改革金融体制，投身金融国际化的潮流。尤其是新加坡和中国香港作为亚太地区国际金融中心的崛起，使金融国际化获得了全球范围的发展依托。

4. 金融衍生市场日益成为金融国际化的重要阵地

金融衍生市场是一种以证券市场、货币市场、外汇市场为基础派生出来的金融市场，它利用保证金交易的杠杆效应，以利率、汇率、股价的趋势为对象设计出大量的金融商品进行交易。

5. 发展中国家的外部融资结构发生重要变化

根据世界银行《2003 年全球发展融资》报告，外国直接投资加上在国外工作的本国工人汇款（汇回国内的部分工资），已超过外国私人贷款而成为发展中国家的重要资金来源。这一变化与经济全球化进程（资本和人员的跨国流动）加快密切相关，将对发展中国家产生深远影响。

四、金融国际化与经济全球化的关系

金融国际化既是经济全球化的一个重要组成部分，又是经济全球化深入发展的必要条件，金融国际化与经济全球化存在着唇齿相依的密切关系。

1. 金融市场国际化促使全球经济的联系更加紧密

全球性金融中心、地区性金融中心和大批离岸金融市场构成了全球性的金融网络，使各国的经济和金融活动紧密地联系在一起。24 小时不间断运行的外汇市场提供了货币交易的国际机制，而这种货币交易是跨国经济活动的重要基础。日益证券化的国际资本市场使发达国家的资本供给和发展中国家的投资机会得以连接，形成了资本有效配置的国际机制。在国际金融活动中，制度、政策和货币的障碍越来越小，有力地推动了经济全球化进程。

2. 金融交易国际化推动经济全球化深入发展

金融交易的自由化和国际化正越来越显示出金融业在经济全球化中的枢纽作用。贸易自由化是经济全球化的先导，跨国公司的生产一体化是经济全球化的更为深刻的形式，金融国际化既是贸易自由化的结果，又是生产跨国化、一体化的基础。因此，金融国际化在经济全球化中发挥了承上启下的作用，金融交易国际化作为金融国际化的核心，推动了经济全球化的深入发展。

3. 金融服务自由化丰富了贸易自由化的覆盖范围

全球化的世界经济由贸易自由化、生产一体化和金融国际化三方面的内容交融组合而成。代表贸易自由化的乌拉圭回合谈判不仅包含贸易自由化的内容，而且还涵盖了金融服务业自由化的内容。尤其值得注意的是，金融服务贸易总协定已经达成，建立一个消除金融服务领域国家障碍的新体制被提到议事日程。

4. 金融机构全球化支撑了生产一体化的持续发展

跨国银行和其他跨国金融机构是金融全球化的微观基础。金融机构的跨国经营不仅仍然是国际贸易持续扩张的金融基础，而且更是跨国公司全球化运行的坚强后盾。20 世纪 90 年代以来，全球范围的大规模兼并收购与金融机构的全球化筹融资安排能力、国际范围的信用支撑能力直接相关，而这一轮以强强联手为特征的大规模跨国并购浪潮明显带有构筑一体化生产网络的动机。

5. 金融衍生产品加大了对经济全球化的双重影响

金融衍生产品自20世纪70年代初问世以来呈现出蓬勃发展的势头，成为金融创新推动金融全球化发展的主要方式。金融衍生产品推动了国际金融市场的发展。金融衍生产品交易所提供的远期价格信息，对国际投资、生产、贸易和金融，均发挥了重要的导向作用。金融衍生产品交易也为投资者提供了避险工具，有利于稳定投资者的预期，从而有利于稳定国际金融市场。同时，作为转移风险工具的金融衍生品也可能被用作投机工具，从而危及国际金融乃至整个世界经济的稳定。

五、中国金融国际化进程

金融国际化是我国社会主义市场经济的发展需要，我国要实现与世界市场经济接轨的唯一途径就是实现改革开放政策、实行国际化经营。国际贸易、生产国际化的迅速发展必然要求金融机构为其提供出口融资、贷款在海外设立分支机构提供相应的服务。三资企业日渐增多，外汇业务增多也要求国内金融业务与国际金融市场连为一体，因此要求加速金融国际化进程，做到既经营人民币业务，又经营外汇业务，既经营国内业务，又经营国际业务遵循国际惯例办事，扩大对外联系与交往，积极参与国际市场。

中国从20世纪70年代末，由政府主导自上而下进行了经济金融体制改革。这项改革通过行政力量，快速地以金融立法和管理条例的方式，建立一个以中央银行为主体，地方银行、外资银行和其他非银行金融机构为辅助的多种金融机构并存和分工协作的社会主义金融体系，很好地成为金融国际化的基础。

1. 金融机构国际化进程

我国陆续加入一些国际金融组织。如我国先后成为国际货币基金组织、世界银行集团、亚洲开发银行的会员。我国农业银行参加了亚太地区农贷学会和国际农业信贷联合会，加强农业信贷业务的国际联系。国时我国与外国中央银行、商业银行及其他金融组织的联系在不断加强，与许多外国银行建立了代理关系，以便更好地开展国际业务，为经济国际化服务。

我国金融机构在海外已经设立了一些分支机构。

外资、合资金融机构在我国占有一定比例。据统计目前有近30个国家和地区的120家外国银行在我国15个城市开设了40多家分行和225个常驻代表处。这些外资金融机构整体实力强，国际业务量大，人员素质高，经营策略灵活，现代化水平高，并应用世界一流的科技和通信设施，既对我国金融机构形成一定的竞争压力，又可以使我国金融机构更好、更近地学习国外先进的金融管理和动作方法，有利于我国金融业向国际化发展。

2. 金融市场的国际化进程

金融市场是指从事金融资产交易活动的场所或领域。我国真正意义的金融市场是在经济体制改革之后逐渐形成的，到现在只有十余年时间，难免不正规，形态难免幼稚，因此要在进一步成熟和完善国内金融市场基础上实现与国际市场接轨，因为国际金融市场蕴含着巨大的资金潜力，拥有先进的金融工具，具有完善的管理体制，其客户资源和经济背景能为我国创造较好的机会，提供较公平的条件。当然盲目进入国际市场，运用不合理的战略都会遭受损失，所以我们首先要了解国际市场情况，其次学习使用国际金融工具，再次是创造条件，在国际市场上树立起良好的自身形象。

从世界经济发展的趋势看,环太平洋地带将出现一批国际化贸易和国际金融中心,我国也希望拥有这样的金融中心,加入国际竞争,因此,必须加速人民币国际化进程。人民币国际化需要的条件是:人民币的自由兑换,经济实力的不断增长,有效控制通货膨胀和国际收支经常项目保持良好。

人民币的自由兑换,其核心是汇率问题。这方面我国走出了关键一步,即自1994年1月1日开始,实行汇率并轨,建立以市场供求为基础的单一的有管理的浮动汇率制。这一举措有利于国内商品价格接近于国际市场价格,有利于发挥汇率调节出口的作用,并应付复杂多变的世界经济变化;有利于成本核算、经营管理,使核算体系有较为统一的标准;杜绝外汇黑市交易,纯洁外汇市场,有利于国内经济循环和国际经济循环的吻合;有利于中国入世并参与广泛的国际经济交往。

经济实力的不断增长和国际收支状况的良好。我国改革开放的20年是飞速发展的20年,经济增长率每年都以10%左右的速度递增,总体经济实力不断增强。

我国证券市场的国际化进程。我国许多金融机构多次在国际债券市场上成功发行了债券。筹集到大笔建设资金,支援国家经济建设。

3. 国际的宏观协调

各国政府对经济和金融运行的干预程度不断增强,国际的宏观协调已提上重要日程。

(1) 政府作为一个部门,在国民经济活动中的地位不断提高。在现代经济中,除最基本的两个经济部门即企业部门和家庭部门之外,政府已经作为一个独立的经济部门直接参与到国民经济总体活动之中。政府在国民经济中的活动以及与企业部门和家庭部门的联系主要是通过税收、支出和发行债券等几个方面进行。随着政府承担的社会责任的不断增加,政府在经济总量中所占的份额也在不断上升,政府对信用形式的利用也在增加。另外,政府对企业的直接参与程度也在增加,政府的全资企业和控股企业都占有较大比重。企业和行业的国有化反映了政府对经济的控制增强。

(2) 政府作为国民经济的管现者,对经济运行的调控力度不断增加。政府在法律、制度等方面加强了对经济运行的约束和规范;宏观经济政策和行政手段加强了对经济运行的调控。国家干预主义对政府在经济管理中的地位和作用提供了直接的理论依据。

另外,伴随着全球经济一体化和金融国际化趋势的增强,国际的宏观协调成为各国政府的一项重要职责。各类国际性组织和区域性合作组织的作用亦越来越重要。

(资料来源:维普网. http://www.cqvip.com)

2.1.2 中央银行在现代经济体系中的地位

中央银行在社会经济体系中处于一个很重要的地位,这从促使中央银行产生和发展的基本经济原因和中央银行自身所具有的职能以及承担的社会责任分析中不难得出结论。由于商品经济的迅猛发展、经济货币化程度的加深,金融在经济中作用的增强和国际经济联系的推进,中央银行在现代经济体系中的地位和作用较之早期的中央银行就更加突出了。

1. 从经济体系运转看，中央银行为经济发展创造货币和信用条件，为经济稳定运行提供保障

随着商品经济的发展和生产流通的扩大，经济体系对货币的需求也在不断增强。在金属货币制度下，由于金币可自由铸造，当市场上对货币的需求增加时，便会有相应的金块被铸造成金币进入流通，这个过程是自发完成的。在中央银行垄断货币发行特别是在不兑现信用货币流通条件下，经济体系对货币的需求就必须通过中央银行来实现，中央银行成为唯一的货币供应者。在现代信用货币制度下，商业银行等存款金融机构也参与货币创造，但其源头仍然是中央银行。中央银行根据经济发展的客观需要，不断地向经济体系提供相应的货币供给，也就是不断地为经济发展提供着必要的条件。在货币、信用关系基本上已经覆盖全社会经济运行的情况下，资本和劳动的投入均需借助于货币来实现，通过货币才能把各种要素结合为现实生产力。在现代经济中，中央银行的货币供应在为经济体系提供必要条件的同时，还提供了新的货币推动力，从而使中央银行成为推动经济发展的重要力量①。

中央银行在为经济发展不断创造货币和信用条件从而促进经济增长的同时，还为经济体系的正常运行提供有效的保障。一方面，中央银行为经济运行提供稳定的货币环境，通过稳定货币实现经济的稳定增长。完全的信用货币制度，为中央银行最大限度地推动经济增长提供了充分必要条件，但同时也使货币供给的过度增长成为可能。中央银行通过垄断货币发行和制定并执行正确的货币政策，保持币值的稳定，为经济的正常运行和稳定增长提供了保障；另一方面，中央银行为经济体系的信用活动提供支付保障。中央银行虽然一般不对工商企业和居民个人办理金融业务，但中央银行作为商业银行等金融机构的“最后贷款人”，对全社会的支付体系承担着最终的保证责任，而且中央银行还是全国的资金清算中心。因此，中央银行通过保持货币的稳定和信用及支付体系的顺畅，为经济体系的正常运转提供有效的保障②。

2. 从对外经济金融关系看，中央银行是国家对外联系的重要纽带

由于中央银行与促进世界融合的诸多要素如贸易、货币与资本流动、合作与交流等有着极强的相关性。因此，在日益紧密的国际联系中，中央银行发挥着桥梁或纽带的作用。

(1) 在国际交往中，货币是不可缺少的必要手段，中央银行作为一国货币的供给者和管理者以及国际货币支付体系的参与者和维护者，起着十分关键的作用。

(2) 在国际经济合作、融合和一体化过程中，金融起着先导作用，而中央银行一般是代表国家参与国际间金融谈判、磋商和签约的主管机关，对国际的联合起着重要的推动作用。

(3) 在金融国际化过程中，中央银行作为一国金融业的领导者和管理者，在国与国之间的金融关系中发挥着协调和决策的作用。

(4) 在各国经济相互依存、共同发展大格局下，世界经济的管理需要各国政府的相互协调和密切配合，共同建立和维护新的国际秩序，保证世界经济健康稳定发展，而中央银

---

①② 王广谦．中央银行学(第三版)．北京：高等教育出版社，2011：33.

行就成为担负这一职责的重要部门。中央银行是国际金融组织的参加者，承担着维护国际经济、金融秩序的责任。

3. 从国家对经济的宏观管理看，中央银行是最重要的宏观调控部门之一

在现代经济中，金融成为经济的核心，中央银行处于货币流通的起点和信用活动的中心。由于金融在现代经济中作用的不断增强，中央银行作为金融活动的调节者和管理者，其地位也日益突出。在现代市场经济体制中，国家调控宏观经济主要依靠货币政策和财政政策，中央银行作为货币政策的制定者和执行者，因而成为国家最重要的宏观调控部门之一。中央银行通过货币政策工具的运用（如利率的调整），改变金融资产的价格和结构，通过金融市场机制影响经济结构。

综上所述，在现代经济体系运行的过程中，中央银行的地位空前提高，已经成为经济体系中最为重要的组成部分，成为经济运行的轴心。

2.1.3 中央银行在现代经济体系中的作用

中央银行的作用是由其职能决定的，是中央银行在实际经济生活中执行各项职能所产生的结果。中央银行发挥作用是通过对宏观经济的控制和调节，带动微观经济，即通过对货币供应量的分配、调节、控制，影响整个社会资金的运动，促进生产和流通的发展，促进经济结构、比例的协调[①]。

1. 稳定币值，防止通货膨胀

在当前不兑现的信用货币流通的条件下，中央银行垄断一国货币发行权，经济体系对货币的需求必须通过中央银行来实现，因此中央银行对货币供应量的控制就直接关系到币值是否稳定。中央银行可以依据经济发展的客观需要和货币政策的要求，通过对其资产与负债的调整，向市场提供相应的货币供给，满足经济发展的需要。中央银行通过改变基础货币的供应量和货币乘数，收缩或者扩张社会货币量，保持货币币值的稳定，防止通货膨胀。

2. 调节国民经济，促进经济正常发展

一般情况下，中央银行适当扩张信用，经济趋于繁荣；中央银行收缩信用，经济发展受到抑制。中央银行从宏观上控制了价值总量也就从全局上约束了微观经济活动，而且价值运动通过全国众多的金融机构，形成了一个有机的、以中央银行为中心的传递反馈系统，对全社会的价值总量进行计算、反映。中央银行可以通过自身的业务活动，分析国民经济各部门的比例关系是否合理，研究生产结构、收入结构、就业结构、消费结构之间的内部联系和发展变化趋势，向其他有关部门反映情况，提出调整方案。

3. 集中清算，加速资金周转

中央银行作为票据清算中心是在货币发行与集中保管存款准备金的基础上发展起来的。各家银行在中央银行开立往来存款账户，它们每日营业终了将各自票据交换的差额，通过在中央银行开立的账户，相互划转，及时结清。通过中央银行集中清算，手续简化，方

---

① 付一书．中央银行学．上海：复旦大学出版社，2009：33.

便易行,结算迅速及时,可以缩短票据在途时间,节约现金使用和流通费用,起到推动资金加速周转的作用[①]。

4. 稳定金融,防范金融风险

中央银行通过对自己资产与负债的调整,实现对全国货币供给量的控制,抑制过度的信用规模,实现币值的稳定。中央银行对金融机构实施严格的管理、监督,通过货币政策干预金融市场,沟通各种信用关系,消除不稳定因素,防范金融风险,引导金融业务经营活动保持良好的运行状态,符合宏观经济发展要求,实现金融稳定。

5. 推动国际金融合作

各国经济发展的不平衡性要求资源突破国界,在国际范围内重新组合配置。这必然推动国际贸易发展,技术交流频繁,资金融通国际化。中央银行是政府的银行和执行金融政策的银行,有较高地位和威信。在涉及国际重大关系的金融谈判、国际金融机构重要业务活动以及国家外汇储备等方面,它可以代表国家参与决定有关国际金融的重大问题,推动国际金融活动的开展,加强国际金融合作。

2.2 中央银行的独立性

2.2.1 中央银行独立性的含义

中央银行作为国家的货币当局,履行国家赋予的职能。中央银行的独立性是指独立于国家的权力。不管中央银行是由哪条途径产生的,最终都是通过立法确定为中央银行,中央银行的职能和权限也都是由法律赋予的。因此,所谓的独立性不可能是独立于立法和司法,中央银行的活动必须在法律授予的范围内进行。第一,无论是作为总统制的政府还是作为内阁制的政府都对议会负责。第二,中央银行作为政府的银行和政府在金融领域的代理人,必然要体现和实现政府的某些意图,在为政府提供服务的同时,还要接受政府的一定控制。第三,中央银行在很多国家是作为政府机构存在的。在有些国家虽然不是作为政府机构,也是通过专门立法作为特殊法人或机构成立的。因此,要完全独立于行政或政府也是不可能的,独立性只能是相对的。

中央银行的独立性问题最初提出并引起广泛重视是在第一次世界大战结束以后的1920年布鲁塞尔会议上。第一次世界大战结束之后,各国政府为了恢复经济,继续沿用增加货币发行的办法,造成严重的通货膨胀。反过来,又冲击货币制度和金融制度的稳定,加剧经济的困难。因此,在布鲁塞尔会议上,不少国家的中央银行提出减少政府干预,实行中央银行独立于政府的主张。法律上明确中央银行相对独立的地位。但是,20世纪30年代的世界性金融危机演变成历史上最严重的全面经济危机,为政府全面干预经济提供了必要性和可能性。中央银行在经济和金融体系中的地位以及货币政策在宏观经济政

① 付一书.中央银行学.上海:复旦大学出版社,2009:34.

策中的重要性也在政府对经济的干预过程中进一步得到认识,政府加强对中央银行的干预和控制。20 世纪 70 年代,主要发达国家在经历了战后经济的顺利发展以后,相继出现了经济发展停滞和通货膨胀并存的状况。减少政府对中央银行的干预,维护中央银行对政府的相对独立性再次成为经济学家们的热门话题。中央银行作为一个国家的货币当局,负责具体制定和贯彻执行货币政策,必须以国家经济发展目标为根本目标,遵从经济发展客观规律和货币信用规律,独立制定和执行货币政策。中央银行的相对独立性是中央银行制定和执行货币政策的独立性。包括中央银行选择货币政策最终目标的相对独立性和为实现最终目标使用货币政策手段的独立性。

综上所述,中央银行的独立性是指中央银行履行自身职责时法律赋予或实际拥有的权力、决策与行动的自主程度。中央银行的独立性比较集中地反映在中央银行与政府(国家行政当局)的关系上,这一关系包括两层含义:一是中央银行应对政府保持一定的独立性;二是中央银行对政府的独立性是相对的。

专栏 2-2　浅析中央银行的独立性

一、中央银行的权力机构和独立性

中央银行独立性大的国家多设立单一的监管机构,中央银行就是金融业的主管部门。在实行联邦制的国家,如德国和美国,或者在中央银行独立性较小的国家,如意大利、法国、日本、加拿大和瑞士等,对金融业的监管机构是多头的。

1. 中央银行本身的最高权力机构是理事会

理事会的主要成员一般由政府任命,由王室任命的仅有英国和瑞典。一般来说,独立性较大的银行理事会,政府不另派政府代表参加,如英国、美国、德国、格兰和瑞典等,在这里中央银行作为政府的代理人,直接对国会负责,独立性不大的银行理事会,如法国、日本、意大利和加拿大等国,政府还要派代表参加,这些国家的中央银行多半是听命财政部,尤其是意大利,近似于隶属财政部。理事会的任期不等,美国最长,为 14 年,瑞典最短,为 3 年,一般为 5～6 年。理事会主席一般是中央银行总裁。

2. 中央银行的独立性表现在制定政策方面

除美国和德国中央银行独立性比较大,有权制定货币政策外,其他中央银行处于政策参谋咨询地位,帮助政府制定货币政策,提供情报与建议,参与讨论并予以贯彻执行。在政府与中央银行意见不一致时,政府对中央银行有权干预。如法国和意大利,若中央银行与政府意见不一致,还需要重新进行讨论,另行提出意见。不过各国中央银行应力求与政府(特别是财政部)保持密切合作,因为国家的经济政策(包括财政政策)和货币政策是不可分割的。过分的强调独立性,容易与政府关系不协调。但是丧失独立性,又会使政府过多依赖银行,造成过度财政发行。因此,如何保持中央银行的相对独立性,是一个十分重要的问题。

二、各国中央银行相对独立性的比较

各国中央银行的独立性可以从它们的有关立法、组织形式等方面看出来。

(1) 从立法方面看,很多西方国家的中央银行法都明确赋予中央银行以法定职责。或赋予中央银行在制定或执行货币政策等方面享有相当的独立性。如西德联邦银行法中

规定:“德意志联邦银行为了完成本身使命。必须支持政府的一般经济政策,在执行本法授予的权势,不受政府指示的干涉。”日本银行法中,曾多次提到日本银行要受主管大臣的监督。并且规定:“主管大臣认为日本银行在完成任务上有特殊必要时,可以命令日本银行办理必要业务或变更条款或其他必要事项。”这些规定与前述日本银行的隶属关系是一致的。在独立性方面,日本银行小于德意志联邦银行。

(2) 从中央银行的资本所有权来看,它的发展趋势是趋于归政府所有。

目前很多西方国家的中央银行资本归国家所有,其中主要是英国、法国(以上两国的中央银行都是在第二次世界大战后收归国有的)、联邦德国、加拿大、澳大利亚、荷兰、挪威、印度等国。有些国家中央银行的股份是公私合有的,如日本、比利时、奥地利、墨西哥和土耳其等国。另外一些国家的中央银行虽然归政府管辖,但资本仍归个人所有,如美国和意大利等国。凡允许私人持有中央银行股份的,一般都对私人股权设定一些限制。例如日本银行的私人持股者只领取一定的红利,不享有其他的权力。意大利只允许某些银行和机构持有意大利银行的股票。美国联邦储备银行的股票只能由会员银行持有。中央银行资本逐渐趋于国有化或对私人股份加以严格的限制主要是出于以下的考虑,即中央银行主要是为国家政策服务的,不能允许私人利益在中央银行中占有任何特殊的地位。

(3) 从任命中央银行的历史和总裁来看,政府作为中央银行唯一的或主要的股东,或甚至在私人全部持有中央银行股票的情况下,政府一般都拥有任命理事或者总裁的权力。至于在中央银行理事会中政府是否派有代表参加或政府代表的权限有多大,各国则有较大的差异。在意大利银行中,政府代表的权力较大。在德国联邦银行和日本银行中,政府代表只有发言权,而无表决权。

(4) 从中央银行与财政部资金关系上看,很多国家严格限制中央银行直接向政府提供长期贷款,但又要通过某些方式对政府融资予以支持。如美国财政部筹款只能通过公开市场进行,也就是用发行公债的办法。如果财政部筹款遇到困难,也只是向联邦储备银行短期借款,有的甚至只有几天,而且是以财政部发出的特别库券作为担保。意大利银行可以向财政部提供短期贷款,但贷款金额不得超过年度预算支出的14%。法兰西银行可以向政府提供无息透支,但有上限而且实际透支额度很少。中央银行与财政的资金往来关系,是衡量中央银行相对独立性大小的一个重要尺度。

(5) 从中央银行的利润分配与税收管理上看,中央银行有着保持相对独立性的财务基础。中央银行不是企业,但它有盈利,不但能够维持自己的营业支出和股票分红,还有一部分剩余上交财政。中央银行不需要财政拨款,因此减少了政府的制约,这是中央银行不同于其他政府部门的地方。但是中央银行不以盈利为目标,它的收入扣除必要分配外,全部要上交。这是中央银行作为政府部门性质的体现。各国中央银行盈利上交的比例都相当高,如美国高达80%左右,日本也超过了80%。中央银行相对独立性是有效执行货币政策的必要条件,但并不是它的充分条件。也就是说中央银行有了相对独立性,货币政策也不一定能够成功。日本银行隶属财政部,但它的货币政策被证明是比较成功的,在经济高速发展时期,日本的货币政策既促进了经济增长,其通货膨胀率也是较低的。

(资料来源:根据相关资料整理而成)

2.2.2 中央银行相对独立性的主要内容

中央银行独立性的内容大致可以归结为以下三个方面。

1. 货币发行权

中央银行必须建立符合国家实际经济状况的货币发行制度，维持货币币值的稳定。第一，中央银行必须垄断货币发行权，不能搞多头发行。第二，中央银行发行货币的多寡、发行货币的时间和发行方式应该由中央银行根据货币政策的目标以及经济发展和货币信用规律自行决定，而不能受政府或其他利益团体的干扰。第三，中央银行应按经济原则发行货币，不能搞财政发行，不能在国债发行市场上直接购买长期国债。

2. 独立制定货币政策目标

中央银行必须遵从经济发展的客观规律和货币信用规律，独立决定货币政策目标。在决定货币政策目标时，必须考虑政府的宏观经济目标，保持货币政策目标与宏观经济目标一致。如果存在分歧，中央银行与政府必须本着相互信任、相互尊重的态度进行充分的沟通，防止双方目标不一致造成经济政策和货币政策的失败。有不少国家在中央银行立法中明确规定中央银行的目标是维持币值稳定，这些国家的中央银行对货币政策目标的选择就受到一定限制。货币政策目标是在维持币值稳定的前提下，独立决定货币政策。

3. 独立选择货币政策手段

货币政策目标能否顺利实现，完全依靠货币政策的具体操作手段。因此，货币政策目标决定以后，中央银行独立选择实现货币政策目标的手段，也就是说货币政策的操作权必须掌握在中央银行手中。同时各级政府和政府的其他部门必须配合中央银行运用好货币政策操作手段，而不应采取直接和间接的方法抵消货币政策的作用和效果。

专栏2-3 中央银行独立性争论的几个阶段

有关中央银行独立性的主张和争论大致经历了三个阶段。

一、中央银行成立至第一次世界大战以前

第一次世界大战以前，政府对中央银行的干预较少，中央银行相对来说比较独立。其主要背景是：第一，资本主义尚处于自由竞争阶段，中央银行没有成为国家干预和调节经济的工具。第二，在经济思想上，传统的货币主义占据统治地位，认为货币仅仅是实体经济的面纱，资本主义经济可以通过“看不见的手”自发地实现充分就业的均衡。第三，货币制度处于金本位制的鼎盛时期，中央银行的首要任务是维护金本位制，维持银行券和黄金的自由兑换。第四，尽管中央银行已经开始履行政府的银行的职能，但是，中央银行仍然是私人银行，除代理国库外，作为政府的银行的职能还非常有限。

二、第一次世界大战至20世纪60年代

中央银行独立性受到严重威胁，货币政策成为国家干预经济的重要手段。

第一，资本主义经济可以通过“看不见的手”自发地实现充分就业均衡的美梦被频繁出现的周期性经济危机打破，尤其是20世纪30年代的大危机宣告资本主义自由竞争时代的结束，国家全面干预经济成为资本主义经济运行的保证。

第二,在经济思想上,凯恩斯的宏观经济理论取代自由放任的传统经济思想,成为经济理论的主流。充分就业和经济增长成为宏观经济的主要目标。各种宏观经济政策手段日臻完善,为国家对经济的调控创造了必要条件。

第三,两次世界大战,在一切为了战争的口号之下,货币政策成为筹措战争费用、弥补财政赤字的手段,需要中央银行服从政府的领导。第二次世界大战结束之后,在欧洲复兴计划之下,欧洲各国为了医治战争创伤和恢复经济,纷纷效仿美国的罗斯福新政,推行了一系列刺激经济发展的扩张性财政货币政策。为了充分利用中央银行的货币发行职能和按政府的意图制定和执行货币政策,德、意、法等国相继通过立法将中央银行收归国有。

第四,就中央银行的货币发行制度来说,由于金本位制越来越成为发展经济的桎梏,在1930年代大危机以后,各国纷纷废除金本位制,开始实行信用货币制度。如何控制货币发行使之符合实体经济需要本身也是中央银行需要研究的新问题。不少国家政府错误地理解为摆脱金本位制的禁锢,可以利用国家信誉随意发行货币,将信用货币制度作为实现宏观经济目标的工具。

三、20世纪70年代至今

此间中央银行独立性问题再次被提出,引起广泛注意。第一,主要资本主义国家在经历战后至20世纪60年代末的高速经济增长之后,出现经济增长停滞和通货膨胀并存状况,说明凯恩斯关于通货膨胀和经济增长目标可以相互替代的理论存在重大缺陷,凯恩斯关于国家干预和调节经济的理论走向尽头。第二,以弗里德曼为代表的现代货币主义思想重新抬头,并一度成为经济学的主流。认为造成资本主义经济停滞膨胀并存局面的原因是推行凯恩斯宏观经济理论的结果,发生通货膨胀的唯一原因是过度扩张的货币政策,提出固定货币供应量增长率的“单一规则”的货币政策。第三,在此阶段,较之充分就业和经济增长目标,治理通货膨胀成为各国政府和中央银行面临的最重要政策目标。要治理通货膨胀,采取适度的货币政策是关键。而要使货币政策适度,就必须保证中央银行能够独立自主地决定货币政策,使货币的供应符合实体经济需要。

(资料来源:童适平. 中央银行学教程. 上海:复旦大学出版社,2007)

2.2.3 决定中央银行独立性的主要因素

一般来说,决定中央银行相对独立性的主要因素有以下几点:

(1) 法律地位。这是决定中央银行相对独立性的最根本因素。有些国家,例如德国鉴于恶性通货膨胀的历史教训,在法律上明确规定德意志联邦银行的职责是保持币值稳定,不受政府干涉。德意志联邦银行在保持币值稳定的目标下,独立制定货币政策,成为独立性最强的中央银行之一。

(2) 隶属关系。这里的隶属关系主要是指中央银行对谁负责,通常有两种,对国会负责制和对内阁负责制。一般来说,对国会负责制的中央银行相对具有较大的独立性,而对政府内阁负责制的中央银行则较易受政府的日常干预。

(3) 中央银行负责人的产生。国会制通常具有较大的独立性。同时又受任期长短、连任的限制以及中央银行职员身份的影响。

(4) 决策机构的组成。主要取决于政府官员是否参与决策,以及决议的投票采用简单多数还是全体一致的方式。

(5) 对中央银行的检查。中央银行本身也有业务活动是否合乎规范的问题,因此,也需要接受有关部门的检查。那么接受谁的检查,检查的内容都会对独立性产生影响。

(6) 收入来源及其支配。中央银行的独立性与其财务状况有密切关系,通常中央银行通过发行货币可以获得丰富的发行收入,一部分用作开支以外,其余部分上缴财政部。相对独立性的选择和程度还要看各国历史、经济发展阶段、国民对通货膨胀的看法和偏好、政治不稳定的程度以及金融市场的发达程度等因素。

2.3 中央银行与各方面的关系

2.3.1 中央银行的隶属关系

中央银行的隶属关系是指中央银行向谁负责,谁有权利改变中央银行制度等。不少国家实行的是行政、立法和司法三权分立的政治制度,这些国家的法律规定中央银行要对上述三个权力机构负责[①]。

1. 对立法机关负责

中央银行对立法机关负责意味着中央银行直接受议会控制,有义务向议会汇报工作。典型的代表是美联储和德意志银行。美国联邦储备体系是国会属下的一个机构,直接向国会负责。理事会有义务向众议院院长提交年度运作报告,一年两次就经济状况和货币信用目标提出特别报告。美联储主席每半年向国会参众两院报告货币政策目标和执行情况。只有国会有权改变联邦储备体系的制度和权限。

2. 对行政权力机关负责

各国在法律上或制度上一般要求中央银行根据需要随时向政府提供某些特定的信息、报告和建议。在独立性较弱的模式下,政府直接干预中央银行运作。在日本和英国等财政部地位较高的国家,财政部对中央银行的运作有直接的控制,影响到中央银行的独立性[②]。对于独立性强的德意志联邦银行,政府要求其在重大货币政策问题上向联邦政府提供建议,并应其请求提供相关信息。美联储也应政府的请求提供建议和信息。

3. 对司法权力机构负责

司法部门拥有对中央银行的行为以及中央银行为行使职能而作出的决策的合法性实行监督的权力。审计部门也有权监督中央银行的运作和财务状况。美联储是国会设立的一个行政机构,它的决策接受司法监督。会计总署每年审计美联储的财务。

---

①② 付一书．中央银行学．上海:复旦大学出版社,2009:67.

2.3.2 中央银行与政府之间的关系

目前学术界对中央银行与政府之间的关系或中央银行的独立性问题已逐步达成共识,结论是:中央银行应对政府保持一定的独立性,但这种独立性只能是相对的。

1. 中央银行与政府关系的一般分析

(1) 中央银行应对政府保持一定的独立性

由于中央银行在金融体系和国民经济中处于特殊的地位,承担着特殊的职责,要真正发挥中央银行的作用,必须使中央银行具有一定的独立性。

① 中央银行是特殊的金融机构。中央银行履行其职责必须通过具体的业务活动来进行,中央银行的业务活动必须符合金融运行的客观规律和自身业务的特点,这是由经济与金融关系和金融行业的特殊性质确定的。

② 中央银行制定和执行货币政策,对金融业实施监督管理,调控宏观经济运行,具有较强的专业性和技术性。中央银行作为宏观经济的调控部门,虽然要按政府确定的目标和意图行事,但中央银行不同于一般行政管理机构,它的调控对象是货币、信用、金融机构与金融市场,调控手段是技术性很强的经济手段,需要中央银行机构具有一定程度的独立性与稳定性,其人员具有熟练的业务能力、技术与经验。

③ 中央银行与政府两者所处地位、行为目标、利益需求及制约因素有所不同。政府工作的侧重点经常是根据情况不时变化,经济工作虽然也是政府贯彻始终的中心工作,但社会问题往往是政府时时关注的。而在经济工作中,政府的重点也经常予以调整,基础建设问题、地区平衡发展问题、行业调整与产品结构调整问题、扶贫救灾问题、就业问题、社会保障问题等都是政府关注的重点,而这些重点又是根据具体情况不时变化的。如果中央银行完全按政府指令行事而缺乏独立性,一是可能出现用货币发行弥补政府赤字,从而导致通货膨胀问题;二是可能降低货币政策的稳定性从而导致金融的波动。中央银行虽然要与政府的工作重点相配合,但这种配合不能违反金融活动的基本规律。为了保证经济、社会长期的稳定协调发展,中央银行工作的重点是围绕稳定货币币值这一基本原则或目标进行的。稳定货币币值的目标具有很强的持续性、稳定性和社会性,它是中央银行维护国家根本利益的集中体现,中央银行通过稳定货币,为政府各项目标的实现提供条件、环境和保障。虽然稳定货币有时可能与政府的短期工作重点发生矛盾,但符合政府的长期目标。因此,中央银行具有一定的独立性,对于经济、社会的长期持续稳定发展是有益的。

④ 中央银行保持一定的独立性可能使中央银行与政府其他部门之间的政策形成一个互补和制约关系,增加政策的综合效力和稳定性,避免因某项决策或政策失误而造成经济与社会发展全局性的严重后果。

⑤ 中央银行保持一定的独立性还可以使中央银行和分支机构全面、准确、及时地贯彻总行的方针政策,而少受地方政府的干预,保证货币政策决策与实施的统一,增加中央银行宏观调控的时效和提高中央银行运作的效率。

总而言之,从中央银行在现代经济体系中所处的重要地位和所担负的重要职责来看,中央银行必须保持一定的独立性。现代经济和金融的发展证明，中央银行要真正发挥其作用，就必须是强有力的，也就是必须具有一定的独立性，这是保持经济和金融稳定的一个必要条件。中央银行对政府保持一定的独立性，使其权力与责任相统一，能够在制定和实施货币政策、监管金融业和调控宏观经济方面自主地、及时地形成决策，这对促进经济与社会的健康、稳定发展和保证国家的根本利益具有重要意义。

（2）中央银行对政府的独立性是相对的

在现代经济体系中，中央银行作为国家的金融管理当局，是政府实施宏观调控的重要部门，中央银行不能完全独立于政府，不受政府的任何制约，更不能凌驾于政府之上。中央银行要接受政府的管理和监督，在国家总体经济社会发展目标和政策指导之下履行自己的职责。因此，中央银行对政府的独立性只能是相对的。

① 从金融与经济社会的关系看，虽然金融是现代经济的核心，但在经济社会大系统中，它仍是一个子系统，尽管这个子系统极其重要。中央银行作为金融系统的核心和金融管理者，自然应当服从于经济社会大系统的运转，服从于国家的根本利益，正确的货币政策、稳定的货币币值、安全有序的金融运行都是为了服务于经济与社会发展的最终目的和国家的根本利益。

② 从中央银行承担的宏观调控职责看，它是国家对宏观经济进行调控的一个部分，中央银行是整个宏观调控体系中的一个组成部门，不管这个部门多么重要，它都不可能超过自己所隶属的这个整体。中央银行的货币政策目标和宏观调控目标要与国家经济社会发展的总体目标相一致，目标的实现也需要其他政策特别是财政政策的协调与配合。

③ 从中央银行履行自己的职责看，虽然主要依靠经济手段，并且通过具体的业务操作来实现，但其业务活动和监管都是在国家授权下进行的，具有一定的行政管理部门的性质。有些国家的中央银行就直接成为政府的组成部门，中央银行的主要负责人也大都由政府委任。此外，中央银行在履行自己的职责时，也需要政府其他部门的协作与配合，而与其他部门的关系则需要由政府来协调。

④ 在特殊情况下，如遇到战争、特大自然灾害等情况，中央银行必须完全服从于政府的领导和指挥。

因此，中央银行作为国家授权的宏观经济调控部门和在现代经济体系中所具有的极为关键的特殊地位，决定了它在履行自身职责时不可能完全独立于政府，政府的管理、干预是极其自然的、必要的。因此，中央银行的独立性也只能是相对的。

2. 中央银行与政府关系的三种类型

中央银行与政府的关系或中央银行的独立性，主要取决于中央银行的法律地位。由于各国的国情与历史传统不同，各国对中央银行确定的法律地位也有所不同。中央银行对政府独立性的强弱体现在以下几个方面：①法律赋予中央银行的职责及履行职责时的主动性大小，有些国家把稳定货币明确为中央银行的主要职责，并授予中央银行独立制定和执行货币政策的特权，不受政府制约。当中央银行的政策目标与政府的经济目标出现矛盾时，中央银行可以按照自己的目标行事，这种类型的中央银行独立性就较强。而有些国家法律对中央银行的授权就较小。②中央银行的隶属关系，一般说来，隶属于国会的中央银行，其独立性较强，而隶属于政府或政府某一部门（主要是财政部）的中央银行，其独立性就弱一些，当然这也不是绝对的。③中央银行负责人的产生程序、任期长短与权力大小。④中央银行与财政部门的资金关系，主要是中央银行对财政部是否允许透支及透支额的大小。中央银行对政府融资的条件是否严格、限额及弹性大小、期限长短等。⑤中央银行最高决策机构的组成，政府人员是否参与决策等。

从中央银行对政府独立性的强弱看，中央银行与政府的关系具有三种类型：

(1) 独立性较强的中央银行，如德国联邦银行、美国联邦储备体系和瑞典银行等，其主要特点是中央银行直接对国会负责。中央银行运行在较大程度上独立于政府。

德国联邦银行是独立性最强的中央银行，它的地位被写入宪法。1957 年通过，并于 1992 年修改的《德国联邦银行法》明确规定其基本职责是保持货币稳定，在其行使授予的权力时不受政府指令的干涉；联邦银行虽然也有义务在保证其完成自身任务的前提下支持政府总的经济政策，但当二者出现矛盾时，联邦银行则以完成自己的职责为主。联邦银行严格限制用货币发行弥补财政赤字，只允许以非现金贷款和购买国库券的方式向联邦政府、联邦特别基金和州政府提供短期融资，且对融资限额作了严格规定。联邦银行的行长由总统任命，任期 8 年，一般不得中途罢免。联邦政府的成员虽有权参加联邦银行理事会的会议并可提出异议，但没有表决权。对于联邦银行理事会的决定，政府有要求推延两周执行的权力，但一般也很少使用这种权力。

美国于 1913 年通过的《联邦储备法案》规定，联邦储备委员会有权独立地制定和执行货币政策，总统未经国会批准，不能对联邦储备委员会发布指令。联邦储备体系没有向政府提供长期融资的义务，财政融资只能通过公开市场发行债券。只有在特殊情况下才可提供规定限额内的短期融资，实际上，美国财政部只向联邦储备银行借过少数几次期限只有几天的款项，并且是以财政部发行的特别库券作担保。

瑞典银行法规定，瑞典银行直属国会，银行理事会只接受来自国会的指示，而不受政府的干预。

(2) 独立性较弱的中央银行，如意大利银行、法兰西银行等，一些处于经济体制转轨时期的国家的中央银行其独立性也较弱。这类中央银行的特点是，中央银行隶属于政府，不论在名义上还是在实际上，中央银行在制定和执行政策、履行其职责时，都比较多地服从政府或者财政部的指令。

意大利银行在发达国家中属于独立性较弱的中央银行。在体制上，意大利银行受到财政部统辖，财政部代表可以出席意大利银行的理事会会议。意大利银行提出的货币政策措施，一般也要通过信用与储蓄部委员会的批准，当意大利银行的意见与政府不一致时，一般也以遵循政府的指令为准。

法兰西银行的独立性也相对较弱，其理事会的成员大都是由财政部提名，内阁会议通过后由总统任命。

(3) 独立性居中的中央银行，如英格兰银行、日本银行等，一些新兴的工业化国家的中央银行也大致属于这种类型。这类中央银行的特点是中央银行在名义上独立性较弱，但在实际上，中央银行拥有较大的决策权和独立性。

英格兰银行的理事会是最高决策机构，理事会成员均是由政府推荐与任命。按照法律规定，财政部在认为必要时，可在与英格兰银行总裁磋商后直接向英格兰银行发布命令，但实际上财政部从未使用过这个权力。政府一般不过问英格兰银行关于货币政策的制定。因此，英格兰银行的实际独立性并不弱，在与政府的资金融通关系方面，英格兰银行一般不给政府垫款，只提供少量的隔夜资金融通；在货币政策的运用方面，英格兰银行也有直接决定的权力，如调整利率等。

日本银行隶属于大藏省即财政部。日本银行法规定，日本银行的总裁、副总裁由内阁任命，日本银行开展国际金融交易，为保障信用制度而提供必要的业务时，须经大藏省主管大臣批准。但在货币政策制定与执行方面，日本银行具有独立行使权，修订的《日本银行法》规定日本银行的根本职责是通过调节货币及金融，追求物价稳定以利国民经济的健全发展，并赋予日本银行独立地制定货币政策及自行决定采取措施，运用政策工具去实现货币政策目标的权力。在与政府的资金关系方面，日本银行原则上不承担向政府提供长期贷款和认购长期政府债券的义务，但政府发行的短期债券则大部分由日本银行认购。日本银行的利润扣除规定的比例后，全部上交财政，如果发生亏损，由国库款弥补。

中央银行与政府的关系或中央银行的独立性，虽然从法律地位上来看，各国具有较大差异，但在现实运作过程中，其差异并没有法律体现出来的那样大。这是因为政府一般并不经常使用对中央银行的干预权。中央银行在政策制定和政策运用上与政府发生矛盾的情况并不是很多。另外，各国中央银行独立性的强弱除了取决于中央银行的法律地位之外，也与各国中央银行自身的组织机制、信息渠道、决策效率、管理能力和公众信誉程度等综合因素密切相关。

3. 中国人民银行的独立性

按照通常意义上的标准衡量，中国人民银行属于独立性较弱的中央银行，但其实际上的独立性呈不断增强的趋势。

专栏 2-4　我国中央银行独立性问题研究

中央银行独立性可以理解为中央银行制定货币政策之时受政府影响的程度。如何看待中央银行的独立性，一直是各国学者关注的重要问题。

一、中央银行的性质和职能

中央银行兼有国家机关和金融机构的特性，是一种特殊的国家机关。从性质上看，中央银行是国家金融体系的中心，是代表国家制定和实施统一的货币政策，对国民经济进行宏观调控和对金融业实施监督管理的特殊金融机构。从职能上看，根据中央银行在国民经济中的地位，其职能可以分为发行的银行、政府的银行、银行的银行和金融监管。

二、中国人民银行法对中央银行有关独立性的规定

中国人民银行与中央政府的隶属关系。《中国人民银行法》第二条规定："中国人民银行在国务院领导下，制定和实施货币政策，对金融业实施监督管理。"

制定和实施货币政策的自主程度。《中国人民银行法》第五条规定："中国人民银行就年度货币供应量、利率、汇率和国务院规定的其他重要事项作出的决定，报国务院批准后执行。""中国人民银行就前款规定以外的其他有关货币政策事项作出决定后，即予执行，并报国务院备案。"

组织机构方面的规定。中国人民银行行长由国务院总理提名，全国人大决定；全国人大闭会期间，由全国人大常委会决定，国家主席任免。副行长由总理任免(《中国人民银行法》第九条)。

有关经济与财务的规定。中国人民银行是国有中央银行，其全部资本由国家所有(《中国人民银行法》第八条)。由于中央银行资本中没有任何私人份额，故中央银行不代表任何私人利益。法律规定，中国人民银行不得对财政透支，不得直接认购和包销政府债券(《中国人民银行法》第二十八条)。不得向地方政府、各级政府部门提供贷款(《中国人民银行法》第二十九条)；并实行独立的财务预算管理制度，依法提取总准备金后的净利润全部上缴中央财政，亏损由中央财政拨款弥补(《中国人民银行法》第三十七、三十八条)。

由此可见，中国人民银行在与政府的资金往来及财务方面，享有较大的独立性。

三、我国中央银行独立性的现状

按照衡量标准，我国中央银行属于独立性较弱的中央银行，目前，我国中央银行独立性的现状分析如下。

法律上，中国人民银行的法律地位较低。它是在国务院领导下，制定和执行货币政策，防范和化解金融风险，维护金融稳定，不具有独立于中央政府的法律地位。

职能上，目前我国货币政策的决策权在于国务院，而央行缺乏独立自主的决策权，实际上只有执行权。

人事上，政府有着根深蒂固的中央集权传统，具体来说就是政府在社会、经济生活中往往占据主导地位，尤其是对金融的控制十分严格。人事不足表现在对中央银行主要官员的任职缺乏明确的法律规定，行政机关、金融机关人事渗透太多。

经济上，虽然《中华人民共和国中国人民银行法》规定中央银行的财务与资金独立，不对财政、各级政府融资，不受地方政府干预，但中央银行对其资金运用缺少可供操作的具体法律保障。

中央银行在金融体系和国民经济中处于特殊的地位，有着特殊的职能，要真正发挥中央银行的作用，就要求中央银行有着一定的独立性。我国中央银行属于独立性较弱的中央银行，一般事项自行决定，重大事项报国务院批准。在《中华人民共和国中国人民银行法》中，可以明显看出央行政策的决定与实施是在中央政府监管之下。例如，第二条中明确指出“中国人民银行在国务院领导下……”；第七条指出“中国人民银行在国务院领导下依法独立执行货币政策……”；第九条“国务院建立金融监督管理协调机制，具体办法由国务院规定”等。

四、提高我国中央银行的独立性

中央银行的相对独立可以抑制通胀率且保持经济稳定。提高中央银行的独立性，才能稳定币值、抑制通胀，保持经济稳定增长。

第一，提高其法律地位。要改变其隶属于国务院的现状，使之直接对全国人民代表大会负责，而且要加强其制定和执行货币政策的自主权，这样才能保证央行货币政策目标的实现，以稳定币值。

第二，避免人事渗透。中央银行主要官员的任职应有明确的法律规定，中央银行行长的任职可以由人民代表大会提出并决定，由国家主席任命。这样，可以从人事任免上进一步强化中央银行的独立性。

第三，加强政策的落实。《中华人民共和国中国人民银行法》对于中央银行政策的实施、违法行为的处罚等作出了明文规定，但就如何落实这些法律规定还缺乏切实配套的实施细则，很可能只是流于形式。因此，应加强政策的落实细则，以确保实施。

第四，从经济上独立，不依赖于财政拨款，不对财政提出透支及其他不合理融资要求，有可供独立支配的财源。而且要求中央银行对其资金运用有可供操作的具体法律保障，不受各级政府制约。除此之外，要不断加强金融监管力度，金融监管关系着国家金融安全和广大人民的切身利益。中国人民银行应加强金融监管的力度，提高新形势下金融监管的法制化和效率化，稳定金融市场以促进经济发展。

（资料来源：根据相关资料整理而成）

2.3.3　中央银行与政府部门之间的关系

中央银行与政府部门之间的关系最为密切的是财政部门。中央银行还与其他政府部门具有一定的联系，如经济运行的管理调节部门、贸易管理部门，经济方面的有关决策部门和咨询部门、统计部门等；还有国家发展计划委员会、国家统计局、商务部等。不论中央银行对政府的独立性是强还是弱，中央银行与政府部门之间都有一定的联系，但一般来说，独立性较强的中央银行与政府部门之间的联系相对松散，而独立性较弱的中央银行与政府部门之间的联系大都比较紧密。

与中央银行联系最为密切的是财政部门。由于财政部门在经济方面最能代表政府，所以中央银行对政府的关系在很大程度上反映在中央银行与财政部门的关系上，国家或政府对中央银行的管理和干预在许多方面是通过财政部门进行的。因此，中央银行与政府部门之间的关系最主要的是与财政部门的关系。

中央银行与财政部门的关系主要反映在以下几个方面：①中央银行资本金的所有权大都由财政部门代表国家或政府持有；②绝大多数国家中央银行的利润除规定的提存外全部交国家财政，如有亏损，则由国家财政弥补；③财政部门掌管国家财政收支，而中央银行代理国库；④中央银行代理财政债券发行，需要时按法律规定向政府财政融资；⑤许多国家财政部门的负责人参与中央银行的决策机构，有的具有决策权，有的则是列席权；⑥有些国家的中央银行直接隶属于财政部；⑦在货币政策和财政政策的制定和执行方面，中央银行与财政部门需要协调配合。

除财政部门之外，中央银行还与其他政府部门具有一定的联系，如经济运行的管理调节部门、贸易管理部门，经济方面的有关决策部门和咨询部门、统计部门等。中央银行与这些部门之间的关系体现在协作、信息交流、政策配合等方面，并无隶属关系，除了中央银行因代理国库与这些部门在国家预算资金拨付上有所联系之外，一般也无其他业务往来关系。

中国人民银行与财政部门的关系：中国人民银行的全部资本金由财政部代表国家出资，属于国家所有；中国人民银行实行独立的财务预算管理制度，其预算经财政部审核后纳入中央预算，接受财政部的预算执行监督，每一会计年度的收入减除该年度支出并按财政部核定的比例提取总准备金后的净利润全部上缴中央财政，如有亏损由中央财政拨款弥补；中国人民银行代理国库，按照批准的国家预算要求代收财政收入即国库款，按财政支付命令拨付财政支出，反映预算收支执行情况并经办有关国库事务；在需要时中国人民银行代理财政部向各金融机构组织发行、兑付国债和其他政府债券；《中国人民银行法》第二十八条规定，“中国人民银行不得对政府财政透支，不得直接认构、包销国债和其他政府债券”；财政部一位负责人参加中国人民银行货币政策委员会；中国人民银行和财政部作为货币政策和财政政策的制定者和执行者必须协调配合；在行政关系上，中国人民银行和财政部同属国务院组成部门，均承担着国家宏观经济调控的任务，但互不隶属。

按照目前的职责分工，中国人民银行承担调控全社会货币、信用总量的任务，但政府债务是由财政部负责的。1998 年国务院批准的《财政部职能配置、内设机构和人员编制规定》，财政部的 13 项职责中 9 项为“拟定和执行政府国内债务管理的方针政策、规章制度和管理办法，编制国债发行计划；拟定政府外债管理的方针政策、规章制度和管理办法；承担外国政府贷款、世界银行贷款、亚洲开发银行贷款和日本输出入银行贷款的对外谈判与磋商业务”。除上述明确的政府对外债务之外，国家的全部对外金融活动是由中国人民银行负责的。

除财政部之外，与中国人民银行联系比较密切的政府部门还有国家发展改革委员会、商务部等，其主要职责是：保持经济总量平衡，抑制通货膨胀，优化经济结构，实现经济持续快速健康发展；健全宏观调控体系，完善经济、法律手段，改善宏观调控机制。因此，中国人民银行与另外几个宏观调控部门的关系主要是政策协调配合的关系。

另外，中国人民银行与国务院组成部门和直属机构之间的关系主要是工作支持和信息交流等。其中与审计署的关系突出一些，中国人民银行的财务收支和会计事务要接受审计署依法进行的审计与监督。

2.3.4 中央银行与国家其他金融管理部门之间的关系

世界上几乎所有国家的中央银行都是本国金融业的主管机关。由于各国的经济和金融业发展水平和传统习惯不同，在对金融业具体管理上，各国又有体制上的差异，有些国家对金融业的管理全部由中央银行承担，而有些国家则由中央银行和另外的专门管理机构共同承担。除国家授权中央银行单独或中央银行与其他专门性金融管理机构共同承担金融业的监督管理之外，金融业的监督管理还包括金融机构的内部控制与管理，金融行业的自律管理，以及社会监督管理包括审计财政部门、存款保险机构、会计事务所、信用评估机构及社会公众等。在整个金融业监督管理体系中，中央银行都是对金融业实施监督管理的核心机构，其他金融管理机构是根据国家的具体授权对特定的方面承担管理的责任。

中国人民银行是中国管理金融业的主管机构。法律赋予中国人民银行的职责之第 3～5 项为“按照规定审批、监督管理金融机构”；“按照规定监督管理金融市场”；“发布有关金融监督管理和业务的命令和规章”。除中国人民银行外，承担金融监督管理任务的机构还有中国证券监督管理委员会和中国保险监督管理娄员会。按照目前分业管理的原则，这两个委员会分别承担中国证券业和保险业的监督管理，而除证券业和保险业之外的全部金融监督管理由中国人民银行承担。

2.3.5 中央银行与商业银行等金融机构之间的关系

从中央银行在现代金融体系中的地位看，中央银行处于现代金融体系的领导和核心地位：因此，在现代金融体系中，中央银行是领导者、保护者、调节者和管理者。

(1) 从金融运行看，中央银行是全部金融活动的核心。由于中央银行是“发行的银行”，全社会货币供给的源头来自中央银行，虽然商业银行等存款货币机构参与存款货币的创造，但这是建立在中央银行提供基础货币的基础上，中央银行是货币流通的中心、资金运动的中心和社会信用活动的中心，从而是整个金融活动的中心，也是金融活动的调节者。

(2) 从中央银行与商业银行等金融机构的业务关系看，中央银行是“银行的银行”，是为金融机构提供包括支付保证、融资、清算等在内的各项服务的机构，是各类金融机构从事金融业务活动的支持者和保证者。

(3) 从中央银行承担监督管理金融业、维护金融秩序、规范金融运作等方面的职责看，中央银行是商业银行等金融机构的领导者和管理者，发挥着“政府的银行”的管理作用。

在现代金融体系中，中央银行是领导者、保护者、调节者和管理者。中央银行的这种超然地位一方面是在金融体系和金融制度的自身发展过程中自然形成的；另一方面是由国家的法律赋予的。中央银行在现代金融体系中处于这种超然的、主动的地位，并不意味着商业银行等其他金融机构就完全是被动的。正好相反，中央银行基于其特殊地位发挥的作用，为商业银行等金融机构的业务活动不断创造着良好条件，从而为整个金融体系的稳健运行提供有效保障，使金融在现代经济体系中的核心作用得以充分发挥，最大可能地促进经济和社会的发展。

中央银行与商业银行等金融机构之间基本上是领导与被领导、管理与被管理的关系，但与一般行政部门的上下级关系不同，中央银行与商业银行等金融机构不是行政意义上的隶属关系，中央银行的领导与管理主要通过制定和实施有关政策来体现，并且主要是通过具体的金融业务活动来实现的。从这一点来看，中央银行与商业银行等金融机构之间又是业务往来关系，中央银行根据法律授权从事有关的金融业务活动，其业务对象便是商业银行等金融机构，中央银行一般不对工商客户和居民个人开展业务。《中国人民银行法》规定，中国人民银行可以根据需要，为金融机构开立账户，为开立账户的金融机构办理再贴现，向商业银行提供贷款，向国务院决定的特定的非银行金融机构贷款，组织或协助组织金融机构相互之间的清算系统和提供清算服务，对国家政策性银行的金融业务进行指导和监督等。因此，中央银行与商业银行等金融机构之间既是领导与被领导、管理与被管理的关系，又是业务往来关系和服务与支持的关系。虽然中央银行为了履行职责，在认为必要时也会使用法律授权的行政手段，但在一般情况下，行政手段不是主要的。目前世界上几乎所有国家的中央银行对商业银行等金融机构的领导与管理基本上都是体现在其业务活动之中，即通过货币政策工具等经济手段的运用来实现。并且在实际中，由于中央银行与商业银行最终目标的一致性，商业银行等金融机构一般都与中央银行有着良好的配合。

本章小结

(1) 现代经济运行的特点:实物经济运行与金融运行交融在一起,金融已成为现代经济的核心;经济的全球化与金融的国际化并行;各国政府对经济和金融运行的干预程度不断增强,国际的宏观协调已提上重要日程。

(2) 中央银行在现代经济体系中的地位:从经济体系运转看,中央银行为经济发展创造货币和信用条件,为经济稳定运行提供保障;从对外经济金融关系看,中央银行是国家对外联系的重要纽带;从国家对经济的宏观管理看,中央银行是最重要的宏观调控部门之一。

(3) 中央银行相对独立性的主要内容:货币发行权;独立制定货币政策目标;独立选择货币政策手段。

(4) 中央银行应对政府保持一定的独立性。中央银行对政府的独立性是相对的。

(5) 除国家授权中央银行单独或中央银行与其他专门性金融管理机构共同承担金融业的监督管理之外,金融业的监督管理还包括金融机构的内部控制与管理,金融行业的自律管理,以及社会监督管理包括审计财政部门、存款保险机构、会计事务所、信用评估机构及社会公众等。在整个金融业监督管理体系中,中央银行都是对金融业实施监督管理的核心机构,其他金融管理机构是根据国家的具体授权对特定的方面承担管理的责任。

(6) 在现代金融体系中,中央银行是领导者、保护者、调节者和管理者。

复习思考题

(1) 简述中央银行在现代经济中的地位。
(2) 简述中央银行独立性的含义。
(3) 为什么说中央银行的独立性是相对的?
(4) 分析决定中央银行独立性的主要因素。
(5) 简单分析中央银行与政府部门之间的关系。
(6) 比较分析各国中央银行的相对独立性。

第3章 中央银行业务规范与资产负债表

学习目标

(1) 了解中央银行的业务规范;
(2) 掌握中央银行资产负债表的设置;
(3) 掌握中央银行资产负债表各项目之间的关系;
(4) 了解中国人民银行资产负债表的特点。

中央银行是具有金融机构某些特性的政府机关,中央银行的各项职能主要是通过各种业务活动来实现的。中央银行特殊的地位和职能决定其特殊的经营范围和经营原则,并通过资产负债表、货币政策执行报告等对外反映其业务活动情况。与普通银行一样,中央银行的业务活动也可以分为负债业务、资产业务和其他业务三大类,但中央银行又具有特殊的法定业务权利和业务范围,特殊的业务活动原则和业务种类,其资产负债表的格式和具体项目也不同于普通银行。

关键词

法定业务范围;中央银行资产;中央银行负债;中央银行资产负债表;存款性公司;国外资产

3.1 中央银行业务活动的法律规范与原则

3.1.1 中央银行业务的法律规范

中央银行的一切业务活动都通过中央银行法来加以规范。中央银行法是调整中央银行的金融管理行为及由此而产生的金融管理关系的法律规范的总称。中央银行作为代表国家进行金融调控与管理的特殊金融机构，决定了中央银行立法不同于普通（商业）银行立法。由于中央银行特殊的性质及其权利、义务、责任不同于普通银行，许多国家在银行立法时，将中央银行单独立法，称为《中央银行法》，其他银行立法称《普通银行法》。

中央银行法的一般立法结构主要有以下内容。

1. 总则

一般规定立法宗旨、中央银行所在地、中央银行分行体系、分行设立制度、撤销程序，中央银行资本来源及运用限制等。

2. 中央银行组织机构

主要包括：中央银行最高领导机构理事会或管理委员会的组成、人数、来源、任期；监事会的职权、违法情况的查处，行长或总裁的任期、任职条件、职责、行长缺席代理，中央银行下设的职能机构（如业务机构、发行机构、国库、金融研究机构、会计机构、稽核机构）及其职权范围等。

3. 中央银行货币政策目标和工具

明确规定中央银行货币政策目标，以及为实现货币政策目标进行宏观经济金融调控可以采用的手段或工具。

4. 中央银行业务

中央银行履行职能所需要开展的一些银行性业务和管理性业务。

5. 中央银行的预算和决算

中央银行每一会计年度开始前应编制预算，经理事会批准后执行。年度终了后，应作出决算报理事会审核。此外，还规定了银行会计各项目的提取比例及损益调整方法等。

6. 中央银行的法律责任

主要规定中央银行及其人员在行使职权中，如果违反法律或有关规定时，应承担的法律后果。从法律责任主体看，分为中央银行的责任、主要负责人的责任、直接责任人员的责任；从责任的性质来看，分为行政责任、刑事责任。

除中央银行法明确规定其性质、职能、运作等外，其他相关法律也涉及、规范中央银行的运作。

3.1.2 中央银行业务活动的范围

中央银行的业务活动范围一般都在相应的中央银行法中做了明确的界定。各国中央银行的业务范围稍有区别，但一般都可分为：法定业务权利、法定业务范围和法定业务限制三个方面。

1. 中央银行的法定业务权力

中央银行的法定业务权力是指法律赋予中央银行在进行业务活动时可以行使的特殊权力。一般有以下几项。

（1）有权发行货币。

（2）有权管理货币流通。

（3）有权发布监管金融机构的业务命令和规章制度。

（4）有权持有、管理、经营国家的黄金外汇储备。

（5）有权经理国库。

（6）有权对金融业的活动进行调查和统计。

（7）有权保持业务活动的相对独立性。

2. 中央银行的法定业务范围

根据中央银行法的规定，中央银行的业务范围一般包括以下几种业务。

（1）发行货币

国家赋予中央银行集中与垄断货币发行的特权，使之成为一国唯一的货币发行机构。货币发行是指有权发行银行券、纸币。垄断货币发行权是中央银行最基本、最重要的特征。只有中央银行垄断货币发行权，才标志着中央银行制度的确立。

垄断货币发行权也是中央银行进行金融宏观调控的基础。垄断货币发行权有利于保障中央银行的地位，有利于中央银行调控目标的实现。如果存在其他货币发行主体，其行为可能不受中央银行宏观调控政策的影响，中央银行控制货币供给量的能力有可能被削弱，货币政策的有效性会受到一定程度的影响。

（2）办理必要的银行业务

① 集中和保管存款准备金。中央银行作为银行的银行，主要负责集中保管银行业等存款金融机构的存款准备金（包括法定准备金存款和超额准备金存款），成为金融机构的现金准备中心。金融机构在中央银行开设资金账户。在各金融机构存款的基础上，中央银行为它们办理相互之间的转账结算，成为全国金融行业的票据清算中心。

② 在公开市场上买卖证券。中央银行以市场交易者身份，在金融市场买卖证券。中央银行买入证券，是向社会投放货币，如果卖出证券，则是将流通中的货币收回。中央银行进行证券交易的目的是调节和控制货币供给量，是为了履行其调控职能，不以交易的盈利作为开展业务的目的。

③ 为金融机构办理再贷款和再贴现。以准备金存款和货币发行为资金来源，中央银行对金融机构提供资金，成为最后贷款人。中央银行作为最后贷款人向商业银行提供流动性资金支持，有利于增强整个信用系统的弹性。

④ 组织、参与和管理全国清算。1854 年，英格兰银行采取了对各银行间每日清算差额进行结算的做法，大大简化了各银行间资金往来的清算程序，首开中央银行组织、参与和管理全国清算的先河。目前，大部分国家的中央银行担负着组织管理全国清算的职责，成为全国资金清算中心。由于金融机构在中央银行开设存款准备金账户，从而通过各自

在中央银行的账户划拨资金，这成为最便捷的清算方式。

(3) 对金融市场和金融机构进行管理，发布行政命令和规章制度

出于保障金融安全、保证金融业健康与稳定发展和经济稳定增长的考虑，各国政府均赋予中央银行制定和执行金融法规、规章的权力。除了议会以外，中央银行是一个国家唯一具有金融立法权的国家机构。它制定的金融方面的法规、规章涵盖货币发行、存款准备金、银行管理、外汇管理、票据结算和贴现、信贷资金管理、资金清算、联行和利率管理等方面。

(4) 持有、管理和经营国家外汇储备

中央银行代理政府保存和管理黄金、外汇储备，对国家储备的经营管理包括：对储备资金总量进行调控，使之与国内货币发行和国际贸易所需的支付数量相适应；对储备资产结构进行调节；经营管理储备资产，负责储备资产的保值及经营收益；合理运用储备资产，实现国际收支平衡和汇率基本稳定。

(5) 代理国库、代理政府债券发行和兑付

各国中央银行法无一例外地都规定中央银行要为政府提供金融服务，其范围包括：代理国库，办理预算收支，协助财政、税收部门收缴国库款等。中央银行代理国库业务具有诸多优越性：①收缴库款方便；②库款调拨灵活；③资金安全，数字正确；④有利于中央银行的宏观调控。

当一国政府发行政府债券筹集资金时，一般也是由中央银行代理财政办理公债、国库券的发行和到期时的还本付息。此外，中央银行也通过向政府贷款、购买政府公债等方式为政府提供资金支持。

(6) 对金融业的活动进行稽核、检查、审计、统计和调查

稽核是检查、核对，是中央银行以相关法律规定为准则，以业务数据和会计统计资料为依据，由专职稽核人员对金融业的业务、财务收支等事项进行定期和不定期的检查、核对、监督和管理。中央银行通过对金融机构的各种业务报表的稽核和分析，及时掌握金融业运行状况，发现问题，这也是中央银行进行金融监管的方式之一。同时，调查统计是中央银行获取信息的重要渠道，是中央银行观察、分析和研究一个国家经济金融状况的重要途径。

国际货币基金组织特别强调要让公众与政府一样及时掌握相同的信息资源。对社会公众公布经济金融运行情况，也要求中央银行对金融业开展稽核、统计、调查等业务。各国中央银行根据国际货币基金组织有关发布数据标准的指南和程序以及由其他国际机构和协会制定的标准，通过及时、便捷的途径向社会公布编制出的有关数据。

(7) 法律允许的其他业务

中央银行还可以根据法律开展其他业务，例如：外国中央银行或政府存款，非存款货币银行的存款，特种存款；发行中央银行债券或票据；向财政部、外国中央银行或政府、国际性金融机构发放贷款；代表国家参加国际金融活动，开展国际金融事务的磋商、协调事宜；作为政府的金融政策顾问，为制定国际金融政策提供资料、数据和方案，并保障其贯彻、执行等。

3. 中央银行的法定业务限制

为了保证中央银行认真履行其职责，合理运用其拥有的特权，保持其高度的信誉、权威性和超然地位，各国中央银行法都对中央银行的业务活动进行必要的限制。这种限制主要包括以下几个方面：

（1）不得经营一般性银行业务或非银行金融业务。

（2）不得向任何个人、企业或单位提供担保，不得直接向他们发放贷款，有的国家还规定不得向地方政府、各级政府部门、非银行金融机构提供贷款。

（3）不得直接从事商业票据的承兑、贴现业务。

（4）不得从事不动产买卖业务。

（5）不得从事商业性证券投资业务。

（6）不得向财政透支、直接认购包销国债和其他政府债券。

3.1.3　中央银行业务经营的原则

1. 服从履行职责的需要

中央银行在一个国家金融体系中居于核心地位，并由相关法律规定其职责等。作为发行的银行、银行的银行和政府的银行，中央银行肩负代表国家管理金融的职责，除了必要的行政措施外，中央银行更多地运用间接货币政策工具，影响金融市场参与主体的行为。中央银行开展业务是履行其职责的手段，必须围绕法定职责展开，以有利于履行职责为原则。

2. 不以盈利为目标

为保证中央银行进行宏观调控和行使监管职能所需要的客观、公正和独立的立场，中央银行的一切业务活动不以盈利为目标，只要是宏观金融管理所必需的，即使不盈利甚至亏损的业务也要去做。在同等或可能的情况下，中央银行的业务活动尽可能避免或减少亏损，以降低宏观金融管理的成本。

3. 不经营一般商业银行业务

与以赚取利润为目的的商业银行不同，中央银行并不直接与企业、一般消费者发生业务关系，其主要业务对象是政府和商业银行及其他非银行金融机构。中央银行与金融机构开展业务，如存款、贷款、提供清算服务、证券交易，不是为了赚取利润，而是对金融机构的支付能力和风险监督及监测，维持金融体系的安全稳定。与此同时，这也是中央银行运用货币政策工具调节宏观经济运行的方式。

4. 保持资产的流动性

中央银行在充当金融机构的"最后贷款人"进行货币政策操作和宏观经济调控时，必须拥有相当数量的可用资金，才能及时满足其调控货币供求、稳定币值和汇率、调节经济运行的需要。因此，为了保证中央银行的资金可以灵活调度、及时运用，中央银行必须使自己的资产保持最大的流动性，不能形成不易变现的资产。以保持流动性为原则从事资产业务，就必须注意对金融机构融资的期限性，一般不发放长期贷款；同时在公开市场买卖有价证券，也要尽量避免购买期限长、流动性低的证券。

5. 保持业务的公开性

为了让公众及时了解货币政策是如何制定的、决策依据是什么，许多国家的中央银行将其决策程序与过程公开化，并公布所使用的模型以及运用模型进行预测的结果。一些国家的中央银行定期出版《通货膨胀报告》，解释中央银行通货膨胀控制目标，阐述当前通货膨胀与其目标之间的相关关系，预测未来通货膨胀趋势，讨论存在的风险，解释控制目标与实际数据存在偏差的原因以及为纠正这种偏差所需要采取的行动；发布《货币政策执行报告》，阐明国内外经济金融形式、货币政策操作执行情况等；出版《货币政策委员会纪要》，提供形成货币政策决策与执行情况相关分析，阐述可能影响未来政策的风险等。

中央银行负责人还经常就货币政策、经济状况等发表演说，表明中央银行对经济的看法和货币政策取向；定期举行新闻发布会，说明与解释中央银行所采取的政策及措施；通过中央银行网站及时发布各种政策信息等。

6. 保持业务的主动性和一定的独立性

由于中央银行负债业务直接与货币供应相关联，例如，货币发行业务直接形成流通中的货币，存款准备金不仅导致基础货币的变化，还会引起货币乘数的变化，再贴现、公开市场业务是提供基础货币的主要渠道等。因此，中央银行必须使其资产负债业务保持主动性，这样才能根据履行职责的需要，通过资产负债业务实施货币政策和金融监管，有效控制货币供应量和信用总量。

为了避免多种因素的干扰，例如，政策周期、来自政府的弥补财政赤字的压力，中央银行在业务经营上保持相对独立性，有利于独立行使制定执行货币政策的权力，履行相关法律规定的职责，以确保独立的货币政策目标得以实现。

3.2 中央银行的资产负债表

3.2.1 中央银行资产负债表的一般构成

现代各国中央银行的任务和职责基本相同，其业务活动大同小异，资产负债表的内容也基本相近。在经济全球化的背景下，为了使各国之间相互了解彼此的货币金融运行状况及分析它们之间的相互作用，对金融统计数据按相对统一的标准进行适当规范是很有必要的，为此，国际货币基金组织定期编印《货币与金融统计手册》刊物，以相对统一的口径向人们提供各成员国有关货币金融和经济发展的主要统计数据，中央银行的资产负债表就是其中之一，称作“货币当局资产负债表”。各国中央银行在编制资产负债表时主要参照国际货币基金组织的格式和口径，从而使各国中央银行资产负债表的主要项目与结构基本相同，具有很强的可比性。下面，将目前国际货币基金组织的货币与金融统计手册中货币当局资产负债表的最主要项目简化成表 3-1。

表 3-1 简化的货币当局资产负债表

资 产	负 债
国外资产	储备货币
对中央政府的债权	定期储备和外币存款
对各级地方政府的债权	发行债券
对存款货币银行的债权	进口抵押和限制存款
对非货币金融机构的债权	对外负债
对非金融政府企业的债权	中央政府存款
对特定机构的债权	对等基金
对私人部门的债权	政府贷款基金
	资本项目
	其他项目

根据《货币与金融统计手册》提供的详细目录,表中各项目的主要内容如下。

1. 资产

货币当局的资产包括两大类:

(1) 国外资产,主要包括黄金储备、中央银行持有的可自由兑换外汇、地区货币合作基金、不可自由兑换的外汇、国库中的国外资产、其他官方的国外资产、对外国政府和国外金融机构贷款、未在别处列出的其他官方的国外资产、在国际货币基金组织中的储备寸头、特别提款权持有额等。

(2) 国内资产,主要由中央银行对政府、金融机构和其他部门的债权构成。①对中央政府的债权是指中央政府对货币当局的债务,它包括中央银行持有的国库券、政府债权、财政短期贷款、对国库的贷款和垫款或货币允许的透支额。②对各级地方政府的债权在表 3-1 中是指地方政府对中央银行的债务,包括中央银行持有的地方政府债券和其他证券、贷款和垫款等。③对存款货币银行的债权是指存款货币银行对中央银行的债务,包括再贴现、担保信贷、贷款和回购协议、中央银行对存款货币银行的其他债权和一些银行的存款等。④对非货币金融机构的债权,其内容与对存款货币银行的债权基本相同,差别在于债权对象是两类不同的金融机构。⑤对非金融政府企业的债权。有些国家的中央银行对特殊的政府企业,如黄金生产企业等提供贷款等资金支持,形成中央银行对这些企业的资产。⑥对特定机构和私人部门的债权。有些国家的中央银行对特定的非营利性机构和特殊的私人部门提供资金支持,形成中央银行对这些机构和部门的债权。

2. 负债

(1) 储备货币,这是货币当局负债中的主要项目,是中央银行用来影响存款货币银行的清偿手段,从而影响其创造存款货币能力的基础货币。主要包括公众手中的现金、存款货币银行的库存现金、存款货币银行在中央银行的存款(法定存款准备金和超额存款准备金等)、政府部门以及非货币金融机构在中央银行的存款、特定机构和私人部门在中央银行的存款等,其中许多国家不允许中央银行收存私人部门存款,有些国家允许收存但数量非常小。

(2) 定期储备和外币存款,不仅包括各级地方政府、非金融政府企业、非货币金融机构等的 1 个月以上的定期存款和外币存款,还包括反周期波动的特别存款、特别基金以及其他货币外债等。

(3) 发行债券,包括自有债务、向存款货币银行和非货币金融机构发行的债券以及向公众销售的货币市场证券等。

(4) 进口抵押和限制存款,包括本国货币、外币、双边信用证的进口抵押金以及反周期波动的特别存款等。

(5) 对外负债,包括对非居民的所有本国货币和外币的负债,如从国外银行的借款、对外国货币当局的负债、使用基金组织的信贷额和国外发行的债券等。

(6) 中央政府存款,包括国库持有的货币、活期存款、定期存款以及外币存款等。

(7) 对等基金,是在外国援助者要求受援国政府存放一笔与外国援助资金相等的本国货币的情况下建立的基金。

(8)政府贷款基金,指中央政府通过中央银行渠道从事贷款活动的基金。

(9) 资本项目,包括中央银行的资本金、准备金、未分配利润等。

(10) 其他项目,这是一个净额,等于负债方减去资产方的净额。

3.2.2 中央银行资产负债表主要项目的关系

从上述资产负债表的构成中可见,表 3-1 内资产方的主要项目有 3 项:国外资产、对金融机构债权、对政府债权;负债方的主要项目有 4 项:流通中货币、对金融机构负债、政府存款及其他存款和自有资本。根据会计原理,资产负债必然相等,因此,对资产负债表主要项目关系的分析可以从以下两个方面进行。

1. 资产和负债的基本关系

在中央银行的资产负债表中,由于自由资本也是其资金运用的来源之一,因此将其列入负债方。但实际上,自有资本不是真正的负债,其作用也不同于一般负债。因此,如果把自由资本从负债中分列出来,资产与负债的基本关系可以用以下 3 个公式表示:

$$资产=负债+自有资本 \tag{3-1}$$

$$负债=资产-自有资本 \tag{3-2}$$

$$自有资本=资产-负债 \tag{3-3}$$

上述 3 个公式表明了中央银行未清偿的负债总额、资本总额、资产总额之间基本的等式关系。式(3-1)表明,中央银行的资产持有额的增减,在自有资本一定的情况下,必然导致其负债的相应增减。换言之,如果资产总额增加,则必须创造或增加其自身的负债或资本金,反之则相反;式(3-2)表明,中央银行的负债的多少取决于其资产与自有资本之差,在自有资本一定的情况下,如果中央银行的负债总额增加了,则其必然扩大了等额的债权,反之则相反;式(3-3)表明,在中央银行负债不变时,自有资本增减,可以使其资产相应增减,例如负债不变而自有资本增加,则可以相应增加外汇储备或其他资产。这 3 个公式的政策意义主要表现为两点:一是中央银行的资产业务对货币供应有决定性作用;二是由中央银行自有资本增加而相应扩大的资产业务,不会导致货币发行的增加。

2. 资产负债各主要项目之间的对应关系

从对货币供应影响的角度分析,资产方的主要项目和负债方的主要项目之间存在着一定的对应关系，这种对应关系大致可以概括为以下 3 个方面。

（1）对金融机构债权和对金融机构负债的关系。对金融机构的债权包括对存款货币银行、特定存款机构、其他金融机构的再贴现和各种贷款、回购等；对金融机构的负债包括存款货币银行、特定存款机构和其他金融机构在中央银行的法定存款准备金、超额准备金等存款。这两种项目反映了中央银行对金融系统的资金来源与运用的对应关系，也是一国信贷收支的一部分。当中央银行对金融机构债权与负债总额相等时，不影响资产负债表内的其他项目；当债权总额大于负债总额时，若其他项目对应不变，其差额部分通常用货币发行来弥补；反之，当债权总额小于负债总额时，则会相应减少货币发行量。由于中央银行对金融机构的债权比负债更具主动性和可控性，因此，中央银行对金融机构的资产业务对于货币供应量有决定性作用。

（2）对政府债权和政府存款的关系。对政府的债权包括对政府的贷款和持有的政府债券总额；政府存款在中国还包括部队存款等财政性存款。这两种项目属于财政收支的范畴，反映了中央银行对政府的资金来源与运用的对应关系。当这两种对应项目总额相等时，对货币供应影响不大；但在其他项目不变的情况下，若因财政赤字过大而增加的中央银行对政府债权大于政府存款时，会出现财政性的货币发行；反之，若政府存款大于对政府的债权，则将消除来自财政方面的通货膨胀压力，并为货币稳定提供支持。

（3）国外资产和其他存款及自有资本的关系。当上述两个对应关系不变时，中央银行国外资产的增加与其他存款及自有资本的相应增加，不会影响国内基础货币的变化；反之，将导致国内基础货币的净增加。因此，中央银行国外资产业务是有条件限制的，对基础货币有重要影响。

需要说明的是，这三种对应关系的分析也是相对而言的。在现实的资产负债业务活动中，中央银行可以在各有关项目之间通过冲销操作来减轻对货币供应的影响，也可以通过强化操作来加大对货币供应的作用。例如，为了保持基础货币不变，中央银行在扩大国外资产业务增加外汇储备时，可以相应减少对金融机构的债权。

3. 中央银行业务反映其调控职能

（1）中央银行的资产业务都形成货币供给，直接影响货币供应量。当需要采取扩张性货币政策时，中央银行增加资产业务，购买政府证券或向商业银行提高再贷款和再贴现，增加商业银行体系的准备金，提高其信用创造能力；反之，中央银行减少资产业务，收缩货币供应。

（2）中央银行的负债业务，除货币发行外，对货币供应的影响是收缩性的。因此，中央银行负债项目的增加，将减少商业银行的准备金，降低其信用创造能力；反之，则加强。

总之，把握上述这些关系，对于了解中央银行资产负债业务活动的作用与影响，理解中央银行实施金融宏观调控和货币政策操作的原理是十分重要的。

专栏 3-1　全球量化放松及影响

2008 年金融危机以来，为遏制全球经济下滑的势头，挽救广大金融机构以及提高就业水平，防止通缩，全球各主要央行都采取了量化宽松的货币政策。尽管这其中的具体操作方式各有迥异，且均附有创造性，但央行资产负债表迅速膨胀是谁都不可回避的事实。

量化放松导致央行资产负债表膨胀

作为本次金融危机的发源地，美联储率先推出的量化宽松政策，以求走出危机阴霾。2008年11月，美联储采取QE1，宣布购买由房地美、房利美和联邦住宅贷款银行发布的价值1000亿美元的债券及其担保的5000亿美元的资产支持证券，以减少政府主办企业债务的风险溢价，减缓房屋信贷市场波动。两年后，即2010年11月，美联储又推出QE2，宣布到2011年6月底以前购买6000亿美元的美国长期国债，并维持0～0.25%的基准利率区间不变，以进一步刺激美国经济复苏。目前来看，经过了两轮量化宽松，美联储的资产负债表已经扩张至2.8万亿美元，比起QE1推出之前的2万亿美元，增长了约40%。

英国央行的QE1于2010年2月施行，当时英国央行购买了以英国国债为主的近2000亿英镑资产。其后，英国央行又推出了两轮量化放松，最近的一次是2012年2月份，英国央行决定扩大量化宽松规模500亿～3250亿英镑。但是，即便如此，仍有部分英国央行货币政策委员会的成员表示，需要进一步采取大量货币刺激措施，以避免英国经济增长停滞。实际上，目前英国央行的资产负债表已经扩张至3246亿英镑，比起QE1推出之前的2507亿英镑，也扩充了将近30%。

日本央行的量化宽松实践可谓历史悠久。20世纪90年代初，日本房地产泡沫破灭后，为刺激经济增长恢复，日本央行于2001年3月推出了量化宽松货币政策，并将这一政策持续到2006年3月。2009年12月，面对国内通缩和日元升值，日本央行又为市场注入最多10万亿日元的流动性，重启中断了三年的量化宽松政策。而自去年福岛大地震后，日本经济更加恶化。日本希望通过维持极低利率以及扩大资产购入，提振本国经济。最近的一次加码，来自上月的央行货币政策会议上，宣布的在当前55万亿日元资产购买规模的基础上追加10万亿日元用以购买长期政府债券。目前来看，日本央行的资产负债表规模已从2009年12月的122万亿日元增至2月的144万亿日元，增速达18%。

欧洲央行自2011年夏季资产负债表规模急速扩张以来，一跃成为全世界最活跃的央行。2012年2月29日，欧洲央行启动了第二轮长期再融资操作(LTRO)，向欧元区的800多家商业银行贷出了总金额为5295亿欧元的三年期贷款。两轮长期再融资操作(LTRO)以后，共向欧洲银行系统注入约1万亿欧元的流动性。目前欧洲央行已经放宽可接受的抵押品范围，资产负债表升至3.02万亿欧元，比美联储的2.8万亿美元超出接近一半。

警惕全球央行量化宽松可能负效用

抛开量化放松有助于降低本国融资成本、促进出口与经济提振不谈，金融危机以来，主要发达经济体制造的宽松盛宴，伴随着经济提振，势必将带动大宗商品价格上涨、加大输入性通胀压力、催生新兴市场资产泡沫、引发货币战争等负效用。

一是将引发全球大宗商品上涨，加大输入性通胀压力。我们认为，美元作为全球储备货币，是国际货币体系之困。一直以来，全球有大量的大宗商品交易、资本流动、直接投资都需要使用美元，经济一旦有复苏迹象，过剩的美元必然会推高以美元作为计价货币的石油、金属、粮食等大宗商品价格，增加全球商品的生产成本和输入性通胀的压力。

二是加大资产价格上升风险。由于全球流动性宽松，为了追逐汇率差以及利息差带来的收益，诸多资金看好经济高速发展的新兴市场国家。不仅如此，热钱的流入也可能通过推高房地产泡沫与股市泡沫，以获得更高利润。根据资金监测机构EPFR最新披露的数据显示，在截至2012年3月7日的一周内，共有13亿美元流入新兴市场股票基金，保持了自2010年4季度以来资金流入新兴市场股票基金的最长持续记录。

三是易于引发货币战争。发达国家采取的持续超低利率和量化宽松措施，有助于本币贬值。相反，由于国际资金看好新兴市场，也将推高了后者的本币。2012年以来，马来西亚林吉特、韩元、泰铢等对美元和欧元都出现大幅升值。而基于本币升值带来的出口困难，不少央行打算或者已经采取了汇率干预措施。预计未来，全球仍将面临进行一场深刻的由量化宽松而导致的“货币战争”。

而在这全球货币体系的博弈之下，中国似乎也难有万全之策。短期来看，中国经济已经出现了放缓迹象，通胀有所缓解，可以采取一定的货币政策放松，并以下调准备金率为标志。而长期来看，促进人民币国际化，促进汇率更加灵活，才是在全球货币市场上明哲保身之法。

（资料来源：金融时报，2012-04-26）

专栏3-2 全球四大央行的资产负债表风险

自危机以来，欧元区、日本、英国和美国的央行已经大幅扩张了资产负债表。国际货币基金组织（IMF）2013年4月11日公布的《全球金融稳定报告》指出，四大央行的政策行动将对这些国家的金融强度和独立性造成潜在的负面后果。

增加流动性供给、放松抵押品规则、巨额资产购买已经让央行资产负债表的绝对规模大幅上升，资产种类和期限也不断增加，资产质量则有所下降。这些变化导致了三重风险：利率上升导致的直接或间接损失；当央行增持低利率的长期证券时，运营收入下降；信贷风险可能造成资产减值损失。

当然，各大央行的风险各异，取决于它们非常规政策的规模和性质。美联储、英国央行和日本央行都购买了大量债券来压低长期收益率和支持经济活动，而欧洲央行主要通过扩张流动性供给来支持银行业融资。

美联储持有大量国债和抵押贷款支持证券（MBS），截至2012年年底，这些资产占美国GDP的比重已达16%。美联储还不断延长了持有国债的久期（衡量利率敏感度的指标）：危机前的平均久期是2.75，但目前已达到将近8。这意味着，利率每上升1%，就会让美联储资产组合的市值下降8%。同时，会造成美联储的总资产出现约4%的资本损失。

大规模持有政府债券的日本央行和英国央行也存在利率风险。报告显示，两大央行在2012年末时的持债规模占GDP比重均为24%左右。利率每上升1%，可能会导致日本央行总资产损失约1.75%，英国央行损失6.5%。

欧洲央行也大幅增加了对欧元区外围国家银行业的借贷敞口，从2006年时占所有再融资操作的20%,在2012年年末增加到了约三分之二,导致信贷风险上升。欧洲央行的抵押品要求很大程度上缓解了这些风险。但欧洲央行也由于持有外围国家主权债券而面临一定信贷和利率风险。

IMF在报告中建议,各大央行可以通过一些措施来缓解资产负债表风险。

首先,缩短资产久期,这样能让铸币税收入符合央行政策成本。例如,央行可以与财政部协商资产互换来增加收入。

其次,增加高收益资产的比重。这可以通过在退出目前非常规宽松货币政策时购买此类资产实现。

第三,通过利润留存或资本注入,来增加资本缓冲,覆盖潜在损失。例如,在主要干预措施之前,欧洲央行就已经将认缴资本翻番,在2010年年底时达到108亿欧元。类似的,在2011年,日本央行也通过利润留存来加强资金储备。

此外,调整减计要求来反映抵押品质量的变化。

最后,还可以要求财政部确保对任何宽松货币政策导致的损失进行全部赔偿。例如,英国央行的资产购买工具是由英国财政部完全担保的,因此英国央行并不面临相关金融风险。

不过,多大程度上能够使用上述措施还取决于每个央行的风险敞口和风险容忍度、制度、经济与金融环境。

报告认为,央行持有的资产究竟构成多大风险仍取决于会计准则和央行计划如何使用这些证券。如果央行打算一直持有直至证券到期,那么加息就不会造成资本损失。通常情况下,美联储、欧洲央行和日本央行都以摊销成本方式来估值,但英国央行却用逐日盯市(market to market)的会计准则来估值。当前欧洲央行资产组合是持有到期的,因此不受逐日盯市准则的影响,但未来如果启动"直接货币融资"(OMT)计划,资产组合将以逐日盯市方法交易。

但是,市场可能会用央行证券持有价值来评估它们的总体安全度和稳健度。这就要求央行以透明且一致的方式来管理风险。IMF认为,经验显示,央行能够在发生大额损失的时候继续发挥货币政策职能,但这会威胁到央行的独立性和可信度。历史已经证明,资金能力弱的央行更容易受到政府干扰。

(资料来源:第一财经日报,2013-04-12)

3.3 中国人民银行资产负债表

3.3.1 中国人民银行资产负债表

中国人民银行从1994年起根据国际货币基金组织《货币与金融统计手册》规定的基本格式,编制中国货币当局资产负债表并定期向社会公布。表3-2是2009年12月至2012年12月中国人民银行的资产负债表。

表 3-2 中国人民银行资产负债表 单位:亿元人民币

报表项目	2009年12月	2010年12月	2011年12月	2012年12月
国外资产	185 333.00	215 419.60	237 898.06	241 416.90
对政府的债权	15 661.97	15 421.11	15 399.73	15 313.69
对其他存款型公司的债权	7 161.92	9 485.70	10 247.54	16 701.08
对其他金融性公司债权	11 530.15	11 325.81	10 643.97	10 038.62
对非金融公司的债权	43.96	24.99	24.99	24.99
其他资产	7 804.03	9 597.67	6 763.31	11 041.91
总资产	227 535.02	259 274.89	280 977.60	294 537.19
储备货币	143 836.47	185 126.88	224 641.76	252 345.17
货币发行	41 555.80	48 646.02	55 850.07	60 645.97
其他存款性公司存款	102 280.67	136 480.86	168 791.68	191 699.20
不计入储备货币的金融性公司存款	773.29	841.39	908.37	1 348.85
发行债券	42 064.21	40 497.23	23 336.66	1 348.85
国外负债	761.72	720.08	2 699.44	1 464.24
政府存款	21 226.36	24 277.32	22 733.66	20 753.27
自有资金	219.75	219.75	219.75	219.75
其他负债	18 653.20	7 592.23	6 437.97	4 525.91
总负债	227 535.02	259 274.89	280 977.60	294 537.19

资料来源:中国人民银行网站. http://www.pbc.gov.cn/publish/diaochatongjisi/126/index.html

中国人民银行资产负债表的主要格式和主要项目与国际货币基金组织的规定基本相同,但是各主要项目的概念和定义也有所差别。

1. 资产

(1) 国外资产:主要包括人民银行所掌握的以人民币记值的国家外汇储备、黄金及国际金融机构往来的头寸净值。

(2) 对政府的债权:中国人民银行对政府的借款以及买断的国家债券。

(3) 对其他存款性公司的债权:存款性公司是指能吸收公众存款的金融机构,包括商业银行和信用合作社。此项目是中国银行对这些金融机构发放的信用贷款、再贴现和债券回购等性质的融资。

(4) 对其他金融性公司的债权:包括政策性银行、证券公司、保险公司、资产管理公司、信托投资公司、金融租赁公司等。此项目是中国人民银行对这些金融机构发放的信用贷款以及购买特定金融机构发行的债券等。

(5) 对非金融部门的债权:中国人民银行为支持老、少、边、穷地区的经济开发等所发放的专项贷款。

2. 负债

(1) 储备货币:中国人民银行所发行的货币以及存款性金融机构在中国人民银行的准备金存款(包括法定存款准备金和超额准备金)。

(2) 不计入储备货币的金融性公司存款:非存款性金融机构在中国人民银行的存款。

(3) 发行债券:中国人民银行所发行的融资债券和中央银行票据。

(4) 国外负债:中国人民银行的国外负债包括外国政府贷款、国际金融组织贷款、国外银行及其他金融机构贷款和对外发行债券，其中，国际金融组织贷款所占比重最高。

（5）自有资金：中国人民银行的资本金和信贷基金。

3. 中国人民银行资产负债表的特点

（1）从规模来看，中国人民银行资产负债表不断扩张，但是扩张的速度在大幅放缓。

自2009年12月至2012年12月，中国人民银行的资产负债规模不断扩张，总资产从227 535.02亿元增加到294 537.19亿元，扩张了67 005.17亿元，其中，从2009年12月至2010年12月，扩张了32 189.87亿元，2010年12月至2011年12月，扩张了21 702.71亿元，2011年12月至2012年12月，扩张了13 559.59亿元。自2009年12月至2012年12月，中国人民银行资产负债表扩张的速度分别为：14.15%、8.37%、4.83%。尽管人民银行资产负债表的规模在不断扩张，但是扩张的速度在大幅放缓。

（2）从资产结构来看，国外资产和对存款性公司的债权持续增加，但是国外资产增加的速度在大幅下降，对存款性公司的债权增加的速度在大幅上升。

从2009年12月至2013年4月，国外资产从185 333.00亿元增加到2013年4月的256 912.77亿元，增加了71 579.77亿元，其中，2009年12月至2010年12月，国外资产增加了30 086.6亿元，2010年12月至2011年12月，增加了22 478.46亿元，2011年12月至2012年12月，增加了3 518.84亿元。2009年12月至2012年12月，国外资产增加的幅度分别为16.23%、10.43%、1.48%。国外资产占总资产的比重分别为81.45%、83.09%、84.67%、81.96%，国外资产占总资产的比重居高不下，尽管在4年的时间里有波动和起伏，但都维持在80%以上。

对存款性公司的债权持续增加，从2009年12月至2012年12月，对存款性金融机构的债权从7161.92亿元增加至11 649.89亿元，增加了9539.16亿元，其中，2009年12月至2010年12月，增加了2317.78亿元，2010年12月至2011年12月，增加了761.84亿元，2011年12月至2012年12月，增加了9539.16亿元，增加的幅度分别为：32.36%、8.03%、57.12%。

（3）从负债结构来看，货币发行规模和存款性公司的存款规模扩大，但是货币发行速度和存款性公司存款增加速度直线下降，同时，央行债券发行呈大规模下降，连续几年负增长。

自2009年12月至2012年12月，人民银行货币发行增加的总额为19 090.17亿元，其中，2009年12月至2010年12月，增加了7090.22亿元；2010年12月至2011年12月，增加了7204.05亿元；2011年12月至2012年12月，增加了4795.9亿元，增加的幅度分别为17.06%、14.81%、8.57%，货币发行速度大幅下降。

自2009年12月至2012年12月，存款性公司存款增加总额为89 418.53亿元，其中，2009年12月至2010年12月，存款增加34 200.19亿元，2010年12月至2011年12月，存款增加32 310.82亿元，2011年12月至2012年12月，存款增加22 907.52亿元，存款增加的幅度分别为33.44%、23.67%、13.57%，存款性公司存款增加的速度大幅下降。

在外汇占款增加的规模持续下降的形势下，为了保持充分的流动性，人民银行加大了对存款性公司的贷款和贴现的规模，同时加大了逆回购的力度，使得人民银行对存款性公司的债权大幅增加。

自 2009 年 12 月至 2012 年 12 月，人民银行债券发行增加总额为－29 234.21 亿元，其中，2009 年 12 月至 2010 年 12 月，债券发行增加－1566.98 亿元，2010 年 12 月至 2011 年 12 月，债券发行增加－17 160.57 亿元，2011 年 12 月至 2012 年 12 月，债券发行增加－9456.66 亿元，债券发行连续 4 年负增长。

3.3.2　中国人民银行资产负债表变动的原因

自 2009—2011 年，中国国际收支持续性地出现“双顺差”格局，但顺差的规模在逐渐减少。从 2011—2012 年，中国国际收支继续保持顺差，但是“双顺差”的局面被打破，资本和金融项目出现逆差，国际收支顺差进一步改善。国际收支长期顺差导致中央银行被迫买进国外资产使得中央银行的国外资产和资产负债表的规模不断扩大，国际收支顺差规模的收缩直接导致了国外资产增加的幅度和中央银行资产增加的幅度逐渐减少。在人民银行的负债方面，长期国际收支顺差使得储备货币持续增加，货币发行规模和存款性公司的存款不断扩大；国际收支顺差幅度的收窄使得货币发行的速度大幅下降。2011 年 6 月人民银行存款准备金政策转向，由上调改为下调，受此影响，存款性公司存款增加速度大幅下降。由于国际收支格局的变化，由外汇占款引起的货币发行速度下降，人民银行逐渐退出了通过发行债券回收货币的途径，转向更为灵活的公开市场手段来调节市场流动性。

3.3.3　中国人民银行资产负债表中存在的问题

1. 外汇资产占总资产的比重仍然过高，对金融公司的债权占总资产的比重偏低

随着中国国际收支顺差规模的缩减，中国人民银行的国外资产增加的幅度在逐渐下降，但国外资产占总资产的比重依然居高不下，自 2009 年 12 月至 2012 年 12 月，国外资产占总资产的比重均超过了 80％以上，对金融公司的债权（包括存款性公司和非存款性金融公司）占总资产的比重分别为 18.69％、8.03％、7.43％、9.08％国外资产比重过大压缩了人民银行购买有价证券和发放贷款的空间，使得人民银行在进行货币调控方面处于极其被动的地位。

2. 货币发行占总负债的比例过低，金融机构存款占总负债的比重过高

自 2009 年 12 月至 2012 年 12 月，货币发行占总负债的比例分别为 18.26％、18.76％、19.88％、20.59％，反映了人民银行对货币政策调控的主动性逐渐增强，金融机构（包括存款性公司和其他金融性公司）存款占总负债的比重分别为 45.29％、52.96％、60.40％、65.54％，金融机构存款在人民银行的总负债中居于主导地位。从理论上来讲，货币发行是中央银行的专有权，中央银行各项政策工具的动用都会影响到货币发行量。货币发行占中央银行总负债的比例过低使得中央银行货币政策的操作空间非常有限，货币政策效果大打折扣。为了弥补货币发行不足，人民银行通过大幅增加金融性公司的存款来扩大负债资金来源，但是这种操作带来了两个问题：一是要为金融机构存款支付巨额的利息；二是在法定存款准备金率已经处于高位的状态下，法定存款准备金率的上调空间有限，通过提高存款准备金率来增加人民银行的负债的余地不大。

3. 资产负债表的有些项目不够具体

在人民银行的资产项目中，对存款性公司的债权以及非存款性金融公司的债权项目不够具体，无法反映人民银行的政策操作。在人民银行的负债项目中，由于其他负债项目自2009年12月至2012年12月有较大的变动，需要分类解释。

3.3.4 改善资产负债表结构的建议

1. 减少国外资产在总资产中的比重

国外资产占总资产的比重过高与两个方面的因素有关：一是国际收支长期顺差导致的国外资产的增长；二是中国的汇率制度。随着中国经济发展战略由出口导向扩大内需的转变，中国的国际收支顺差规模在逐渐缩小，由此必然会带来国外资产增加速度的放缓。但是内需扩大是一个长期而艰巨的任务，国际收支的平衡注定是一个循序渐进的过程，在此过程中，国际收支可能还会出现大幅波动，国外资产在总资产中的比重只能逐步下降，不可能大幅下降。随着中国外汇管理体制改革的推进，尤其是对资本流出管制的减少，人民银行国外资产的增加速度会逐步下降。资本流出一方面改善了中国的国际收支；另一方面减少了人民银行干预外汇市场稳定汇率的压力。但是，资本的自由流动尤其是短期资本的流动会冲击一个国家的金融市场引发金融危机，鉴于此，资本项目的放开，资本自由出境需要等待适当的时机。从根本上来讲，减少国外资产占总资产的比重，一方面要坚定不移地扩大内需，进行产业结构的调整升级；另一方面要进一步深化外汇管理体制改革，鼓励民间资本走出国门，建立更为灵活和有弹性的汇率制度。

2. 扩大货币发行占总负债的比重

货币发行是中央银行负债项目中成本最低、主动性最高、可操作性最强的项目，扩大货币发行占总负债的比重，有利于提高人民银行货币政策操作的主动性和货币政策效果，增强其金融宏观调控能力。

3. 细化资产负债表

在对其他存款性公司和对其他金融性公司的债权项目下，具体设置贷款项目、票据贴现项目以及证券交易项目，细化其他负债项目，让公众对此项目有一个具体的认识和理解。

专栏 3-3　IMF经济学家：中国人民银行已成全球最大央行

谁是世界上最有影响力的中央银行？如果回答是美联储，相信不会有太大争议。但是，如果问起谁是世界上资产规模最大的中央银行，答案就会比较出人意料，因为这不是美联储，而是中国人民银行。

我们曾高度关注2010年中国经济超过日本，成为世界第二大经济体，但我们似乎忽略了人民银行已成为全球最大央行的这一重要事件。

人民银行分别于2004年6月、2005年9月和2006年1月先后超过美、欧和日央行，成为资产规模最大的中央银行。2006—2010年间,人民银行的资产再度扩张2.4倍,2010年资产总额高达3.9万亿美元,占同年GDP的67%。

人民银行成为全球最大央行,不仅可能影响大国央行的政策走向,而且可能影响未来全球金融格局。从央行资产负债规模和结构变化的角度来看,当前美、英、日、欧四家央行与人民银行之间,正在进行一场不对称的游戏。

资产负债大扫描

(1) 从资产的绝对量看,2010年,美、英、日、欧、中五家央行的总资产达到11万亿美元,所占比分别为22.3%、3.5%、14.4%、24.3%、35.5%,也就是说,人民银行的资产分别是美联储和欧央行的1.6倍和1.5倍。

(2) 从资产的相对量看,2010年,美、英、日、欧、中五国央行资产占本国GDP的比重分别为16.8%、17.1%、29.0%、22.0%、66.9%,这意味着,人民银行资产占GDP的比重分别是美联储的4倍和欧央行的3倍。

(3) 从资产构成看,2010年年底,美、英、日、欧四家央行所持国债占本国央行资产的比重分别为43%、80%、73%、9%。此外,四家央行还持有私人金融机构的抵押品(如按揭证券)。人民银行的主要资产是外汇储备资产,2010年外汇储备资产占人民银行总资产的比重为80%,分别是美、英、日和欧央行资产的1.3倍、8.1倍、2倍和1.2倍。不夸张地说,仅人民银行的外汇储备资产就足以买下任何一家央行。

(4) 与资产相匹配,各国央行的负债规模也很大,且负债的主要组成部分是银行准备金。2010年年底,各央行银行准备金占五家央行的全部银行准备金的比重分别为26%、5.5%、5.5%、10.8%和52.3%,据此估算,人民银行的银行准备金的绝对量是美联储的2倍和欧央行的近5倍。此外,五家央行的银行准备金占GDP的比重分别为6.9%、9.6%、3.9%、3.5%和35.3%。也就是说,人民银行准备金对GDP的相对规模是美联储的5倍和欧央行的10倍。

美、英、日、欧四国央行和人民银行资产负债表规模和结构变化的动因不同。这四家央行资产负债表的扩张和结构变化,主要是其应对金融危机的结果。危机期间,四大经济体的居民部门和银行部门的债务风险传导为主权债务风险,又因债务过高制约,四国央行直接买入金融机构的金融资产和国债。

人民银行资产负债表的扩张和结构变化,则主要反映了中国出口导向增长模式、人民币升值预期和外汇储备的积累:外汇储备增加的过程就是人民银行资产增加和基础货币上升的过程,2000—2010年外汇储备与资产和基础货币的相关系数均为0.99,也就是说,外汇储备是影响资产和负债的核心因素。

中央银行的资产负债表对理解一国的宏观经济、风险和政策有一定意义。它不仅直接影响政府和银行部门的资产负债表,而且间接影响居民和企业的资产负债表。

例如,资产和负债规模越大,中央银行的政策和自身风险对实体经济和金融市场的影响越大;如果该国是储备货币发行国而且拥有发达的金融市场,则资产负债规模和结构的变化必然带来全球性影响。再如,如果一家央行持有的外汇资产占比较高,则其面临的汇率风险较大;如果一家央行在危机时期为“救火”而买入质量不高的金融资产,则央行的信贷风险就会上升。无论是何种损失,最终都会反映为央行资本金的减少和财政负担的增加(如财政为央行注资)。

不对称的游戏

美、英、日、欧四家央行与人民银行之间游戏的不对称性,主要体现在七个方面。

(1) 不对称的风险

四家央行主要面临利率风险和信贷风险。本次全球金融危机改变了四家央行的资产结构,其持有的国债和抵押品价值对利率和信贷风险特别敏感,因为利率上升和信贷违约损失将导致抵押品价值下降和资产损失。

例如,美联储购买1.5万亿美元国债的资金来源并不是新发货币,而是银行准备金,国债的收益率高,而准备金的利率低,这确保美联储稳获利润。2010年美联储赚得817亿美元,接近美国所有商业银行和储蓄银行的全部利润。然而,如果利率上升,则美联储持有的国债和抵押贷款证券的价格下跌。有估算认为,长期利率每上升1个百分点,美联储所持资产的市场价值就下降1000亿美元,2010年的利润也就荡然无存。

再看欧洲央行。为支持危机国家,欧央行买入国债和银行抵押品带来两个层面风险:一是所持2100亿欧元的希腊、爱尔兰和葡萄牙银行的抵押品带来的违约风险;二是所持750亿欧元的希腊、爱尔兰和葡萄牙国债带来的利率和违约风险。显然,如果上述国家债务重组,或者欧元区利率上升,导致欧央行所持国债和抵押品价格下降五分之一,则欧央行的资本金就会被完全冲掉。

英格兰银行和日本银行同样面临利率风险。日本银行还因持有一部分金融机构的股票而面临股市波动风险。

人民银行则主要面临汇率风险和通胀风险。

首先,人民银行面临由货币错配(资产多为外币,负债多为本币)带来的汇率风险:如果外币贬值(人民币升值),则外汇资产的人民币价值下降。当然,下降程度取决于外汇资产的币种构成和四国货币汇率相对变化。

其次,人民银行外汇资产也因全球通胀率上升而缩水。因为即使外汇资产不折算为人民币而仍以外币计值,其实际购买力也会因全球通胀率上升或其他商品的价格变化而下降。例如,虽然2010年中国的外汇储备比2002年扩大了10倍,但石油购买力只扩大了3倍。

第三,人民银行还面临导致国内通胀压力上升的风险。除了央票和准备金利息成本会助长通胀压力,13.6万亿元人民币的准备金构成基础货币的来源,货币扩张潜力和潜在的通胀压力较大。

(2) 不对称的政策取向

中央银行资产负债表的规模和结构,是理解和研判中央银行政策走势的基本依据之一。以"理性"著称的中央银行,一定会采取各种措施避免或减少损失。

面临利率和信贷风险的美、英、日、欧央行,会倾向较长时间地维持宽松货币政策,尤其是低利率政策,以期降低银行债和国债的融资成本,尤其是欧央行的低利率不仅有助于各国发国债和金融机构债,而且有利于欧洲稳定基金降低发债成本,筹措应对欧洲债务危机的资金。此外,低利率有助于推高投资者的风险偏好和四家央行所持抵押品的价格,稳定甚至推高四家央行资产收益,更便于四家央行逐渐出售所持资产,最终成功地缩小资产负债表。

然而，人民银行则期望其与国外的利差较小，以避免套利资金流入。可见，资产负债表结构的差别，决定了四家央行与人民银行的政策目标之间存在一定冲突：四家央行倾向宽松的货币环境（如维持低利率）与人民银行倾向偏紧的货币环境（期望四家央行尽早提高利率）。

四家央行的政策，会加剧人民银行面临的汇率风险和通胀风险：推动四国货币相对人民币贬值，降低外汇资产的人民币价值；推动全球通胀率上升，稀释中国外汇资产的实际购买力。

(3) 不对称的先天条件

在这场四对一的游戏中，四家央行有三个先天优势，一是四家央行都能发行储备货币，其货币可以畅行全球，货币不会完全憋在本国而过快地造成本国通胀；二是都有发达的金融市场，可以吸纳国内外储蓄为其银行和国债融资；三是有金融规则的制定权。如清偿力Ⅱ协议规定的保险公司要更多地投资于政府债券，巴塞尔协议Ⅲ也规定政府债券应是银行资本金中的最安全资产。这些政策都将增大对国债的需求，降低了国债利率。

人民银行则不具备上述优势：人民币不是国际货币，不能作为信贷货币大量流出，被动投放的货币集中于国内金融体系，而欠发达的金融市场又不能充分吸纳这些流动性，过多的货币追逐少量资产，自然容易形成商品和资产通胀压力。

(4) 不对称的政策工具

四家央行动用各种政策工具来创造宽松的货币环境，如利率、汇率、准备金甚至非常规的量化宽松政策。

四家央行可以通过两个办法来维持低利率：一是通过制定低政策利率（如美国的联邦基金利率）来维持低短期利率。其维持时间长短取决于四经济体的通胀率。其通胀率越低，越有利于其维持低利率。二是吸引国内外投资者购买其国债来压低长期利率。这些投资者大体可分为国内外私人投资者、国外官方投资者和国内官方投资者。例如，国内外私人投资者仍然是美国国债的最大持有者；人民银行是美国国债的最大外国官方投资者；美联储是美国国债的最大国内官方投资者。

相反，人民银行动用的工具和市场化分散风险的力度受限。在回收再贷款和再贴现、开展央行外汇掉期交易、调整人民币准备金率、部分地动用利率和汇率等政策中，一些政策的效力日益受限，成本日增。比如说，自2003年到2010年年底，央行对冲外汇占款的成本支出已过1万亿元，提高法定存款准备金率是在一定程度上对商业银行征税，不但降低了金融机构的盈利能力和竞争能力，而且助长了金融脱媒。

(5) 不对称的经济周期

目前，美、英、日、欧普遍处于资产负债表衰退阶段。其主要特征是资产价格泡沫破灭后的居民、企业和政府的债务较多。各部门的主要目标是减债（即去杠杆化），尤其是企业的首要目标不是利润最大化，而是尽快减少债务，改善资产负债表。所以，我们看到企业贷款需求不足和大量准备金存放于美、英、日、欧央行的情况。而有限的信贷需求进一步压低了利率。从罗斯福新政、“二战”、朝鲜战争和IT泡沫破裂的历史看，企业贷款需求不足和低利率的情况可能维持很长时间。

相反，目前中国不是处于资产负债表衰退阶段。其主要特征是资产价格仍然有上涨压力，居民、企业、地方政府都有较大的贷款需求和扩张冲动。银行准备金的增加不是由于贷款需求不足，而更多的是人民银行为控制流动性和信贷而提高法定准备金率的结果。

(6) 不对称的互动机制

四家央行可通过宽松的政策控制自身风险，而且具有在全球范围内推升通胀的潜力。本次全球金融危机带来的变化之一，是全球机构投资者加大向新兴市场国家的资产配置的比重。因此，即使美、英、日、欧的通胀率较低，但不对称的政策和经济周期，必然进一步增加全球资金向包括中国在内的新兴市场国家的流入规模、渠道和力度，从而推升中国的商品和资产通胀。更何况，一旦经济复苏，银行贷款意愿增强，货币乘数恢复到危机前的水平，则蹲伏在美国银行体系内的已经扩张两倍的基础货币会迅速使其货币供应量翻一倍，从而在全球范围内加大通胀压力。

相反，人民银行一方面面临继续积累外汇储备和增发的货币滞留国内并形成通胀压力；另一方面被迫购买别国国债。这些在客观上帮助四家央行维持低利率，并进一步稀释人民银行外汇资产的实际购买力。

(7) 不对称的后果

短期看，四国的先天优势和灵活政策有助于其防止通缩，促进资产价格回升，并有助于其防止利率和信贷风险及央行资产损失。人民银行则面临成为被动吸纳由四家央行创造的货币的局面，从而可能导致以下结果：

① 中国继续面临通胀压力，不仅体现在价格(油价和大宗商品价格)上，而且体现在货币的直接输入。虽然近年通过提高准备金率和发行央票回收的流动性规模不断扩大，但仍有平均15%～20%的外汇占款没有被收回。

② 目前的不对称会导致人民银行控制通胀的空间趋小、央行资产损失和或有负债风险。由于占GDP比重高达67%，所以人民银行的资产损失对GDP和或有负债的冲击，要大于上述任何一家央行。

③ 外汇储备资产主导的资产结构将在一定程度上压缩人民银行维护金融稳定和控制通胀的平衡空间，因为人民银行为维护金融稳定而买入其他资产时较难避免通胀。

从本质上说，四家央行和人民银行的不对称游戏，反映的绝不是五家央行本身的问题，而是各国经济结构、经济发展模式和阶段、经济金融政策和现行国际经济金融规则的综合反映。

中长期看，只有推进关键改革，中国才能变被动为主动：外汇储备投向影响四国国债收益率和低利率的维持时间；减少积累外汇储备将从源头上减少受制于人的汇率风险和通胀风险；资本项目开放进程决定全球资金流向和全球资产价格。

总之，随着政策工具的多样性和灵活度的增加和各项关键改革的推进，人民币成为国际储备货币，金融市场继续发展和深化，参与制定国际金融游戏规则能力的增强，使中国能够扭转上述不对称游戏中的被动局面。

(资料来源：凤凰财经网．http://finance.ifeng.com/news/20110718/4281913.shtml)

专栏3-4 央行资产负债表扩张中的中国"特例":10年膨胀之后首度缩水5100亿元

就在西方国家对美联储、欧洲央行资产负债表迅速膨胀忧心忡忡之际,中国央行的资产负债表却走上了一条截然相反的道路。

中国央行日前公布的数据显示,截至2012年11月末,其资产规模达到28.99万亿元,而在10个月前的2012年1月末,资产规模有29.5万亿元。也即是说,10个月的时间,中国央行资产负债表的规模减少了5100亿元。

对于已经膨胀了10年之久的央行资产负债表而言,5100亿元的负增长或许意味着中国央行资产负债表拐点的到来。据渣打银行报告,2002—2011年的10年之中,中国央行的资产负债表整整扩张了8倍。按资产论,中国央行已是世界最大。

在全球央行扩张资产负债表以应付金融危机的大背景之下,中国央行资产负债表的收缩,更显得难能可贵。

细究央行资产负债表,5100亿元的减少额主要源自两个子项:外汇资产和对其他存款性公司债权。

"央行外汇资产下降主要和新增外汇占款规模缩减有关。"中国人民大学经济学院副院长刘元春对《第一财经日报》表示,对其他存款性公司债权规模的缩减则与央行进行的逆回购、持有债券到期等有关。

央行统计显示,2012年全年新增外汇占款仅有4946.5亿元,创下10年最低;月均新增仅412亿元,远低于2010年月均2724亿元和2011年月均2316亿元的新增量。

"2012年,中国的外汇占款增量经历了'断崖式'的下降。"中国社科院金融重点实验室主任刘煜辉对本报称,从2011年的2万多亿元,下滑到2012年的近5000亿元,这中间没有一个收窄的过程。

所谓外汇占款,是指央行收购外汇资产而相应投放的本国货币。在"双顺差"的格局之下,为了维持人民币汇率的稳定,央行频繁进入外汇市场持续购汇,由此形成了巨额的外汇资产。过去的10年,外汇资产的增长也由此成为央行资产负债表扩张最大的动力。

但2012年,新增外汇占款出现了"断崖式"下降,这让央行外汇资产增长动力衰减,进而资产负债表调头收缩。

"金融危机以来,我国央行资产负债表扩张速度放缓,总资产占GDP比重逐渐收缩。"方正证券研究员石磊对本报说,一方面人民币汇率政策更加富有弹性;另一方面在欧美危机背景下跨境资本流入明显放缓,央行购汇态度变化,央行新增外汇占款明显降速,导致总资产占GDP比重持续收缩。

此外,在央行的资产负债表中,"对其他存款性公司债权"主要是指央行对其他存款性公司发放的贷款、再贴现、持有的其他存款性公司发行的金融债券以及从其他存款性公司买入的返售证券(逆回购)。

资产负债表收缩

在中国央行资产负债表悄然收缩的同时,欧美央行的资产负债表却大举扩张:美联储、欧洲、日本三大央行资产负债表规模的扩张速度远超GDP增速。

过去的几年,为了应对金融危机,美联储、欧洲央行都采取了非传统的货币政策,如美国的QE政策、欧洲央行的长期再融资操作(LTRO),这些政策导致了央行资产负债表规模扩张。

从2008年年底开始至今,美联储已经连续推出了四轮量化宽松政策。与传统工具不同,量化宽松被视为一种非常规货币政策操纵工具。这带来的直接后果就是美联储资产负债表的扩张:1月16日当周,美联储资产负债表规模为2.946万亿美元,创纪录新高;而危机之前,其资产负债表规模尚不足1万亿美元。

刘元春表示,和中国的情况不同,西方国家是为了走出危机,因此,其普遍采取了非传统的货币政策,即扩张资产负债表以刺激经济增长。

"中国央行资产负债表的收缩是一个值得肯定的方向。"石磊表示,从存量上看,中国央行资产负债表规模远高于美联储、欧洲央行等,这将持续给国内带来巨大通胀压力。

按照当前的汇率计算,2012年11月末,央行资产规模为28.99万亿元人民币,即4.6万亿美元,大于美联储、欧央行约3万亿美元的水平。

既然中国央行资产负债表的收缩值得肯定,那么从长远看,央行资产负债表收缩会持续吗?

"从一个中线的角度判断,中国大概率进入了货币收敛的轨迹。"刘煜辉表示,"双顺差"结束等现象都有同一个指向,即经济的结构性因素发生了变化。这是一个新时代的到来,外汇占款将进入低增长区间,甚至不排除出现净减少。

由于外汇资产占央行资产的绝大部分,外汇资产又与外汇占款息息相关,因此,外汇占款的走势在相当程度上决定了资产负债表的走势。

中国银行国际金融研究所高级经济师周景彤对本报表示,与2012年相比,2013年的新增外汇占款规模可能会继续减少。

石磊称,长期来看央行资产负债表规模将继续收缩,但短期不排除出现反弹的可能性。

公开市场操作崛起

外汇占款"断崖式"下降,央行资产负债表的收缩或将开启货币政策的新时期。

石磊表示,央行资产负债表收缩将使总需求膨胀的风险逐步化解,货币超发带来的恶性通胀风险下降,并将改变货币政策的主要形式。

石磊解释称,随着被动基础货币投放的放慢,央行货币政策将更加灵活主动,公开市场操作将扮演更加重要的角色。由于当前法定存款准备金率处在很高的位置,未来很长一段时间里,央行通过公开市场操作能对银行的资金产生较大影响,有效传导货币政策意图。

事实上,从2012年的情况看,公开市场操作的重要性已经得到充分的释放。

从2012年1月17日第一期逆回购开始,2012年全年,央行已在公开市场实施了近90期逆回购,累计进行了超过5.58万亿元的滚动操作。而从2002年年初至2011年年末的10年间,央行逆回购操作总共为59期,累计金额6103亿元。

就在上周,央行还公告称,启用公开市场短期流动性调节工具(SLO),作为公开市场常规操作的必要补充,在银行体系流动性出现临时性波动时相机使用。

这一工具的推出将使央行的调控更加灵活有效。招行金融市场部分析师刘俊郁对本报表示，这意味着，央行降准等政策出台的可能性进一步降低。若央行在逆回购利率上维持平稳，政策所起的作用在于抹平资金面的波动。

一直以来，中国央行资产负债表中，外汇资产占比超过 80%以上。这种资产配置严重外化，意味着对内配置的资产数额较低，从而使得央行进行宏观金融调控能力严重弱化。

"央行应调整资产负债表结构，提高实施货币政策的能力。"中国社科院金融研究所所长王国刚曾发表署名文章建议，细化"对其他存款性公司债权"和"对其他金融性公司债权"，增大在这些科目的资产配置数量。

王国刚称，在外汇资产减少的条件下，人民银行将有更多资产配置于国内金融部门，由此，货币政策调控的能力将随之增强，货币政策的有效性也将逐步提高。

石磊还表示，公开市场操作规模的扩大有助于形成市场化的基准利率，并且随着汇率弹性的增强，跨境资本流动也将更加畅通，这有助于促进利率市场化的推进。

（资料来源：第一财经日报，2013-01-22）

本章小结

(1) 中央银行的一切业务活动都通过中央银行法来加以规范。中央银行的业务活动范围一般都在相应的中央银行法中做了明确界定。各国中央银行的业务范围稍有区别，但一般都可以分为法定业务权力、法定业务范围和法定业务限制三个方面。

(2) 中央银行的法定业务范围一般包括以下几种业务：发行货币；必要的银行业务（集中和保管存款准备金、在公开市场买卖有价证券、为金融机构办理再贷款和再贴现、组织、参与和管理全国的清算等）；对金融市场和金融机构进行管理，发布行政命令和规章制度；持有、管理和经营国家外汇储备；代理国库、代理政府债券的发行和兑付；对金融业的活动进行稽核、检查、审计、统计和调查；法律允许的其他业务。

(3) 中央银行业务经营的原则是服从履行职责的需要、不以营利为目标、不经营一般商业银行业务、保持资产的流动性、保持业务的公开性、保持业务的主动性和一定的独立性。

(4) 中央银行资产负债表是中央银行性业务中资产负债业务的综合会计记录。中央银行履行职能所开展的资产负债业务的种类、规模和结构，都综合地反映在一定时期的资产负债表上。我国货币当局的资产负债表分为资产和负债。资产方主要包括国外资产、对中央政府债权、对其他存款性公司债权、对其他金融性公司债权和对非金融性公司的债权。负债方主要包括储备货币、发行债券、国外负债、政府存款和自有资金。

(5) 中国人民银行资产负债表的特点是它反映了中央银行宏观调控的特点、中央银行的资产与负债业务的关系是资产引起负债。中央银行的资产业务都形成货币供给，直接影响货币供应量。中央银行的负债业务，除货币发行外，对货币供应的影响是收缩的。

(6) 美、英、日、欧四国央行和人民银行资产负债表规模和结构变化的动因不同。这四家央行资产负债表的扩张和结构变化，主要是其应对金融危机的结果。危机期间，四大经济体的居民部门和银行部门的债务风险传导为主权债务风险，又因债务过高制约，四国央行直接买入金融机构的金融资产和国债。人民银行资产负债表的扩张和结构变化，则主要反映了中国出口导向增长模式、人民币升值预期和外汇储备的积累：外汇储备增加的过程就是人民银行资产增加和基础货币上升的过程。

复习思考题

(1) 说明中央银行资产负债表的基本结构。
(2) 简述中央银行资产和负债之间的关系。
(3) 中央银行如何通过资产负债表的调整来进行货币供给调控？
(4) 中国人民银行资产负债表有什么特点？
(5) 后金融危机时代欧美中央银行资产负债表有什么特点？
(6) 中国人民银行资产负债表与欧美中央银行资产负债表有什么区别？
(7) 欧美中央银行资产负债表膨胀对全球经济有什么影响？

第4章 中央银行的负债业务

学习目标

(1) 掌握中央银行的负债业务种类;

(2) 理解中央银行货币发行业务;

(3) 掌握中央银行的存款业务;

(4) 了解中央银行其他负债业务。

中央银行的负债业务是其形成资金来源的业务,主要包括货币发行和准备金存款业务等。作为一国货币发行与管理的主体,中央银行的负债业务是影响基础货币投放和货币供应量增长的重要因素。中央银行开展负债业务不以其存款数量为限制,吸收存款、发行债券等不是为了筹集资金,而是以此为调控工具,实现货币政策目标。

关键词

中央银行负债业务;存款准备金;货币发行;中央银行票据

4.1 货币发行业务

4.1.1 货币发行的含义与种类

1. 货币发行业务的含义

货币发行有两重含义：一是指货币从中央银行的发行库，通过各家商业银行的业务库流到社会；二是指货币从中央银行流出的数量大于从流通中回笼的数量。这二者通常都被称为货币的发行[①]。

货币发行业务是中央银行的主要负债业务，流通中的现金都是通过货币发行业务流出中央银行的，货币发行是基础货币的主要构成部分。中央银行通过货币发行业务，一方面满足社会商品流通扩大和商品经济发展的需要；另一方面是筹集资金，满足履行中央银行各项职能的需要。

2. 货币发行的种类

货币发行按其性质划分，一般分为经济发行和财政发行两种。

货币经济发行，是指中央银行根据国民经济发展的客观需要增加现金流通量。传统的看法仅指增加现金发行。随着货币范围的扩展，还可以理解为根据生产和商品流通的需要，增加包括存款货币在内的货币供应总量。在货币经济发行的条件下，货币投放适应了流通中对货币的需要，既可以避免货币投放过多，又能确保经济增长对货币的需要。为保证货币按经济需要发行，各国一般都建立健全了货币发行制度，其中包括：货币发行的程序、货币发行的最高限制、货币发行准备或保证等。

货币财政发行，是指因弥补国家财政赤字而进行的货币发行。财政性货币发行有两种情况：在国库可以直接发行纸币的条件下，政府可以通过发行纸币直接弥补财政赤字；但是在现代信用货币制度下，国家财政发生赤字，不再是直接发行纸币来弥补，而是通过向银行借款或发行公债，迫使银行额外增加纸币发行。财政性货币发行纯粹是为了弥补财政赤字，没有相应的经济增长作为基础，由此增加的纸币发行会形成超出经济需要的过多货币量，导致市场供求失衡和物价上涨。

4.1.2 货币发行的渠道与程序

中央银行的货币发行主要是通过再贴现、再贷款、购买证券、收购金银和外汇等中央银行的业务活动进行的。中央银行通过这些业务活动将货币投入流通，并通过同样的渠道反向组织货币的回笼，从而满足国民经济发展对流通手段和支付手段的需求。

货币发行与回笼的法律程序与操作程序在各国不尽相同。各国必须根据本国货币流通的收支规律和满足货币流通量宏观控制的需要，以本国的货币发行机制为基础，制定本

① 付一书．中央银行学．上海：复旦大学出版社，2006：94.

国的货币发行与回笼的法律程序与操作程序，确保货币发行和回笼的安全、准确和严密，以充分配合宏观货币政策的执行。

4.1.3　货币发行的原则

1. 垄断发行原则

坚持垄断发行的原则是指货币发行权高度集中于中央银行，这样才能统一国内的通货形式，避免多头发行造成的货币流通混乱，便于中央银行制定和执行货币政策，灵活有效地调节流通中的货币量。同时，中央银行垄断货币发行权还有利于中央银行加强自身的经济实力，有利于政府完全得到发行钞票的经济利益。世界各国有关的立法对货币发行权都有明确的规定，例如美国《联邦储备法》规定，联邦储备券是唯一合法流通的纸币，由联邦储备委员会统一控制、管理联邦储备券的发行与回笼；《日本银行法》规定，日本银行是日本唯一的货币发行银行。

2. 信用保证原则

要有可靠的信用作保证，就是指货币发行要有一定的黄金或有价证券作保证，即通过建立一定的发行准备制度，以保证中央银行独立发行。在现代不兑现纸币制度下，纸币的发行量与国民经济发展水平、客观的货币需要量之间，必须保持相对适应的关系，否则将出现通货不稳定，扰乱正常流通和生产的运行，以致引起社会经济乃至政治的动荡。要做到这一点，必须制定某种强有力的金融制度，使纸币的发行立足于可靠的基础之上，始终坚持要有可靠信用作保证的货币发行原则。

3. 弹性原则

货币发行要有一定弹性，是说货币发行要具有高度的伸缩性和灵活性，不断适应经济状况变化的需求，避免因通货不足而导致经济萎缩，也要严格控制货币的发行数量，避免因通货过量供应造成经济混乱。坚持货币发行要具有一定弹性的原则时，必须把握好弹性适应度，这要求中央银行做到两点：一是货币发行不能过多，否则会引起货币贬值、通货膨胀，并导致一系列社会经济问题；二是货币发行也不能过少，否则会出现通货紧缩，因缺少货币使一部分商品的价值不能顺利实现，妨碍国民经济的发展。

4.1.4　货币发行的准备制度

货币发行的准备制度是指中央银行在发行货币时以某种贵金属或某几种形式的资产作为其发行货币的准备，从而使货币的发行量与某种贵金属或某些其他资产的数量之间建立起联系和制约关系的制度。各国所采用的货币发行准备制度的具体内容，一般均在本国有关法律中予以明确规定。中央银行货币发行的准备制度在不同的货币制度下是不同的。

在金属货币制度下，货币发行以法律规定的贵金属——金或银作为准备，例如：在银本位制下，白银作为货币发行的准备；在金银复本位制下，黄金和白银同时作为货币发行的准备；在金本位制下，黄金作为货币发行的准备。在早期的金属货币制度下，各国货币发行一般都采用100%的金属准备，金属货币和辅币、银行券之间可以自由兑换。随着商品货币经济的发展和信用货币流通的扩大，后期的金属货币制度下各国货币发行采用部分金属准备制度，货币发行准备金的比例主要通过货币的含金量加以确定。在货币制度演化过程中，这个比例逐步递减，直至金属货币制度的崩溃。

在现代信用货币制度下，货币发行的准备制度已经与贵金属脱钩，多数国家都以资产作准备，也有的国家以物资作准备，准备比例和准备制度也有差别。目前各国的货币发行准备制度一般有以下基本内容。

1. 货币发行准备的构成

中央银行发行货币的准备金有两大类：现金准备和证券准备。

现金准备包括黄金、外汇等具有极强流动性的资产。现金准备使所发行的货币具有现实的价值基础，有利于货币的稳定，但若货币发行全部以现金准备为基础，则不利于中央银行根据经济水平和发展的需要进行弹性发行。

证券准备包括短期商业票据、财政短期国库券、政府公债券等，这些证券必须是在金融市场流通的债券。以此类证券作为货币发行的准备，有利于货币发行具有适应经济运行需要的弹性，也能大体保障货币的经济发行。但若与现金准备相比，证券准备在控制上难度要大一些，对中央银行货币发行、管理及调控的技术要求更高一些。

2. 货币发行准备金比率

货币发行的准备金比率，是指一国货币发行准备中，现金准备与证券准备各占多少比率。由于现金准备缺乏弹性，证券准备又不易控制，货币发行准备往往采用两者搭配的方法，各占一定比例。比例可以是固定的，也可以是弹性的，但采用固定的比例往往不能适应经济发展的需要。例如，当需要紧急增发钞票时，若现金准备率过高则使货币发行量的扩大受限；当经济和金融状况不稳定时，现金准备率过低又可能引起金融波动。因此，有些国家采取了弹性比例制，即当增发钞票使得现金准备率低于法定水平时，对超过法定现金准备率部分的发行，课征超额发行税，以此作为顾及弹性和安全两方面的控制方法。随着商品经济的发展和中央银行业务操作水平的提高，有些国家，如美国，近年来取消了法定准备率的制度，而改用100%的证券准备，称为“发行抵押制度”，但其法定的证券种类中包括金证券(指政府有义务以黄金兑换的证券)。目前大多数国家的货币发行现金准备率都比较低，主要是采取证券准备作为发行基础。

3. 几种主要的货币发行准备制度

(1) 弹性比例制

弹性比例制是指增加发行的钞票数超过了规定的现金比率时，国家对超过法定现金准备部分课征超额发行税，如果钞票回笼或准备现金增加且达到规定比例，则免征发行税。这一做法的目的是限制中央银行过度发行钞票，以保证币值的稳定。

(2) 保证准备制

保证准备制是指货币发行要以政府公债、短期国库券、短期商业票据等国家信用作为发行准备。这种发行准备制度实施的关键是保持国家信用规模的适度。在中央银行缺乏独立性的条件下，这一制度很容易造成货币的财政发行，使货币发行成为弥补赤字的工具。

(3) 保证金准备限额发行制

保证金准备限额发行制是指在规定的一定发行限额内，可全部用政府债券作为发行准备，但超过限额的任何发行，都必须以十足的现金作为发行准备。这一种制度有利于限制货币的财政性发行，但由于缺乏弹性，加之限额的确定不能随时调整，可能造成发行的货币量不能随中央银行宏观调控的需要灵活调整。

（4）现金准备发行制

现金准备发行制是指货币的发行必须以100%的现金作准备。这一制度能防止滥发货币，但因缺乏弹性而不能适应经济发展的需要。

（5）比例准备制

比例准备制指规定在货币发行准备中，现金与证券准备各占一定比重的发行准备制度。这种制度虽能克服现金准备制缺乏弹性的缺点和保证准备制难以控制的缺点，但各种准备资产的比例往往难以科学界定。

4.1.5 主要国家和地区货币发行制度的比较

1. 美国的货币发行制度

1980年以前，美国联邦储备券必须有黄金或金证券作为发行准备，其准备金率一般不得低于流通量的40%。低于40%时联邦储备委员会对其实行超额发行累进税制度，即发行准备金不足流通中现钞总额的40%但高于32.5%时，征税率为1%；当发行准备金不足32.5%时，征税率为1.5%～2.5%，超额发行税由联邦储备银行负担。但实际上，当联邦储备银行被征收超额发行税时，其对商业银行实行的再贴现率水平不同比例地提高，因而所负担税收的一部分将从贴现率中得到相应补偿。同时，当贴现率提高时，商业银行从联邦储备银行取得贷款的需求就相应减少，因此联邦储备银行的货币发行量也因之降低。所以，征收超额发行税的制度是保障货币流通稳定正常的基本制度。

从1980年开始，黄金在国际货币体系中的重要性下降。1980年美国《联邦储备法修正案》取消了发行准备率和发行税的规定，开始施行"发行抵押制度"，规定联邦储备券必须有100%质量合格的证券作为发行抵押，联邦储备委员会有权随时要求联邦储备银行为货币发行提供附加担保品。《联邦储备法》规定可以作为发行抵押的证券包括：金证券；在公开市场上流通的、美国政府发行的债券；经联邦储备银行审查合格的商业票据、抵押票据、银行承兑票据等；经联邦储备银行审查合格的州和地方政府发行的债券。这一"发行抵押制度"使联邦储备券的发行不以现实规定的限额计划为依据，因而具有相当的弹性，同时又基本能保证它是根据经济活动的需要而不是政府的财政需要而发行的。

2. 英国的货币发行制度

英格兰银行是世界上最早统一掌管全国货币发行业务的银行之一。1844年的银行条例规定，英格兰银行发行银行券必须有十足的黄金准备，以政府债券作准备的信用发行量不能超过1400万英镑。此外，对英格兰银行在外地发行银行券也加以限制。1847年、1857年、1866年爆发的经济危机，打破了这种货币发行制度，国会不得不批准英格兰银行的信用发行量暂时突破1400万英镑的限制。

1939年公布的货币法，改革了英国的货币发行制度，将英格兰银行发行部保有的黄金，大部分转入"外汇平衡账户"，规定银行券的发行总额最高限，限额内100%以政府债券或其他证券作为发行准备。但英格兰银行可以根据自身持有的黄金数量超额发行，这是英国货币制度的一个特点。目前,英格兰银行的货币发行已由部分信用保证制度变为完全信用保证制度。

英格兰银行在英格兰和威尔士享有货币发行权,在苏格兰和北爱尔兰两地由一般商业银行发行货币,但要以英格兰银行发行的货币作准备。因此,英格兰银行是苏格兰、北爱尔兰两地事实上的发行银行。这是英国货币发行制度的另一个特点。英格兰银行通过自己的分支机构向商业银行供应货币,但不是直接贷款给商业银行,而是贷款给贴现所、承兑所。

3. 日本的货币发行制度

日本银行发行的银行券规定有最高发行限度,该限度须经政府内阁会议讨论后由大藏大臣决定。日本银行在认为有必要的时候,可以超过上述最高限度发行银行券,即限度外发行。但在连续进行限度外发行 15 日时,须经大藏大臣认可;超过 15 日进行限度外发行时,必须缴纳大藏大臣所规定的发行税。20 世纪 80 年代后半期以后,日本银行的银行券限度外发行年税率为 30%。

日本银行发行银行券的发行保证物,按法律规定为金银、外汇、3 个月内到期的商业票据、银行承兑票据,以及 3 个月内到期的以票据、国家债券、其他有价证券及金银、商品为担保的放款等。金银和外汇之外的保证物充当保证的限度由大藏大臣分别决定,不同时期有不同的比例要求。在此限度之外,金银和外汇也与其他保证物同样处理。在现行的日本银行制度下,没有本位货币准备的特别要求。

4. 香港特别行政区的货币发行制度

香港没有真正的中央银行,货币发行的任务只能由政府的货币管理部门委托在香港金融体系中占重要地位的商业银行来执行。1997 年以来是由香港汇丰银行、标准渣打银行和中国银行三家商业银行来执行发行港币的职能,铸币税归其货币当局——香港金融管理局所有。

由于香港经济本身具有特殊性,以国际贸易和服务业为经济主导成分,并已成为著名的国际金融中心,港币的稳定性在极大程度上依赖于它与国际上主要可兑换货币,特别是作为国际贸易主要结算货币的美元之间的汇率的稳定程度。因此,港币与美元之间实行"联系汇率制",即港币的发行与美元之间的汇率保持固定的联系(一直维系在 1 美元兑换 7.7~7.8 港元左右)。香港货币当局要求承担发行货币职能的商业银行以 100%的美元作为发行保证。其基本做法是:当发钞银行根据业务需要(即经济活动的需要)发行钞票时,须按照 7.7~7.8 港元兑 1 美元的比率,将与所发钞票等值的美元上缴港府的外汇基金管理局,换得外汇基金管理局出具的"负债证明书"。该"负债证明书"写明外汇基金管理局对发钞负有多少金额的美元债务,以此为凭可发行多少金额的港元钞票。当外汇基金管理局要求收回其"负债证明书"时,向相应发钞银行支付与"负债说明书"中载明的数额相同的美元,则该发钞行须将等值的港元钞票回笼。这种特殊的货币发行机制比较适合近几十年来香港经济活动发展的情况,特别是以 100%外汇作为货币发行准备有利于香港的货币稳定。

总结上述国家和地区的货币发行制度,可以得出以下结论:

第一,货币发行大致经历了三个阶段:金银准备阶段、保证准备阶段、管理通货阶段。

这些阶段演化与交替的经济根源是经济的发展水平和客观需要。

第二，中央银行发行纸币都规定要有十足的资产作准备，即规定了发行准备金。

第三，规定最高发行限额是政府依靠中央银行控制货币发行、保持币值稳定的一条中央措施。

第四，不作财政发行。最典型的是美联储的货币发行，不受政府干预，不为财政发行，也不直接认购政府债券。

第五，制定一套适合本国(地区)经济发展需要的货币发行制度，通过提高中央银行独立性和中央银行业务操作水平而逐步健全，通过立法加以规范和完善，以确保货币发行制度的统一性、权威性和适用性。

专栏 4-1 人民币发行机制改革或已水到渠成

我国货币发行机制实质是汇率机制，这深刻地影响了我国的货币供应、通胀、资产价格及金融市场发展，未来政策演进首要解决的可能是人民币基础货币发行机制的规范化，形成完善的人民币回流机制。有了这个基础，才有可能真正推进汇率市场化、构建利率体系，促使人民币稳步国际化。

我国货币发行机制改革的时间之窗已经打开。

从 2007—2011 年，中国人民银行总资产增长了 119%，2012 年 10 月底，央行总资产升至 4.64 万亿美元，为全球第一。而相对 GDP 增速，美联储资产负债表规模达到危机前的三倍以上，接近 GDP 的 20%，欧洲央行资产负债表规模超过欧元区 GDP 的 30%，我国央行资产负债表由 2009 年最高的 70%下降至目前 60%左右，显示资产负债表扩张速度不及经济增长，出现相对 GDP 增速收缩之势。

由此带来的问题是，我国央行资产负债表的绝对快速扩张，是否意味中国货币政策的影响超越了美联储和欧洲央行？近期外汇储备增长陷于停滞，外汇占款和基础货币增速明显放缓，这对于央行资产负债表以及广义的通胀有何影响？中国的货币发行制度将如何演变？

现代信用货币，无论是基础货币还是存款货币，都以债务为基础，背后都对应着特定的债权债务关系。美元、欧元的货币发行方式，都是用各自央行发行的货币取代其他资产进入流通，货币发行有明显的数量约束，并用买入的资产作为央行货币的担保，保证央行货币的信誉与流通。而我国央行资产负债表直观上看主要是外汇储备，主要通过出口部门结汇获得。从理论上说，出口部门的创汇能力是无穷的，因此基础货币发行基本不会有硬约束。

所以，中国的货币发行机制实质就是汇率机制，这种关系在过去深刻地影响了中国的货币供应、通胀、资产价格及金融市场发展等各个方面，与未来人民币国际化、汇率和利率市场化等问题也紧密联系在一起。笔者据此认为，未来政策演进首要解决的可能是人民币基础货币发行机制的规范化，形成完善的人民币回流机制，使人民币基础货币在封闭式循环中运行。再围绕此目标，讨论汇率市场化、构建利率体系等问题，促使人民币稳步国际化。

从央行资产负债表的国际对比来看，一方面，和其他央行相比，中国央行所持有的政府债券资产占总资产比重过少，对资产的买卖比较被动。中国央行的国外资产主要是外汇储备，其买卖的决策权掌握在外贸部门和国外手中。中国的货币政策主要还是负债管理，在外汇资产变化时，负债方结构只能被动调整。另一方面，人民币的信用基于国外信用而不是基于中国国家信用。美国和日本的公开市场业务主要买卖国债，向市场投放或回笼基础货币，货币发行机制是以国债支撑的。而我国央行的公开市场业务主要是买卖央行票据，并不是买卖国债，这种“外汇资产—人民币”的货币发行体制，货币发行和自我约束机制也有很大不同。

货币发行方式不同，货币政策的基础不同，其操作方式和效果也大不同。可以将世界各国的货币发行机制分类为三种：美元（完善的市场）、欧元（完美的条约），以及广大发展中国家采纳的盯住一揽子货币的汇率机制。美联储以美国完善的金融市场为基础，通过买进黄金（1243.30，－8.60，－0.69%）、国债、资产抵押债券，或通过再贴现等方式发行美元；欧元区以共同条约的形式规定了货币投放的方法和标准，规定如果经济增长率、就业率和通胀率三个指标在预先设定的范围内，就向市场提供流动性，如高于预先设定的范围，就实行紧缩政策，减少货币投放量；如果低于预先设定的范围，就实行扩张政策，增加货币投放量。我国的货币发行机制就属于第三类，货币发行机制和汇率机制事实上是统一的。

2001年年底加入WTO之后，我国的国际收支顺差持续扩大，外汇储备和外汇占款量激增，外汇占款迅速成为央行基础货币发行的主渠道。到2002年，基础货币发行增长过快的矛盾已变得异常尖锐。因此，央行从2002年下半年起开始发行一种全新的负债工具——央行票据，以冲销泛滥的流动性。而因结汇而形成的基础货币供应渠道，一直在人民币基础货币供应渠道中占据绝对统治地位。由外汇占款形成的基础货币投放，都是有真实经济活动或真实物品为基础的，不易形成严重失控的通胀。但这种实质上的物资本位的货币发行制度，存在没有充分讨论货币需求及其影响、没有办法准确界定商品、可能造成货币发行过多等弊端，可能引发资产泡沫型通胀。

从自我约束机制来看，买入外汇的货币发行方式，不是财政交易的结果，而是货币对经济运行的追认，可能陷入货币供给已过多却又不得不继续增加货币供给的困境。而国债发行则相对独立于经济运行，与经济运行之间没有直接必然的联系。因此，买入外汇的货币发行方式忽略了测算货币需求，使发行货币多于新增财富价值，其退出机制也存在不稳定性，国际收支持续顺差时造成基础货币的多发，而使流动性泛滥，持续逆差时，流动性将严重紧缩。

显然，我国目前的货币实践实际上还是货币交易数量说，假定所有货币量都与商品量相对应，所以要有货币流通与商品流通的相适应，由此推导出买外汇发行人民币，并以货币数量调控作为宏观调控的主要方式。美国等国家的货币理论则以货币交易余额说为基础，强调有相当一部分货币退出流通，而退出流通货币的多少影响物价水平。研究货币退出流通的原因就顺理成章地提出了货币需求，而要实现货币供给等于货币需求，就必须调节利率，这就要买卖国债，买入国债成为发行货币的依据，利率调控也成了宏观调控的主要方式。

可见，在现代货币理论中，没有货币发行要有物资保证这一说，也不追求货币流通与商品流通相适应。为此,构建人民币发行自我约束机制的最基本前提是实现国际收支的平衡,目前经常项目占GDP持续下降,资本项目甚至出现逆差,需要新的货币发行机制。一个可能的方向,笔者认为或许是转向政府依据本国信用发行国债,央行通过买卖国债在公开市场上调节货币量和利率。从长远来看,依国债发行有助于回收已过多发行的货币,这中间有两个重要转变:基于国家资产负债表发行货币,货币政策转向资产管理。从先后顺序来说,汇率改革需要先于利率改革,只有解决了货币发行机制问题,才能推行利率市场化。

(资料来源:上海证券报,2012-12-27)

4.2 中央银行的存款业务

4.2.1 中央银行存款业务的特点和意义

1. 中央银行存款业务的特点

中央银行作为特殊的金融机构,其性质和职能决定其存款业务不同于一般商业银行的存款业务。其特点有以下几点。

(1) 存款的强制性

商业银行办理存款业务遵循"存款自愿,取款自由,存款有息,为存款人保密"的原则。而中央银行吸收存款,则往往遵循一国的金融法规制度,具有一定的强制性。存款准备金制度就是典型的例证。世界上大多数国家的中央银行都要通过法律手段,对商业银行、非银行金融机构的存款规定存款准备金比率,强制要求商业银行按规定比率上缴存款准备金。对于财政部门、邮政机构的存款,一些国家也不同程度地以法律形式规定转存中央银行。

(2) 存款动机的非营利性

商业银行大力吸收存款,是为了扩大资金来源,利用规模效应降低存款成本,从而扩大资金运用,争取营利。可见,商业银行吸收存款的最终目的是利润最大化。而中央银行吸收存款,主要是为了便于调控社会信贷规模,监督管理金融机构的运作,从而达到稳定币值的目的。

(3) 存款对象的特定性

商业银行直接吸收社会个人、工商企业的存款。中央银行却不直接面对个人、公司和企业,而是吸收商业银行、非银行金融机构、财政等政府部门的存款。这是由中央银行的性质和职能决定的。

(4) 存款当事人关系的特殊性

商业银行与存款当事人之间是一种纯粹的经济关系。个人、工商企业到银行存款,是为了保值和获取利息;商业银行吸收存款是为了扩大资金来源以争取盈利。存款人和银行之间是一种平等互利的经济关系。然而中央银行与存款当事人之间除经济关系以外,还有行政性的管理者和被管理者的关系。中央银行吸收商业银行的存款时，中央银行是处于一国金融体系的领导地位，而商业银行则处于被领导地位，两者之间并非平等的经济利益主体。

2. 中央银行存款业务的意义

(1) 调控信贷规模与货币供应量

中央银行通过法定存款准备金比率的规定，直接限制商业银行创造信用的最大规模。同时，通过对法定准备金比率的调整，间接影响商业银行超额准备金的数量，从而调控商业银行的信贷规模。另外，通过存款业务集中资金，有利于中央银行在金融市场上主动地开展再贴现业务和公开市场操作，从而达到调控社会货币供应量的目的。

(2) 维护金融业安全

中央银行集中保管准备金相对节约了商业银行的资金占用，使准备金能够保持其合理性和弹性。在商业银行出现清偿能力不足时，中央银行可以利用其集中的资金予以贷款支持，发挥最后贷款人的职能，帮助商业银行渡过难关。另外，中央银行通过为商业银行开立存款账户，有利于分析商业银行的资金运用状况，加强监督管理，从而提高商业银行的经营管理水平。

(3) 方便资金的支付清算

商业银行把款项存入中央银行，这样中央银行作为全国的资金清算中心，主持金融机构间的清算事宜，有利于商业银行及其他金融机构之间因资金往来所产生的债权债务关系最终得以顺利清算，从而加速全社会资金的周转。

4.2.2 中央银行的准备金存款业务

1. 存款准备金与存款准备金制度

存款准备金是存款货币银行按吸收存款的一定比例提取的准备金。它由两部分组成：一部分是自存准备，通常以库存现金和在中央银行的超额准备金两种方式存在；另一部分是法定准备金，即根据法律规定，商业银行必须按某一比例转存中央银行的部分。

存款准备金制度，是指中央银行依据法律所赋予的权力，根据宏观货币管理的需要，控制金融体系信贷额度的需要，以及维持金融机构资产流动性的需要，来规定商业银行等金融机构缴存中央银行存款准备金的比率和结构，并根据货币政策的变动对既定比率和结构进行调整[①]。这一制度建立的目的在于保障存款人的资金安全及银行等金融机构的安全，同时也有利于中央银行调节信用规模和控制货币供应量。

将存款准备金缴存于中央银行始于18世纪初的英国，最初是为了保持银行资产的流动性，加强银行的清偿力，防止银行破产。后来许多私人银行开始意识到，将准备金的一部分缴存于英格兰银行，开立活期存款账户，还可以对清算带来许多便利。到20世纪30年代，经过世界性的经济大危机，法定存款准备金率作为中央银行调节和控制货币供应量的重要工具，其重要作用开始被广泛地认识到。基于这种认识，各国陆续以法律形式

---

① 王广谦．中央银行学．北京：高等教育出版社，2006：80．

规定存款准备金比率，并授权中央银行依照货币政策需要随时调整，存款货币银行必须按法定比率缴存。美国、日本、欧洲等大多数国家中央银行和金融监管当局都对金融机构普遍实施非常有效的存款准备金制度。中国人民银行的存款准备金业务对象覆盖了商业银行、信用合作社、财务公司、中国农业发展银行、国家开发银行、中国进出口银行、邮政储汇局、金融信托投资公司、金融租赁公司等。

2. 准备金存款业务的基本内容

(1) 规定存款准备金的构成

金融机构的存款准备金又分为第一准备和第二准备。第一准备是银行为应付客户提取现款随时可以兑现的资产，主要包括库存现金、同业存款及存放在中央银行的法定准备金，一般称为“现金准备”或“主要准备”。第二准备是指期限相对较短、风险相对较小、银行容易变现而又不易遭受重大损失的资产，如国库券及其他流动性资产，也叫“保证准备”。

在存款准备金制度建立初期，能够充当法定存款准备金的只能是存在中央银行的存款，随着经济的不断发展，能够充当存款准备金的金融资产种类不断丰富起来。在中国，只有存在中国人民银行的存款才能充当法定存款准备金。

(2) 确定存款准备金的计提基础

这是一国准备金存款业务的重要内容之一，主要涉及以下四个方面的问题。

① 存款余额的确定

各国主要有两种基本的确定方法。一种是将商业银行存款的日平均余额扣除应付未付项，作为计提的基础。这一做法使商业银行上缴的存款准备金适应每天存款负债的变化，并且使准备金的计算和缴存具有及时性和保证性，有利于中央银行有效地通过控制存款准备金来控制货币供应量，很大程度上防止了商业银行把应缴未缴的法定准备金作为超额准备金而用于资产业务的现象。但其缺点是过于烦琐，难以保证顺利执行。另一种方法是以月末或旬末的存款余额扣除当期应付未付项后作为计提基础。这种方法具有简便易操作的优点，但按此方法计提的准备金不能适应每天存款负债的变化，且商业银行可能采取期末暂时挪用其他资金抵缴准备金或压低存款余额避缴准备金等办法，使中央银行的控制被削弱。目前大多数国家的中央银行均采取以月平均额作为计提基础的方法。中国人民银行采取的是按旬平均余额计提的办法。

② 存款准备金基期的确定

以什么时候的存款余额作为缴存准备金的基期，一般有两种做法。一种是采取当期准备金账户制，即一个结算期的法定准备金以当期的存款额作为计提基础。另一种做法是采取前期准备金账户制，即一个结算期的法定准备金以前一个或两个结算期的存款余额作为计提基础。货币供应量控制的精确度和效果会因计提时间的不同而有所不同。目前，由于经济生活中的各种变动因素很难完全量化，存款余额的变动趋势也难以预测，加上统计手段不能达到非常精确的程度，对于哪一种计提方式最佳尚未有统一的看法。中国人民银行采用的是前期准备金账户制。

③ 存款准备金率的确定

存款准备金率的高低直接制约着商业银行等金融机构的业务规模和创造派生存款的

能力，因此调高或调低存款准备率，可以直接影响商业银行资产的流动性，亦即控制了放款与投资的规模。

第一，按存款的类别规定准备金比率。对于不同类型的存款，许多国家规定了不同的法定准备金比率。一般而言，存款的期限越短，其货币性越强，对其规定的存款准备金率就越高；相反，存款的期限越长，其存款的货币性就越弱，对其规定的存款准备金比率就越低。一般顺序为：支票存款准备金率最高，活期存款次之，定期存款再次，储蓄存款准备率最低。不过，也有特殊的情况，如有些国家只对活期存款规定应缴纳的准备金比率。此外，在 1953 年之后建立存款准备金制度的国家，大多采用单一的存款准备率，即对所有种类的存款按同一比率计提存款准备金。

第二，按金融机构的规模和经营环境规定不同比率。很多国家在制定存款准备金率时，还要考虑金融机构规模的大小，以及经营环境的差异等因素，对规模不同和经营环境不同的银行，规定不同的存款准备金率。一般而言，银行的规模若比较大，其创造信用的能力就比较强，对其规定的存款准备金率就越高；小银行创造信用的能力相对较弱，对其规定的存款准备金率就比较低。此外，对所处地区的经营环境较好，如经济发展较快、工商业比较发达地区的商业银行，由于其创造信用的能力相对较强，存款准备金率就越高；相反，对所处经营环境较差，如比较贫穷、工商业不发达地区的商业银行，由于其创造信用的能力相对较差，对其规定的存款准备金率也较低。一般认为，对不同经营环境和经营规模的银行分别制定不同比率的方法有利于中央银行更加有效地控制货币供应量。

中国人民银行从 2004 年 4 月 25 日起实行差别存款准备金率制度，规定金融机构适用的存款准备金率与其资本充足率、资产质量状况等指标挂钩。金融机构资本充足率越低、不良贷款比率越高，适用的存款准备金率就越高；反之，金融机构资本充足率越高、不良贷款比率越低，适用的存款准备金率就越低。

差别存款准备金率制度主要包括以下四方面内容：一是确定差别存款准备金率的主要依据，包括金融机构资本充足率，金融机构不良贷款比率，金融机构内控机制状况、发生重大违规及风险情况，金融机构支付能力明显恶化及发生可能危害支付系统安全的风险情况。二是差别存款准备金率制度实施对象，采取统一框架设计和分类标准，实施对象为存款类金融机构。三是确定差别存款准备金率的方法，根据资本充足率等指标对金融机构质量状况进行分类，根据宏观调控的需要，在一定区间内设若干档次，确定各类金融机构所适用的差别存款准备金率。四是调整存款准备金率的操作，人民银行定期根据银监会统计的金融机构法人上年季度平均资本充足率和不良贷款比率等指标，对金融机构存款准备金率进行调整。在个别金融机构出现重大违规、风险问题以及支付清算问题时，人民银行将会同银监会及时调整其存款准备金率。

这一制度基于我国各存款货币银行货币监管、机构监管分离的现实，根据宏观调控的需要，确定各机构所适用的差别存款准备金，对银行形成有效的“扶优限劣”激励机制，也为完善我国货币政策传导机制、提高货币政策的有效性奠定了基础。

④ 存款准备金率的调整

由于存款准备金率的调整对商业银行的信用创造能力产生巨大影响，其调整效果往往过于强烈，因而各国中央银行对法定准备金率的调整幅度有不同程度的规定。多数国家规定法定准备金率的调整及调整幅度,要视银行体系的状况及市场资金的可能波动情形而定。有的国家规定每次调整的幅度为2%,有的高达50%,有的直接规定变动的最高限和最低限,还有一些国家对于存款准备金率的变动幅度不予限制。

中国人民银行目前对存款准备金率的调整及其调整幅度不作明确规定,而是根据客观情况和货币政策的操作需要进行调整。

专栏4-2 世界各国降低或取消法定准备金率背景及影响分析

存款准备金制度作为中央银行传统货币政策工具之一,历来以威力巨大而著称。但是,自20世纪90年代以来,许多国家的央行(如美国、加拿大、瑞士、新西兰、澳大利亚等)都降低或取消了法定准备金率,零准备金率正成为一种趋势。这是不是意味着准备金政策这一传统的货币政策工具将逐步退出历史舞台?降低或取消法定准备金率又将对央行货币控制产生怎样的影响?我国目前是否也已具备了降低或取消法定准备金率的条件呢?本文试就以上的问题进行分析。

世界各国为什么降低或取消法定准备金率

各国中央银行之所以降低或取消法定准备金率,究其原因,无非有两点:一是存款准备金制度本身存在问题;二是外部环境变化已经使存款准备金制度失去了存在的必要。就存款准备金制度本身而言,存款准备金制度在控制货币供给方面究竟起多大作用的问题是学者们历来争论的焦点。由于存款准备金制度威力巨大,货币当局难以通过改变法定准备金率的方式对货币供给进行微调,加之,通过调整法定准备金率的方式控制货币供给会给超额储备低的银行带来流动性问题,使所有银行机构产生对未来的不确定性等不利影响,存款准备金制度一直被认为是货币政策工具的"核武器",更多地起威慑作用。正因为如此,金融界改革存款准备金制度的呼声一直很高,并且出现了两个极端:完全取消法定准备金率和实行百分之百的法定准备金率。取消法定准备金率的理由是该规定取消后,商业银行从自身稳健经营的角度考虑,仍然会保持一定比例的准备金,从而不会导致理论意义上的货币规模无限扩张,中央银行仍有可能有效控制货币供给;而实行百分之百的法定准备金率,则是考虑这样做可以使得货币供应量等于货币基数,从而使央行更容易严格控制货币供应,但这种方案可能导致银行信贷的极度萎缩,并使贷款行为向非银行金融机构转移,使央行丧失对整个金融体系的控制。从近年世界各国的实际情况看,取消法定存款准备金率的做法似乎得到了公认。进入20世纪90年代以来,先后有美国、加拿大、瑞士、新西兰、澳大利亚等国降低或取消了法定存款准备金率。它们降低或取消法定存款准备金率,固然有存款准备金制度本身的原因,但也有外部经济环境变化的结果。

存款准备金制度始于19世纪的美国,最初建立存款准备金制度是为了保持银行流动性;其后,随着社会经济金融环境的变化,建立存款准备金制度的指导思想也经历了两次变化。第一次是美国联邦储备委员会在1931年宣布"保证或维持银行的流动性已不再是法定存款准备金的主要目的……法定存款准备金最重要的作用是控制信贷……"。第二次是在50年代,随着狭义货币供给量成为央行监测和控制的货币政策中间目标,作为能强有力地影响货币供给量的法定存款准备金率也备受重视,因而,控制货币供给量也就成了实行法定存款准备金制度的主要目的。

存款准备金制度指导思想的变化，一方面反映了金融体系变迁和人们对准备金制度及其与货币供给、信贷控制等方面认识的深化；另一方面也说明准备金制度能否发挥作用还要取决于外部经济金融环境的变化。如在20世纪初，银行体系不完备，银行破产率高，易发生金融危机的时候，存款准备金制度就能很好地维护银行流动性，且其作用也只限于银行系统。到了30年代，大萧条期间大量银行的倒闭，暴露了存款准备金制度在保持银行流动性方面的局限性，特别是随着广泛的存款保险系统的建立和商业银行经营管理思想的发展，存款准备金制度更难在这方面有所作为。而吸取大萧条前银行信贷异常繁荣，央行却对此苦无良策的教训，人们开始认识到准备金制度在理论上能够有效控制银行信贷，因为除非商业银行能够从别处得到资金，否则央行完全可以调整存款准备金率来影响商业银行的信贷扩张能力。然而，实际上，在从20世纪20年代末到50年代的漫长时间里，“存款准备金制度根本没有发挥抑制信贷扩张的作用”。之所以如此，究其原因，主要是外部经济条件发生了变化。如在20世纪20～30年代，美国经济异常繁荣，由于借贷市场利率低，商业银行便可以不通过存款业务就能获得大量资金，使银行信贷过度扩张，最终导致大萧条；到了40～50年代，为了筹措战争经费，美联储有意保持较低利率而使得试图利用存款准备金控制信贷扩张的想法失去意义，同时，国外资金涌入而导致的商业银行拥有大量超额准备金也大大限制了存款准备金的作用。存款准备金制度本身所特有的非弹性调节特性也是其难以控制信贷扩张的原因。

存款准备金制度真正受到重视是从20世纪50～80年代。这期间，人们越来越深刻地认识到货币供给量与经济发展的密切联系，货币供应量指标成为货币政策的主要或唯一中间目标；央行控制货币供给量有两条渠道：基础货币和货币乘数，而存款准备率是影响、决定货币乘数大小的主要因素，控制货币供给量又成了实行存款准备金制度的新目的。但是，从几十年的实践来看，存款准备金制度并没有对货币供给量的控制发挥有效作用。这是因为，要使存款准备金制度对货币供给量的控制发挥有效作用至少必须满足两个外部条件：第一，货币乘数应当是稳定的或者可预测的，而从50年代以来，对于货币乘数是否稳定、可预测以及如何预测的问题，经济学家至今未取得一致意见，且不少预测事后证明都有较大误差。第二，货币当局必须能够有效地控制商业银行的准备金来源，使商业银行不能轻易获得额外准备金来源，否则法定准备率的变化将难以影响银行的信用创造能力，从而也就不会影响货币供给量。实际上，在西方国家，由于金融市场是开放和高度发达的，货币当局要控制商业银行的准备金来源几乎是不可能的。

这就导致了存款准备金制度在控制货币供给方面的所谓“鸡肋效应”，即尽管理论上的推导是完美的、合乎逻辑的，却难以收到实际效果，又不能放弃之。应该说，之所以导致这种状况，既有准备金制度本身的缺陷，又有制度空间上的原因，包括金融经济过程的不完全可测性、商业银行等主体行为的不完全可控性，以及各种金融变量关系的复杂性。

尽管各种内外因素对准备金制度发挥作用起了限制或抵消的作用，但几十年来，存款准备金制度还一直被列为“三大法宝”之一，在一定范围内发挥着作用（尽管有时只是威慑作用）。真正给它以致命一击的是货币供给量作为货币政策主要中介目标的地位的丧失。在20世纪70年代以前，以美联储为主要代表的许多国家的央行都把控制货币供给量作为货币政策的中间目标，而存款准备金制度在决定货币乘数大小、影响金融机构准备金数量，进而影响基础货币规模，控制货币供给量方面有着独特的作用。尽管人们对准备金制度究竟能在多大程度上发挥作用还存在争议，但不可否认的是央行控制货币供给量的行为一刻也离不开准备金制度，没有准备金制度的支撑，货币控制至少在理论框架上就已经不完整，这大概也是准备金制度一直没有被弃用的根本原因；也就是说，只要央行还把控制货币供给量作为货币政策中介目标，准备金制度就不可能被取消。然而，到了80年代中后期，由于金融管制放松及金融创新的发展使货币定义变得模糊不清，人们难以精确计量货币供给量；更由于金融创新使传统货币需求函数失效，导致货币流通速度大幅波动，难以预测，最终使得M_1、M_2等货币总量目标与经济活动之间的稳定关系破裂，从而大大降低了货币供给量目标作为货币政策中介目标的有效性。早在1987年，美联储就宣布不再设立M_1目标，到了1993年，更是宣布“放弃以任何货币总量作为实施货币政策的目标，包括M_3在内”；其他国家如英国、加拿大、瑞士、日本等国降低了货币总量目标的重要性或干脆取消了货币总量目标。当各国央行不再以货币供给量作为货币政策中间目标时，现时以控制货币供给为己任的法定存款准备金制度也就失去了存在的依据，至少其重要性已大大降低。

导致存款准备金制度被弃用的原因还有其特有的紧缩性。从制度特性上讲，存款准备金制度是紧缩的。这是因为：首先，强制把商业银行的部分存款以准备金的形式无偿缴存中央银行的做法，既限制了商业银行的信用扩张能力，又相当于对商业银行强制征收了部分“存款税”；也就是说，对商业银行而言，法定存款准备要求实际上增加了其机会经营成本，是套在商业银行头上的“紧箍咒”，而商业银行是追求利润最大化的，为达到这一目标，势必寻求各种创新方式规避法定存款准备要求，达到逃避“税收”、增加盈利的目的。由此可见，法定存款准备金制度的紧缩效应在一定程度上也导致了这一制度的失败。

其次，法定准备金制度不能完全适用于所有金融机构，也使得在各国普遍改以利率作为货币政策中间目标的情况下，产生了由于竞争基础不平等而导致的金融市场有效性的下降，加剧了紧缩效应。因为市场有效性存在的一个重要前提是竞争规则的合理性和竞争主体的平等性，而准备金制度从其诞生之日起，就仅适用于存款金融机构(1980年美国《货币控制法案》通过前，准备金制度仅适用于联储会员银行，其适用范围更窄)，其中主要是商业银行。如果说准备金制度的这种部分适用性，在商业银行占绝对主导地位的时代还不会对金融活动产生不良后果，那么在商业银行的市场地位已经明显下降(截至20世纪90年代初，美国商业银行的借贷市场份额分别下降了约15%和20%)，各种非银行金融机构异军突起的今天，准备金制度的这种特点则只会造成对部分金融机构形成约束，而对另外金融机构不加约束的不公平局面，导致货币资金的跨机构转移或跨形式转移，使传统存贷业务急剧萎缩，准备金制度的作用范围随之大大缩小。换言之，准备金制度紧缩效应的后果是导致了自身的消亡。其实，近年来商业银行传统业务市场份额的下降，除了与金融创新、利率波动等因素相关外，与准备金制度的过紧约束也不无关系。

第三，准备金制度的紧缩效应也是与方兴未艾的“新经济”环境不相适应的。从准备金制度实行的历史来看，在20世纪的绝大多数时间里，人们都是在与通货膨胀作斗争，准备金制度的紧缩效应恰恰适应了治理通货膨胀的客观需要；而新经济的主要特征是以网络经济为核心内容，通过信息技术的广泛应用，大大提高了社会生产率，降低了经济成本，使经济能够在低失业、低通胀的环境里保持较长时间的高速增长。目前普遍存在于世界各国的通货紧缩现象与新经济的发展密切相关。在通货紧缩的大经济背景下，就信贷市场而言，普遍存在的是信贷需求的萎缩，这时应当鼓励金融机构进行信贷扩张，而准备金制度的实施则限制了其信贷扩张的能力和动力，不利于经济的持续增长。因此，从这一层面讲，降低或取消存款准备金率已经是不可逆转的趋势了，存款准备金制度将最终退出历史舞台。

4.2.3 我国是否具备了降低或取消存款准备金率的条件

我国近年一两次降低存款准备金率是不是意味着我国也会像其他国家那样最终取消准备金率呢？对此，需要进行具体分析。

(1) 前两次降低存款准备金率实际上是央行对我国存款准备金制度进行规范改革措施的一部分。我国的存款准备金制度始建于 1984 年，当时建立存款准备金制度的初衷是为了平衡央行信贷收支，主要起筹资的作用。这就导致了我国存款准备金制度的功能异化，不论是制度规定，还是准备金率水平，都与货币政策工具的要求不相适应，难以满足央行实行间接宏观调控的需要。1998 年 10 月，针对准备金制度存在的问题，央行对其进行了改革，把法定准备金账户和备付金账户合二为一，结束了“两户并行”的局面；同时大幅降低准备金率水平，由 13%下调为 8%，到 1999 年又降为 6%。可以看出，准备金率水平降幅是相当大的。而降幅之所以这么大，究其原因：一是过高的准备率是准备金功能异化的表现，要恢复其控制货币的功能，就必须使准备金率回复到正常水平；二是考虑到我国当时的通货紧缩形势，过高的准备金率意味着更强的紧缩效应，不利于早日摆脱通货紧缩。因此，我国央行降低准备金率实际上是为了让准备金制度更好地发挥作用，是对过去不合理规定的纠正，是央行的金融宏观调控由直接向间接转变的必然要求。

(2) 从功能定位上看，我国存款准备金制度还是有效的货币政策工具。之所以如此是基于这样的前提，即控制货币供给量还是我国央行货币政策中间目标。我国目前的金融市场还很不完善。利率也没有实现市场化，还不具备把利率作为货币政策中间目标的条件。在这种情况下，央行只能控制货币供给量，而根据前面的分析，存款准备金制度是控制货币供给量的有效工具，尽管它经常是备而不用的。从近几年的实践看，我国存款准备金制度在控制信贷方面也发挥了明显作用，央行两次降低准备金率的效果非常明显，大大增加了商业银行的信贷扩张能力，有力地促进了经济增长。

(3) 我国目前的金融结构决定了存款准备金制度还存在广泛的作用空间。首先，由于存款准备金制度一般只适用于存款类金融机构，所以如果社会金融结构中存款类金融机构的比重过低，准备金制度就难以发挥其应有的作用。而我国的金融机构中，以经营存贷款业务的商业银行为主要组成部分，加上其他少部分经营存贷款业务的非银行金融机构，涵盖了我国绝大部分的金融机构，这是与美国等西方国家的主要区别之处；也就是说，在我国目前的情况下，基本上不会发生由于准备金制度紧缩效应而导致存款“大搬家”的现象。其次，我国目前还没有建立起完善的存款保险制度、金融机构市场退出机制等一系列防范和化解金融风险的措施,一旦出现金融机构支付困难,央行缺乏必要的市场防范手段。在这种情况下,实行存款准备金制度,保持一定水平的准备金率,能起到金融风险防火墙的作用。

综上分析,存款准备金制度作为我国央行在市场经济条件下,实行间接宏观调控的重要手段之一,还将在今后较长时间内发挥作用。当然,我国存款准备金制度的一些规定还有不合理之处,需要在今后逐步完善。至于我国要取消存款准备金制度,必须等我国建立起发达的金融市场、完备的金融调控体系,存款准备金制度失去其存在的必要后才能实施。

4.2.4 中央银行的其他存款业务

1. 政府存款

政府在中央银行存款包括两部分:一是财政金库存款;二是政府部门经费存款。各个国家政府存款的构成有些差异。有的国家就是指中央政府的存款,有的国家则将各级地方政府的存款、政府部门的存款也列入其中,即便如此,政府存款中最主要的仍是中央政府的存款。中央政府存款一般包括国库持有的货币、活期存款、定期存款及外币存款等。中国人民银行资产负债表中"政府存款"是指各级财政在中国人民银行账户上预算收入与支出的余额。

2. 非银行金融机构存款

非银行金融机构在中央银行的存款,有的国家中央银行将其纳入准备金存款业务,按法定要求办理;有的国家中央银行则单独作为一项存款业务。在后一种情况下,中央银行的这类存款业务就有较大的波动性,因为非银行金融机构的存款不具有法律强制性,没有法定的存款缴存比率,它们将存款存入中央银行通常是为了便于清算,存多少由其自主决定,但中央银行可以通过存款利率的变动加以调节。目前,我国各种非银行金融机构在中国人民银行都有存款,主要也是用于清算。

3. 外国存款

外国存款的债权人是外国中央银行或外国政府,它们持有这些债权构成本国的外汇。外国存款主要是用于国家间贸易结算和债务清算,存多存少取决于它们的需要,因而对本国中央银行来说具有较大的波动性。虽然外国存款对本国外汇储备和中央银行基础货币的投放有影响,但由于外国存款数量较小,影响力并不大。

4. 特定机构和私人部门存款

特定机构是指非金融机构,中央银行收存这些机构的存款,或是为了特定目的,如对这些机构发放特别贷款而形成的存款,或是为了扩大中央银行的资金来源。中国人民银行收存的特定机构存款主要是机关团体部门的财政性存款。私人部门的存款,多数国家法律规定不允许中央银行收存。有些国家虽然法律允许收存,但也只限于特定对象,且数量很少。

5. 特种存款

特种存款是中央银行直接控制方式之一,是调整信贷资金结构和信贷规模的重要措施。它指中央银行根据商业银行和其他金融机构信贷资金的营运情况，以及银根松紧和宏观调控的需要，以存款的方式向这些金融机构集中一定数量的资金而形成的存款。一个国家的特种存款的数量和期限由总行确定，资金的使用由总行统一调度，各分行对总行下达的特种存款任务必须按时、足额地完成。特种存款业务有以下几个特点：一是非常规性，中央银行一般只在特殊情况下为了达到特殊目的而开办，如中央银行为调整信用规模和结构，或是为了支持国家重点建设的需要；二是对象具有特定性，一般很少面向所有的金融机构，不像存款准备金面对的是所有吸收存款的金融机构；三是期限较短，一般为1年；四是特种存款的数量和利率完全由中央银行确定，具有一定的强制性，特定金融机构只能按规定的数量或比率及时足额完成存款任务。

4.2.5 中央银行存款业务与其发挥作用的关系

上述各种业务的开展与中央银行发挥职能作用是密切相关的。

中央银行作为发行的银行，存款业务与流通中现金的投放有直接关系。由于资产发债必须相等，在资产业务量既定的情况下，负债方若存款增加，可以减少现金投放或增加回笼；中央银行存款的减少则意味着需要增加现钞投放。尽管从负债的角度看，中央银行存款的增减，其负债总额可能并未因此减少或增加，但它对于现金发行量和货币结构有重要的调节作用。

中央银行作为银行的银行，通过准备金存款业务，可以调节存款货币银行在中央银行准备金存款的数量，对存款货币银行的信用创造能力和支付能力有决定性作用，从而成为实施中央银行货币政策的三大法宝之一。中央银行通过存款业务集中必要的资金，有利于在不影响货币供给的情况下发挥“最后贷款人”的作用。中央银行收存各金融机构的存款，有利于组织全国的资金清算等。

中央银行作为政府的银行，为政府经理国库，对政府融通资金。这一职能表现在中央银行资产负债表上就是政府存款的增加或减少。政府存款的任何变化，都是中央银行代理国库收支、购买和推销公债、向财政部增加或减少贷款的结果。同时，中央银行作为监督管理金融业的部门，通过对商业银行和其他金融机构在中央银行账户上存款变化情况的掌握，可以及时了解和监督金融业的资金运转状况和态势，从而既可以监控金融业的经营风险，通过金融监管消除和减轻金融业经营中的各种隐患，又可以为中央银行货币政策的制定提供可靠的依据，保证货币政策得以顺利实施，提高货币政策的效果。

4.3 中央银行的其他负债业务

4.3.1 发行中央银行债券

1. 发行中央银行债券的目的

发行中央银行债券是中央银行的一项主动负债业务，其发行对象主要是国内主要金融机构。通常是在商业银行或其他非银行金融机构的超额储备过多，而中央银行不便采用其他政策工具进行调节的情况下发行。

中央银行发行债券的目的在于：一是针对商业银行和其他金融机构超额储备过多的情况，发行债券以减少它们的超额储备，以便有效地控制货币的发行量；二是以此作为公开市场操作的工具之一，通过中央银行债券的市场买卖行为，灵活地调节货币量。一般说来，当中央银行买卖其证券时，商业银行的超额储备增加，货币供应量增加；当中央银行卖出其债券时，商业银行的超额储备减少，货币供应量减少。许多发展中国家在由直接调控转向间接调控的过程中，由于金融市场不发达，尤其是国债市场不发达，中央银行债券往往成为公开市场操作的主要工具。

2. 发行中央债券的货币政策作用机制

中央银行债券是中央银行在自身的资产负债表内主动调节商业银行超额储备的一种形式，是在不改变中央银行资产和负债总量的情况下，通过负债结构的变化实现货币政策目标的手段之一。发行中央银行债券的直接影响是，商业银行将原来上存中央银行的超额准备金用于购买中央银行的债券。商业银行的资产总量并未变，只是资产结构发生了变化——原本可以直接用于支付的超额准备金存款，变为不能直接用于支付的中央银行债券，可贷资金量变少。相应地，中央银行负债总量不变，但负债结构发生了变化。

发行中央银行债券的货币政策效应在于直接减少了基础货币量，这与提高法定存款准备金率以降低商业银行超额存款准备水平的效果是相同的。但与提高法定存款准备金率相比，发行中央银行债券的独到之处在于，既实现了宏观调控目标，又具有市场化、灵活性的优势。提高法定存款准备金率以后，超额存款准备部分转变为法定存款准备金，商业银行这部分资金无法用于流通支付，只能存放在中央银行的账户上；而中央银行债券尽管不能用于现金支付，但作为货币市场的重要工具，可以上市交易，这样就赋予了持券机构自我调节流动性的权力。最终的持券者是谁，对于中央银行不重要，重要的是中央银行债券在总量上吸收了商业银行这部分多余的流动性。

3. 中央银行债券的发行方式

国际上中央银行债券的发行方式有两种。一种是信用发行。按照国际惯例，中央银行债券是零风险的，在评级时等同国家主权的信用等级，通常中央银行发债不需要担保和质押，因此大多数国家中央银行都采用这种方式发行。另一种是外汇质押发行，实际是外汇掉期。一些小规模的开放经济体的货币当局采用这种方式，如香港金融管理局发行的外汇基金票据就是货币当局以自身持有的外汇资产作为质押的中央银行债券。一般说来，外汇质押发行只适合实行货币局制度的国家或地区小规模操作，发达国家很少采用这一发行方式。中国人民银行发行中央银行票据采用信用发行的方式。

4. 中央银行债券的计价与发行成本

中央银行债券在发行时，多采用贴现方式计价，票面值扣除利息支付就是中央银行的债券价格，即中央银行债券以低于票面值的价格发行，其价差就是预先支付的利息。中国人民银行以每100元作为票面值发行，发行价格低于100元，票面值与发行价之差就是利息支出。从货币政策操作的角度看，每单位票面值的中央银行债券发行之后，最终只能回笼票面值一定比例的基础货币，其漏损的部分应该看成是中央银行货币政策操作成本的一个部分。

5. 发行中央银行债券的招标方式

在公开市场上发行中央银行债券时，有两种招标方式：价格（利率）招标和数量招标。在价格（利率）招标方式下，中央银行明确招标数量，一级交易商以中央银行债券的利率（价格）为标的竞标，最终的成交价格由竞标产生。在数量招标方式下中央银行明确招标价格（利率），一级交易商在个体投标量上限内以数量为标的竞标。如果投标总量超过债券发行量，最终的成交量按比例分配；如果投标总量不足债券发行量，最终的成交数量按实际投标量确定。从货币市场操作的角度看，中央银行采用价格（利率）招标方式能够发现真实市场价格、货币市场利率，采用数量招标方式能够以稳定的价格引导货币市场供求情况。

世界各国的中央银行根据不同时期的货币政策目标，相机选择招标方式。中国人民银行在发行中央银行债券时，针对外汇占款持续增加的情况，根据市场利率变化与货币政策的需要，决定招标方式，灵活调节金融体系的流动性。其中，价格（利率）招标方式用的更多一些，其目的是发现市场利率水平，了解金融市场对利率走势的预期。

专栏 4-3　央行票据调控手段面临挑战

由于我国流动性过剩和通货膨胀压力，央行更多通过数量型工具回笼和控制市场的流动性。发行央行票据是中央银行调控货币供给的日常工具，通过央票的发行，央行连续不断地从市场回收流动性。到 2008 年 3 月底，央行票据的余额达到 4 万亿元左右。目前普遍认为数量型工具优于价格型工具，但笔者认为发行央行票据有一定的局限性，必须引起足够的重视。

央行票据即中央银行债券，是中央银行向商业银行发行的短期债务凭证。1993 年，人行就发布了《中国人民银行融资券管理暂行办法实施细则》。当年发行了两期融资券，总金额 200 亿元。当时中央银行发行票据的目的主要在于调节地区和金融机构间的资金不平衡，发挥其资金调剂功能。1995 年，央行开始试办债券市场公开市场业务。为弥补手持国债数额过少的不足，央行曾将央行票据作为一种重要的补充性工具。2002 年 9 月 24 日，为增加公开市场业务操作工具，扩大银行间债券市场交易品种，央行将 2002 年6 月 25 日至 9 月 24 日进行的公开市场业务操作的 91 天、182 天、364 天的未到期正回购品种转换为相同期限的中央银行票据，转换后的中央银行票据共 19 只，总量为 1937.5 亿元。另外，由于持续进行正回购，到 2002 年年底，央行手中持有的国债余额仅为原来的四分之一，继续进行正回购操作的空间已经不大。因此中央银行发行央票以替代国债，进行公开市场操作。2003 年 4 月 22 日，中国人民银行正式通过公开市场操作发行了金额 50 亿元、期限为 6 个月的中央银行票据。2003 年 4 月以来，人民银行选择发行中央银行票据作为中央银行调控基础货币的工具，在公开市场上连续滚动发行 3 个月、6 个月及 1 年期央行票据。自 2004 年 12 月 9 日起，央行开始发行 3 年期央行票据，创下了央行票据的最长期限。除了 3 年期央行票据这种长期融资工具被频频使用外，央行票据的远期发行方式也被采用，2004 年 12 月 29 日央行首次发行远期票据，发行 200 亿元央票，缴款日和起息日均为 2005 年 2 月 21 日，距发行日 50 余天，是历史上首次带有远期性质的央行票据。

中央银行发行央行票据代替国债，充当中央银行货币政策的工具，但是二者有显著的区别。比较国债和央行票据可以看出，在中央银行负债表上，国债表现为对政府的债权，位于资产项目一栏中；中央银行票据则是中央银行对其他金融机构的负债，位于负债项目栏中。中央银行向其他金融机构出售国债，其资产负债表表现为中央银行资产减少，即对政府债权的减少，而金融机构在中央银行的准备金存款亦减少，基础货币收缩；反之，中央银行从其他金融机构购入国债，其资产负债表表现为中央银行资产增加，金融机构在中央银行的准备金存款增加。中央银行向其他金融机构发售央票则表现为中央银行负债的增加，即中央银行债券增加，同时金融机构的准备金存款减少；央行从其他金融机构购入央票则表现为中央银行负债减少和金融机构准备金存款的增加。中央银行的国债操作和央行票据操作都可以影响基础货币和货币乘数，控制货币供应量。然而，央行所持有的国债的增减不会直接增加央行财务成本，相反的，持有国债到期还能给中央银行带来一定的利息收益；发行央票则不可避免地要支出一定的利息，这增加了中央银行的财务成本。央行票据的发行规模越大，央行付息的压力就越大。由于央行票据是滚动发行的，因此付息也是连续的，要不断对到期的央行票据还本付息。央行付息会导致基础货币增加，货币供给增加，部分抵消了冲销效果。中央银行并不是一个盈利性组织，利息支出没有相应的资金来源，这种情况持续下去，无疑会加大民众对未来通货膨胀的预期。

央行滚动发行央行票据也制约了央行的冲销干预，由于不断地还本付息，央行票据的净发行量受到制约，因此每年都无法完全对冲掉所有由于顺差结售汇放出的货币。2005年我国共发行央行票据27 882亿元，但是同时2005年共兑付到期的央行票据本金加利息共17 219.41亿元，所以2005年发行央行票据共收回流动性货币10 662.59亿元。但2005年央行因外汇占款发行货币为16 199.97亿元，除去央行票据收回的货币，仍放出了货币5537.38亿元。2006年没有对冲掉的外汇占款更大。本年由于外汇占款发行的货币为22 220.85亿元，而同期央行票据发行和兑付本息的数额分别为36 573.81亿元、26 951.05亿元，对冲掉的货币为9622.76亿元，加上2006年央行3次上调存款准备金率，冻结约6000亿元，于是因外汇占款而放出的货币为6598.09亿元。2007年由于外汇占款发行的货币为30 807.9亿元，而同期央行票据发行和兑付本息的数额分别为40 721.28亿元、36 922.87亿元，对冲掉的货币为3798.41亿元，2007年央行10次上调存款准备金率，冻结约2万亿元，于是因外汇占款而放出的货币为7009.49亿元之多。由此可以看出，央行每年发行的央行票据数额较大，大部分用来支付央行票据到期的本息，随着央行票据发行的规模越来越大，每年的净冲销额可能会下降。目前央行票据的发行主要是一年以内的票据为主，目的是短期内熨平资金供求的变动。为了避免央行票据还本付息对市场的冲击，央行最近只得通过发行更多3年期的央行票据来冲销，以避免短期内集中还本付息的压力或多次滚动发行的成本，增加冲销干预的力度。

笔者认为，在中央银行超规模发行票据以实现调控目的的同时，央行也付出了相应的调控成本，其负面效应正在逐渐显现。首先，正如前面强调的那样，巨额的央行票据存量，加大了央行的利息支出，而这部分利息支出的货币创造的乘数效应将增加货币供应量，增加了货币调控的难度。央行作为发债主体，没有明确的偿债资金来源，债券兑付过程实际上是货币超额发行的过程，可能对货币政策的独立性造成干扰；其次，央行票据替代国债和金融债，成为银行间债券市场最为活跃的交易品种，这有可能挤占了其他券种的市场份额，增加了其他券种的发行成本，同时也不利于我国国债市场和其他债券市场的发展；第三，由于央行大力超规模发行票据，央行票据的作用逐渐超出了最初公开市场业务调控目标，银行间债券市场中短期债券价格受到了许多不利的影响，银行间债市的定价功能正在弱化，不利于形成正确的债券和票据的收益率曲线；第四，大量地发行央行长期和远期票据进行冲销可能导致将来的通货膨胀，如票据集中到期的还本付息，可能导致基础货币的大幅增加；第五，由于中央银行票据功能单一，发行收入不仅不能产生经济效益和更广泛的社会效益，还要为之支付数以千亿元计的费用和利息，所以用央行票据执行货币政策成本过高；第六，如果长期票据发行增加，将会影响中央银行货币政策的独立性和将来的决策，影响将来货币政策目标的实施。由于持续干预和票据利率上升，央行干预的成本也不断上升。

发行中央票据的方式回笼资金增加了中央银行货币政策执行成本，这也决定了公开市场操作中，中央银行票据可能无法在长期内代替国债。为保障公开市场操作的持续性及有效性，我国必须扩大债券市场规模，开发新的可供操作的政策工具。从长远看，应积极通过发行国债替代央行票据，使市场中的债券所对应的资金收入控制在财政手里，并发挥更多的社会和经济效益，才是更为理想的资金运作方式，也是货币政策与财政政策相互协调的必然趋势。2007 年 6 月 27 日，十届全国人大常委会第二十八次会议审议了国务院关于提请财政部发行特别国债购买外汇的议案。该提议是财政部发行 15 500 亿元人民币特别国债，购买约 2000 亿美元外汇，作为组建国家外汇投资公司的资本金来源。此举实质上是对中央银行所持有的资产结构进行调整，表现为资产负债表中，资产项目下的净国外资产减少，对政府的债权增加。特别国债将成为央行公开市场操作中一项新的操作工具且能有效减轻央行政策操作的财务成本。因此促进国债市场的发展是优化我国宏观调控工具的重要途径，是我国金融市场建设中的一项重要任务。

大力发展我国的国债市场，也有利于促进人民币的国际化，为将来的人民币资金回流做准备，央行票据市场不能够承担这种功能。从美元的国际化来看，其他国家聚积了大量的美元资产，如石油美元、欧洲美元和亚洲美元，这些美元资产等又会回流到美国，而这些资金的回流主要是投资在美国的金融市场上，更多的是投资在美国的国债市场上。在我们努力推动人民币国际化的时候，我们要大力发展资本市场，尤其是国内的国债市场，笔者认为这可能会是将来人民币回流主要的投资市场。人民币国际化是我国金融发展的一个重要目标，我们必须从战略的高度来实现这一目标。央行票据市场不适合作为人民币回流的投资市场，因为这会干扰中央银行的货币政策，削弱中央银行的独立性。从发达国家的经验来看，国债是主要的调控工具和投资工具。目前我国国债市场浅薄，从国债市场债券余额、二级市场的交易量、二级市场的买卖价差和换手率等来看，我国国债市场缺乏一定的广度和深度，因此我国应加快完善国债市场基础建设，推动国债二级市场的发展。在当前我国债券市场还不是很发达的情况下，为了调控宏观经济，央行通过发行央行票据控制货币供应量，但是从长期来看，国债市场仍然是较优的调控工具，因为这不仅有利于保持中央银行货币政策的独立性，还有利于促进人民币国际化和将来人民币资金回流。

当前，人民币升值预期仍未减弱，外资流入的势头不会改变，规模只会更大，这是央行面临的挑战。为了减少央行票据干预的压力，减轻央行偿还债务的压力，笔者认为一是央行可以通过其他手段调控，如增加法定准备金率，以减少商业银行的可贷资金；二是通过人民币升值缓解流动性过剩问题；三是大力发展金融债券，如发展金融资产证券化、住房抵押贷款证券化等，都可以扩充央行可操作政策工具的范围；四是鼓励中国企业走出去，增加投资海外的金融机构(QDII)，放宽投资的业务限制，鼓励和推动国内有实力的企业和金融机构收购或兼并一些国外的公司和金融机构，开拓国外市场；五是增加进口，进行资源性物资或战略性物资的储备，削减国际收支顺差。

资料来源：中国证券报，2008-07-08)

4.3.2 对外负债

中央银行的对外负债主要包括从国外银行借款、对外国中央银行的负债、国际金融机构的贷款、在国外发行的中央银行债券等。各国中央银行对外负债的目的一般有以下几种：①平衡国际收支。为弥补国际收支逆差的对外负债通常采取国际贷款的方式，包括国际金融机构贷款、外国政府贷款和国际性银行贷款等。②维持本币汇率的既定水平。由于中央银行对外汇市场的干预是通过买卖外汇进行的，手中需要持有一定数量的外汇，当本国的外汇储备不足时，就需要通过对外负债筹措外汇，以保持或增强中央银行对外汇市场的干预能力。③应付货币危机或金融危机。近十几年来，随着金融风险的增加和破坏力的加大，许多国家都出现过货币危机或金融危机。一旦危机出现，中央银行在干预市场以控制并扭转局面的过程中，一般需要通过从国外银行借款、向国外中央银行借款、申请国际金融机构贷款、在国外发行中央银行债券等对外负债业务，从国外筹措外汇资金，以增强中央银行的调控能力。

4.3.3 资本业务

1. 中央银行的资本来源

中央银行的资本业务是中央银行筹集、维持和补充自有资本的业务。中央银行的资本来源主要有四个：政府出资，地方政府或国有机构出资，私人银行或部门出资，成员国中央银行出资。

政府出资是指中央银行资本由中央银行拨款形成，并通常由政府财政部门代表持有，这是中央银行资本形成的主要方式。在一些国家，政府拥有中央银行的全部资本，如英国、法国、德国以及绝大多数发展中国家。另一些国家政府出资占中央银行全部资本的一半或一半以上，如日本、墨西哥。中国人民银行的全部资本来源于国家。

地方政府或国有机构出资是指政府不直接持有中央银行股份资本，而是由地方政府、国有银行、公共部门等出资构成中央银行资本，如瑞士中央银行资本的58.6%由州政府、州银行和公共部门出资形成。

私人银行和部门出资是指中央银行股份资本由私营机构如银行、公司企业持有。美国的中央银行的资本由私营性质的商业银行按其资本的一定比例认购。意大利中央银行的资本由私营性质的银行集团形成。尽管这些国家中央银行资本由私人拥有，但股东无权参与中央银行管理，也不能转让所持有股份。

成员国中央银行出资是随货币金融领域国际合作的发展出现的，由区域经济体内的中央银行共同持有跨国中央银行的资本。欧洲中央银行、西非国家银行、中非国家银行和东加勒比海中央银行都属于这种类型。

2. 中央银行的资本构成

中央银行的资本主要由法定资本、留存收益、重估储备组成。法定资本通常在一国中央银行法中有规定。留存收益是中央银行业务盈利扣除股息和损失准备、重估准备拨付后的部分。损失准备包括一般损失准备和特殊损失准备。重估储备是未实现的资产和负债重估后可能损失的准备。由于有的国家规定了留存收益全部上缴国家财政。而提取重估储备对一国中央银行的财务会计制度要求较高，因此不少国家中央银行的资产负债表上的全部资本仅表现为法定资本和损失准备。《中国人民银行法》明确了中国人民银行的盈利按核定比例提取总准备金后全部上缴中央财政。

3. 中央银行的资本与其独立性

资本结构在一定程度上可以影响中央银行的独立性，但不是最根本的决定因素。美国和意大利中央银行的资本金均由私人部门出资，但前者的独立性很强，而后者的运作受到政府干预，货币政策和采取的措施需要经过政府的批准，独立性较弱。大多数国家的中央银行由政府出资建立，但其中的独立性也不相一致。英格兰银行属国有，在行政上隶属财政部，但实际上享有较高的独立性。中国人民银行和财政部同属于政府的职能部门，接受国务院的领导，其独立性和其他国有的中央银行存在差别。

本章小结

（1）中央银行的负债业务是其形成资金来源的业务，主要包括货币发行和准备金存款业务等。作为一国货币发行与管理的主体，中央银行的负债业务是影响基础货币投放和货币供应量增长的重要因素。

（2）货币发行有两重含义：一是指货币从中央银行的发行库，通过各家商业银行的业务库流到社会；二是指货币从中央银行流出的数量大于从流通中回笼的数量。这二者通常都被称为货币的发行。

（3）中央银行的货币发行主要是通过再贴现、再贷款、购买证券、收购金银和外汇等中央银行的业务活动进行的。中央银行通过这些业务活动将货币投入流通，并通过同样的渠道反向组织货币的回笼，从而满足国民经济发展对流通手段和支付手段的需求。

（4）中央银行存款业务的特点是开办存款业务是为了实现调控职能、存款具有一定的强制性、存入款项的对象具有特殊性、存款人之间的关系具有特殊性。中央银行吸收存款的主要目的是为了实现宏观调控目标。中央银行主要存款业务有准备金存款、政府存款、其他金融机构存款、外国存款、特定机构和私人部门存款、特种存款。中央银行存款业务与其发挥的作用有密切的联系。

(5) 中央银行的其他负债业务包括发行债券、国外负债和资本金业务。

(6) 中央银行票据是中央银行为调节商业银行超额准备金而向商业银行发行的短期债务凭证，其实质是中央银行债券。它是中央银行调节基础货币和短期利率的重要工具。

复习思考题

(1) 中央银行负债业务的主要内容是什么?

(2) 中央银行货币发行的含义是什么?

(3) 中央银行货币发行的渠道是怎样的?

(4) 中央银行货币存款业务有什么特点?

(5) 中央银行发行中央银行票据有什么作用?

第5章 中央银行的资产业务

学习目标

(1) 了解中央银行的资产业务;

(2) 理解中央银行的再贴现与贷款;

(3) 掌握中央银行的证券买卖业务;

(4) 理解中央银行的储备资产业务。

中央银行的资产是指中央银行所持有的各种债权。中央银行的资产业务就是通过对所持有的资产的运用,以调控货币,并履行中央银行职能的业务。中央银行的资产业务主要包括再贴现业务、贷款业务、公开市场业务和黄金外汇储备业务等。

关键词

资产业务;再贴现;贷款;证券买卖;储备资产

5.1 中央银行的再贴现和贷款业务

5.1.1 再贴现业务

再贴现又叫“重贴现”，是指商业银行为取得资金，将尚未到期的已贴现商业票据提交中央银行以通融资金的票据行为。与再贴现相关且容易混淆的概念还有两个：贴现和转贴现，三者之间的关系如图 5-1 所示。从图 5-1 中可看出，贴现是个人或企业在需要资金时，将未到期票据转让给商业银行以通融资金的行为；转贴现是将未到期的已贴现票据由贴现银行再次转让给其他商业银行或金融机构的行为；而再贴现则是将未到期的已贴现票据由贴现银行再次转让给中央银行的行为。从形式上看，再贴现与贴现、转贴现并无区别，都是一种票据和信用相结合的融资方式，但从职能上看，再贴现是商业银行和其他金融机构向中央银行融通资金的重要方式。更为重要的是，作为中央银行执行货币政策的重要手段之一，再贴现能直接扩张或收缩社会信用，并及时将货币政策的意图传递给社会，影响市场利率，引导人们的投资和消费行为。

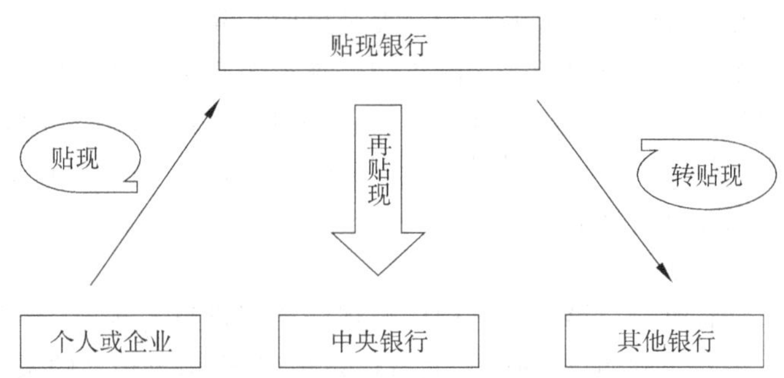

图 5-1 贴现、再贴现和转贴现

1. 再贴现业务的概念与意义

中央银行的再贴现业务就是中央银行通过再贴现向商业银行提供资金融通的业务。20 世纪 60 年代以前，再贴现业务在中央银行的资产业务中一直占有较大的比重。虽然近年来随着金融市场的发展和外汇资金的迅速增长，再贴现业务在中央银行的资产业务中所占比重有所下降，但作为一种信用行为，再贴现业务对中央银行仍具有十分重要的政策意义，再贴现率已成为现代中央银行的三大一般性货币政策工具之一。

(1) 再贴现是中央银行提供基础货币、调控货币供应量的重要渠道

如果中央银行降低再贴现率，商业银行的筹资成本下降，商业银行将有动力向中央银行申请开展再贴现业务。当商业银行向中央银行提供未到期票据以通融资金时，商业银行的准备金增加，基础货币增加，然后通过货币创造而引起货币供应量增加。由此，中央银行就可达到调控货币供应量的目的。

（2）再贴现是中央银行履行“最后贷款人”职能的具体手段

商业银行等金融机构在日常的经营过程中可能会面临资金周转的困难或挤兑的危机。面对这种危机，正常情况下，商业银行等金融机构虽然能够通过同业拆借市场来加以解决，但同业拆借的资金规模有限，特别是当遇到普遍的金融危机时，情况就会变得十分严重。为避免金融机构倒闭带来的巨大负外部性，中央银行作为“最后贷款人”，通过再贴现或贷款业务向商业银行等金融机构提供资金融通就变得十分重要，它往往成为解决金融机构流动性危机的最后手段。

（3）再贴现是中央银行实施产业信贷政策的重要工具

中央银行既可以通过直接规定再贴现的票据种类和再贴现额度，也可以通过直接对国家重点产业、行业和产品目录的商业票据规定一个低于商业银行贴现率的再贴现率，引导商业银行加大、加快这些票据的贴现与再贴现，来支持国家重点产业、行业和产品目录的商业票据的顺利发行和流通，帮助发行者融通资金。

2. 再贴现业务的一般规定

再贴现业务与货币供应量的密切关系及其在金融危机时期的巨大作用，使各国中央银行在开展这项业务时都较为谨慎，制定了一系列的规章制度来加以规范。综合来看，各国有关再贴现业务的一般规定如下。

（1）再贴现业务的开展对象

由于中央银行开展再贴现业务的目的是提供短期的资金融通，因此许多国家规定，只有在中央银行开立账户的商业银行等金融机构才能成为再贴现业务的对象。如我国《商业汇票承兑、贴现与再贴现管理暂行办法》规定，再贴现的对象是在中国人民银行及其分支机构开立存款账户的商业银行、政策性银行及其分支机构。对非银行金融机构再贴现，必须经由中国人民银行总行批准。

（2）再贴现票据的规定

大部分国家都对商业银行等金融机构再贴现的票据进行了规定，要求是确有商品交易为基础的自偿性票据。例如，美国联邦储备体系规定，申请再贴现的票据必须具备以下条件：①商业票据不得超过 90 天，有关农产品交易的票据不得超过 9 个月；②必须是根据交易行为产生的自偿性票据；③必须是直接从事经营工、农、商业的借款所开出的票据；④凡是投机或长期资本支出所产生的票据均不能申请贴现。随着各国经济发展以及经济环境的变化，各国对再贴现票据资格的规定和限制有所放宽和变通。我国《商业汇票承兑、贴现与再贴现管理条例》第三条规定：承兑、贴现、转贴现、再贴现的商业汇票，应以真实、合法的商品交易为基础。第五条规定：再贴现的期限，最长不超过 4 个月。随着各国经济的发展以及经济环境的变化，以上有关再贴现票据的规定都有逐步放宽的趋势。

（3）再贴现业务的申请和审查

各国中央银行一般都专门设有再贴现窗口，用来受理、审查、审批各商业银行等金融机构的再贴现申请，并办理其他和再贴现有关的业务。商业银行等金融机构必须以符合规定的合法票据申请再贴现。中央银行在接受商业银行的再贴现申请时，必须审查票据的合理性和申请者资金运营状况，以确定申请者和再贴现对象是否符合再贴现条件。若审查一致通过，商业银行则在票据上背书并办理再贴现手续。

(4) 再贴现率

由于中央银行的再贴现对象通常是短期票据，因此再贴现率就是一种短期利率，对金融市场的影响主要集中在货币市场。尽管如此，货币市场上短期利率的波动，经过一段时间就会波及资本市场，从而导致长期利率的相应变化。如果中央银行提高再贴现率，就会抑制商业银行的资金需求，从而造成流通体系中购买长期有价证券的资金减少，最终引起长期证券价格的下降，长期利率也随之提高。此外，有一些国家将再贴现率定在较高的水平上，作为“惩罚性利率”，以引导商业银行尽量利用市场的力量来解决资金融通的问题，但大多数国家还是将再贴现率作为“基准利率”，用来反映中央银行的政策意向，其他的利率则随着再贴现率的变化而变化。由于再贴现率是由中央银行决定的，而且在利率完全市场化的经济体系中，再贴现率是中央银行唯一可以调控的利率，因此再贴现率是中央银行最常运用的货币政策工具和信贷政策工具。

(5) 再贴现金额

再贴现票据的票面金额扣除再贴现利息后，就可得到再贴现金额，既再贴现时中央银行实际支付的金额。其具体计算方法包括：

再贴现实付金额＝票面金额－再贴现金额

再贴现利息＝票面金额×日贴现率×未到期天数

日贴现率＝年贴现率÷360＝月贴现率÷30

需要注意的是，再贴现金额只与票面金额、再贴现率以及未到期天数有关，而与票据原来的利息或利率并无直接关系。

(6) 再贴现额度的规定

在大多数国家，由于再贴现利率略低于货币市场的利率，商业银行资金不足且条件允许时，一般都希望通过再贴现窗口来获得资金。但很多国家的中央银行为了与金融监管相配合，并不希望商业银行过多地依赖于中央银行的再贴现融资，因而大多数国家都对商业银行的再贴现额度进行了限制，并对过多利用这一权利的商业银行进行检查。例如，中国人民银行规定，各级人民银行对再贴现业务实行限额管制，任何时点都不得突破，也不得与其他再贷款限额相互串用。

(7) 再贴现的回收

再贴现的票据到期，中央银行可通过票据交换和清算系统向承兑单位或承兑银行收回资金。如果承兑单位资金不足，就由承兑单位开户银行将原票据按背书行名退给申请再贴现的商业银行，并按逾期贷款处理。

3. 中国人民银行的再贴现业务

再贴现是中央银行对金融机构持有的未到期已贴现商业汇票予以贴现的行为。在我国，中央银行通过适时调整再贴现总量及利率，明确再贴现票据选择，达到吞吐基础货币和实施金融宏观调控的目的，同时发挥调整信贷结构的功能。

自1986年人民银行在上海等中心城市开始试办再贴现业务以来，再贴现业务经历了试点、推广到规范发展的过程。再贴现作为中央银行的重要货币政策工具，在完善货币政策传导机制、促进信贷结构调整、引导扩大中小企业融资、推动票据市场发展等方面发挥了重要作用。

1986年，针对当时经济运行中企业之间严重的货款拖欠问题，人民银行下发了《中国人民银行再贴现试行办法》，决定在北京、上海等十个城市对专业银行试办再贴现业务。这是自人民银行独立行使中央银行职能以来，首次进行的再贴现实践。

1994年下半年，为解决一些重点行业的企业货款拖欠、资金周转困难和部分农副产品调销不畅的状况，中国人民银行对“五行业、四品种”(煤炭、电力、冶金、化工、铁道和棉花、生猪、食糖、烟叶)领域专门安排100亿元再贴现限额，推动上述领域商业汇票业务的发展。再贴现作为选择性货币政策工具为支持国家重点行业和农业生产开始发挥作用。

1995年年末，人民银行规范再贴现业务操作，开始把再贴现作为货币政策工具体系的组成部分，并注重通过再贴现传递货币政策信号。人民银行初步建立了较为完整的再贴现操作体系，并根据金融宏观调控和结构调整的需要，不定期公布再贴现优先支持的行业、企业和产品目录。

1998年以来，为适应金融宏观调控由直接调控转向间接调控，加强再贴现传导货币政策的效果、规范票据市场的发展，人民银行出台了一系列完善商业汇票和再贴现管理的政策。改革再贴现、贴现利率生成机制，使再贴现利率成为中央银行独立的基准利率，为再贴现率发挥传导货币政策的信号作用创造了条件。适应金融体系多元化和信贷结构调整的需要，扩大再贴现的对象和范围，把再贴现作为缓解部分中小金融机构短期流动性不足的政策措施，提出对资信情况良好的企业签发的商业承兑汇票可以办理再贴现。将再贴现最长期限由4个月延长至6个月。

2008年以来，为有效发挥再贴现促进结构调整、引导资金流向的作用，人民银行进一步完善再贴现管理:适当增加再贴现转授权窗口，以便于金融机构尤其是地方中小金融机构法人申请办理再贴现;适当扩大再贴现的对象和机构范围，城乡信用社、存款类外资金融机构法人、存款类新型农村金融机构，以及企业集团财务公司等非银行金融机构均可申请再贴现;推广使用商业承兑汇票，促进商业信用票据化;通过票据选择明确再贴现支持的重点，对涉农票据、县域企业和金融机构及中小金融机构签发、承兑、持有的票据优先办理再贴现;进一步明确再贴现可采取回购和买断两种方式，提高业务效率。

5.1.2 贷款业务

中央银行的贷款业务是指中央银行向商业银行、政府及其他部门进行放款的行为。与商业银行类似，中央银行贷款既可采用信用贷款方式，也可采用担保贷款或抵押贷款方式。在现代经济中，与再贴现业务一样，中央银行的贷款业务不仅是中央银行提供基础货币、调控货币供应量的重要渠道，还是中央银行履行“最后贷款人”职能的具体手段。另外，当财政收支出现不平衡时，中央银行的贷款业务也能发挥重要作用。

1. 贷款业务的种类

中央银行作为银行的银行和政府的银行，在商业银行或政府银行出现资金紧张时，有责任向它们提供信贷支持，以解决它们资金周转上的困难。中央银行贷款主要分为以下几种。

(1) 对商业银行的贷款

中央银行对商业银行的贷款又叫最后贷款，因此中央银行也被称为最后贷款人。这种贷款与一般商业银行贷款存在诸多不同:①贷款对象不同。中央银行贷款的对象主要是商业银行,而一般商业银行的贷款对象主要是个人和工商企业。②贷款目的不同。中央银行对商业银行的贷款主要是为了“救急”,因此它不以盈利为目的,而商业银行作为金融企业,其贷款主要是为了赚取存贷利率差,以实现利润最大化。③期限不同。由于中央银行向商业银行的贷款主要是为了解决商业银行临时的资金需要,因此中央银行向商业银行的贷款主要是为了解决商业银行临时的资金需要,因此中央银行向商业银行发放的贷款主要是短期的流动性贷款和季节贷款,而且中央银行的流动性原则也要求中央银行不能向商业银行提供长期贷款,而商业银行贷款则没有太多的期限限制。④对经济的影响不同。中央银行贷款会带来基础货币的增加,因此常被当做一种货币政策工具,用以调节货币供应量,进而调控宏观经济;另外,中央银行贷款还可作为最后贷款,保证商业银行的最终清偿能力和流动性,避免因为金融恐慌而造成的金融体系混乱。而商业银行贷款的主要作用在于重新配置货币资金,进而改变社会货币资金存量的结构。当然,中央银行并不能无限制地向商业银行发放贷款,各国的中央银行通常都会对商业银行向中央银行借款的限额加以限定,以防止商业银行利用中央银行低利贷款转手进行高利贷款。此外,各国政府还规定商业银行在申请贷款时必须报送资金营运或财务情况报表,说明贷款的理由和资金用途,中央银行再根据货币政策的需要、货币流通状况和提出申请的商业银行的实际情况来决定是否贷款、贷款金额、期限和利率。

中央银行对商业银行贷款的方式主要有三种:①信用放款,是指中央银行根据商业银行的信誉而提供的一种贷款,通常期限较短。中央银行对这种贷款额度的控制很严,只有少数信用极高的大型商业银行,而且要在中央银行放松银根的时候才能获得这种优惠贷款,因此信用贷款在中央银行对商业银行贷款中所占的比重很小。②担保放款,是指商业银行以其客户发出的合格的商业票据为担保向中央银行申请的贷款。这种贷款的手续较为复杂,中央银行必须审核这些作为担保的票据,风险较大,现在基本上已经被再贴现所取代。③抵押放款,是指商业银行将其持有的政府债券或其他有价证券交给中央银行做抵押申请的贷款,一般商业银行所抵押的证券都有较为活跃的二级市场,因此这种贷款的风险较小,目前中央银行对商业银行发放的贷款多属于此类。

随着金融市场的发展和金融创新,虽然商业银行的融资渠道和融资手段都日益增加,但中央银行仍然是商业银行解决临时资金需要和保证支付的最终途径。

(2) 对政府的贷款

中央银行对政府的贷款是为了弥补政府在提供公共服务过程中出现的暂时性收支失衡。一般通过两种渠道:向政府直接提供贷款和买入政府债券。为了防止中央银行向政府过度贷款而引起通货膨胀,各国都对中央银行对政府的贷款进行严格的控制,大多数国家都把直接贷款定于短期,并通过法律或协议限制贷款的额度。与商业银行对政府的贷款业务相比,商业银行对政府的贷款不受限制,主要是因为商业银行对政府的贷款不会给通胀带来直接压力。

(3) 其他贷款

除了商业银行和政府外,中央银行还可对外开张一些其他贷款业务。按照贷款的对象,可将这些贷款分为三种:一是对其他金融机构贷款,如政策性银行、金融信托公司和租赁公司、证券公司、财务公司、保险公司的贷款；二是对非金融部门的贷款，一般都是有特定的目的和用途，贷款对象的范围也比较窄，如我国老少边穷地区的贷款；三是对外国政府和金融机构的贷款，如中日韩三国和东盟十国签订的货币互换协议规定，如果协议签订国家发生国际支付困难，其他签订国使用本国货币提供贷款，这就构成了对外国政府的贷款。

2. 再贴现业务与贷款业务的区别

作为中央银行的两种重要资产业务，再贴现业务和贷款业务在本质上都是中央银行作为债权人与其他经济主体所发上的债权债务关系，都是中央银行提供基础货币、调控货币供应量的重要渠道和履行“最后贷款人”职能的具体手段，两种业务的开展最终都会带来社会货币供应量和信贷规模的扩大，但两者之间又是有区别的，主要表现如下。

(1) 本息的收取不同

再贴现是中央银行在支付现金的同时获得利息，而贷款是在资金支出并被使用一段时间后或归还本金时收取利息。再贴现的借款人只是获得了部分资金，而贷款中的借款人则获得了全额资金。因此，对商业银行而言，及时再贴现票据的票面价值与贷款数量相等，但由于采用这两种融资方式所获得的资金数量不相等，因而对商业银行准备金充实和信贷规模扩大的影响会产生很大的不同。

(2) 偿还的方式不同

再贴现票据到期时，中央银行向票据承兑人出事票据并要求票据承兑人兑付，以收回资金。而贷款归还则是在贷款到期之后，借款人直接向中央银行归还本金。

(3) 承担的风险不同

再贴现本质上属于抵押贷款，各国对能够进行再贴现的票据都有严格规定，它们往往是有商品交易为基础的自偿性票据，并通常得到了商业银行等大金融机构的承兑，因此违约可能性非常小，中央银行在票据到期后能够很容易地收回投放出去的资金。但是，贷款的偿还有赖于借款人的未来经营情况，而未来具有极大的不确定性，这决定了贷款的风险往往远远高于再贴现的风险。

(4) 对经济的影响不同

中央银行通过再贴现而增加的货币投放，有助于货币的经济发行，它是对于合格的商业票据进行再贴现而增加的资金投放，体现了商品流通中对货币的需要。但是，通过贷款，特别是通过信用贷款增发的货币就不一定是商品交易的正常需要，可能属于没有物资保证的非经济发行，在贷款到期后，中央银行也不一定能够收回投放出去的货币，一旦发生这种情况，很有可能导致金融的不稳定。

3. 中国人民银行的贷款业务

中国人民银行自 1984 年开始专门行使中央银行的职能后，对银行的贷款不仅一直是其最主要的资产业务，也是其控制基础货币的最主要途径。1993 年之前，我国贷款业务占总资产的比重高达 70%以上。1994 年我国外汇管理体制进行重大改革后，中国人民银行的外汇资产业务迅速上升，贷款的比重相对下降。从贷款的结构看，自 1998 年开始，由于商业银行的“存差”不断扩大，中国人民银行的再贷款主要发放给政策性银行和农村信用社。目前，中国人民银行向国有商业银行和其他商业银行的总行发放。我国从法律上限制了中央银行向政府贷款。如《中国人民银行法》第二十九条规定：中国人民银行不得对政府财政透支，不得直接认购、包销国债和其他政府债券。第三十条规定：中国人民银行不得向其他政府、各级政府部门提供贷款。

专栏5-1　政策监管、金融稳定与金融稳定再贷款

温州民间借贷信任危机引起一系列的金融问题得到众多学者的重视，为了维护温州金融市场的稳定及解决中小企业融资难问题，金融稳定再贷款也再次备受关注。中央银行作为最后贷款人，向可能或已经发生危机的金融机构提供流动性支持是世界各国的一种普遍做法。虽然金融稳定再贷款是维护金融稳定的措施之一，但中央银行利用"最后贷款人"职能投放的基础货币，偿还性较低，还增加了金融系统中的高能货币存量，会带来众多不良后果。因此，中央银行应该坚持原则性和独立性，明确"谁该救，谁不该救"和"什么情况下救，什么情况下不救"，谨慎发放金融稳定再贷款。

所谓金融稳定再贷款，是指为维护金融稳定，经国务院批准，中国人民银行发放的用于防范和处置金融风险的再贷款。按照现行再贷款分类，主要包括地方政府向中央专项借款，用于救助高风险金融机构的紧急贷款，用于退市金融机构个人债务和境外债务兑付等其他风险处置类再贷款，用于兑付人民银行自办金融机构个人债务的再贷款，"再贷款考核月报表"中列入"其他再贷款"项下的各类再贷款。再贷款作为基础货币投放的重要渠道，在支持经济增长，防范金融风险，促进结构调整，保证金融机构流动性等方面起到了重要作用。

金融稳定再贷款的主要作用

金融稳定再贷款是中国人民银行行使"最后贷款人"的职能，维护金融稳定的措施之一。中央银行作为最后贷款人，向可能或已经发生危机的金融机构提供流动性支持是世界各国的一种普遍做法。我国中央银行再贷款的主要用途和目的是推进金融改革，防范和化解金融风险，维护金融秩序和社会稳定。发放对象是存在金融风险的金融机构或当地政府，再贷款管理办法要求再贷款有抵押、担保作为保证。

当金融机构不良贷款比例高，严重资不抵债，支付困难；因违法进行存贷款业务，已出现挤兑风波；一些金融违法行为及犯罪人员不能及时得到严厉查处等金融隐患时，可能会引起金融系统局部或区域性的支付风险，危及金融系统的稳定性，影响地方经济发展，因而需要中央银行介入维护金融稳定。如温州因民间信贷资金链条断裂引发的信贷危机，虽然政府尚未采用金融稳定再贷款的手段帮助温州摆脱危机，但政府已经采用其他手段介入并帮助中小企业渡过难关，解决贷款难问题。"浙江政府出面向央行再贷款600亿元"的谣言满天飞，这也从侧面说明再贷款作为稳定手段的重要性。

金融稳定再贷款的作用主要体现在以下两个方面：一是执行政府的货币政策意图。通常情况下，金融稳定再贷款可作为一项货币政策工具被中央银行使用。因此，中央银行可通过调整再贷款的规模或利率，影响金融机构从央行取得信贷资金的成本和可用额度，从而直接或间接调控货币供应量和市场利率。另外，央行还可以通过调整再贷款政策，释放"银根"松紧的信号，从而影响经济参与者对市场经济的预期，达到调整宏观经济的目的。二是维护金融市场稳定，即中央银行作为"银行的银行"行使"最后贷款人"职能。在发生金融危机的情况下，一家金融机构的倒闭很可能冲击整个金融市场和实体经济，引发

支付危机，造成巨大的社会成本。中央银行出于维护金融稳定的目的，有必要向处于危机中的金融机构提供资金援助，帮助其渡过难关，避免因信用链条断裂而引发大规模的系统性风险。

金融稳定再贷款潜在的不良后果

为处置和化解问题银行、证券公司、信用社、信托投资公司、金融财务公司的风险，维护金融稳定，中国人民银行作为“最后贷款人”给问题金融机构或地方政府发放数额巨大的再贷款。但是，中央银行利用“最后贷款人”职能投放的基础货币，偿还性较低，还增加了金融系统中的高能货币存量，会带来众多不良后果。从直接影响来看，如此巨额的基础货币的投放，会进一步增加我国金融体系的流动性过剩，加剧我国的通货膨胀，增加通胀压力。另外，大量没有偿还保障的金融稳定再贷款将使中央银行积聚大量的不良再贷款，使中国人民银行成为金融体系的一个不稳定源。最后，中国人民银行提供过多的金融稳定再贷款将影响金融体系中参与者的预期，增加金融机构及政府与中央银行的博弈空间，加剧金融机构或地方政府的道德风险，倒逼中国人民银行为维护金融稳定而最后提供贷款，不利于维护金融改革成果。而且，中国人民银行被迫发放的金融稳定再贷款又会进一步扩大基础货币投放，形成更大的通胀压力。

基于以上分析，中国人民银行应该坚持原则性和独立性，明确“谁该救，谁不该救”和“什么情况下救，什么情况下不救”，谨慎发放金融稳定再贷款。在我国当前的金融环境下，中国人民银行对金融稳定再贷款的发放和使用应该受到严格约束，并对其运用和经营状况进行适当的信息披露，给予市场参与者稳定预期。另外，中国人民银行还要主导建立有效的金融机构退出机制和多层次的金融救助机制，如存款保险制度，防范金融机构出现支付危机，尽量减少金融稳定再贷款的发放，避免其演变成弥补损失的工具，同时避免自身由“最后贷款人”成为事实上的“第一贷款人”。

金融稳定再贷款的管理

中国人民银行系统各分支行主要根据《中国人民银行关于金融稳定再贷款管理职责分工的通知》《中国人民银行办公厅关于进一步加强再贷款业务管理的通知》和地方性的人民银行系统金融稳定再贷款操作规程等文件来规范金融稳定再贷款的操作程序，明确有关职能处室(科、股)的相关职责。

金融稳定再贷款管理主要分贷前调查、评估，贷时审批、发放和账务核算，贷后使用监督、债权维护等环节，分别由相关职能部门组织实施。根据金融稳定再贷款的分类，本文从地方政府专项借款和紧急贷款两个角度简略介绍金融稳定再贷款的管理。

地方政府专项借款发放的主要依据是中国人民银行和财政部联合发布的《地方政府向中央专项借款管理规定》(以下简称“规定”)。该规定要求建立人民银行总行、分行、中心支行的“分级负责制”，明确各级行的责任与任务，其中总行负责贷款的审批，分行负责贷款协议签署，分行营业部或省会城市中心支行负责贷款发放。规定还要求要对政府专项借款的“借、用、还”三个环节加强管理，做到借款各环节手续清楚，不拖不压，及时处理；在借款用途上要确保专户管理，专款专用；还款上要落实还款责任，及时督促地方政府按期还本付息。另外，要定期对专项借款的使用和管理情况进行检查，分析其使用效果，若发现问题，相关职能部门应主动与地方政府及有关部门沟通，及时纠正。

根据《中国人民银行紧急贷款管理暂行办法》(以下简称《办法》)的规定，紧急贷款管理以“限额控制、授权操作、专户管理、逐笔审查、指定用途、监督支付”为管理原则，主要向经中国人民银行批准设立、具有法人资格的城市商业银行、城市信用合作社和农村信用合作社(含农村信用合作社联社)发放。办法还规定，紧急贷款仅限用于兑付自然人存款的本金和合法利息，并优先用于兑付小额储蓄存款。中国人民银行发放的紧急贷款最长期限为两年，贷款到期归还确有困难的，经借款人申请，可批准展期一次，展期期限不得超过原贷款期限。紧急贷款应执行总行制定的中国人民银行对金融机构贷款利率；发生逾期的紧急贷款，应执行再贷款罚息利率。另外，中国人民银行还发布《中国人民银行办公厅关于改进紧急贷款管理的通知》和《中国人民银行办公厅关于进一步加强紧急贷款管理有关问题的通知》，对办法进行补充和完善，要求加强对风险机构的监管，明确了对停业整顿机构紧急贷款的管理，规范了申请紧急贷款的申请材料。

金融稳定再贷款使用的效果评价

如何评价金融稳定再贷款使用的效果呢？目前主要从以下三个方面进行考察。

第一是是否实现了处置和防范金融风险，维护社会稳定的目的。

1997年以来，经国务院批准，中国人民银行先后对一些高风险的金融机构发放紧急贷款，以及通过地方政府向中央银行专项借款等方式，向被救助和处置的高风险金融机构提供专项再贷款，如向某证券公司发放专项贷款近3亿元，用于兑付个人债务；向拟撤销的5家信托公司发放政府专项贷款10余亿元，用于清理个人债务及合法外债；向某市财政发放政府专项贷款20余亿元，用于兑付财政证券个人债务等。金融稳定再贷款的及时发放与使用，确保了处于危机中的金融机构对自然人个人债务和合法外债的支付，最大限度地维护了广大存款人的利益，在一定程度上遏制了金融机构的风险蔓延，维护了地方金融和社会稳定。从另一角度来说，这一举措增加了金融机构的支付能力，进而增加社会公众对我国金融体系的信心，有利于社会主义经济的发展。

第二是是否有利于货币政策与财政政策之间的有机结合。

货币政策和财政政策是政府调控经济的主要工具，当中央财政面临困难时，中国人民银行利用金融稳定再贷款的方式解决地方金融机构的撤销等问题，大大缓解了我国的财政压力。这种货币政策和财政政策的配合解决问题方式不仅有利于金融系统的稳定，还可促进我国经济的发展。

第三是是否有利于处于风险中的金融机构恢复信誉。

对处于危机中的中小金融机构发放紧急贷款，进行金融救助，及时、有力地稳定了金融机构的危机局面，使中小金融机构的金融风险得到有效控制，缓解风险金融机构的支付压力，提高风险金融机构的资产流动性，改善风险金融机构的赢利能力，扭转风险金融机构信誉下滑的趋势，增强经营信心并快速恢复金融机构的信誉和形象。如我国采用金融稳定再贷款的方法有效化解了城市信用社的风险，并取得了风险处置的阶段性成果。同时，金融稳定再贷款资金的持续供应和利率优惠，为中小金融机构带来了稳定的利差收入，加快其扭亏为盈的步伐，自我发展能力逐年增强，有力促进了城市商业银行经营机制的转换，维护了区域金融的稳定发展。

(资料来源：当代金融家，2012(2))

5.2 中央银行的证券买卖业务

中央银行的证券买卖业务，是指中央银行作为市场主体，在公开金融市场上进行证券买卖。由于中央银行买卖证券一般是在公开金融市场上进行的，故把中央银行的这种证券买卖行为又称作公开市场买卖或公开市场操作。与贷款业务和再贴现业务一样，公开市场业务也是中央银行的主要资产业务，并且随着证券市场的发展，公开市场业务在中央银行的资产业务中所占的比例也越来越高。中央银行在证券买卖的过程中虽然会获得一些买进或卖出时的价差收益，但中央银行买卖证券的目的是调节货币供给的利率，以履行自身的职责，而并不是为了盈利。

5.2.1 中央银行买卖证券的意义

中央银行在公开市场上买卖证券，会产生三方面的积极意义：一是调控货币供应量。当中央银行在公开市场上购买证券时，银行体系的准备金增加，这将刺激银行增加贷款的发放，从而增加全社会货币供应量；反之，当中央银行出售证券时，则减少货币的供应量。二是调控利率。中央银行购买证券会使市场上对证券的需求增加，引起证券价格上升和利率下降；反之，中央银行出售证券则会引起证券价格下跌和利率上升。三是中央银行可通过买卖不同期限的证券来影响利率结构，进而影响对不同利率有不同敏感性的贷款和投资。

5.2.2 公开市场业务的一般规定

由于中央银行用自己发行的货币买入有价证券实际上是通过市场向社会投放货币，因此各国对中央银行开展公开市场业务都有着严格的规定。

1. 中央银行买卖证券的交易对象

中央银行经营的一切业务都需要遵循中央银行的经营原则，中央银行的证券买卖业务也不例外。为了能灵活调节货币供给，调控货币供应量，中央银行的公开市场业务必须遵循流动性原则。因此，中央银行买卖证券类型只包括政府公债、国库券以及其他流动性性很高的有价证券。例如，美联储证券买卖业务的对象是政府债券，英格兰银行规定的证券买卖业务的对象为商业债券和政府债券，日本银行则规定为商业票据、银行承兑票据和政府公债。

2. 中央银行证券买卖市场的规定

一般中央银行都不在一级市场买卖证券，只将其限定在二级市场上，这样可以防止直接购买政府债券可能引起的通货膨胀，同时也防止中央银行的证券买卖业务成为弥补财政赤字的工具，这是中央银行保持相对独立性的客观要求。中央银行买卖证券的交易对手是公开市场上的交易商。中央银行公开市场作为一国货币市场的子市场，对于进入该市场交易的机构有着较高的要求。通常中央银行都会根据交易商在货币市场上的表现，选择那些在本国占有一定业务比重、具有一定资金吞吐能力、信誉良好的机构参与公开市场的大批量买卖、竞标，再通过这些批发商在货币市场的其他子市场，比如银行间市场的交易，向金融体系的其他交易商传递中央银行的货币政策信号。2012年中国人民银行公开市场业务的一级交易商包括银行、证券公司、保险公司在内的49家机构。其中，商业银行占据42家，证券公司为6家，分别是中信证券、国泰君安、中银国际、中金公司、长江证券和第一创业证券。保险公司仅有泰康人寿1家。

3. 中央银行买卖证券的交易方式

通常中央银行证券买卖方式有两种，即现券交易和回购交易，相应的就有两种基本调节效果：长期性储备调节和临时性储备调节。其中长期性储备调节是指中央银行根据经济长期发展的需要，在公开市场上直接单向性买进或卖出证券，使商业银行的储备在一个较长时期内增加或减少。而临时性储备调节则是中央银行为了消除一些偶然因素对银行储备造成的影响，通过回购性的操作，使银行储备在短期内得到调节，但不会影响储备的累积总量。中央银行通过这两种方式，调控金融机构的超额准备金和基础货币，引导市场利率，使货币政策影响扩散到整个金融体系和经济中，保证国民经济的稳定健康运行。

回购交易分为正回购和逆回购两种。正回购是中央银行向一级交易商卖出有价证券，并约定在未来特定日期买回有价证券的交易行为。正回购为中央银行从市场收回流动性操作，正回购到期时则为中央银行向市场投放流动性的操作。逆回购为中央银行向一级交易商购买有价证券，并约定在未来特定日期将有价证券卖给对方的交易行为。逆回购为中央银行向市场上投放流动性操作，逆回购到期时则为中央银行从市场收回流动性的操作。现券交易分为现券买断和现券卖断两种，前者为中央银行直接从二级市场买入债券，一次性地投放基础货币；后者为中央银行直接卖出持有债券，一次性回笼基础货币。

中央银行票据即中央银行发行的短期债券，通过发行中央银行票据可以回笼基础货币，中央银行票据到期则体现为投放基础货币。中央银行在公开市场上实施证券正回购、现券买断与发行中央银行票据，都是回笼基础货币来调整商业银行的超额准备金。但相比较而言，发行中央银行票据有其天然的优势，它是在中央银行自身的负债方向内调整负债结构，主动性强于通过减少资产来调低负债规模的证券正回购与现券买断。这主要是因为证券正回购、现券买断的前提是中央银行必须持有一定数额的证券资产，但在实际操作中，中央银行完全有可能面临需要大量回收流动性而现券不足的困境。

4. 中央银行买卖证券的招标方式

中央银行买卖证券的招标方式包括数量招标和利率招标。数量招标是指中央银行明确最高招标量和价格，公开市场交易商以数量为标的进行投标，如果投标量超过招标量，则按比例分配，如果投标量低于招标量，则按实际投标量确定。利率招标是指中央银行明确招标量，公开市场交易商以利率为标的进行投标，利率最终由竞标形成。因此，从本质上来看，数量招标是中央银行用指定价格发现市场资金供求的过程，利率招标则是中央银行发现市场价格的过程。中央银行根据不同的操作意图，相机选择不同的招标方式。

5.2.3 证券买卖业务与贷款业务的异同

中央银行的证券买卖业务和贷款业务既有相同之处,也有不同之处。

(1) 中央银行的证券买卖业务和贷款业务相同之处主要如下。

① 融资效果相同

中央银行在买进证券实际上就是用自身的负债来扩大资产,这本质上等同于中央银行发放贷款;而卖出证券则相当于贷款的回收。从融资效果的角度来看,二者是没有区别的。

② 对货币供应量的影响相同

中央银行买进证券和发放贷款一样,都会引起经济体系中的基础货币量的增加,并通过货币乘数的作用,最终引起货币供应量的成倍扩张;相反,中央银行卖出证券也会和贷款一样,最终引起货币供应量的成倍收缩。

③ 证券买卖业务和贷款业务都是中央银行调节和控制货币供应量的工具

(2) 中央银行的证券买卖业务与贷款业务的不同之处如下。

① 资金的流动性不同

虽然中央银行的贷款大部分都是短期的,但也都必须等到期才能收回,证券业务却可以随时买卖,并不存在到期问题。因此,证券买卖业务的资金流动性要高于贷款业务的流动性。

② 收益的表现形式不同

中央银行在贷款业务中可以通过收取贷款利息来获得收益;而未到期的证券买卖却没有利息收入,证券买卖的盈亏只能通过买进或卖出的差价来实现。

③ 对金融环境的要求不同

中央银行的贷款业务对经济、金融环境的要求较低,一般国家的中央银行都可以办理贷款业务;但中央银行买卖证券需要发达的证券发行和流通市场,对整个经济、金融环境的要求较高。

④ 信用的依据不同

贷款业务是以商业银行的信用为依据的;而证券买卖是以证券的质量为依据的。

专栏 5-2　流动性管理工具变局:逆回购"上位"

已在公开市场操作中活跃近十年之久的央行票据,正在逐渐交出流动性调控的指挥棒。自 2011 年 12 月 27 日以来,央行已经连续近 8 个月没有发行过央行票据。

与此形成鲜明对比的是,正、逆回购迅速崛起,每周两次的回购交易,几乎成了公开市场操作的标准配置。

"发行央行票据的主要目的是对冲不断流入的外汇占款。"一位央行内部人士对《第一财经日报》表示,当前,每月新增的外汇占款规模大幅下降,甚至出现负增长,已没有通过发行央行票据对冲流动性的必要。

事实上，央行今年第一、第二季度货币政策执行报告都明确表示将“运用逆回购、正回购、央行票据、存款准备金率等各种流动性管理工具组合，灵活调节银行体系流动性，引导市场利率平稳运行”。

上述四个工具的排序中，逆回购已经成功替代央行票据，一跃成为当前流动性管理工具箱中的头号选择。

央行票据淡出

央行票据即人民银行发行的短期债券，央行通过发行央行票据可以回笼基础货币，央行票据到期则体现为投放基础货币。这一工具的出现，有着强烈的时代背景。

“2003年以后随着流动性过剩压力增大，大规模对冲与公开市场操作工具不足的矛盾凸显。”央行货币政策司司长张晓慧曾在一篇署名文章中表示，为此，人民银行积极开展公开市场操作工具创新，从2003年4月起发行央行票据，为顺利完成公开市场对冲操作任务提供了可能。

屈指算来，央行票据已经存在了近十年之久。在张晓慧看来，实践证明，在流动性持续较多的情况下，央行票据这一操作工具的推出为货币调控赢得了一定的主动权。

过去的几年中，中国双顺差的格局持续存在，由此带来了每月新增外汇占款大多在3000亿元人民币以上的困境。可以说，央行票据为对冲外汇占款、控制通货膨胀立下了汗马功劳。

但随着新增外汇占款出现结构性的变化，发行央行票据对冲过剩流动性的必要性正逐渐降低。从2011年第四季度开始，新增外汇占款台阶式下降，进入2012年这种趋势并没改变。

央行统计数据显示，截至6月末，金融机构外汇占款规模为256 613亿元，比2011年末的253 587亿元仅仅增长3026亿元。换句话说，今年前6个月，月均新增外汇占款仅500亿元，规模已大大减少。

“现在顺差已经有了大幅度的下降，新增外汇占款规模不大，央行票据没有发行的空间。”上述央行内部人士还表示，与存款准备金率比，央行票据的发行成本也较高。

数据显示，最近一次央行票据的发行日期是2011年12月27日。当日，央行发行了一年期的40亿央行票据，参考收益率3.4875%。

农业银行战略规划部高级宏观分析师袁江也表示，发行央行票据是一种回笼资金的操作。在当前稳增长的环境之下，货币政策趋于松动，不必回收流动性。

兴业银行首席经济学家鲁政委更表示，假定新增外汇占款保持这样一种状态，顺差的下降是结构性的，央行票据甚至可能永远淡出历史舞台。

截至2011年年末，中央银行票据余额约为1.9万亿元。整个2011年全年，央行累计发行中央银行票据约1.4万亿元。

逆回购崛起

在新增外汇占款规模庞大的时代，央行票据一直是流动性管理的主要工具之一，是对冲外汇占款、调节市场流动性的绝对主力。除此之外，央行票据的发行利率，更已逐渐成为货币市场的一个风向标。

一位央行人士表示，公开市场业务影响货币市场利率的渠道主要有两个：一是通过公开市场操作改变银行体系流动性数量，从而影响市场资金供求，起到调节市场利率的作用；二是通过公布的央行公开市场业务利率来直接影响市场利率水平。

但目前，央行票据的停发，意味着流动性管理工具箱中失去了重要的一项工具，不但不能解决改变银行体系流动性数量的问题，也无法通过价格信号传导央行意图。

这种背景之下，之前居于其次的回购交易开始走上舞台中央。与此同时，稳增长又需要银行体系保持充足的流动性，逆回购由此成为投放流动性的主力。

所谓逆回购，是回购交易的一种，即央行向一级交易商购买有价证券，并约定在未来特定日期将有价证券卖给一级交易商的交易行为。逆回购为央行向市场上投放流动性的操作，逆回购到期则为央行从市场收回流动性的操作。

回购交易的另一种——正回购，则是央行向一级交易商卖出有价证券，并约定在未来特定日期买回有价证券的交易行为。正回购为央行从市场收回流动性的操作，正回购到期则为央行向市场投放流动性的操作。

中信证券发布的研究报告称，当前，央行对逆回购的使用已经趋于常态化。

"更多运用逆回购，可以主动进行价格引导。两次非对称降息之后，打开了利率市场化的通道，银行间的质押式回购利率有望成为央行日后进行价格调整的主要中间工具。每周进行逆回购操作，央行可以更加便捷地通过中标利率来传递价格信号。"瑞银的研究报告还表示，更多运用逆回购，也可以主动、精准调节每周的资金面。

根据央行的统计，今年上半年，央行开展正回购操作 9440 亿元，开展短期逆回购操作 5660 亿元。

鲁政委还表示，目前，除了存贷款基准利率之外，央行没有价格引导的抓手。他建议，央行可以考虑通过正、逆回购的操作定出一个利率走廊，从而引导金融机构。

（资料来源：第一财经日报，2012-08-07）

5.3 中央银行的储备资产业务

5.3.1 中央银行储备资产的构成及其特点

世界各国之间商品和劳务的进出口、资本借贷以及各种赠与和援助都会产生相互之间的债权债务关系。一定时期内这种债权债务需要使用国际通用货币进行清算。用什么充当国际通用货币或者国际清算手段，在不同的货币制度下是不同的。在金本位制条件下，使用黄金。在布雷顿森林体系下，使用黄金和美元并创设了国际货币基金组织份额和特别提款权。在牙买加体系下，实现了国际清算手段的多元化，不仅美元，一些主要发达国家的货币都成为国际清算手段。尽管黄金非货币化，但是黄金的天然属性使其仍然在很多国家的国际储备地位占有重要地位。绝大多数国家都将外汇、黄金以及其他国际清算手段作为储备资产委托中央银行保管和经营，形成中央银行的储备资产业务。概而言之，储备资产是指一国的货币当局用来干预外汇市场、调节国际收支、进行国际清算的资产，主要包括黄金、外汇储备和在国际货币基金组织的储备头寸及未动用的特别提款权[①]。一个国家在保有这些储备资产时一般需要考虑它们的构成比例问题。因为国家保有储备资产的最终目的是在必须使用时作为国际支付手段，这就要求储备资产必须具备安全性、收益性和灵活兑现性。下面分别考察黄金、外汇和特别提款权这三者的特点。

在本位制下，黄金是最主要的国际储备资产，但由于黄金的开采受自然条件的限制，其供给难以满足不断扩大的国际贸易和国际投资对国际储备的需求，而逐渐被其他货币所取代。同时黄金也不如外汇和特别提款权那样便于使用和支付；持有黄金储备没有收益且管理成本较高。因此，目前在各国的储备资产中，黄金占的比例在逐渐降低。尽管黄金存在缺陷，但其自然属性决定了它仍是保值的最好手段，在所有的储备资产中具有最高的安全性。

外汇储备是指币值比较稳定、能够自由兑换成其他货币或黄金且被世界各国普遍接受的国际储备货币，包括一国在国际银行的短期外币存款或外国有价证券及外国银行的支票、汇票等。外汇储备具有流动性好、管理成本低、能够获得收益的特点，但也存在汇率、信用等风险。尤其是汇率的波动可能带来外汇贬值的损失，从而降低储备资产的实际价值，削弱本国的支付能力。因此，中央银行通常采用外汇资产的多元化组合来相对分散风险。

特别提款权是指国际货币基金组织根据成员国的份额分配的，可以用于弥补成员国国际收支逆差的一种账面资产。这部分储备资产具有安全、流动性高的特点。由于特别提款权受各成员国缴纳份额的限制，且受国际货币基金组织的分配、安排，不能随意变更，因此相对黄金和外汇储备，特别提款权在储备资产中的比例较低。

5.3.2 中央银行储备资产业务的意义

1. 灵活调节国际收支

短期的国际收支逆差可以通过动用黄金、外汇储备等储备资产来平衡，不必采用调整国内宏观经济的政策，从而不至于影响国内宏观经济目标的实现。对长期国际收支逆差，动用储备资产可以起到缓冲作用，使得政府有足够的时间渐进调整宏观经济政策，避免过快调整引起国内经济的震荡。

2. 干预外汇市场，稳定汇率

在实行浮动汇率制度的条件下，一国货币的对外价值，也就是汇率经常发生变动。汇率的变动对一国的国际收支、乃至经济的发展会产生重要影响。而中央银行就可以动用储备资产干预外汇市场，使汇率保持在合理的水平上，以维持汇率稳定。

3. 提高本币的信用，增强对外借款的信用保证

如果一国国际储备充足，该国弥补国际收支逆差、维持本币汇率稳定的能力就强，国际社会对该国货币的信心就会加强，对其货币的需求就会增加，使该国货币趋于坚挺，同时也提高了其信誉。此外国际储备是一国对外借款的信用保证，国际通常将一国持有的

---

① 付一书．中央银行学．上海：复旦大学出版社，2006：125．

国际储备作为资信调查和评价国家风险的指标之一，如果一国国际储备充足，资信等级高，就容易获得借款。

4. 稳定币值

币值稳定是经济稳定的必要前提。中央银行持有一定数量的储备资产，就可以在国内商品供应不足、物价上涨，从国外进口商品或直接向社会出售黄金外汇，回笼货币，平抑物价，保持币值稳定。

5.3.3 中央银行经营储备资产应注意的问题

前已述及，储备资产必须具备安全性、收益性和灵活性。同样，中央银行在经营储备资产时也必须考虑到这“三性”。安全性是指储备资产的价值必须稳定，且存放可靠，不易贬值。进行保值的一般做法是使货币多样化，实现各种储备资产的最佳组合，还可采取储备货币和进口支付及干预市场需要的货币保持一致的做法，以避免汇率风险。收益性是指储备资产在保值的基础上有较高的收益。灵活兑现性也即流动性，指储备资产的变现能力。不同形态的储备资产，具有不同的流动性：一般说以活期存款、外币现钞、汇票等形式持有的外汇储备的流动性较高，而以中长期政府债券及其他信誉良好的债券形式持有的外汇储备的流动性则较差；特别提款权受到的限制较多，流动性较差；对于黄金，通常各国中央银行只是在其认为合适的价位时才愿意买卖，其流动性也较差。

经营储备资产的“三性”原则之间既有统一，又存在矛盾。如安全性和流动性两者是统一的，但它们与收益性又是矛盾的：流动性高的资产，一般较为安全；安全性和流动性较高的资产，收益性一般较低。这就需要中央银行同时考虑各个原则，以达到增加效益，减少风险的最佳储备资产组合。具体说来，中央银行经营储备资产实际上就是按照“三性”原则确定储备资产的数量和储备资产的结构。

1. 确定合理的储备资产数量

一国根据自身经济发展的需要，合理确定包括黄金、外汇及其他储备资产的持有总量，是一个十分重要的问题。储备资产的数量既要满足国际支付、干预市场等的需要，又不至于造成储备资产的浪费或低效运行。国际上一般认为国际储备的数量应满足三个月的进口需要，即国际储备占年进口总额的25%左右，并且不少于外债余额的30%。一般说来，影响国际储备数量确定的主要因素包括：一国的经济发展速度和经济活动的规模及经济开放程度、汇率制度和外汇管制状况、对外资信和融资能力、持有储备资产的成本的高低、外债规模和外商直接投资的资金回流状况、金融市场的发达程度、国际货币的合作状况等。

2. 确定合理的外汇储备比例

确定合理的外汇储备比例包括确定黄金、外汇储备和其他储备资产的比例以及确定储备币种的构成。其中，确定各种储备货币在一国外汇储备中的比重时，一般应考虑的因素包括储备货币发行国的经济和金融状况、本国对外支付和干预外汇市场币种的结构、本国应对紧急支付需要的币种选择等。目前，大多数国家从安全性、流动性和盈利性三个方面考虑，通过合理选择储备资产组合，使其风险最小，收益最大。

专栏5-3 中国外汇储备:“钱多”也烦恼

中国很早开始尝试外汇储备投资多元化,在“配置的美国国债资产比例过高”的诘责声中,开始增持欧债,并进而增持日债和新兴市场国家货币。这些相对“安全”的投资途径并没有很好地解决外汇储备保值增值问题。

相关管理层也在尝试利用外汇储备进行市场化投资。中投公司先后购买过黑石集团的股票和摩根士丹利的到期强制转股债券,但都出现巨额亏损。中国外汇储备投资多元化并非坦途,要使外汇储备保值增值,中国在外汇储备经营上还有艰难的路要走。

在人民币日渐国际化的今天,美元的故事颇值得思考和借鉴。美国的货币政策一直受到财政政策的主导或调节,其外汇储备资产中更多是储备黄金(约8200吨),约占其外汇储备的78.3%。中国外汇储备资产的管理运营需引入更多的国家战略思维。在国际储备中增加商品储备的比例,减少外汇储备的比重,应是我国外汇储备管理的一个方向。

国家外汇管理局揭开中国外储神秘一角

国外汇储备主要投资于投资收益比较稳健、风险水平相对较低的金融产品,包括发达国家和主要发展中国家的政府类、机构类、国际组织类、公司类、基金等资产,也包括通货膨胀保护债券、资产抵押债券等各类品种。

国家外汇管理局一周之内在其网站上连续发文,阐述中国外汇储备的投资方向和策略。外管局首次公开明确了中国外汇储备的主要币种。目前既有美元、欧元、日元等主要货币,也有新兴市场国家货币,是一个分散的货币结构组合,既考虑了中国的对外贸易、外债、直接投资等对外支付的结构,也参考了全球外汇储备的货币结构,既可以利用不同货币的此消彼长来分散风险,也可以较好地满足对外支付和资产配置的需要。

外管局指出,“安全”是中国外汇储备经营管理的首要原则,具体又可以分解为三个关键词:多元化、长期性、战略性。

正是有此原则的确立,中国外汇储备经受住了此次金融危机的考验,保持了资产的总体安全。2008年和2009年受危机冲击最严重的两年间,中国外汇储备都在实现“保本”的基础上有较好收益,但外管局并没有透露具体相关情况。

中国外汇储备投资多元化并非坦途

接近外管局的消息人士称,储备管理司(即中央外汇交易中心)设在资产管理部下的委托资产管理处已经升级,变为“委托投资部”,这意味着外管局准备加大委托投资在外汇储备管理中的力度。

中国外汇储备的主要构成仍是美元资产。美国财政部日前公布的统计数据显示,截至2010年4月末,中国持有的美国国债总额9002亿美元,较前月增加50亿美元,这是中国自2009年11月以来持有美国国债数量首次突破9000亿美元。2009年4月以来的一年内,中国对美国国债共减持五次、增持六次,还有一次持平。

多数外汇专家表示,“抛短债、购长债”和数量上的基本持平,符合全球经济的整体趋势,并未表明中国外汇储备投资的策略发生了任何方向性转变。

外管局并非没有做过其他尝试。除美元外,欧元作为世界第二大经济体的货币,亦成为投资的主要对象之一。然而,受4月初欧洲主权债务危机集中爆发的影响,美元大幅升值,欧元兑美元的汇率从 2009 年 12 月触及 1.5144 高点后，连续几个月呈不可遏制的下落趋势。

外汇界人士不免为中国外汇储备投资的欧元债务担忧，随之也传出了外管局拟削减所持欧元资产的说法，对此，外管局曾公开否认。

外汇储备无论是从追求资产的安全性还是收益性出发，都需要考虑投资的效率。形势逼迫之下，多元化投资成为必然的选择。在一些外汇界业内人士看来，"多元化"选择还需理念更加革新。

外管局鼓励藏汇于民

国家外汇管理局发布外汇管理政策热点问答时指出，鼓励企业和老百姓持有和投资外汇，实现"藏汇于民"。

不过外管局说，外汇储备不能无偿使用，因为外汇储备对应着人民银行的货币发行和人民币负债，如果无偿分配使用，将会影响人民银行资产负债表的平衡，并带来通货膨胀压力，影响经济和金融稳定。其次，外汇储备在形态上是外汇，主要用于对外支付。如果用于国内，就要二次结汇换成人民币，再次增加货币投放，加剧国内流动性过剩矛盾。

截至 2009 年年末，我国对外金融资产 3.46 万亿美元，远低于欧美。外管局认为，当前主要的问题是我国的外汇资产大多集中在政府手中，民间外汇资金蓄水池有限。我国官方外汇储备占全部对外资产的 2/3，而日本这一比例仅约为 1/6。外管局鼓励企业和老百姓持有和投资外汇，实现财富币种的多元化，实现"藏汇于民"。

外储管理需引入更多国家战略思维

在人民币日益走向国际化的今天，美元的故事颇值得思考和借鉴，中国外汇储备资产的管理运营也须引入更多的国家战略思维。

国家外汇管理局最新公布数据显示：中国外汇储备仍以美国国债为主，增减持动作仅为短期调节策略。我国"外汇储备"的作用和定位更多是用于反应、平衡和调节国际收支的主要指标，而没有真正进入国家战略资产储备概念的财政范畴。

美国等西方发达国家的外汇储备通常由财政部统一管理运作。因此，能够更好地与国家外汇储备资产衔接，并与国家财政政策相统一，财政政策主导货币政策，金融出超或透支银根均需由财政买单。

2008 年 9 月世纪金融海啸后，全球广泛推行的"量化宽松货币政策"表面看是极度宽松的"货币政策"，其实质是将积极财政政策所产生的大量财政赤字"货币化"的"积极财政政策"。因此，美国的货币政策一直受到财政政策的主导或调节，美国的外汇储备资产中更多是储备黄金（约 8200 吨），约占其外汇储备的 78.3%。

就现实而言，由于美国是我国主要和最大的国际贸易市场，在现行的国家外汇储备管理格局下，大量持有美国国债也就成了平衡或调节对美国国际贸易收支的主要工具。外汇储备的持续上升，即带来了人民币升值的压力；同时也增添了外储中美元资产贬值的风险。而现阶段一篮子多元化外储结构的调节，最终也离不开持有其他双边贸易国的政府债券或金融投资产品的局限，不利于将外汇储备真正转化为潜力和优质国际资产及能源、资源的储备，也不利于进行外储同国家金融安全及资源、能源安全等重要领域相挂钩的全球战略性资产配置。

（资料来源：国际商报，2010-07-19）

专栏5-4 王二卖粮和外汇储备缩水

王二是个种粮大户。每年夏秋两季，王二家里的粮仓都是远近最满的。除去留下足够的口粮，王二的粮食一直都是卖给公家。早年间，公家收购粮食的价格定得很低，一斤稻才一毛来钱。王二一年卖给公家几万斤的粮食，拿到手不过千把块钱。王二这个远近闻名的种粮好手，这么多年也没靠卖粮就一下子殷实起来。不过王二也是个省吃俭用的人，除了一年拿出四分之一的收入孝敬老爷子，还有拿出将近一半的收入投入到地里，王二自己是能省则省，不会多花一分钱。所以这些年下来，还是攒下了一点钱，存折上大概已经有接近两万五千块。王二心里合计：两万五千块，一毛多一斤稻，那可是20万斤稻的价钱，顶我七八年的收成，不是一笔小数了。

后来有一天，公家也意识到粮食收购价太低，阻碍了种粮人的收入增长，于是宣布粮食收购价提价，由原来的一毛多一斤，一下涨到三毛一斤。新的价钱也不算高，但好歹比原来的价格涨了一倍多。村里的人把这个消息告诉王二，以为王二会很高兴，却发现王二有点愁眉苦脸。别人就问王二：这不是好事吗？怎么反而不高兴了呢？

王二的道理是这样的。王二的存折上有两万五千块，粮价没提之前，这笔钱能买20万斤稻。现在粮价一下翻了一倍多，这笔钱只能买八万多斤稻。王二心想，这么多年的辛苦和省吃俭用积累下的这点积蓄，一夜之间就被公家抹掉了一半还多，这怎么能不让人心里发愁？

王二说的看似不无道理，但这道理似乎又全然扭着。要是顺着王二的思路，那难道不是说粮价定得越低越好？要是粮食价格一分钱一斤，王二可不是要发了。可是哪有种粮的人希望粮价低的道理呢？

村里的人就劝王二：你存折上的钱一分也没少啊。除了粮食，你想买别的东西，从化肥种子到衣服袜子，还不是跟原来一样买？你一个种粮食卖粮食的人，从来都是你卖粮给别人，而不是从别人那里买粮，粮价调高对你当然是好事。从今以后，你一年挣的能顶过去两年还多，干吗愁眉苦脸的。

王二听了，心里好受了不少，但还是觉得有点疑惑，因为换算成粮食，王二存折上的钱确实就是不值钱了，王二的道理也没错啊。不过，很快王二自己就把这件事情想通了。过去粮价定的是太低了，原本三毛一斤的粮食硬是给公家定在一毛多一斤，每卖一斤粮食给公家，等于王二给公家贴一毛多钱。要是没有这些贴公家的钱，王二的存折上就不应该是两万五千块了，而至少应该是六万块才对。粮价没涨之前，这些贴给公家的钱都是隐性的，至少王二自己没仔细想过这件事情。

现在粮价涨到一个更合理的水平了，看起来是王二的存折换算成粮食会缩水，但实际上只是把那两万五千块和六万块的差距变成了显性而已。王二在这些年里，因为粮价定得过低，光在储蓄这一项上，就补贴了公家三万五千块。这件事情，不管公家调不调粮价都已经发生了，和粮价调不调没有关系。没调粮价之前，王二懵懵懂懂，不明其事。调了粮价之后，这些年的损失才如此明显地显现出来。王二确实应该觉得有点不高兴，但最终还是村里人说的对，对一个卖粮的人而言，粮价上调应该是好事，不是坏事。

人民币汇率相对美元的升值导致用人民币计价的中国外汇储备的缩水，与王二卖粮的事情有着异曲同工之妙。中国现在有两万五千亿美元左右的外汇储备，如果人民币兑美元的汇率是6.8元人民币/1美元，这些外汇储备合人民币就是17万亿元，基本上相当于2009年中国全年GDP的一半。假想一下，并不是说真的会发生，如果人民币升值到4元人民币/美元，那中国的外汇储备折合为人民币就会“缩水”到10万亿元，一下“蒸发”掉7万亿元。因此，人民币的升值直接对应的就是会计意义上用人民币计价的外汇储备减少。这被一些人当作是反对人民币升值的一个重要理由，甚至被有些人当作是西方主要工业国家，特别是美国的一个策略，通过逼迫人民币升值来赖掉对中国的债务。

问题是，和王二的情形一样，粮价上调不会减少存折上的钱，人民币升值也不会影响中国的外汇储备——升值前是2.5亿美元，升值后还是2.5亿美元。中国的外汇储备可不是用来换成人民币，人民币是中国自己印的，用不着花外汇储备来换自己能印的东西。中国的外汇储备最终是要用来进口东西的，从原材料，到制成品，到各种技术，人民币升值本身丝毫不会减少中国手上外汇储备对这些东西的购买力。升值前，这些储备能买一万架波音747飞机或者360亿桶原油；升值后，虽然折合人民币变少了，但这些储备还是能买一万架波音747飞机或者360亿桶原油。当然，原油和飞机的美元价格也会发生变化，但这和人民币升值不升值并没有直接必然的联系。

可是，如果真的账面消失了7万亿人民币的外汇储备，这难道不是损失吗？没错，和王二的情形一样，这些也是损失，但是这些是已经发生过的损失了，只是由隐性变为显性而已。如果人民银行积累大量外汇储备的主要是因为人民币的汇率低估，那这些“损失”就是过去这些年中国补贴国外消费者的一个度量。不少到过美国的朋友都有感觉，一样的中国制造，一样的质量和品牌，美国的中国货比在中国的还便宜。这种价格差异背后的原因很多(比如说税收，配送网络的效率等)，但中国对出口其实最终是对国外消费者的补贴，恐怕是其中的一个重要因素。人民币不升值，这些补贴都是隐性的，一升值这些补贴就直接显示为人民银行的账面损失。至于人民银行最终怎么消化这些由于汇率升值引起的账面损失，则就完全是另外一件事情了。

总之，对人民币升值可能造成的负面影响，有很多正常合理的担心，非常自然也十分必要。但升值引发外汇储备缩水这件事情，不能算是一个理由。

王二家的账本和外汇储备

王二有个大家庭，他和他的四个孩子，生活在一个屋檐下。孩子们后来都工作挣钱了，有了自己的收入。只是，这一大家子还是在一个灶里吃饭，退休后的王二负责买菜烧饭。到了月底，孩子们把一个月的饭钱交给王二。

后来孩子们工作都忙了，钱来钱去的不方便。他们都很信任父亲王二，干脆就把每个月的工资都交给王二，让王二代管。饭钱从里面扣，账单让王二帮着付，需要花钱从王二那里支，剩下的钱让王二帮着存在银行里。总之孩子们都不再操心理财的事情，全都由王二一个人包办。王二有个小本，一笔一笔进出记录得清清楚楚，每个孩子剩多少钱也都记录得清清楚楚。然后王二把四个孩子的钱都存在了自己的银行账户里，没有分开存，觉得反正本子上已经记清楚了，不用麻烦多开四个账户。

王二的几个孩子都不是爱花费的人，挣得不算多，但花得也不多。几年下来，王二的银行存折上已经有了十几万块，这可是四个挣工资的人数年的储蓄累计在一起的钱，还有王二自己的钱。一天晚上吃饭，王二就跟孩子们说了这件事情，说自己的那个存折上已经有了十几万块。

四个孩子一听，表情都有点怪，他们的心思都是一样的：这个家里工作挣钱的人是我们，怎么到头来父亲的存折上有这么多钱？我们平时也没有少孝敬他，可是钱都跑到他的存折里去，这也太不像话了吧？

于是孩子们就对王二说：您年纪也不小了，要这么多钱干什么？干脆把钱平均分给我们吧，我们也能改善一下生活。王二一听就蒙了：这本来就是你们的钱，我怎么把你们的钱再分给你们啊？再说，就是分也得按我那个本上记的分，要是平均分，工作时间长的孩子不就亏了。

后来，孩子们把这件事情想明白了，但还是觉得把钱都存在王二一个人的银行账户不好，容易让人觉得家里的钱都是王二一个人的。王二说，这件事情简单，去银行给你们每人开一个账户不就行了，账户上面用你们的名字，这样就不会有问题了。于是，王二家里的那点事情就这么解决了，虽然本质上什么变化也没有发生。

王二家里的这点小事，看起来十分无聊，但却与两个时常听到的应对外汇储备增长过快的建议很有关系：分外汇储备给老百姓和藏汇于民。

中国有约2.5万亿美元的外汇储备，目前还在以每个月接近300亿～400亿美元的速度增长。外汇储备增长的来源主要包括对外贸易结余、外商直接投资结余、对外投资回报，还有越来越引人注目，但数额不详的热钱流入。中国这些庞大的外汇储备，最后都由国家外汇管理局进行管理。从绝对数额上讲，外管局手头的钱比财政部一年经手的钱要多一倍都不止，可谓中国最有钱的政府部门。但是，外管局不出口一针一线，不吸引任何国外投资，即使是热钱流入，流入的目的地也不是外管局，而是那些有投资回报的地方。

外管局的角色，在很大程度上就是王二家里的那个王二，手里有很多钱，但钱归根结底都不是自己的。相反，这些钱最终是属于企业和个人的，还有属于热钱的最终所有者。虽然外汇从企业和个人最终转到外管局手里，要经过让普通人看起来觉得眼花缭乱的操作，其中包括人民币的投放、回购和央行票据的发行等等，但这些操作并不改变事情的实质，就是这些外汇最终不是外管局的钱。

外管局当然可以把手头的外汇分给全国老百姓，从技术上讲，这没有任何问题。王二也可以把存折上的钱分给四个孩子，这都是可以轻松做到的。只是这样的后果并不是让老百姓变得更有钱了，外管局没有自己的钱，不存在能让老百姓变得更有钱的可能。这样做至多只会造成一种再分配而已。只是，想要通过分外汇储备来进行财富的再分配，似乎很难说是一个好主意，这样做不透明也不直观，谁受益谁受损一点都不清楚。

既然分外汇储备不是一个好主意，那就藏汇于民吧，干吗要让外管局手里有这么多外汇。藏汇于民，从一定程度上讲，是一个好的想法。让一个官方机构，手里掌握如此巨额的外汇并进行投资，在保证安全性、流动性的同时现在还越来越强调回报率，这基本上是在要求国家外管局的官员成为这个世界上最优秀的基金经理，有点不太现实。藏汇于民，可以把投资决策分散化，风险也分散化，在这个意义上这是有好处的。

但藏汇于民解决不了中国外汇过多的这件事情。王二可以把原来的一个银行账户变成五个银行账户，这样王二自己那个账户里的钱就不会增长过快了。王二的四个孩子可以决定他们账户里的钱怎么投资，是定期、活期、买理财产品还是入股市。但王二这一大家子的钱，并不会因为由一个账户变成五个账户而变少。同样道理，藏汇于民，虽然可以使得官方的外汇储备降低，但并不会减少中国总的外汇存量。即便中国官方不用去承担主要货币汇率贬值、工业化国家主权债务危机、新兴市场国家和低收入国家的高度不确定性以及波动巨大的大宗商品价格这些风险，中国的民间要面对的是一样的风险。藏汇于民，归根结底，不改变中国是世界经济中的主要亮点，但中国却拥有对很多经济前景不如中国的国家巨额净债权这件事情，无论债权的主体是中国官方还是民间。

中国外汇储备问题，归根结底，是中国不平衡经济结构的结果，是中国收入分配、资源配置和产业结构不平衡的体现。因此，任何试图只拿外汇储备开刀的想法，或者是不可行的，比如说分外汇储备，或者是治表不治里的，比如说藏汇于民。不少人认为这些都是中国所处的发展阶段决定的，但中国这个巨大的发展中国家，这个资本仍然稀缺的国家，竟然成为世界上最大的资本输出国(否则我们也不会有那么多对外顺差和外汇储备)，这可不是一句“发展阶段”就能轻松解释的。

(资料来源：郭凯．一沙一世界．北京：中华工商联合出版社，2011)

本章小结

(1) 中央银行的资产业务是其资金运用方式，反映中央银行进行宏观调控的货币政策工具运作及结果。主要包括再贴现业务、再贷款业务、证券买卖业务和储备资产业务。

(2) 再贴现又叫“重贴现”，是指商业银行为取得资金，将尚未到期的已贴现商业票据提交中央银行以通融资金的票据行为。

(3) 中央银行的贷款业务是指中央银行向商业银行、政府及其他部门进行放款的行为。在现代经济中，与再贴现业务一样，中央银行的贷款业务不仅是中央银行提供基础货币、调控货币供应量的重要渠道，还是中央银行履行“最后贷款人”职能的具体手段。

(4) 中央银行的证券买卖业务，是指中央银行作为市场主体，在公开金融市场上进行证券买卖。中央银行在证券买卖的过程中虽然会获得一些买进或卖出时的价差收益，但中央银行买卖证券的目的是调节货币供给的利率，以履行自身的职责，而并不是为了盈利。

(5) 储备资产是指一国的货币当局用来干预外汇市场、调节国际收支、进行国际清算的资产，主要包括黄金、外汇储备和在国际货币基金组织的储备头寸及未动用的特别提款权。一个国家在保有这些储备资产时一般需要考虑它们的构成比例问题。由于国家保有储备资产的最终目的是在必须使用时作为国际支付手段，这就要求储备资产必须具备安全性、收益性和灵活兑现性。

复习思考题

(1) 中央银行的资产业务有哪些?

(2) 再贴现的含义是什么?

(3) 中央银行的证券买卖业务与贷款业务有何异同?

(4) 中央银行的储备资产包括哪些内容?

(5) 中央银行在保管储备资产时应保持什么原则?

第6章 中央银行的其他业务

学习目标

(1) 了解中央银行的支付清算业务;
(2) 理解中央银行的经理国库、会计和统计业务;
(3) 掌握中央银行的征信业务;
(4) 理解中央银行制度的反洗钱业务。

中央银行的其他业务包括支付清算业务,经理国库业务,会计和统计业务,以及征信和反洗钱业务。

关键词

清算机构;支付系统;清算制度;国库;国库制度;会计报表;金融统计;金融机构;金融业务;金融市场;企业征信;个人征信;信用调查;信用评级;公共征信;私营征信;洗钱;反洗钱

6.1　中央银行的支付清算业务

中央银行支付清算业务在提高货币政策执行效果、维护金融稳定等方面具有重要作用。多数国家都规定由中央银行负责一国的支付清算系统建设和管理。为此，中央银行建立了比较完备的支付清算体系和制度，承办相关的支付清算业务①。

6.1.1　中央银行支付清算业务的含义

中央银行支付清算业务是指中央银行作为一国支付清算体系的参与者和管理者，通过一定的方式和途径使金融机构之间的债权债务清偿及资金转移顺利完成并维护支付系统的平稳运行，从而保证经济活动和社会生活的正常进行。中央银行支付清算业务通过结算与清算活动完成。

商品交易、劳务供应、金融活动和消费行为都会引起债权债务关系，债权债务关系的清偿通常通过货币所有权的转移进行，货币资金的收入和支付的行为一般称作结算。根据结算手段不同，可以分为现金结算和转账结算。现金结算具有强制性和结算随现金转移同时完成的两个特点。现金结算是最基本的结算手段，一般用于小额结算手段。随着经济与金融的发展，出现了支票票据、汇票、转账信用卡等结算工具，用于办理企业之间的结算、异地清算、公用事业费的支付、工资发放以及商品购买等。这种通过转账进行的结算称为非现金结算或者转账结算。一般而言，一个国家的经济和金融产业愈发达，其现金结算的比重愈低，转账结算的比重愈高，范围愈广。

由于债权债务关系的当事人往往并不在同一个银行开设账户，所以转账结算需要通过银行间的账户设置和一定的结算方式实现各种经济行为引发的债权债务清偿和资金划转。为客户提供转账支付服务，需要建立银行间的结算关系。银行在其自身的经营行为中也需要与其他金融机构发生业务往来，由此产生的债权债务关系需要进行清偿，这个清偿活动被称为“清算”。尽管清算可以通过金融机构之间建立双边清算协议实现，但是随着金融机构相互间关系的复杂化，依靠双边清算关系已经难以完成日益复杂的清算职能，出现了专门提供清算服务的组织和支付系统。支付清算系统顺利运转、债权债务关系得到及时清算是商品交易、劳务供应、金融活动和消费行为顺利进行的保证。而由私人机构提供支付清算服务并不能保证系统总是顺利运转，中央银行作为金融机构在其资产负债业务进行中，也必然发生与其业务对象之间债权债务关系的清算。同时，由于中央银行的非营利性质和垄断货币发行的特殊地位，因此，中央银行不存在信用风险和流动风险。中央银行还接受商业银行的法定存款准备金，金融机构都愿意在中央银行开设账户，从而为金融机构间的清算创造了便利。

① 付一书．中央银行学．上海：复旦大学出版社，2009.

6.1.2 中央银行的支付清算业务体系

中央银行支付清算业务包括清算机构、支付系统和支付清算制度。

1. 清算机构

清算机构是为金融机构提供资金清算服务的中介组织，在支付清算体系中占有重要位置。票据交换所是最传统和最典型的清算机构，此外还可以采取清算中心和清算协会等组织形式。从经营形态来看，清算机构既有私营的，也有政府主办的。从业务的地域范围来看，既有全国性的，也有地区性的，甚至还有国际性的。清算机构一般实行会员制，会员必须遵守组织章程和操作规则，缴纳会费。在很多国家，中央银行也作为会员，参加清算机构，直接参与清算活动。

2. 支付系统

一般来说，清算机构通常同时经营支付系统。支付系统是由提供支付清算服务的中介机构和实现支付指令传送及资金清算的专业技术手段共同组成的，其职能是实现债权债务清偿及资金转移。由于债权债务清偿及资金转移关系到经济活动能否顺利进行，支付系统的任务是快速、有序、安全地实现货币所有权在经济活动参与者之间的转移。

同时，支付系统运行关系货币政策的实施，对稳定货币、稳定金融与稳定市场具有至关重要的影响。第一，为了防止由于各种突发事件对支付系统造成的风险，各国中央银行对支付系统的建立和运行过程实行监督，例如对私营清算机构的开业进行审批；对操作规程进行审核等。第二，中央银行直接拥有和经营大额支付系统，保障支付的安全性。

3. 支付结算制度

支付清算制度是关于结算活动的规章政策、操作程序、实施范围等的规定和安排。中央银行作为货币当局有义务根据国家经济发展状况、金融体系构成、金融基础设施及银行业务能力等，与有关部门共同规定支付清算制度。特别是金融机构之间为办理客户委托业务和为自身的债权债务清偿而进行资金划转的同业清算业务已经在社会支付清算业务中占据极大的部分。同业间一旦出现清算障碍将酿成灾难，危及金融稳定，因此各国中央银行对同业间清算的制度建设、系统设计、操作规则等予以高度重视，并赋予中央银行管理监督的职权。很多国家中央银行不仅制定同业间清算制度、设计支付系统结构和运行模式、审核支付系统操作规则，还直接提供清算服务。

6.1.3 中央银行支付清算业务的主要内容

1. 组织票据交换和清算

票据交换是各银行彼此之间进行债权债务和资金清算最基本的清算手段。它的基本原理如图 6-1 所示，付款人甲将表示甲欠乙的票据交给乙，乙将票据交给银行 B，委托银行收款。(委托银行 B 收款)银行收到客户提交的票据之后，拿到票据交换所进行提示，付款银行 A 对票据进行确认之后，委托票据交换所进行清算。票据交换所委托中央银行将开设在中央银行的 A 银行账户的资金转移到 B 银行的账户。一般情况下，银行拿到票据交换所的票据不会是一张。而是多张以己方为收款行的票据，交给付款行，并取回其他银行代收的以己方为付款行的票据。然后通过各自在中央银行开设的账户进行彼此间的债权债务抵销和资金清算。票据交换所既有采取中央银行负责管理的形式，也有由私营清算机构和金融机构联合主办的形式。但不管如何，票据交换的资金清算都是通过各银行或清算机构在中央银行开设的账户完成的。

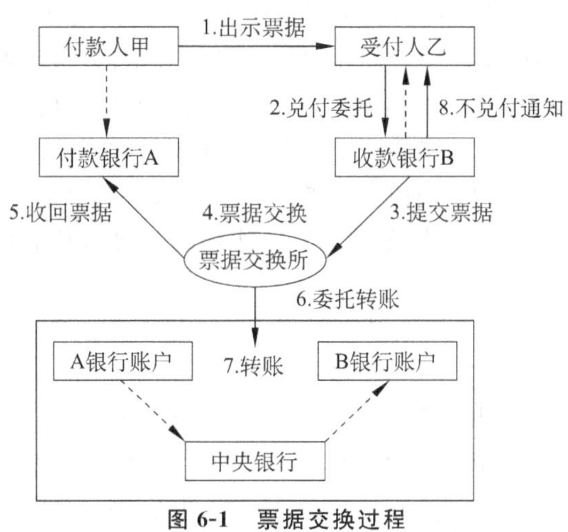

图6-1 票据交换过程

2. 办理异地跨行清算

各种不同银行之间的异地债权债务形成了各行之间的异地汇兑，会引起资金头寸的跨行、跨地区划转，划转的速度和准确关系到资金的使用效率和金融的安全，因此各国中央银行通过各种方式和途径，对清算账户进行集中处理，提高清算效率，减少资金消耗。不同地区、不同银行之间的资金清算就成为中央银行支付清算业务的重要内容。

异地跨行清算的原理如图6-2所示。付款人甲向自己的往来银行A发出支付通知，银行A作为汇出银行向当地中央银行的分支机构发出支付指令，中央银行分支机构将A银行账户上的资金扣除，然后通过清算中心向汇入银行B所在地区的中央银行分支机构发出向B银行支付的信息，B银行所在地区中央银行分支机构收到信息以后，向B银行发出支付通知的同时，将资金划入B银行的账户，B银行向受付人发出到账通知。

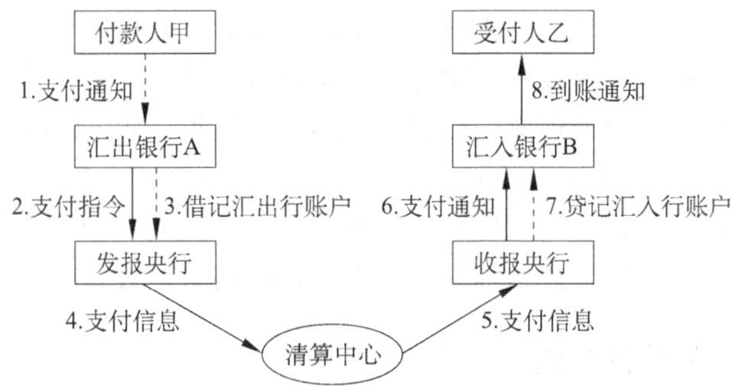

图6-2 异地跨行清算程序

注：清算中心实际上就是大额支付系统，大多数国家的中央银行都拥有并经营清算中心，直接参与跨行、跨地区支付清算。

3. 提供跨国清算服务

中央银行不仅为国内经济和金融活动提供支付清算服务，在对外支付结算和跨国支付系统中也发挥重要作用。所谓国际结算就是按照一定的规则、程序并借助结算工具和清算系统，清偿国际债权债务和实现资金跨国转移的行为。国际结算的基本任务就是通过各种货币之间的兑付和转账划拨，实现国际债权债务的清偿和资金的正常流动。

跨国清算的基本原理如图 6-3。例如国外的付款人甲需要向国内的受付人乙支付一笔款项。首先，甲向往来银行 A 发出向乙的支付请求，A 接手后向乙所在国的国内代理行 B 发出委托请求；代理行 B 接受委托后，将 A 账户内的资金扣除，并向跨国清算系统发出向受付人的往来银行 C 的支付通知；跨国清算系统核对后要求中央银行将 B 账户内的资金划到 C 账户，到账以后，C 将资金划入乙的账户同时向乙发出到账通知。

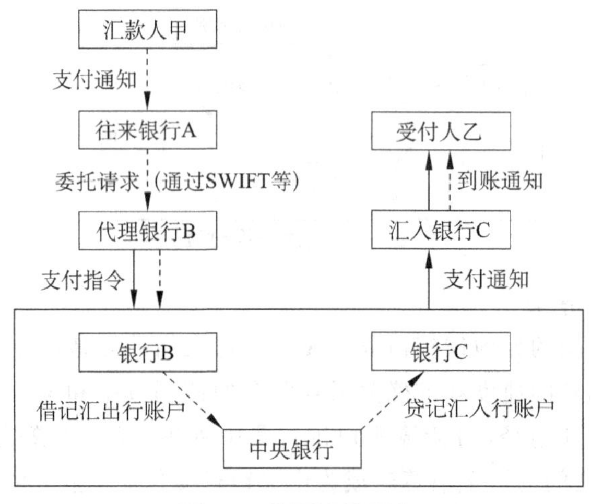

图 6-3 跨国清算程序

随着国际经济、贸易、投资和民间往来的增多，跨国支付清算业务量迅速扩大。案例中往来银行向代理银行发出委托请求是一笔巨大的数目，反过来 B 银行也有大量的业务委托 A 代理。因此，为了提高跨国支付系统的运行能力和效率，欧美的大银行于 1973 年开发了 SWIFT(The Society for Worldwide Interbank Financial Telecommunication)系统。由于 SWIFT 的参加者遍布全球数千家金融机构，可以为用户提供及时的支付清算服务。因此，SWIFT 成为各国普遍使用的跨国支付清算系统。系统的现代化保证了跨国支付清算业务的大量和及时处理成为可能，国际资金流动顺利进行，债权债务按期偿清，货币收付及时实现，保证各国对外交往正常开展及国际社会的正常运转。同样，跨国支付清算最终也还是要通过银行包括代理行之间的资金划转进行的，同时中央银行还负有对资金在国内外流动的监督等责任，因此，中央银行在跨国支付清算中担任重要角色。

6.1.4 中央银行支付清算业务的重要性

1. 支付清算系统是经济和社会生活正常运转的重要保障

由于存款货币银行都在中央银行开设账户，为各银行之间应收应付款项通过中央银行进行资金划转提供了便利。同城、异地和跨国交易产生的债权债务均可通过中央银行得以最终清偿，实现全社会范围内各种错综复杂的经济社会联系和资金交流，促进资源优化配置、提高劳动生产率、保证经济健康发展和社会生活正常进行。

2. 对货币政策实施具有重要影响

(1) 中央银行通过提供清算服务，掌握全社会的金融状况和资金运动趋势，有助于正确制定货币政策、增强货币政策实施效果。

(2) 公开市场操作手段有效发挥作用的前提是灵活高效的清算体系。这是因为中央银行在公开市场买卖证券的目的并不是为了赚取价差，而是为了调节货币供应量，一旦买卖行为实施，则要求马上完成有关资金的收付，否则就妨碍政策执行的效果，也使中央银行难以对是否继续进行操作作出正确判断。

(3) 灵活高效的清算体系有助于增强货币市场的流动性，从而使中央银行更直接准确地进行货币操作，操作信息更快速地传递至市场参与者，并快速反馈至中央银行，提高中央银行货币操作的效果。

(4) 当清算过程中支付指令的传送和支付资金的清算转移不同步，产生在途资金，将增加银行流动性管理的难度。中央银行可通过提供高效率的清算服务，减少在途资金。

(5) 中央银行在提供清算服务的同时，还往往提供透支便利，以维持清算系统的正常运作。当发生如金融机构倒闭、计算机故障或其他不可预测的突发事件导致的金融机构流动性风险时，由中央银行提供临时性信贷，以防止“多米诺骨牌”效应引发的清算系统瘫痪的发生。

3. 与金融稳定有密切关系

清算系统是金融信息和金融危机的主要传播渠道，清算出现问题将影响公众信心甚至引发社会恐慌。一家银行不能履行支付义务很可能会引发连锁违约，将使整个清算系统发生阻滞或瘫痪，危及金融体系和经济社会稳定。中央银行通过清算服务，监督支付系统的运行，防范控制风险。因此中央银行非常重视对支付系统的风险管理。

(1) 对大额支付系统透支进行限制

中央银行为了保持大额系统用户的流动性水平，往往为其提供透支便利，但是随之产生透支用户在规定期内不能补足透支头寸而造成的信用风险。因此，一些国家的中央银行对透支采取限制措施，如规定最大透支额度；对平均每日透支金额收取费用；对经营不善或没有遵守风险管理政策的金融机构不给予透支便利；要求对超过透支额度的部分提供透支抵押担保，否则就不提供透支便利等。

(2) 对大额支付系统进行管理

当大额支付系统是由私人经营时，中央银行利用其为私人大额支付系统提供差额清算服务实现资金最终划转的地位，要求支付系统必须建立风险防范和控制机制，保证清算参加者的差额头寸在规定时间内完成。中央银行还对私人清算系统经营者及系统运营状况实行审计、监督。

(3) 对银行支付结算活动进行监督

中央银行通过制定结算制度、颁布结算办法、监督结算活动，维持结算秩序。发展实时全额清算系统 RTGS(Real Time Gross Settlement)实时清算、连续进行，清算参与银行有足够时间解决头寸不足问题。收款行是在清算完成后才能得到支付信息，使在途资金被降至最低甚至为零，从而规避信用风险和流动性风险，进而降低支付系统的系统性风险。

4. 在跨国支付清算中发挥重要作用

中央银行作为政府的银行，负有代表国家发展对外金融关系、参与国际金融活动、管理官方储备、监督外汇收支和资本流动等重要职责，而国际结算又面临对方毁约、银行资信等信用风险和汇率利率波动等市场风险。因此，中央银行利用其特殊身份对国际结算活动施加影响，并直接间接进行干预。

支付系统现代化建设的快速发展，也带来了一些新的问题和矛盾。如以信息和电子计算机技术支持的支付系统运行加速了金融市场一体化进程，市场参与者之间的相互依赖进一步增强，风险传播更为快速；相关法规和惯例建设滞后于支付系统发展，影响对支付系统运行的有效约束和当事人合法权益的保障；信息资料的安全保密和防止高科技犯罪等技术和法律问题有待解决等。更为重要的是，支付系统建设的快速发展使得中央银行对支付系统的监管及有关的国际合作变得更为迫切和必要[①]。

专栏 6-1　我国支付清算体系的现状

一、我国支付清算体系的发展

新中国成立之初，我国沿用同城结算以现金和支票为主，异地结算以汇兑为主的传统结算方法。以后为了配合计划经济对经济活动的管理，规定机关团体企事业单位除了小额交易外，一律通过银行进行转账结算。1953 年，随着中国人民银行成为事实上唯一的银行，在全国建立了“三级联行清算体系”，即县(市)内联行、省内联行和跨省的全国联行。各级联行负责辖区内金融机构之间的资金清算，全国联行通过中国人民银行总行进行资金清算。1978 年开始改革以后，配合计划经济的“三级联行清算体系”已经不能适应向市场经济转变的改革发展需要。随着国有商业银行(专业银行)的建立和中国人民银行专司中央银行职能，1985 年进行了将中国人民银行资金与国有商业银行资金分开管理的改革，中国人民银行主办的“三级联行清算体系”改为各国有商业银行自行的联行体系和跨行直接通汇清算。大力推行增加各种结算工具和推进支付结算现代化，1991 年我国开始规划建设中国现代化支付系统 CNAPS(China National Advanced Payment System)，1996 年开始动工建设。该系统涉及中国人民银行清算总公司和各家商业银行、政策银行、股份制银行、外资银行及其他金融机构。将覆盖全国 324 个城市处理中心，预计达到 8964 个商业银行网点。采用大额实时、小额批量的处理模式，主要用于解决各家商业银行间的跨行资金支付清算及结算问题。包括中国人民银行统一运行管理的大额支付系统 HVPS、中国人民银行和商业银行及其他金融机构共建共有共用的小额批量处理系统 BEPS、中央银行账户管理系统 SAPS、支付银行卡授信系统 BCAS、政府债券簿记系统 CSES、同城票据交换所 LCH 和金融管理信息传输服务 FITS。

---

① 付一书．中央银行学．上海：复旦大学出版社，2009：147.

二、提供支付服务的金融中介机构和我国支付系统的总体结构

中央银行和商业银行是支付服务的主要提供者。银行体系包括四家国有独资商业银行、十几家其他商业银行、数目众多的城市信用合作社和农村信用合作社(信用社正在合并成为商业银行)、合资银行以及外国银行的分行和办事机构。三家政策性银行也提供某些支付服务。四大国有商业银行都已经建立起各自系统内的全国电子资金汇兑系统。中国人民银行运行着三个跨行支付系统,它们是2000多家同城清算所、全国手工联行系统和全国电子联行系统。中央银行运行的支付系统主要处理跨行(包括同城和异地)支付交易和商业银行系统内大额支付业务。中央银行的支付系统为一些没有自己系统内支付网络的小型银行提供支付服务,使他们能够不依赖于竞争者为其提供类似服务。参照发达国家的经验,一个国家的支付体系由商业银行内支付系统和跨行资金转账系统组成。对于前者,系统的参与者是广大客户(包括企业和个人),对于后者,系统的直接参与者是商业银行和其他在中央银行开设账户的金融机构(如证券公司等)。中国人民银行对各商业银行的管理方式有着自己明显的特点,就是中国人民银行的分支行直接管理自己辖区内的各商业银行的分支机构。中国人民银行清算账户的开设和管理方式说明了此种情况。跟发达国家相比,中国目前并不存在真正意义上的跨行支付系统。商业银行是以分支行为单位与中央银行进行支付结算的,因此,所谓跨行系统,实际上是跨分行的系统。

三、中国人民银行在支付清算系统中的作用

支付系统建设中,中央银行如何发挥其作用就成了必须解决的一个重要问题。一方面,关于中央银行在国家支付系统中的地位与作用,并没有成熟的、达成共识的理论依据;另一方面,发达国家中央银行在本国支付系统中扮演的角色又千差万别,相距甚远。中国只能从总体上借鉴国际上的经验,结合中国国情摸索出自己的途径。因此,中国人民银行在国家支付系统中的作用应该包括:①制定支付系统政策;②运行支付系统为金融机构提供支付服务;③监督支付系统的运行。在政策方面,应该包括规划中国现代化支付系统的总体结构,制定必要的法律、法规和技术标准,特别是跟支付系统风险管理和保障系统安全相关的政策。在运行方面,中国人民银行目前运行着现有的两千多家同城清算所和全国电子联行系统,在即将实施的CNAPS项目中,中国人民银行应该拥有和运行大额跨行资金转账系统。在电子批量支付系统和银行卡联机零售支付系统方面,则应该起组织和协调各商业银行的作用。中央银行对小额支付系统的影响应该通过参加制定政策间接地实现,而不应过多地直接参与系统的运行。对支付系统(如商业银行内的电子资金汇兑系统等)的监督可以通过监督清算机构(指中央银行以外的支付系统)以及清算机构的参与者来进行。

为规范商业银行利用互联网开展银行业务,2001年6月,中国人民银行指定颁布了《网上银行业务管理暂行办法》。2005年4月1日起我国《电子签名法》正式施行,2005年,电子回执业务开始应用。为了有效控制电子银行业务风险,中国银监会于2006年初发布了《电子银行业务管理办法》和《电子银行安全评估指引》,于2006年3月1日起开始施行。

(资料来源:童适平. 中央银行学教程. 上海:复旦大学出版社,2007)

6.2 中央银行的经理国库、会计和统计业务

6.2.1 中央银行的经理国库业务

中央银行代理国库的业务就是接受政府委托，代表国家管理财政的收入和支付。

1. 国库制度

（1）国库的含义

国库是国家金库的简称，国家金库表示国家财富的仓库。在现代经济中，政府代表国家向社会提供公共服务和举办公益事业，维持社会的正常运转。提供公共服务和举办公益事业都需要费用，该费用由社会承担。其主要形式有税收、公共养老保险金、政府企业收入、金融资产发行和投资的收入等，构成国家预算收入；公共养老保险费的支付、公共投资、债券利息的支付、转移支付等构成国家预算支出。因此，国库表示为国家办理预算资金的收入和支付、政府债券的发行和兑付以及保管政府持有的黄金和外汇资产。国家预算是国家的基本财政计划，是国家筹集和分配财政资金的重要工具和调节控制管理社会经济的重要杠杆。国家全部预算收入必须由国库收纳入库，一切预算支出必须由国库拨付。因此，国库业务关系到国家预算的执行顺利与否，是国家预算执行工作的重要组成部分和基础。

（2）两种基本的国库制度

对国库的经营和管理可以采取两种形式，即独立国库制和代理国库制。所谓独立国库制就是国家设立专门机构，办理国家财政预算收支的保管和出纳工作。目前世界上仅有少数国家采用独立国库制。代理国库制就是国家不设立独立的机构，专门经管国家财政预算收支，而是委托银行（一般是中央银行）代理国库业务。接受委托的银行根据国家的法规条款，负责国库的组织建制、业务操作和管理监督。世界上绝大多数国家都采取代理国库制，例如美国、英国和我国都采取代理国库制。

2. 中央银行经理国库的重要意义

（1）国库资金是国家行使各项权利及管理职能的物质保障，国库工作效率事关国家预算执行、财政收支平衡、国民经济发展及社会稳定的大局，政府需要可以代表国家贯彻执行财政金融政策、代为管理国家财政收支并为国家提供各种金融服务的职能机构，代理经营国库。中央银行代理国库可充分利用银行与社会各部门、企业、个人之间密切的账户往来及金融服务关系，实现国家预算收入的及时入库和预算支出的按时拨付。财政部门可直接通过银行的联行往来系统，加速税款收缴和库款调拨，方便灵活地调动和运用国家预算资金，提高财政预算资金的集中和分配效率，保障经济和社会发展的资金需求。

（2）财政和金融是处于国民经济核心地位的宏观调控部门，财政政策和货币政策的协调配合对促进经济增长和社会发展具有重要意义。财政与银行之间的货币资金联系错综复杂，任何变化都可能引起国民经济各项活动和各个微观主体的变化，进一步引起财政

收支和信贷收支的变化。因此，宏观经济政策的制定必须符合国民经济的整体运行状况，注重财政和金融的综合平衡。由中央银行代理国库有利于财政部门和金融部门的相互衔接、相互制约和相互监督，在政府资金和银行资金之间形成协调机制，有利于财政政策和货币政策的协调。通过代理国库，中央银行可以及时了解掌握国家财政的现状和发展动态，更好地把握社会资金的流动趋向，为制定和实施货币政策提供依据。并可及时全面向政府提供库款缴拨和预算执行情况，便于财政部门掌握金融信息，有利于财政政策的制定和与货币政策的协调。

(3) 增加中央银行的资金来源。拨付之前，国库收缴的预算收入款和财政盈余款构成在中央银行的财政存款，成为中央银行的长期资金来源。因此，中央银行经理国库有助于扩大其信贷资金来源，对其控制货币供应量和信贷规模、加强金融宏观调控力度具有直接影响。

(4) 中央银行代理国库可有效发挥其专业组织体系的长处和信息传输网络的优点，降低成本，节约人力物力。

(5) 中央银行代理国库也有利于中央银行对国库日常收付和预算资金转移的监督，保证国库资金的安全。

3. 国库的职责与权限

国家通常以颁布法令、条例的形式规定国库的职责与权限。履行国库职责和在权限范围内行使权力，是做好国库经理业务的重要保障。

(1) 国库的职责

① 准确及时地收纳国家各项预算收入。国库须依照国家财政管理体制、税务部门及国库制度规定的缴纳办法，准确、及时地办理税款的缴库及各级库款的划分和留解，以保证各级财政预算资金的运用。

② 按照国家财政制度规定和银行开户管理办法，为各级财政机关开设账户，审查并办理同级财政库款的支拨。对于违反国家财政制度的库款支拨要求，国库应予以拒绝；应监督财政资金的合理使用，保证国库资金安全。

③ 对各级财政库款和预算收入进行会计账务核算，正确反映财政收支执行情况。各级国库按期向上级国库和同级财政、征收机构报送日报、旬报、月报及年报，并定期与上述部门对账，确保数字准确一致。

④ 协助财政收支征收机构组织预算收入及时缴库，对拖欠预算收入不缴的单位，除根据征收机构填发的凭证核收滞纳金外，还有义务协助财税机构扣收其应缴预算收入。预算收入属于国家所有，由国家统一支配，任何单位个人都不得任意冲退，对有正当理由需要退还的预算收入，必须按照国家财政制度规定办理库款退付。

⑤ 组织、管理和指导下级国库和国库经收处的工作。各级国库应经常开展对下级国库的定期、不定期检查及工作指导，督促其履行规定职责，及时解决工作中的问题。

⑥ 办理国家交办的与国库有关的其他工作，如代理国家进行国债和其他政府债券的发行与兑付。

(2) 国库权限

国库要认真贯彻国家的方针政策和财经制度，正确地按照国库制度和预算管理规定办事。国库的主要权限如下：

① 各级国库有权督促检查国库经收处和其他征收机关所收款项，是否按规定及时全部缴入国库，发现拖延或违法不缴的，应及时查究处理。

② 各级财政机关要正确执行国家财政管理体制规定的预算收入划分办法和分成留解比例。对于擅自变更上级财政机关规定的分成留解比例的，国库有权拒绝执行。

③ 各级财政、征收机关应按照国家统一规定的退库范围、项目和审批程序办理退库。对不符合规定的，国库有权拒绝执行。

④ 监督财政存款的开户和财政库款的支拨，对违反财政制度规定的，国库有权拒绝执行。

⑤ 任何单位和个人强令国库办理违反国家规定的事项，国库有权拒绝执行，并及时向上级报告。

⑥ 国库的各种缴库、退库凭证的格式、尺寸、各联的颜色、用途以及填写内容，按照本细则的规定办理，对不符合规定的缴退库凭证或填写不准确、不完整的凭证，国库有权拒绝受理。

各级财政、征收机关和国库要相互配合，密切协作。财政、征收机关应及时向国库提供下列有关文件和资料：

① 有关预算执行的文件规定。如国家预算收支科目、各级预算收支划分范围和预算收入的分成留解比例等有关规定，年度财政预算计划，以及各项税收提取手续费的比例等。

② 有关预算缴退库款的国有企业名单、计划。包括：企业名称、隶属关系、预算级次、适用预算科目、开户银行和账号等主要内容，以及提供缴款计划和弥补亏损计划等资料。

③ 预算执行中涉及调整预算收入分成比例，改变企业的隶属关系、预算级次和缴款方式等文件。

④ 与国库工作有关的财政、预算、税收、财长等规章制度和文件。

各级财政、征收机关和国库的有关业务会议，要互相通知派人参加，并根据工作需要，由财政机关牵头定期举行联席会议，以便及时互通情况，协调解决工作中存在的问题。对预算收入的收纳、划分、报解、入库工作进行检查，加强监督。

各级国库应向财政、征收机关提供有关国库业务文件。

各级财政、征收机关，应将支拨或退付库款所用的印鉴，送同级国库存验。

专栏 6-2　国库制度改革

在《预算法修正案草案（二审稿）》向社会公众公开征求意见过程中，有关国库由央行"经理"还是"代理"的问题引发一些讨论。"经理"和"代理"国库之争，实质是传统国库管理理念和现代国库管理理念的一场碰撞。全国人大在《预算法修正案草案（二审稿）》中将"中央国库业务由中国人民银行经理"的规定删除，改为"国库管理的具体办法由国务院规定"。笔者认为，这一修改虽然摒弃了传统的国库管理理念，彰显了现代国库管理理念，但还没有完全修改到位。应直接修改为"国库业务由中国人民银行代理"，以充分体现我国国库管理制度改革的本质内涵，同时也与国际惯例接轨。

一、国库概述

目前国际上对国库职能的定位，一般采用国际货币基金组织（IMF）的定义，即国库不单是指国家金库，更重要的是指财政代表政府控制预算执行，保管政府资产和负债的一系列管理职能。

虽然国库的机构设置和人员编制都在央行，但国库在业务性质上是有别于央行其他部门的。国库担负着对财政性资金进行收纳、划分、留解、拨付和清算的任务，是为实现国家预算收支任务服务的。国库工作实质上是整个国家预算执行工作的一个重要组成部分。按照国务院批准的“三定”方案，财政部的一项重要职责就是对央行国库业务进行指导和监督。

国库在机构设置和业务性质上的双重归属，是导致“经理”、“代理”国库之争的一个重要原因。

从国库管理理论看，国库管理体制主要分为三类，即委托国库制、独立国库制和银行存款制。在委托国库制下，国家不单独设立专门的国库管理机构，而是委托相关机构履行国库职能。在独立国库制下，国家设置专门的国库管理机构，独立负责财政资金的收纳、保管和拨付等工作。在银行存款制下，国家将财政资金作为普通存款存放于商业银行，商业银行可以按商业化营运原则自由支配使用财政资金存款。

目前，国外绝大多数国家实行委托国库制，个别国家（如芬兰）实行独立国库制，一些西方国家地方政府实行银行存款制，尚无任何一个国家规定由央行经理国库。在实行委托国库制的国家，一般都在法律中对委托机构作出明确规定。如《美国联邦储备法案》第15章规定，“联邦储备银行作为美国政府的存款银行和财务代理机构，应按照财政部长的指令，履行美国政府的财政代理职能”；《澳大利亚储备银行法案 1959》规定，“澳大利亚储备银行应作为联邦政府财政代理机构”。

二、我国传统国库制度存在诸多弊端

在我国传统国库制度下，财政资金缴库和拨付是通过征收机关和预算单位设立多重账户分散进行的。随着社会主义市场经济体制和公共财政体系的建立和发展，这种传统国库制度暴露出来的弊端越来越突出。

一是重复和分散设置账户，导致财政收支活动透明度不高，截留、坐支应缴未缴资金现象严重，不利于实施有效管理和全面监督。二是财政收支信息反馈迟缓，难以及时为预算编制、执行分析和宏观调控提供可靠依据。三是收入执行中征管不严，退库不规范，财政收入流失问题时有发生。四是支出执行中资金分散拨付，大量财政资金滞留在预算单位，出现截留、挤占、挪用等问题，既降低资金使用效率，又容易诱发腐败现象。五是人民银行国库发生多起盗取财政资金案件，多的达上千万元。

由于“经理”国库存在的严重问题，党中央、国务院下决心要借鉴国际经验，彻底进行改革。

2001 年，国务院批准财政部和人民银行共同上报的《财政国库管理制度改革方案》，我国开始实施以国库单一账户体系为基础、资金缴拨以国库集中收付为主要形式的现代国库管理制度，实行与国际惯例接轨的委托国库制。

实施国库集中收付制度后，财政资金收缴入库和资金拨付的“路径”发生了根本性变化,各类财政收入通过国库集中收缴方式直接缴入国库或财政专户,各类财政支出以财政直接支付或财政授权支付方式,直接支付到最终收款人或用款单位,相当于以“第三方支付”形式,实现预算单位“花钱不见钱”,有效避免了资金的挤占和挪用,切实提高了资金运行的安全性、规范性和有效性。人民银行建立大、小额支付系统办理商业银行支付资金后的银行清算业务,相当于为商业银行资金清算修建了一条“高速公路”,从银行业务方面有效满足了国库集中收付制度改革的需要,确保了银行资金清算准确、及时。在整个财政资金收付链条中,经招投标方式确定的代理银行成为重要一环,代理银行建设了为国库集中收付业务服务的信息系统,业务处理过程实现了电子化操作,为每一家预算单位提供了优质业务服务。

没有财政部门与人民银行、代理银行的协同配合,国库集中收付制度改革也不能顺利实施。

传统国库制度向现代国库制度转变后,对预算执行的监督不仅没有弱化,反而得到进一步增强。

人大批准的预算是分配到每一个部门、每一个单位的预算。对预算执行的监督主要体现为对预算单位的预算执行情况进行监督。实施国库集中收付制度改革后,财政部门通过建立智能化的预算执行动态监控系统,对预算单位的每一笔资金支付实施动态监控,切实强化了事中监督,对预算单位违规支付行为形成有效威慑;同时,也确保了“三公”经费、行政经费等有关预算执行信息公开的真实性和准确性。

对财政部门是否按照预算拨付资金,则主要由审计部门进行监督,这是由我国《宪法》、《预算法》和《审计法》规定的,也是和国际惯例接轨的。央行在银行资金清算方面进行监督,对商业银行超额度的拨付拒绝清算。据了解,财政部和人民银行共同颁布的一系列国库集中收付制度文件,都是这么规定的。

实施监督,要有完备的监督制度、监督权限、监督程序、对违规行为的处罚手段,以及对监督执法人员滥用权力的责任追究。笔者认为,有关部门应按照制度和规则行使监督权力,各司其职,各负其责,否则会破坏政府运行秩序,影响政府行政效能。

6.2.2 中央银行的会计业务

中央银行会计是针对中央银行的职能和业务范围,按照会计的基本原理,制定核算形式和核算方法,中央银行的会计业务就是体现和反映中央银行履行职能,监督管理和核算财务。

1. 中央银行会计的对象与特点

(1) 中央银行会计的对象

中央银行会计的对象是中央银行行使职能、办理各项业务、进行金融宏观调控等活动引起资金变化与运动的过程和结果。

(2) 中央银行会计的特点

中央银行虽然也是银行,但是与一般的商业银行不同,其银行职能更多体现在是银行的银行，此外还是政府的银行，承担代理国库的职能等。因此，中央银行会计与一般银行会计和其他行业会计不同，呈现着自身的特点。首先，中央银行作为国家的货币当局，不仅负有制定和执行货币政策的职责，还需要向政府和金融机构提供各种服务，由此产生的资金变化和财务活动必然不同于一般商业银行，需要有适应中央银行职能和业务特征的会计形式和核算方法。其次，中央银行职能引起的货币发行与回笼、存贷款的增减变化以及其他资金变动，都必须通过会计核算加以完成。会计核算有货币政策实施业务的核算、联行往来及联行资金清算核算、货币发行与现金出纳业务核算、金银业务核算、外汇业务核算、经理国库及代理发行和兑付国债业务核算、内部资金和损益核算。因此，中央银行会计从核算内容、核算方法到会计科目、会计报表以及会计凭证的设置，均不同于商业银行会计。最后，中央银行除承担自身会计核算职责以外，还担负着指导、管理、监督商业银行及其他金融机构会计核算的职责。因此，中央银行会计必须体现这个职责。

2. 中央银行会计的任务与职能

(1) 中央银行会计的任务

① 根据国家的经济方针、政策、法规以及银行的规章制度和办法，正确组织会计核算，高质量高效率地处理各项银行业务，准确、及时、真实、完整地记载和核算银行业务以及财务收支活动的情况。

② 通过办理资金收付货币结算，掌握金融机构的经营状况和资金变化，督促其认真执行财经纪律，严格遵守会计制度和会计原则，改善经营管理。正确核算成本，管理银行内部资金和财务收支，努力增收节支，提高效益。

③ 开展会计检查和分析，运用会计资料和数据，分析金融业务变化情况，为金融决策提供信息。

④ 强化会计的内部控制和制度建设，防范中央银行自身会计风险，并指导和督促金融机构健全会计风险防范机制。

(2) 中央银行会计的职能

中央银行会计的职能，简要来说就是在中央银行行使职能的过程中，会计如何发挥作用。第一，根据中央银行履行职能的特点，通过设计和制定会计科目、内控机制、建立会计电算化系统等，建立中央银行会计核算体系，管理中央银行系统内的会计工作。同时，根据国家有关法律，制定金融企业会计准则和规范金融企业会计工作。第二，中央银行行使职能的活动最终都要表现为货币资金的收付，而货币收付又必须通过会计核算过程才能实现。因此，中央银行会计部门通过对会计科目的设置和运用、对会计报表的制作与分析、为商业银行和政府财政部门开设账户、办理资金的划拨与清算等活动，综合反映经济和金融动态、金融机构存贷款规模、货币流通状况、国家财政收支及预算执行情况，为中央银行履行职能提供依据。第三，通过会计核算、会计分析和会计检查，监督中央银行系统内部的财务收支和预算执行情况，以及内控机制的运作；监督金融机构的经营和资金活动。第四，通过对自身和金融机构的财务收支进行综合分析，掌握全社会的资金运动状况和变化趋势，为履行中央银行职能服务。

3. 中央银行会计核算系统的基本规定

第一章　总　则

第一条　为了加强《中央银行会计核算系统》管理，根据财政部《会计电算化工作规范》和中国人民银行《中国人民银行会计制度》制定本规定。

第二条　本规定中所称《中央银行会计核算系统》(以下简称《核算系统》)系指由中国人民银行会计司和中国金融电子化公司联合开发的在中国人民银行系统统一应用的会计核算系统。

第三条　《核算系统》管理的主要任务是：

一、确保会计核算真实、准确、完整、高效。

二、防范风险，保障资金安全。

三、为中央银行制定和实施货币政策提供会计信息。

第二章　《核算系统》软件的开发与管理

第四条　《核算系统》软件的开发、优化和升级以会计司的业务需求书为依据。业务需求书应符合会计基本制度。业务发生变化时，应首先修改业务需求书，然后再按照业务需求书的要求修改应用软件程序。

第五条　《核算系统》软件应具备数据处理准确、高效和安全可靠的性能；具备防弊、故障处理和数据恢复功能。

第六条　《核算系统》软件开发、优化和升级，必须经过验收、认定或鉴定通过后，才能投入使用。

第七条　《核算系统》软件交用户使用时，开发人员应提供系统安装手册和用户操作手册等文档资料。

第八条　《核算系统》软件正式投入使用前，必须先进行试运行，试运行时间不得少于3个月。正式使用必须经省级分行批准，并报总行备案。

第九条　《核算系统》由总行负责统一修改、优化和升级，各级分、支行不得修改其源程序。

第十条　《核算系统》的运行维护。

一、总行负责程序故障维护，省级分行负责组织所辖进行日常操作问题的维护。

二、系统运行维护可采取远程通讯维护或现场维护等方式。

三、进行系统运行维护时，不得更改各项账务数据，并必须对维护过程进行记录。

四、利用远程通讯功能进行系统维护时，必须经本行会计主管批准。维护后，应及时将联机的电话线拆除，并立即修改用户口令。

第十一条　《核算系统》软件(含资料)应妥善管理，注意保密，不得扩散。源程序由总行负责保管。

第三章　内部控制

第十二条　应用《核算系统》进行会计核算，必须加强内部控制。确保账务的准确和资金的安全，防范利用计算机犯罪。

第十三条　根据相互制约和分工负责的原则，合理设置岗位。

接柜岗：负责受理和审核客户提交的各种会计业务凭证，编制记账凭证，填写会计分录，并受理日常查询。

记账岗：负责录入账务数据和办理账务查询。

复核岗：负责复核录入的账务数据，办理账务查询。

联行岗：负责处理日间联行业务，打印联行报单、电报稿和联行信封；编押、核押；进行联行对账处理和联行卡片维护工作等。

综合岗：负责进行日终、月终和年终处理；并负责整理传票，与科目日结单核对相符后，装订传票；编制和打印各类账表。

会计主管岗：负责组织《核算系统》的应用和管理，并管理开销账户、维护科目、调整计息积数、调整利率、错账冲正、数据恢复等重要事项，审查重要自制凭证的编制。

事后监督岗：负责对每天发生的会计业务进行全面检查。

有条件的行可设置系统维护岗，该岗负责《核算系统》的安装及硬件和软件的日常维护工作。

第十四条　对各岗位分工的基本要求：

一、根据人员状况，以不违反会计制度为原则，岗位设置和职责可交叉或合并。

二、记账与复核必须交叉，每笔业务不得一人兼办，严禁“一手清”。

三、事后监督人员不得参与日常账务处理。

四、系统维护员不得进行业务操作。

五、会计主管授权下级处理业务，应履行必要的手续。

第十五条　级别管理。《核算系统》按照岗位职责和处理权限设置不同的操作员级别。各级操作员除有会计主管正式授权外，不得越级操作。

第十六条　代号及密码管理。

一、每个操作人员只能拥有一个代号。

二、会计部门必须设置用户登录密码口令，对科技人员的软件维护工作进行控制和管理。

三、操作人员的密码必须保密，并定期或不定期更换，使用时注意离岗签退，防止盗用。

四、操作人员的代号和密码应由本人密封、盖章，交会计主管入保险柜保管。代号和密码更换或停用后，会计主管应在操作人员在场的情况下，将原有代号、码销毁。若操作人员不在，遇紧急情况需使用其代号和密码时，需会计主管和另两名操作人员共同开启该人的代号和密码，并进行登记，该操作员的代号和密码只能被使用一次，用后必须由会计主管删除停用。

第十七条　日志文件管理。对每天上机操作的人员和操作内容进行实时记录；对账户管理、错账冲正、调整积数、调整利率、补记账务、联行卡片管理以及恢复数据等重要操作内容进行详细记录。

第十八条　事后监督。可采取再审查方式，或用凭证与流水账逐笔勾对等方法，对前一日已作账务处理的全部凭证、账表、卡片、日志文件等进行全面检查，并记录检查情况，发现问题，及时向会计主管或上级领导报告。

第十九条　数据库的管理。除总行运行支持中心进行维护工作外，不允许任何人以任何方式打开数据库。

第四章 操作管理

第一节 会计凭证的审核

第二十条 会计凭证是计算机处理业务的依据,必须在凭证审核、传递等环节上严格把关。编制(审查)凭证、记账和复核等人员,在处理过程中必须分别盖章。记账员与复核员录入凭证时,要查看有关人员的名章齐全后才可作输入处理。

第二十一条 会计凭证的传递,应按照接柜(凭证审查)→记账→复核→整理装订→事后监督程序进行。

第二十二条 采用电子计算机打印输出的会计凭证应要素完整、签章齐全、规格统一。利用压感纸套打的凭证应纸质优良,满足保存期要求。

第二节 账务数据输入

第二十三条 会计账务的数据输入,包括手工输入的数据和以其他方式(网络、磁介质等)输入的有效电子信息。

第二十四条 数据输入必须由指定的操作员办理,非操作员不得输入任何数据。

第二十五条 账务数据必须实时输入。

第二十六条 操作员必须以合法有效的会计凭证为依据输入数据,不得将未经审核或未经签批的凭证上机处理。输入时应根据凭证上的各要素录入,不得擅自更改记账凭证,对因账户余额不足等原因不能办理转账的,应及时退交接柜员处理。

第二十七条 复核采用二次输入的方式。输入前,复核应对凭证进行再审核。

第二十八条 以其他方式输入的电子信息必须经过加密或加押等安全处理,经过解密或解押确认为有效数据后,可凭以实时记账,但营业部门必须在营业终了,最迟于次日上午根据客户送交的纸凭证进行事后核对。

第二十九条 错账处理。

一、当日发现已复核账务的错误时,先由复核员将错误账务注销,再由记账员删除或修改。

二、次日或以后发现的账务错误,必须填写错账冲正凭证,经会计主管审核盖章后办理冲正,不得作恢复处理。

第三节 账务结转

第三十条 每日营业终了,会计主管确认当日业务全部处理完毕后,操作员进行日终登账处理,并备份当日全部账务。

第三十一条 月末日进行日终登账后,进行月度账务的结转,必须双份备份当月全部账务数据。

第三十二条 年终决算日营业终了,进行年终账务的结转工作。

一、日终登账前,双份备份当日数据。

二、进行日终登账,同时结转损益。

三、双份备份当月全部账务数据。

四、将全部账务结转至下年。

第三十三条 不得恢复隔日或多日数据。

第四节　账务数据输出

第三十四条　会计账务的数据输出包括打印输出的会计凭证、账簿、报表和其他方式输出的会计信息。

第三十五条　每日营业终了，打印输出科目日结单、日计表、余额表、满页分户账；月末日营业终了，还需打印输出月计表、总账、分户账；年终决算日营业终了，还需打印输出业务状况报告表、损益表、业务量情况报告表。

第三十六条　打印输出的会计凭证、账簿和报表要严格控制打印份数；打印作废的账表和凭证必须由会计主管确认后登记销毁。

第三十七条　打印会计账簿和报表时，不得使用虚边的计算机用打印纸。受到打印机条件的限制，可采用计算机打印输出的活页账页装订成册。

第三十八条　凡计算机打印输出的账簿和报表必须签章齐全。

第三十九条　会计账务数据的查询管理。开户单位查询其账户有关数据，可由操作人员提供，也可使用带密码的电话查询系统或磁卡查询系统。其他有关部门查询会计账务数据，需经会计主管审批后办理。

第五章　计算机硬件和运行环境

第四十条　使用《核算系统》时，应保证计算机硬件正常运行，经常对设备进行保养。

一、制订上机操作规程。《核算系统》使用的计算机应专机专用，专人保管，不得用于其他任何操作。

二、建立设备运行情况登记簿。科技人员应定期对设备进行全面检查和维护，发现问题及时处理。

三、配置备用计算机和不间断电源。对备用机和不间断电源应定期检查，保证随时投入正常运行。

第四十一条　维护操作场地，防止意外事故发生。

一、制订操作环境管理规定。主机应放置在相对独立的场所；保持室内清洁、明亮；配备防火、防盗、防水、防潮设施。

二、严禁非工作人员进入操作场地，严禁工作人员携带易燃、易爆及腐蚀性物品入内。

第四十二条　操作过程中，如发生停电、死机或因误操作造成数据丢失时，应及时进行数据恢复。计算机无法正常启动时，应立即启动备用机。

第四十三条　定期进行计算机病毒检查，若发现病毒，必须立即停止操作，防止病毒扩散，并与有关部门联系及时解决。

第六章　会计档案管理

第四十四条　会计档案系指运用《核算系统》处理的会计凭证、会计账簿、会计报表等数据及其载体（包括纸介质、硬盘、其他磁介质、光盘和缩微胶片等）。

第四十五条　计算机打印输出的书面会计凭证、会计账簿和会计报表的保存期限按《中国人民银行会计制度》中的规定执行。每日日终打印的日志文件保存期限为 15 年。打印输出的其他会计账、卡、表，保存期限为 5 年。

第四十六条　磁介质或光盘存储的会计数据的保管期限：

一、日终登账后备份的数据，保存期为1个月。

二、月终登账后备份的数据，应备份双份，保存期为两年。

第四十七条 《核算系统》的全套文档资料以及软件程序，视同会计档案保管，保管期截止为该软件停止使用或改版之后的5年。

第四十八条 会计档案必须防磁、防火、防潮和防尘；备份双份的会计档案，应异地存放。

第四十九条 对磁性介质会计档案，要定期检查、定期复制，防止因磁性介质损坏而损失会计档案。

一、采用磁盘保存的会计档案，应半年检查并复制一次；

二、采用磁带保存的会计档案，应一年检查并复制一次。

第五十条 到期应销毁的磁性介质会计档案，必须建立销毁登记簿，报经上级行批准后，由县支行以上的行处负责销毁。销毁时，应指定专人负责监销。销毁后，应由监销人员在销毁登记簿上签名盖章，连同销毁报告报上级行备案。

第七章 附 则

第五十一条 本规定由中国人民银行总行制订，并负责解释和修改。

第五十二条 本规定未尽事项，各省级分行可作补充规定，并报总行备案。

第五十三条 尚未使用《核算系统》的分行，应比照本规定管理本分行会计核算系统。

第五十四条 本规定自文到之日起执行。

4. 中央银行的会计报告

中央银行的会计报告是反映业务活动、财务状况和经营成果的书面文件，包括会计报表及会计报表附注或者说明。定期编制会计报表，有助于报表的使用者连续、系统、全面地掌握、分析中央银行在不同时期的职能与业务活动所引起的资金变动和财务收支状况[①]。

(1) 会计报表

中央银行的会计报表是定期对会计核算资料进行归类、整理和汇总，综合反映中央银行各项业务、财务收支和各项计划执行情况的数字信息概括，也是平衡账务的工具。会计报表包括资产负债表、损益明细表、业务状况报告表和其他相关附表。资产负债表是反映某一特定日期财务状况的报表，根据当期业务状况报告表各科目的余额归并后编制。损益明细表是反映某一特定期间经营成果的报表，根据当期损益各科目分账户结转前的余额填列。业务状况报告表是反映一定时期业务状态及状况的报表，根据当期总账各科目上期末余额、本期累计发生额和期末余额填列。其他相关附表则是对某一时期特定会计事项补充说明。

(2) 会计报表附注或说明

会计报表附注或说明是对会计报表的编制基础、编制依据、编制方法及主要项目所作出的解释和说明。主要内容：①报告期间发生的重要会计政策和会计处理原则的变更情况，变更的原因及其对会计报表数据的影响。②报告期间发生的重大会计调整事项的背

---

① 杜朝运．中央银行学．厦门：厦门大学出版社，2010：162。

景和依据，以及重大会计差错的内容、产生原因和更正结果。③会计报表主要项目的构成、变动情况、影响变动的因素等。④有助于理解和分析会计报表的其他事项。

5. 中央银行的会计分析及监督

（1）中央银行的会计分析

会计分析是为提供决策信息，根据会计核算资料和数据，运用比较、计算、解释等特定分析方法，对资金活动和财务状况进行的反映、评价。会计分析按其范围，分为全面分析和专题分析；按其时间，分为事后分析和预测分析；按其频率，分为定期分析和不定期分析；按其内容，分为会计报表分析和其他会计资料分析。基本原则：客观性原则，会计分析应以客观的会计核算资料和数据为依据，真实、完整反映资金活动的情况；一致性原则，会计分析采用的数据应前后各期口径一致，口径不一致的应说明差异；有效性原则，会计分析应注重质量，为决策提供有价值的信息；及时性原则，会计分析应注重时效性，及时提供分析报告。

（2）中央银行的会计监督

会计监督是依据各国会计法律和中央银行各项会计规章制度、运用审核、控制、复审、检查和反映等手段对中央银行资金活动的真实性、合法性、合规性进行的监察和督促。根据《中国人民银行会计基本制度》(2005年版)，会计监督的主要内容包括：①审核会计凭证反映的经济活动的真实性、合法性；②检查会计核算过程的合规性和会计核算结果的准确性；③制止和纠正伪造、变造会计凭证、会计账簿和账外设账行为；④坚持按审批程序办理有关会计事项；⑤核实账簿记载与财产实物；⑥制止和纠正提供虚假会计信息的行为。[①]

6.2.3　中央银行的调查统计业务

调查统计是中央银行获取金融信息的基本渠道，在中央银行的业务活动和履行职能的过程中发挥非常重要的信息支撑作用。同时，由于中央银行的权威性和其信息来源的可靠性、准确性，因此，中央银行的调查统计也是观察、分析和研究一国经济金融状况的重要途径。中央银行的调查统计包括金融统计和经济调查统计，其中金融统计处于核心地位，是中央银行调查统计业务的主要内容。

1. 金融统计的含义和对象

金融统计是按照规定的统计制度、根据统计的一般原理、运用科学的统计方法，对金融活动现象的数量信息进行搜集、整理、分析，从而为经济和金融决策提供依据及政策建议的过程。金融统计是对金融活动以及相关现象的系统记录和整理，包括：各级金融机构根据统一规则定期进行的金融统计；各级金融机构就金融活动的某一领域进行的专项调查；各级金融机构逐级上报的有关金融运行中的突发事件和动态反映等。通过金融统计，对错综复杂纷乱零散的信息资料进行科学处理，揭示微观和宏观金融运行的规律、特征、存在的问题、整个社会资金流动总量和结构变化，为经济金融决策、金融监管、金融机构的

---

① 杜朝运．中央银行学．厦门：厦门大学出版社，2010：162-164.

经营管理提供科学依据。

金融统计的对象是以货币和资金运动为核心的金融活动，因此，金融统计的对象包括金融活动的主体（金融机构）、金融活动的内容（金融业务）和金融活动的场所（金融市场）。

（1）金融机构

金融机构是专门从事各种金融活动的金融组织，是金融活动的主体。在不同的金融体制下，金融机构的组成也不相同。在我国现阶段，金融机构主要有下列机构组成：①中央银行，即中国人民银行。②商业银行。根据《中华人民共和国商业银行法》的规定，商业银行是指吸收存款、发放贷款、办理结算等业务，以营利为目的的企业法人。包括国有独资商业银行、其他商业银行和城市商业银行等。③政策性银行。政策性银行是不以营利为目的、专门为贯彻配合政府的社会经济政策和意图，在特定业务领域内直接间接从事政策性融资活动的金融机构。如国家发展银行、中国进出口银行和中国农业发展银行。④合作制金融机构。其是指采取合作制形式的金融机构，包括城市信用合作社和农村信用合作社。⑤其他金融机构。其是指非银行金融机构，包括财务公司、金融租赁公司、证券公司、保险公司、金融信托投资公司和邮政储汇局。

（2）金融业务

金融业务是指金融机构从事金融活动的内容。在不同的金融体制下，金融机构的组成体系不同，金融业务的范围和内容也有差异。我国现阶段，金融业务主要有：①中央银行业务。主要包括：货币发行业务、存款业务、再贴现业务、贷款业务、证券买卖业务、储备资产业务和代理国库业务等。②商业银行业务。主要包括存款业务、贷款业务、结算业务和外汇业务等。③其他金融业务。主要包括保险业务、证券业务、信托业务和金融租赁业务等。

（3）金融市场

金融市场是进行金融活动的场所。依据不同的标准，可对金融市场进行不同的划分，通常按照金融市场的职能划分为货币市场和资本市场；按照金融业务的内容，划分为存贷款市场、债券市场、股票市场、外汇市场等；也可以按照地域范围，划分为国内金融市场和国际金融市场。

2. 金融统计的基本原则

（1）客观性。统计的目的是把握统计对象的真实状态，因此统计数据资料必须真实、正确，金融统计调查人员必须尊重客观事实，不受外界影响，如实准确地反映实际情况。

（2）科学性。金融统计是对金融活动的反映，目的是为制定政策、考核业绩、揭露矛盾提供依据，因此，金融统计活动必须坚持科学性原则，根据统计对象的活动待点，科学合理地设计统计报表、统计指标和统计方法。严格遵守统计业务操作程序，确保统计资料准确、及时、全面、系统地反映经济和金融现象。

（3）统一性。建立科学、统一、有效的统计制度，各级金融统计部门必须按照统一的统计指标、统计方法、统计口径和统计时间进行统计，保证金融统计数据资料的完整性和统一性。

（4）及时性。大部分金融统计的目的是向金融部门和政策制定部门提供金融活动实际状况的数据以便采取对策。因此具有时效性，过期和滞后的统计资料就失去信息价值。

(5) 保密性。有些金融统计涉及宏观经济的重要信息和商业性金融机构的商业机密，因此需要遵循保密原则，不得对外公布的不能公布，在公布前不得私自泄露。

3. 金融统计的业务程序

金融统计是金融信息资料的搜集、整理与分析过程，既要遵循统计工作的一般业务程序，又需要针对金融统计对象的活动规律与特点，设计科学、合理、有效的业务程序，严格按照规定的业务程序进行操作[①]。

(1) 统计设计

统计设计是统计工作的第一步，是根据金融统计对象的性质与研究目的，对统计过程的通盘考虑和全面安排。其内容为：确定统计目的和任务；设计统计指标和统计指标体系、统计调查方式、统计分析方法等；确定统计工作组织和协调。核心是指标体系的正确设计。

(2) 统计调查

统计调查是根据金融统计对象、研究目的及统计设计要求，有组织、有计划地收集各类金融活动数据资料的业务过程，包括会计报表、原始业务凭证等资料的收集。统计调查的方式可以分为：统计报表和专门调查；全面调查和部分调查；经常性调查和一次性调查；其中专门调查又包括普查、重点调查和抽样调查。

(3) 统计整理

统计整理是根据金融统计调研的目的和需要，将统计调查所获得的大量原始资料进行科学分类、汇总，对已经加工的综合资料进行再加工，制成为统计分析服务的条理化、系统化综合资料。统计整理是从对金融个体现象观察到对总体经济金融现象认识的连接点，在金融统计中具有承上启下的重要功能。

(4) 统计分析

统计分析是对金融统计整理而成的统计报表数据进行研究、分析的过程，是实现统计目的的重要环节。金融统计分析应根据统计研究的需要，运用适当的统计分析方法，对统计报表所显示的数据进行实事求是的定性、定量分析，剖析各种指标间的相互联系，从而揭示经济、金融运行的总体特征、相关性及动态趋势，作出实事求是的结论和推断，提出有助于决策、规划、管理的政策建议。

4. 金融统计的主要内容

(1) 货币供应量统计

中央银行为了履行制定和实施货币政策的职能，首先需要获得货币供应量数据。根据国际货币基金组织编制的《国际金融统计》，货币供应量的统计采取三级汇总的形式。第一级是将金融机构分成货币当局、存款货币银行和非货币金融机构三类，形成各自的资产负债表。第二级是将货币当局和存款货币银行的资产负债表合并成“货币概览”(又称“货币统计表”)。货币概览是为中央银行执行管理货币的职能而建立的货币运行监测报表，描绘了货币供应总量及其构成、货币与信贷以及货币与宏观经济的内在联系。编制货币概览的目的是分析受货币当局影响最大、对其他国民经济总量最有影响的金融总量状

---

① 杜朝运．中央银行学．厦门：厦门大学出版社，2010：166-167.

况。第三级是将非货币金融机构资产负债表和货币概览合并成“金融概览”。金融概览是记录一国金融活动的整体状况，是全面衡量经济部门的所有清偿手段，描绘整个金融体系与其他经济部门之间经济联系的信息资料。

（2）信贷收支统计

信贷收支统计是分析和反映金融机构以信用方式集中和调剂的资金数量的专门统计，全面综合地反映了宏观经济运行中金融机构信贷资金的来源、性质、分布和投向。信贷收支统计是我国中央银行和商业性金融机构了解金融信息的主要渠道，对分析货币政策、反映货币流通状况、进行金融宏观调控和监测具有重要价值。该统计以信贷资金收支余额表的表式编制，由资金来源和运用两部分组成。目前，我国金融机构的主要业务统计，有全部金融机构信贷收支表、中央银行信贷收支表、国家银行信贷收支表、其他银行信贷收支表、农村信用社信贷收支表、金融信托投资机构信贷收支表、城市信用社信贷收支表和财务公司信贷收支表等。

（3）现金收支统计

现金收支统计是商业银行对通过银行的一切现金收支数量的业务统计。由于现金收支是商业银行的重要业务活动，而控制现金投放是中央银行的重要任务。因此，现金收支统计是商业银行也是中央银行金融统计的重要组成部分。现金收支统计表式由中国人民银行统一制定，商业银行对所有发生的现金收支业务进行统计和汇总并上报中国人民银行总行。

（4）对外金融统计

对外金融统计是关于涉外金融活动的信息的统计。包括以下内容：银行外汇信贷业务统计是银行外汇存、贷款业务的专项统计。国家外汇收支统计是反映我国外汇收支、储存状况的统计。国家对外借款统计也称国家外债统计，是关于中国境内机构对中国境外机构的国际金融组织、外国政府、金融机构、企业承担的、以外国货币表示的、具有契约性偿还义务的所有债务的统计。国际收支统计反映一定时期内全部对外交往所产生的外汇资金来源和运用全貌的统计。

（5）金融市场统计

金融市场统计一般包括以下统计：货币市场统计，内容包括市场主体、金融工具种类、交易规模、资金流向、利率水平等；资本市场统计，对股票、债券等有价证券的发行和交易规模、价格以及其他相关市场活动的统计；外汇市场统计是对外汇市场交易主体、交易规模和交易价格等信息的统计；黄金市场统计是对黄金交易市场主体、交易规模和交易价格等信息的统计；保险统计是反映保险及相关经济活动规模和程度、市场结构、承包水平、保费收入、理赔支出和赢利状况的统计；资金流量统计是从收入和分配社会资金运动的角度描绘国民经济各部门各类交易的统计。将国民经济划分成：非金融企业、金融机构、政府、私人非营利部门和居民 5 个部门。资金流量的统计范围有三种：①仅仅包括金融交易。②除金融交易外，还包括总储蓄和实物投资。③除金融交易外，还包括收入、分配、再分配、消费和投资。

6.3　中央银行的征信和反洗钱业务

6.3.1　中央银行的征信业务

良好的信用环境是充分发挥市场灵活性与市场在资源配置中基础性作用的基本保证。管理信贷征信业、推动建立社会信用体系已经成为中央银行的一项重要工作。由于多数发达国家的征信服务机构都是独立于政府之外的私营征信机构，而我国则是由人民银行成立专门的征信管理局负责承办信贷征信管理工作，拟定信贷征信业发展规划、管理办法和有关风险评价准则等。

1. 征信的基本概念

征信是为信用活动提供的信用信息服务，实践中表现为专业机构依法采集、调查、保存、整理、提供企业和个人的信用信息，并对其资信状况进行评价，以此满足从事信用活动的机构在信用交易中对信用信息的需要，解决借贷市场信息不对称的问题。企业信用调查、个人信用调查、资信评级为需求者提供征信产品，是征信业最基本和最重要的行业分支。随着市场经济的发展，要求提供信用保障和信用风险管理，规避信用风险的需求不断出现，征信市场不断细分和扩大，产生了信用管理咨询、信用担保、信用保险、商账追收等信用管理服务业。2002年，中国人民银行初步建成了银行信贷登记咨询系统，主要从商业银行等金融机构采集企业的基本信息，主要财务指标以及在金融机构的借款、担保等信贷信息，全国各商业银行与该数据库联网查询。2005年人民银行启动全国统一的企业信用信息基础数据库建设，2006年8月1日该数据库实现了所有商业银行和有条件的农村信用社全国联网运行。与此同时，人民银行加快推进小企业信用体系建设，并已在全国17个省市进行试点，已收集数十万多户小企业信用信息。综上所述，经过多年的不断探索，我国征信业已有了长足的发展，并具备了一定的规模。

征信体系是指与征信活动有关的法律规章、组织结构、市场管理、文化建设、宣传教育等共同构成的一个体系。

征信体系的主要功能是为信贷市场服务。主要参与者：征信机构、金融 机构、企业、个人以及政府。随着商品经济的发展而产生，并由此逐步形成了征信体系。

征信体系的要素：征信主体——企业；个人征信法规——保护数据主体的利益(合法采集、合法使用、保证数据质量和安全、违规处罚等)；征信机构——依法设立的独立于信用交易双方、专门从事征信业务的第三方，可是独立法人，也可是某独立法人的专门部门，如信用信息登记机构、信用调查公司、信用评分评级公司等。征信市场管理——管理重点：市场准入、征信业务规范。征信体系建设的意义：能够有效解决信息不对称问题；能够有效防范金融风险，降低商业银行的不良贷款，从而保持金融稳定，推动金融发展；有利于促进个人消费信贷业务的健康发展；有利于企业和个人积累信誉财富；促进整个社会诚信和道德水平的提高。

（1）企业征信和个人征信

根据被征信对象，征信可以分为企业征信和个人征信。

企业征信是对各类企业所负债务能否如约还本付息的能力和可信程度的评估。企业征信能够帮助企业防范商业风险，增强企业间信用信息的透明度，降低交易成本，有利于建立企业信用的记录、监督和约束机制，降低交易双方的信息不对称程度。

个人征信是对个人消费的信用记录、信贷能力及还款能力的评估，是对其偿债风险的评价。个人征信是市场经济发展的产物，是发展消费信贷和防范金融风险的重要手段，有助于建立和完善个人信用机制、规范市场秩序、推动整个社会信用体系的建设[①]。

（2）信用调查和信用评级

根据信用信息产品提供方式，征信可以分为信用调查和信用评级。

信用调查又称信用咨询，是指征信机构接受客户委托，依法通过信息查询、访谈和实地考察等方式，了解和评价被调查对象信用状况的活动。

信用评级又称资信评估，是指征信机构通过定量、定性分析，以简单、直观的符号表示对企业未来偿还能力的评价，各信用等级符号有其具体的含义，表示信用风险的不同程度。

（3）公共征信和私营征信

公共征信模式以欧洲为代表，即由中央银行或监管局出面，组建征信机构，强制征信银行所拥有的信用信息，为银行监管和商业银行提供服务。公共征信机构所采集的信息种类不多，信息总量较小，不以营利为目的，对提供的服务基本不收费或者收费较少。

私营征信模式以美国为代表，即完全由市场化的私营征信机构开展征信服务。如在企业征信方面，有穆迪、标准普尔等国际知名的征信机构；在个人征信方面，有环联、益百利等信用局。

2. 企业信贷征信系统

企业征信系统开发是在人民银行总行的直接领导下，对原有银行信贷登记咨询系统进行的升级改造。通过对信贷管理系统的改造，通过信贷管理系统采集数据，自动生成上报文件，向人民银行总行的征信服务中心直接报送数据，扩充信息量，提高了数据上报的及时性和准确性。该系统主要从商业银行等金融机构采集企业的基本信息、在金融机构的借款、担保等人民银行正在通过改进支付工具为企业信用信息基础数据库采集企业之间的商业信用信息创造条件；通过采集尚未与银行发生信贷关系的中小企业信用信息，推动建立中小企业信用体系；通过与相关政府部门的积极协调，尽快采集税务、法院、环保等信息。同时，扩大企业信用信息基础数据库的服务范围，为企业之间商业交易服务，为金融监管、宏观调控服务，为相关政府部门履行监管职责服务。

金融机构在受理企业贷款申请时，需查询企业征信系统，了解借款企业的财务状况和信用状况。随着征信系统的建设和完善，征信系统在帮助金融机构防范信用风险，提高商业银行信贷资产质量；促进信贷市场发展，扩大信贷范围，促进消费增长；加强金融监管和

---

① 杜朝运．中央银行学．厦门：厦门大学出版社，2010：174.

宏观调控，改善金融环境等方面的功能日益显现。

企业信贷征信系统特点如下。

(1) 信息全面性

信用档案数据涵盖所有政府职能部门监管信息(归类为企业基本身份信息，行政许可、认定信息，行政奖罚信息，产品质量监测信息，法院判决信息和知识产权信息六项)，银行信贷信用信息(包括中国人民银行信贷信用评价信息、各商业银行信贷评价信息、小贷公司信贷评价信息和民间借贷信用评价信息)，行业协会评价信息(各行业协会评价信息、水电气电讯交通等社会公共事业单位评价信息)，媒体评价信息，企业运营管理信息，市场反馈信息(消费者、交易对方、合作伙伴和员工等)。任何一个方面的信用缺失都可能引发企业整体的信用危机，因此，只有全面性的信息才能比较客观地反映出企业的信用状况，才有较高的参考价值。

(2) 跨区域、跨行业性

随着市场经济的深入发展，世界经济一体化不断深化，只有覆盖全国、跨区域跨行业、标准统一的社会信用体系，才真正具有社会价值。

(3) 征信规范化

本系统采用统一征信标准、统一数学模型下的信用分值(信用评级)计算方法，统一数据库、统一查询平台，保证了企业信用档案分值的可比性、通用性和实用性。本系统立足于大范围、多角度、高透明度的公开"征信"，为广大消费者提供免费信用查询服务，在庞大数据基础上将开展"信用报告"、"信用评级"等信用服务，这是本系统与国内外同行业信用机构差异性服务之一。

(4) 客观真实性

本系统在信息采集渠道的源头设定了严格把关机制和纠错反馈机制，保证了信息的客观性、真实性。

3. 个人信贷征信系统

个人征信系统又称消费者信用信息系统，主要为消费信贷机构提供个人信用分析产品。随着客户要求的提高，个人征信系统的数据已经不局限于信用记录等传统运营范畴，注意力逐渐转移到提供社会综合数据服务的业务领域中来。个人征信系统包含有广泛而精确的消费者信息，可以移到解决顾客信息量不足对企业市场营销的约束，帮助企业以最有效的、最经济的方式接触到自己的目标客户，因而具有极高的市场价值。个人征信系统应用也扩展到直销和零售等领域。在美国，个人征信机构的利润有三分之一是来自直销或数据库营销。个人征信系统已被广泛运用到企业的营销活动中。

个人征信系统就是由一个专门的机构给每个人建立一个"信用档案"(即个人信用报告)，再提供给各家银行使用。这种银行间通过第三方机构共享信用信息的活动就是征信。有了征信机构的介入，当某个人再向银行借钱时，银行信贷员就可在征得此人同意后，查询此人的信用报告，这样可以以最快的速度告诉此人是否可以提供贷款，节省了时间。个人征信系统一方面是防范金融风险的工具，起到维护金融稳定的作用；另一方面也起到了推进社会信用体系建立的作用。

专栏 6-3　征信业管理条例(国务院令第631号)

第一章　总　　则

第一条　为了规范征信活动,保护当事人合法权益,引导、促进征信业健康发展,推进社会信用体系建设,制定本条例。

第二条　在中国境内从事征信业务及相关活动,适用本条例。

本条例所称征信业务,是指对企业、事业单位等组织(以下统称企业)的信用信息和个人的信用信息进行采集、整理、保存、加工,并向信息使用者提供的活动。

国家设立的金融信用信息基础数据库进行信息的采集、整理、保存、加工和提供,适用本条例第五章规定。

国家机关以及法律、法规授权的具有管理公共事务职能的组织依照法律、行政法规和国务院的规定,为履行职责进行的企业和个人信息的采集、整理、保存、加工和公布,不适用本条例。

第三条　从事征信业务及相关活动,应当遵守法律法规,诚实守信,不得危害国家秘密,不得侵犯商业秘密和个人隐私。

第四条　中国人民银行(以下称国务院征信业监督管理部门)及其派出机构依法对征信业进行监督管理。

县级以上地方人民政府和国务院有关部门依法推进本地区、本行业的社会信用体系建设,培育征信市场,推动征信业发展。

第二章　征信机构

第五条　本条例所称征信机构,是指依法设立,主要经营征信业务的机构。

第六条　设立经营个人征信业务的征信机构,应当符合《中华人民共和国公司法》规定的公司设立条件和下列条件,并经国务院征信业监督管理部门批准:(一)主要股东信誉良好,最近3年无重大违法违规记录;(二)注册资本不少于人民币5000万元;(三)有符合国务院征信业监督管理部门规定的保障信息安全的设施、设备和制度、措施;(四)拟任董事、监事和高级管理人员符合本条例第八条规定的任职条件;(五)国务院征信业监督管理部门规定的其他审慎性条件。

第七条　申请设立经营个人征信业务的征信机构,应当向国务院征信业监督管理部门提交申请书和证明其符合本条例第六条规定条件的材料。

国务院征信业监督管理部门应当依法进行审查,自受理申请之日起60日内作出批准或者不予批准的决定。决定批准的,颁发个人征信业务经营许可证;不予批准的,应当书面说明理由。

经批准设立的经营个人征信业务的征信机构,凭个人征信业务经营许可证向公司登记机关办理登记。

未经国务院征信业监督管理部门批准,任何单位和个人不得经营个人征信业务。

第八条　经营个人征信业务的征信机构的董事、监事和高级管理人员,应当熟悉与征信业务相关的法律法规,具有履行职责所需的征信业从业经验和管理能力,最近3年无重大违法违规记录,并取得国务院征信业监督管理部门核准的任职资格。

第九条　经营个人征信业务的征信机构设立分支机构、合并或者分立、变更注册资本、变更出资额占公司资本总额5%以上或者持股占公司股份5%以上的股东的，应当经国务院征信业监督管理部门批准。

经营个人征信业务的征信机构变更名称的，应当向国务院征信业监督管理部门办理备案。

第十条　设立经营企业征信业务的征信机构，应当符合《中华人民共和国公司法》规定的设立条件，并自公司登记机关准予登记之日起30日内向所在地的国务院征信业监督管理部门派出机构办理备案，并提供下列材料：(一)营业执照；(二)股权结构、组织机构说明；(三)业务范围、业务规则、业务系统的基本情况；(四)信息安全和风险防范措施。

备案事项发生变更的，应当自变更之日起30日内向原备案机构办理变更备案。

第十一条　征信机构应当按照国务院征信业监督管理部门的规定，报告上一年度开展征信业务的情况。

国务院征信业监督管理部门应当向社会公告经营个人征信业务和企业征信业务的征信机构名单，并及时更新。

第十二条　征信机构解散或者被依法宣告破产的，应当向国务院征信业监督管理部门报告，并按照下列方式处理信息数据库：(一)与其他征信机构约定并经国务院征信业监督管理部门同意，转让给其他征信机构；(二)不能依照前项规定转让的，移交给国务院征信业监督管理部门指定的征信机构；(三)不能依照前两项规定转让、移交的，在国务院征信业监督管理部门的监督下销毁。

经营个人征信业务的征信机构解散或者被依法宣告破产的，还应当在国务院征信业监督管理部门指定的媒体上公告，并将个人征信业务经营许可证交国务院征信业监督管理部门注销。

第三章　征信业务规则

第十三条　采集个人信息应当经信息主体本人同意，未经本人同意不得采集。但是，依照法律、行政法规规定公开的信息除外。

企业的董事、监事、高级管理人员与其履行职务相关的信息，不作为个人信息。

第十四条　禁止征信机构采集个人的宗教信仰、基因、指纹、血型、疾病和病史信息以及法律、行政法规规定禁止采集的其他个人信息。

征信机构不得采集个人的收入、存款、有价证券、商业保险、不动产的信息和纳税数额信息。但是，征信机构明确告知信息主体提供该信息可能产生的不利后果，并取得其书面同意的除外。

第十五条　信息提供者向征信机构提供个人不良信息，应当事先告知信息主体本人。但是，依照法律、行政法规规定公开的不良信息除外。

第十六条　征信机构对个人不良信息的保存期限，自不良行为或者事件终止之日起为5年；超过5年的，应当予以删除。

在不良信息保存期限内，信息主体可以对不良信息作出说明，征信机构应当予以记载。

第十七条　信息主体可以向征信机构查询自身信息。个人信息主体有权每年两次免费获取本人的信用报告。

第十八条　向征信机构查询个人信息的，应当取得信息主体本人的书面同意并约定用途。但是，法律规定可以不经同意查询的除外。

征信机构不得违反前款规定提供个人信息。

第十九条　征信机构或者信息提供者、信息使用者采用格式合同条款取得个人信息主体同意的，应当在合同中作出足以引起信息主体注意的提示，并按照信息主体的要求作出明确说明。

第二十条　信息使用者应当按照与个人信息主体约定的用途使用个人信息，不得用作约定以外的用途，不得未经个人信息主体同意向第三方提供。

第二十一条　征信机构可以通过信息主体、企业交易对方、行业协会提供信息，政府有关部门依法已公开的信息，人民法院依法公布的判决、裁定等渠道，采集企业信息。

征信机构不得采集法律、行政法规禁止采集的企业信息。

第二十二条　征信机构应当按照国务院征信业监督管理部门的规定，建立健全和严格执行保障信息安全的规章制度，并采取有效技术措施保障信息安全。

经营个人征信业务的征信机构应当对其工作人员查询个人信息的权限和程序作出明确规定，对工作人员查询个人信息的情况进行登记，如实记载查询工作人员的姓名，查询的时间、内容及用途。工作人员不得违反规定的权限和程序查询信息，不得泄露工作中获取的信息。

第二十三条　征信机构应当采取合理措施，保障其提供信息的准确性。

征信机构提供的信息供信息使用者参考。

第二十四条　征信机构在中国境内采集的信息的整理、保存和加工，应当在中国境内进行。

征信机构向境外组织或者个人提供信息，应当遵守法律、行政法规和国务院征信业监督管理部门的有关规定。

第四章　异议和投诉

第二十五条　信息主体认为征信机构采集、保存、提供的信息存在错误、遗漏的，有权向征信机构或者信息提供者提出异议，要求更正。

征信机构或者信息提供者收到异议，应当按照国务院征信业监督管理部门的规定对相关信息作出存在异议的标注，自收到异议之日起 20 日内进行核查和处理，并将结果书面答复异议人。

经核查，确认相关信息确有错误、遗漏的，信息提供者、征信机构应当予以更正；确认不存在错误、遗漏的，应当取消异议标注；经核查仍不能确认的，对核查情况和异议内容应当予以记载。

第二十六条　信息主体认为征信机构或者信息提供者、信息使用者侵害其合法权益的，可以向所在地的国务院征信业监督管理部门派出机构投诉。

受理投诉的机构应当及时进行核查和处理，自受理之日起 30 日内书面答复投诉人。

信息主体认为征信机构或者信息提供者、信息使用者侵害其合法权益的，可以直接向人民法院起诉。

第五章 金融信用信息基础数据库

第二十七条 国家设立金融信用信息基础数据库，为防范金融风险、促进金融业发展提供相关信息服务。

金融信用信息基础数据库由专业运行机构建设、运行和维护。该运行机构不以营利为目的，由国务院征信业监督管理部门监督管理。

第二十八条 金融信用信息基础数据库接收从事信贷业务的机构按照规定提供的信贷信息。

金融信用信息基础数据库为信息主体和取得信息主体本人书面同意的信息使用者提供查询服务。国家机关可以依法查询金融信用信息基础数据库的信息。

第二十九条 从事信贷业务的机构应当按照规定向金融信用信息基础数据库提供信贷信息。

从事信贷业务的机构向金融信用信息基础数据库或者其他主体提供信贷信息，应当事先取得信息主体的书面同意，并适用本条例关于信息提供者的规定。

第三十条 不从事信贷业务的金融机构向金融信用信息基础数据库提供、查询信用信息以及金融信用信息基础数据库接收其提供的信用信息的具体办法，由国务院征信业监督管理部门会同国务院有关金融监督管理机构依法制定。

第三十一条 金融信用信息基础数据库运行机构可以按照补偿成本原则收取查询服务费用，收费标准由国务院价格主管部门规定。

第三十二条 本条例第十四条、第十六条、第十七条、第十八条、第二十二条、第二十三条、第二十四条、第二十五条、第二十六条适用于金融信用信息基础数据库运行机构。

第六章 监督管理

第三十三条 国务院征信业监督管理部门及其派出机构依照法律、行政法规和国务院的规定，履行对征信业和金融信用信息基础数据库运行机构的监督管理职责，可以采取下列监督检查措施：(一)进入征信机构、金融信用信息基础数据库运行机构进行现场检查，对向金融信用信息基础数据库提供或者查询信息的机构遵守本条例有关规定的情况进行检查；(二)询问当事人和与被调查事件有关的单位和个人，要求其对与被调查事件有关的事项作出说明；(三)查阅、复制与被调查事件有关的文件、资料，对可能被转移、销毁、隐匿或者篡改的文件、资料予以封存；(四)检查相关信息系统。

进行现场检查或者调查的人员不得少于2人，并应当出示合法证件和检查、调查通知书。被检查、调查的单位和个人应当配合，如实提供有关文件、资料，不得隐瞒、拒绝和阻碍。

第三十四条 经营个人征信业务的征信机构、金融信用信息基础数据库、向金融信用信息基础数据库提供或者查询信息的机构发生重大信息泄露等事件的，国务院征信业监督管理部门可以采取临时接管相关信息系统等必要措施，避免损害扩大。

第三十五条 国务院征信业监督管理部门及其派出机构的工作人员对在工作中知悉的国家秘密和信息主体的信息，应当依法保密。

第七章 法律责任

第三十六条 未经国务院征信业监督管理部门批准，擅自设立经营个人征信业务的征信机构或者从事个人征信业务活动的，由国务院征信业监督管理部门予以取缔，没收违法所得，并处5万元以上50万元以下的罚款；构成犯罪的，依法追究刑事责任。

第三十七条　经营个人征信业务的征信机构违反本条例第九条规定的，由国务院征信业监督管理部门责令限期改正，对单位处2万元以上20万元以下的罚款；对直接负责的主管人员和其他直接责任人员给予警告，处1万元以下的罚款。

经营企业征信业务的征信机构未按照本条例第十条规定办理备案的，由其所在地的国务院征信业监督管理部门派出机构责令限期改正；逾期不改正的，依照前款规定处罚。

第三十八条　征信机构、金融信用信息基础数据库运行机构违反本条例规定，有下列行为之一的，由国务院征信业监督管理部门或者其派出机构责令限期改正，对单位处5万元以上50万元以下的罚款；对直接负责的主管人员和其他直接责任人员处1万元以上10万元以下的罚款；有违法所得的，没收违法所得。给信息主体造成损失的，依法承担民事责任；构成犯罪的，依法追究刑事责任：窃取或者以其他方式非法获取信息；采集禁止采集的个人信息或者未经同意采集个人信息；违法提供或者出售信息；因过失泄露信息；逾期不删除个人不良信息；未按照规定对异议信息进行核查和处理；拒绝、阻碍国务院征信业监督管理部门或者其派出机构检查、调查或者不如实提供有关文件、资料；违反征信业务规则，侵害信息主体合法权益的其他行为。

经营个人征信业务的征信机构有前款所列行为之一，情节严重或者造成严重后果的，由国务院征信业监督管理部门吊销其个人征信业务经营许可证。

第三十九条　征信机构违反本条例规定，未按照规定报告其上一年度开展征信业务情况的，由国务院征信业监督管理部门或者其派出机构责令限期改正；逾期不改正的，对单位处2万元以上10万元以下的罚款；对直接负责的主管人员和其他直接责任人员给予警告，处1万元以下的罚款。

第四十条　向金融信用信息基础数据库提供或者查询信息的机构违反本条例规定，有下列行为之一的，由国务院征信业监督管理部门或者其派出机构责令限期改正，对单位处5万元以上50万元以下的罚款；对直接负责的主管人员和其他直接责任人员处1万元以上10万元以下的罚款；有违法所得的，没收违法所得。给信息主体造成损失的，依法承担民事责任；构成犯罪的，依法追究刑事责任：(一)违法提供或者出售信息；(二)因过失泄露信息；(三)未经同意查询个人信息或者企业的信贷信息；(四)未按照规定处理异议或者对确有错误、遗漏的信息不予更正；(五)拒绝、阻碍国务院征信业监督管理部门或者其派出机构检查、调查或者不如实提供有关文件、资料。

第四十一条　信息提供者违反本条例规定，向征信机构、金融信用信息基础数据库提供非依法公开的个人不良信息，未事先告知信息主体本人，情节严重或者造成严重后果的，由国务院征信业监督管理部门或者其派出机构对单位处2万元以上20万元以下的罚款；对个人处1万元以上5万元以下的罚款。

第四十二条　信息使用者违反本条例规定，未按照与个人信息主体约定的用途使用个人信息或者未经个人信息主体同意向第三方提供个人信息，情节严重或者造成严重后果的，由国务院征信业监督管理部门或者其派出机构对单位处2万元以上20万元以下的罚款；对个人处1万元以上5万元以下的罚款；有违法所得的，没收违法所得。给信息主体造成损失的，依法承担民事责任；构成犯罪的，依法追究刑事责任。

第四十三条 国务院征信业监督管理部门及其派出机构的工作人员滥用职权、玩忽职守、徇私舞弊，不依法履行监督管理职责，或者泄露国家秘密、信息主体信息的，依法给予处分。给信息主体造成损失的，依法承担民事责任；构成犯罪的，依法追究刑事责任。

第八章 附 则

第四十四条 本条例下列用语的含义：(一)信息提供者，是指向征信机构提供信息的单位和个人，以及向金融信用信息基础数据库提供信息的单位。(二)信息使用者，是指从征信机构和金融信用信息基础数据库获取信息的单位和个人。(三)不良信息，是指对信息主体信用状况构成负面影响的下列信息：信息主体在借贷、赊购、担保、租赁、保险、使用信用卡等活动中未按照合同履行义务的信息，对信息主体的行政处罚信息，人民法院判决或者裁定信息主体履行义务以及强制执行的信息，以及国务院征信业监督管理部门规定的其他不良信息。

第四十五条 外商投资征信机构的设立条件，由国务院征信业监督管理部门会同国务院有关部门制定，报国务院批准。

境外征信机构在境内经营征信业务，应当经国务院征信业监督管理部门批准。

第四十六条 本条例施行前已经经营个人征信业务的机构，应当自本条例施行之日起6个月内，依照本条例的规定申请个人征信业务经营许可证。

本条例施行前已经经营企业征信业务的机构，应当自本条例施行之日起3个月内，依照本条例的规定办理备案。

第四十七条 本条例自2013年3月15日起施行。

(资料来源：中国人民银行网站．http://www.pbc.gov.cn)

6.3.2 中央银行的反洗钱业务

1. 洗钱概述

(1) 洗钱的定义

洗钱(Money Laundering)是指将毒品犯罪、黑社会性质的组织犯罪、恐怖活动犯罪、走私犯罪或者其他犯罪的违法所得及其产生的收益，通过各种手段掩饰、隐瞒其来源和性质，使其在形式上合法化的行为。

(2) 洗钱的过程

洗钱的过程通常被分为三个阶段，即处置阶段、培植阶段、融合阶段。

处置阶段：指将犯罪收益投入到清洗系统的过程，是最容易被侦查到的阶段。

培植阶段：即通过复杂的多种、多层的金融交易，将非法收益与其来源分开，并进行最大限度的分散，以掩饰线索和隐藏身份。

融合阶段：被形象地描述为"甩干"，即使非法变为合法，为犯罪得来的财务提供表面的合法掩藏，给犯罪收益披上了合法外衣后，犯罪收益人就能够自由地享用这些肮脏的收益，将清洗后的钱集中起来使用。

(3) 洗钱的特征

洗钱行为一般具有方式多样、过程复杂、对象特定及国际化等特征。

① 方式多样性

为了逃避监管和追查，洗钱犯罪分子往往通过不同的方式和渠道对犯罪所得进行处理。长期的洗钱活动发展出了多种多样的洗钱工具，例如，利用金融机构提供的金融服务，利用空壳公司，伪造商业票据等。经济方式的创新也使洗钱方式不断翻新，更为隐蔽，如网上交易。专业的洗钱组织更是越来越熟练地对各种洗钱手段和方式加以组合运用。

② 过程复杂性

要实现洗钱的目的，主要方式之一就是改变犯罪所得的原有形式，消除可能成为证据的痕迹，为犯罪所得及其收益设置伪装，使其与合法收益融为一体。这就迫使洗钱者采取复杂的手法，经过种种中间形态，采取多种运作方式来洗钱。

③ 对象特定性

洗钱对象是资金和财产，这些资金和财产无一例外地与犯罪活动紧密相连，例如，来源于毒品、走私、诈骗、贪污贿赂、偷税逃税等犯罪。一般来说，只有非法所得才有清洗的必要。

④ 活动国际性

随着经济、科技的飞速发展，世界上人员往来、商品运送、资金流动、信息传播、服务的提供日益国际化，导致了犯罪活动的国际化。在追逐非法经济利益的跨国犯罪活动中，犯罪所得的转移成为一个关键问题，直接导致洗钱活动日益具有跨境、跨国的性质。

2. 反洗钱业务概述

(1) 反洗钱的含义

反洗钱，是指为了预防通过各种方式掩饰、隐瞒毒品犯罪、黑社会性质的组织犯罪、恐怖活动犯罪、走私犯罪、贪污贿赂犯罪、破坏金融管理秩序犯罪等犯罪所得及其收益的来源和性质的洗钱活动。常见的洗钱途径广泛涉及银行、保险、证券、房地产等各个领域。反洗钱是政府动用立法、司法力量，调动有关的组织和商业机构对可能的洗钱活动予以识别，对有关款项予以处置，对相关机构和人士予以惩罚，从而达到阻止犯罪活动目的的一项系统工程。

(2) 反洗钱业务的意义

反洗钱对维护金融体系的稳健运行，维护社会公正和市场竞争，打击腐败等经济犯罪具有重大的意义。洗钱是严重的经济犯罪行为，不仅破坏经济活动的公平公正原则，破坏市场经济有序竞争，损害金融机构的声誉和正常运行，威胁金融体系的安全稳定，而且洗钱活动与贩毒、走私、恐怖活动、贪污腐败和偷税漏税等严重刑事犯罪相联系，已对一个国家的政治稳定、社会安定、经济安全以及国际政治经济体系的安全构成严重威胁。"9·11"事件之后，国际社会更加深了对洗钱犯罪危害的认识，并把打击资助恐怖活动也纳入到打击洗钱犯罪的总体框架之中。针对国内国际反洗钱和打击恐怖主义活动所面临形势，中国政府在 2013 年加大了反洗钱的工作力度。中国人民银行也从组织机构和制度建设以及加强监管方面加强反洗钱工作。

(3) 反洗钱的监管部门

《中国人民银行法》第 4 条规定中国人民银行负有："指导、部署金融业反洗钱工作，负责反洗钱的资金监测"的职责。

《反洗钱法》第4条规定:"国务院反洗钱行政主管部门负责全国的反洗钱监督管理工作。国务院有关部门、机构在各自的职责范围内履行反洗钱监督管理职责。"

《金融机构反洗钱规定》第3条规定:"中国人民银行是国务院反洗钱行政主管部门,依法对金融机构的反洗钱工作进行监督管理。中国银行业监督管理委员会、中国证券监督管理委员会、中国保险监督管理委员会在各自的职责范围内履行反洗钱监督管理职责。"

国务院反洗钱行政主管部门、国务院有关部门、机构和司法机关在反洗钱工作中应当相互配合。

(4) 国际反洗钱业务的发展历程

反洗钱作为一个法律概念最早正式出现在1988年12月19日《联合国反对非法交易麻醉药品和精神病药物公约》里。该公约把洗钱定义为:"为隐瞒或掩饰因制造、贩卖、运输任何麻醉药品或精神药物所得之非法财产的来源,而将该财产转换或转移。"

2000年10月,加拿大皇家骑警和美国海关在加拿大温哥华共同主办召开了"太平洋周边地区打击反洗钱及金融犯罪会议"。该次会议对于什么是反洗钱这一问题,表现出以下趋向,即把反洗钱犯罪涉及的非法所得来源不断扩大,并且从把犯罪收益洗为合法收入这一模式扩大到:①把合法资金洗成黑钱以用于非法用途,如把银行贷款通过洗钱变为某人在赌场的资金(即所谓白钱洗黑)。②把一种合法的资金洗成另一种表面也合法的资金,如把国有资产通过洗钱转移到个人账户以达到侵占的目的(即洗钱本身就成为犯罪过程)。③把非法收入通过洗钱合法化,如企业把偷漏税款通过洗钱转移到境外(即所谓黑钱洗白)。

尽管对反洗钱有不同的定义,但各国和国际组织在对洗钱活动本质的理解上基本达成了共识,即洗钱是将非法收入合法化的过程。综合来看,洗钱作为一种犯罪,是指隐瞒或掩饰犯罪收益并将该收益伪装起来使之看起来合法的一种活动和过程。作为一项罪名,洗钱罪是对隐瞒或掩饰犯罪收益的所有各式各样犯罪活动的总称。通常犯罪收益被称为"脏钱"、"黑钱",所以对犯罪收益进行清洗使之披上合法外衣的活动就被形象地称为"洗钱"。而"反洗钱"则是政府动用立法、司法力量,调动有关的组织和商业机构对可能的洗钱予以识别,对有关款项予以处置,对相关机构和人士予以惩罚,从而达到阻止犯罪活动目的的一项系统工程。

(5)中国反洗钱业务的现状

我国反洗钱业务尚处于起步阶段,体系不完善。

① 法律体系方面,只是初步形成了由刑事立法、有关金融法规、行政法规和部门规章构成的反洗钱法律框架。

② 在履行反洗钱职责方面,只有中国人民银行将反洗钱作为一项主要职责,制定了针对反洗钱行业的"一个规定,两个办法",设立独立部门和专职人员开展经常性的反洗钱工作,进行"正规作战"。其他执法部门和行业,既没有将反洗钱作为本部门和行业的一项职责写进法律里,也没有针对反洗钱行业的规章。在反洗钱工作中,只是在案发时作为附属,或个别部门进行临时的专项打击洗钱犯罪,进行的都是"非常规作战"或"游击战"。各部门、行业反洗钱不能形成合力,进行"军团作战",缺乏有威慑力的打击手段。

③ 反洗钱在意识形态中，人们对“洗钱”的理解不够清晰，甚至很多人不知道“洗钱”这个名词。

专栏 6-4 金融机构反洗钱规定

根据《中华人民共和国反洗钱法》、《中华人民共和国中国人民银行法》等法律规定，中国人民银行制定了《金融机构反洗钱规定》，经 2006 年 11 月 6 日第 25 次行长办公会议通过。

第一条　为了预防洗钱活动，规范反洗钱监督管理行为和金融机构的反洗钱工作，维护金融秩序，根据《中华人民共和国反洗钱法》、《中华人民共和国中国人民银行法》等有关法律、行政法规，制定本规定。

第二条　本规定适用于在中华人民共和国境内依法设立的下列金融机构：

（一）商业银行、城市信用合作社、农村信用合作社、邮政储汇局、政策性银行；

（二）证券公司、期货经纪公司、基金管理公司；

（三）保险公司、保险资产管理公司；

（四）信托投资公司、金融资产管理公司、财务公司、金融租赁公司、汽车金融公司、货币经纪公司；

（五）中国人民银行确定并公布的其他金融机构。

从事汇兑业务、支付清算业务和基金销售业务的机构适用本规定对金融机构反洗钱监督管理的规定。

第三条　中国人民银行是国务院反洗钱行政主管部门，依法对金融机构的反洗钱工作进行监督管理。中国银行业监督管理委员会、中国证券监督管理委员会、中国保险监督管理委员会在各自的职责范围内履行反洗钱监督管理职责。

中国人民银行在履行反洗钱职责过程中，应当与国务院有关部门、机构和司法机关相互配合。

第四条　中国人民银行根据国务院授权代表中国政府开展反洗钱国际合作。中国人民银行可以和其他国家或者地区的反洗钱机构建立合作机制，实施跨境反洗钱监督管理。

第五条　中国人民银行依法履行下列反洗钱监督管理职责：

（一）制定或者会同中国银行业监督管理委员会、中国证券监督管理委员会和中国保险监督管理委员会制定金融机构反洗钱规章；

（二）负责人民币和外币反洗钱的资金监测；

（三）监督、检查金融机构履行反洗钱义务的情况；

（四）在职责范围内调查可疑交易活动；

（五）向侦查机关报告涉嫌洗钱犯罪的交易活动；

（六）按照有关法律、行政法规的规定，与境外反洗钱机构交换与反洗钱有关的信息和资料；

（七）国务院规定的其他有关职责。

第六条　中国人民银行设立中国反洗钱监测分析中心，依法履行下列职责：

（一）接收并分析人民币、外币大额交易和可疑交易报告；

（二）建立国家反洗钱数据库，妥善保存金融机构提交的大额交易和可疑交易报告信息；

（三）按照规定向中国人民银行报告分析结果；

（四）要求金融机构及时补正人民币、外币大额交易和可疑交易报告；

（五）经中国人民银行批准，与境外有关机构交换信息、资料；

（六）中国人民银行规定的其他职责。

第七条　中国人民银行及其工作人员应当对依法履行反洗钱职责获得的信息予以保密，不得违反规定对外提供。

中国反洗钱监测分析中心及其工作人员应当对依法履行反洗钱职责获得的客户身份资料、大额交易和可疑交易信息予以保密；非依法律规定，不得向任何单位和个人提供。

第八条　金融机构及其分支机构应当依法建立健全反洗钱内部控制制度，设立反洗钱专门机构或者指定内设机构负责反洗钱工作，制定反洗钱内部操作规程和控制措施，对工作人员进行反洗钱培训，增强反洗钱工作能力。

金融机构及其分支机构的负责人应当对反洗钱内部控制制度的有效实施负责。

第九条　金融机构应当按照规定建立和实施客户身份识别制度。

（一）对要求建立业务关系或者办理规定金额以上的一次性金融业务的客户身份进行识别，要求客户出示真实有效的身份证件或者其他身份证明文件，进行核对并登记，客户身份信息发生变化时，应当及时予以更新；

（二）按照规定了解客户的交易目的和交易性质，有效识别交易的受益人；

（三）在办理业务中发现异常迹象或者对先前获得的客户身份资料的真实性、有效性、完整性有疑问的，应当重新识别客户身份；

（四）保证与其有代理关系或者类似业务关系的境外金融机构进行有效的客户身份识别，并可从该境外金融机构获得所需的客户身份信息。

前款规定的具体实施办法由中国人民银行会同中国银行业监督管理委员会、中国证券监督管理委员会和中国保险监督管理委员会制定。

第十条　金融机构应当在规定的期限内，妥善保存客户身份资料和能够反映每笔交易的数据信息、业务凭证、账簿等相关资料。

前款规定的具体实施办法由中国人民银行会同中国银行业监督管理委员会、中国证券监督管理委员会、中国保险监督管理委员会制定。

第十一条　金融机构应当按照规定向中国反洗钱监测分析中心报告人民币、外币大额交易和可疑交易。

前款规定的具体实施办法由中国人民银行另行制定。

第十二条　中国人民银行会同中国银行业监督管理委员会、中国证券监督管理委员会、中国保险监督管理委员会指导金融行业自律组织制定本行业的反洗钱工作指引。

第十三条　金融机构在履行反洗钱义务过程中，发现涉嫌犯罪的，应当及时以书面形式向中国人民银行当地分支机构和当地公安机关报告。

第十四条　金融机构及其工作人员应当依法协助、配合司法机关和行政执法机关打击洗钱活动。

金融机构的境外分支机构应当遵循驻在国家或者地区反洗钱方面的法律规定，协助配合驻在国家或者地区反洗钱机构的工作。

第十五条　金融机构及其工作人员对依法履行反洗钱义务获得的客户身份资料和交易信息应当予以保密；非依法律规定，不得向任何单位和个人提供。

金融机构及其工作人员应当对报告可疑交易、配合中国人民银行调查可疑交易活动等有关反洗钱工作信息予以保密，不得违反规定向客户和其他人员提供。

第十六条　金融机构及其工作人员依法提交大额交易和可疑交易报告，受法律保护。

第十七条　金融机构应当按照中国人民银行的规定，报送反洗钱统计报表、信息资料以及稽核审计报告中与反洗钱工作有关的内容。

第十八条　中国人民银行及其分支机构根据履行反洗钱职责的需要，可以采取下列措施进行反洗钱现场检查：

（一）进入金融机构进行检查；

（二）询问金融机构的工作人员，要求其对有关检查事项作出说明；

（三）查阅、复制金融机构与检查事项有关的文件、资料，并对可能被转移、销毁、隐匿或者篡改的文件资料予以封存；

（四）检查金融机构运用电子计算机管理业务数据的系统。

中国人民银行或者其分支机构实施现场检查前，应填写现场检查立项审批表，列明检查对象、检查内容、时间安排等内容，经中国人民银行或者其分支机构负责人批准后实施。

现场检查时，检查人员不得少于2人，并应出示执法证和检查通知书；检查人员少于2人或者未出示执法证和检查通知书的，金融机构有权拒绝检查。

现场检查后，中国人民银行或者其分支机构应当制作现场检查意见书，加盖公章，送达被检查机构。现场检查意见书的内容包括检查情况、检查评价、改进意见与措施。

第十九条　中国人民银行及其分支机构根据履行反洗钱职责的需要，可以与金融机构董事、高级管理人员谈话，要求其就金融机构履行反洗钱义务的重大事项作出说明。

第二十条　中国人民银行对金融机构实施现场检查，必要时将检查情况通报中国银行业监督管理委员会、中国证券监督管理委员会或者中国保险监督管理委员会。

第二十一条　中国人民银行或者其省一级分支机构发现可疑交易活动需要调查核实的，可以向金融机构调查可疑交易活动涉及的客户账户信息、交易记录和其他有关资料，金融机构及其工作人员应当予以配合。

前款所称中国人民银行或者其省一级分支机构包括中国人民银行总行、上海总部、分行、营业管理部、省会（首府）城市中心支行、副省级城市中心支行。

第二十二条　中国人民银行或者其省一级分支机构调查可疑交易活动，可以询问金融机构的工作人员，要求其说明情况；查阅、复制被调查的金融机构客户的账户信息、交易记录和其他有关资料；对可能被转移、隐藏、篡改或者毁损的文件、资料，可以封存。

调查可疑交易活动时，调查人员不得少于2人，并出示执法证和中国人民银行或者其省一级分支机构出具的调查通知书。查阅、复制、封存被调查的金融机构客户的账户信息、交易记录和其他有关资料，应当经中国人民银行或者其省一级分支机构负责人批准。调查人员违反规定程序的，金融机构有权拒绝调查。

询问应当制作询问笔录。询问笔录应当交被询问人核对。记载有遗漏或者差错的，被询问人可以要求补充或者更正。被询问人确认笔录无误后，应当签名或者盖章；调查人员也应当在笔录上签名。

调查人员封存文件、资料，应当会同在场的金融机构工作人员查点清楚，当场开列清单一式两份，由调查人员和在场的金融机构工作人员签名或者盖章，一份交金融机构，一份附卷备查。

第二十三条　经调查仍不能排除洗钱嫌疑的，应当立即向有管辖权的侦查机关报案。对客户要求将调查所涉及的账户资金转往境外的，金融机构应当立即向中国人民银行当地分支机构报告。经中国人民银行负责人批准，中国人民银行可以采取临时冻结措施，并以书面形式通知金融机构，金融机构接到通知后应当立即予以执行。

侦查机关接到报案后，认为需要继续冻结的，金融机构在接到侦查机关继续冻结的通知后，应当予以配合。侦查机关认为不需要继续冻结的，中国人民银行在接到侦查机关不需要继续冻结的通知后，应当立即以书面形式通知金融机构解除临时冻结。

临时冻结不得超过48小时。金融机构在按照中国人民银行的要求采取临时冻结措施后48小时内，未接到侦查机关继续冻结通知的，应当立即解除临时冻结。

第二十四条　中国人民银行及其分支机构从事反洗钱工作的人员有下列行为之一的，依法给予行政处分：

（一）违反规定进行检查、调查或者采取临时冻结措施的；

（二）泄露因反洗钱知悉的国家秘密、商业秘密或者个人隐私的；

（三）违反规定对有关机构和人员实施行政处罚的；

（四）其他不依法履行职责的行为。

第二十五条　金融机构违反本规定的，由中国人民银行或者其地市中心支行以上分支机构按照《中华人民共和国反洗钱法》第三十一条、第三十二条的规定进行处罚；区别不同情形，建议中国银行业监督管理委员会、中国证券监督管理委员会或者中国保险监督管理委员会采取下列措施：

（一）责令金融机构停业整顿或者吊销其经营许可证；

（二）取消金融机构直接负责的董事、高级管理人员和其他直接责任人员的任职资格、禁止其从事有关金融行业工作；

（三）责令金融机构对直接负责的董事、高级管理人员和其他直接责任人员给予纪律处分。

中国人民银行县（市）支行发现金融机构违反本规定的，应报告其上一级分支机构，由该分支机构按照前款规定进行处罚或者提出建议。

第二十六条　中国人民银行和其地市中心支行以上分支机构对金融机构违反本规定的行为给予行政处罚的，应当遵守《中国人民银行行政处罚程序规定》的有关规定。

第二十七条　本规定自2007年1月1日起施行。2003年1月3日中国人民银行发布的《金融机构反洗钱规定》同时废止。

现予发布，自2007年1月1日起施行。

（资料来源：中国人民银行网站．http://www.pbc.gov.cn）

专栏 6-5 以色列贴现银行纽约分行受到美金融犯罪执法局(FinCEN)及纽约州银行监管厅反洗钱处罚1800万美元

一、FinCEN 对以色列贴现银行纽约分行民事处罚

根据《银行保密法》及其实施条例的授权,美金融犯罪执法局(the Financial Crimes Enforcement Network,FinCEN)决定对以色列贴现银行纽约分行(Israel Discount Bank of New York)开具民事罚款处罚单。

(一)监管与处罚权限

以色列贴现银行纽约分行是一家州银行,非联储成员,并受到保险。总部位于以色列,在美国共有7处经营场所,分别位于纽约、加利福尼亚和佛罗里达。另外,该行还在开曼群岛设有一间办公室,在拉丁美洲国家包括乌拉圭、巴西和智利设有多家办事处,和一家开设在乌拉圭的全资分行 DBLA。以色列贴现银行纽约分行提供多种金融服务,包括私人银行、定期存款、贷款和电汇业务等,主要客户群体为拉丁美洲国家居民。截至2006年6月30日止,以色列贴现银行纽约分行的资产接近97亿美元。美国联邦储蓄保险公司(The Federal Deposit Insurance Corporation,FDIC)是以色列贴现银行纽约分行的联邦监管机构,监督以色列贴现银行纽约分行是否遵循《银行保密法》及其实施条例,和《美国法典》(*The United States Code*,简称"法典")第12卷相关规定。纽约州银行部门(The New York State Banking Department)主要负责审查以色列贴现银行纽约分行是否遵守纽约州银行法和相关实施细则的要求。

(二)以色列贴现银行纽约分行的历史违规记录及处罚决定

1. 违规事实认定

以色列贴现银行纽约分行在反洗钱内控制度建设方面存在重大缺陷,具体表现在:没有根据《银行保密法》的要求建立一套足够有效的内部控制系统来防范反洗钱风险;没有执行独立审计、稽核以及时发现和改正不合规行为;没有在合规性岗位上配备主管和专职人员来协调和监测其日常经营行为是否符合《银行保密法》的要求。以上这些在内部控制制度、独立审计和专职人员配备方面的缺失,导致了大量未能及时提交的可疑交易报告,涉及的可疑交易金额总计达到上亿美金。以色列贴现银行纽约分行在多方面均未达到《银行保密法》及其实施条例的要求,失误重大。

2. 违反了有关建立和执行反洗钱内控制度的要求

FinCEN 认定以色列贴现银行纽约分行违反了制定和执行充分有效的反洗钱制度的要求。自2002年4月24日起,《银行保密法》及其实施条例就要求银行金融机构建立和实施反洗钱程序。这不仅仅是《银行保密法》及其实施条例的要求,也同时是法典第31卷5318条(h)(1)项的要求。FDIC 要求其监管下的每家银行都建立和维持反洗钱程序,最起码应:a. 经合理设计的政策、程序和内部控制措施,以确保遵循法律法规的要求;b. 允许方案被银行内部或外部团体独立审查,以便监督和维持反洗钱程序的周全性;c. 任命一名执行主管并配备专职人员,负责督促遵守《银行保密法》的日常工作;d. 为适当人员提供教育或培训。然而,以色列贴现银行纽约分行在多方面均未能达到法规的要求,未能实施恰当的内部控制制度、执行合规独立审计、配备专职人员来协调和监测其日常经营活

动。此外，以色列贴现银行纽约分行的内控制度中也没有规定应对外国人在美国的代理账户开展合理的尽职调查，违反了《爱国者法案》第312条(USA PATRIOT ACT)的要求。

(1) 内部政策、程序和控制措施

以色列贴现银行纽约分行未能够实施恰当有效的内控制度来确保其经营活动的合规性。以色列贴现银行纽约分行缺少正式成文的内部政策、程序和控制措施来合理有效地评估潜在的洗钱风险，确保发现并报告可疑交易信息。对于已经制定的内部政策、程序和控制措施，以色列贴现银行纽约分行并没有充分有效地执行。

以色列贴现银行纽约分行的政策和程序不能使其按照“风险评级制度”的原则获取和识别客户身份信息，尽可能充分地评估洗钱风险和可能性。首先，贴现银行在准确记录客户身份信息方面存在严重不足，未记录有关客户经营活动实质的重要信息，法人资格的验证和预期的会计账务活动等。事实上，记录客户身份信息的要求并不仅仅局限于采取控制措施以确保信息的准确性，或者是系统做定期地更新维护。此外，以色列贴现银行纽约分行也未能将由同一主体共同控制多个账户的事实和洗钱风险关联起来，帮助发现可能存在的可疑交易。其开户程序也没有要求对处于洗钱高风险地区的客户(比如说设立在拉丁美洲国家的非银行金融机构)在开设账户前实施充分的尽职调查程序。其次，以色列贴现银行纽约分行未能在综合考察客户信息的基础上实施风险评级机制，例如全面衡量客户的国家风险、销售的产品和服务以及经营实质等；因此也就不能实施针对高风险账户的内控制度，对其予以重点关注。以上这些不足使得以色列贴现银行纽约分行不能对特定客户及其风险进行恰当分析，判断交易是否缺少明显的商业实质或法律目的，或者判断是否超出了客户正常的经营范围。

以色列贴现银行纽约分行也缺乏足够的控制系统和措施来监测交易以发现潜在的洗钱或者其他可疑行为。从2004年3月至2005年3月一年时间内，以色列贴现银行纽约分行共发生了约181 000笔第三方电汇交易，涉及的总金额达到354亿美金。这些电汇交易中有相当大一部分交易的付款人或者受益人都显示出洗钱的特征或者迹象，包括交易的实质、付款人或受益人来自高风险国家(地区)、交易行为和其他同类客户的经营活动不相符等。以色列贴现银行纽约分行的自动交易监测系统并不能够恰当充分地支持该银行资金划拨交易业务的数量和种类。而且，即使其自动交易监测系统发出了警报，以色列贴现银行纽约分行也没有设置令人满意的程序来检测这些预警信息。比如说，以色列贴现银行纽约分行没有设置个案管理系统来追踪自动交易监测系统发出的预警信息，没有一套完整的从初始确认到最后解决方案的流程；也没有一个规定的时间表来处理预警信息，决定是否需要正式调查取证，或在必要时向监管机构提交可疑交易报告。另外，又因为其在记录客户身份信息制度上的严重缺陷，以色列贴现银行纽约分行往往缺乏充足的信息及发现的不正常交易行为来评估特定客户潜在的洗钱风险和其他违法行为。

(2) 为非美国人开设的代理账户

经《爱国者法案》第312条补充修订，《银行保密法》要求：

任何一家金融机构在为非美国人开设或维持私人银行账户(包括外国人或其代理人)，和为国外金融机构开设或者维护相应的代理账户时，应当建立适当、特定或者强化尽职调查政策、程序和控制措施,对使用代理银行账户洗钱案件进行监测和通报。

《爱国者法案》第312条临时终极条款的实施指导意见规定:假如银行在综合考虑国外金融机构的洗钱风险后,认定其代理账户存在高洗钱风险,那么银行应对该代理账户进行严格的尽职调查。财政部希望银行应当如以下三种情况进行尽职调查:①代理具有高度洗钱风险的国外银行的账户;②给第三方提供服务的代理账户;③代理具有高度洗钱风险的国外金融机构的账户(不仅仅指外国银行,还包括经营货币转账的机构等)。

以色列贴现银行纽约分行未能建立适当、特定的尽职调查政策、程序和控制措施来监测与通报代理银行账户洗钱的案例。因为在客户身份信息获取、记录以及风险评估方面的严重不足,以色列贴现银行纽约分行未能对存在高洗钱风险的代理账户进行充足的尽职调查。以色列贴现银行纽约分行和多家高风险非银行金融机构维持了直接代理关系,其中包括未获批准的经营货币转账的机构和拉丁美洲一些虽被许可、但并未被东道国法律授权可以参与国际资金划拨的货币兑换等机构。在纽约州银行监管厅与FDIC 2005年12月15日发布"停止及终止令"(Cease and Desist Orders)后,以色列贴现银行纽约分行补交了大量关于这些国外非银行金融机构通过代理账户进行跨境资金划拨的可疑交易报告。但是,假如其建立了适当的尽职调查政策、程序和控制措施,以色列贴现银行纽约分行原本能更及时地发现和报告代理账户发生的可疑交易。

另外,以色列贴现银行纽约分行未能对拉丁美洲DBLA分行开设和维护的代理账户进行恰当的尽职调查,尽管这些账户存在很高的洗钱风险。DBLA分行的客户通过以色列贴现银行纽约分行的代理账户进行了大量的美元清算交易,其中有相当大一部分交易都值得重点关注。很多交易的当事人,作为DBLA分行客户的同时,也和以色列贴现银行纽约分行保持着直接的账户关系,其中包括外国非银行金融机构、用假名或者代号开设的私人银行账户等高洗钱风险客户。以色列贴现银行纽约分行在尽职调查程序上完全依赖DBLA分行,而不是对这些交易和交易的参与者独立地实施恰当和有效的审核程序,其尽职调查是无效的。假如以色列贴现银行纽约分行按照监管法规的要求对为它的全资分行开设的代理账户实施了恰当有效的调查程序,那么贴现银行就能够判断这些代理账户发生的交易是否和DBLA分行客户的正常或预计的经营范围相符,又或者是否缺乏明显的商业或者合法目的。

(3) 独立审计

以色列贴现银行纽约分行现有的独立审计稽核程序并不足以确保银行的经营活动遵循《银行保密法》的要求。其内部审计部门在2004年和2005年都没有对以色列贴现银行纽约分行的可疑交易活动监测系统及相关报告程序进行充分地评估和监测。内审部门也没有追踪被监管部门发现的不合规行为,使得管理层不能对监管机构提出的整改要求作出及时处理和回复。另外,尽管以色列贴现银行纽约分行的内部审计人员对DBLA分行执行了定期审核,但所审核的范围非常有限,尤其没有包括评估DBLA分行反洗钱制度的整体有效性,比如对于那些在以色列贴现银行纽约分行办理业务的客户或者通过该行办理业务的客户,DBLA分行是否运用有效和合法的手段获取尽职调查所需的信息等方面。这些信息本可以使以色列贴现银行纽约分行更好的管理潜在的洗钱风险和遵循《银行保密法》的要求。

(4) 指定专人负责反洗钱合规工作

以色列贴现银行纽约分行没有在合规性岗位上配备足够的专职员工来协调和监测其日常经营活动，督促其业务经营符合《银行保密法》要求。银行的合规部门员工严重不足，并且现有的员工缺乏必要的培训来有效履行他们的职责。专职人员的不足和培训的缺乏限制了以色列贴现银行纽约分行及时有效地开始和完成调查程序及提交可疑交易活动报告的能力。

3. 触犯可疑交易报告规定

FinCEN裁定以色列贴现银行纽约分行违反了《银行保密法》及其实施条例的要求，未能及时报送可疑交易信息。《银行保密法》及其相关法律法规要求，当一项交易同时满足下列条件时，银行必须提交可疑行为报告：(a)金额达到或者合计超过5000美元；以及(b)当银行知道、怀疑或有理由怀疑一项交易或一种交易模式可疑[1]。《联邦法规汇编》(Code of Federal Regulations，C. F. R.)第31卷103条规定，一项可疑交易可以是以下情况中的一种或多种：①涉及非法所得资金，或企图进行或已经进行的交易，其目的是藏匿从非法活动中获得的资金或资产；②意在逃避《银行保密法》的要求；③没有商业目的或没有明显的合法目的，并且金融机构在审查所有的事实后，不能对此交易作出合理解释。

银行等金融服务机构必须在发现可疑交易后30天内提交可疑交易活动报告。假如银行在发现可疑交易后不能够准确判断怀疑的对象，银行可以被授予额外的30天时间来准备报告。但无论如何，在银行发现可疑交易后60天内都必须提交可疑交易活动报告。

然而，以色列贴现银行纽约分行违反了《联邦法规汇编》第31卷的规定，大量的可疑交易活动报告未能及时提交给监管机构。至2006年第一季度为止，以色列贴现银行纽约分行延迟提交约100份、总额近14亿美元的可疑交易活动报告。这些可疑交易在发生数年之后才报告给监管当局。延迟提交破坏了可疑交易报告的有用性，无法及时向监管机构提供近14亿美元可疑交易的有关信息。

以色列贴现银行纽约分行也未能对已经在可疑交易报告中汇报的可疑交易进行跟踪监测。在2003年与2004年间，以色列贴现银行纽约分行发现并报告了多起通过美国境内注册成立的空壳公司(无实体和实际经营活动)进行资金调拨的可疑交易活动。这些空壳公司充当交易的付款人或受益人，俄罗斯(苏联)境内的某些金融机构充当交易的汇款行和收款行。以色列贴现银行纽约分行往往在向监管当局报告了空壳公司可疑交易活动报告之后，仍然继续为这些高风险账户办理业务，并且不对已提交的报告做任何特殊处理，比如追踪补充修正信息等。例如，在州政府已经解散了某些空壳公司之后，以色列贴现银行纽约分行在明知交易主体不存在的情况下仍然继续为这些账户办理资金划拨业务。

另外，以色列贴现银行纽约分行提交的可疑交易活动报告也未能按照可疑交易报告要素内容进行报告，比如说可疑交易报告中包含不正确客户身份识别信息，或遗漏了客户身份识别信息。大量的可疑交易报告没有按照报告的格式要求提供可疑交易对象主体信息、客观描述的交易事实、交易发生的时间、金额等。

4. 裁定1200万美元的民事处罚

基于以上违规的严重性，并考虑到以色列贴现银行纽约分行的财务状况，FinCEN在

《银行保密法》及其实施条例的授权下对以色列贴现银行纽约分行裁定总额 1200 万美元的民事罚款。

二、纽约州银行监管厅对以色列贴现银行纽约分行的处罚

以色列贴现银行纽约分行主要经营场所位于纽约第 511 大街，受纽约银行法及相关法律法规的约束。

纽约州银行监管厅对以色列贴现银行纽约分行检查发现，该银行未能够遵循法律法规的要求安全合理的经营其业务，违反了包括《银行保密法》及其实施细则、财政部相关法令法规、法典第 31 卷 5311—5322 条、《美国联邦条例》第 31 卷 103 篇、FDIC 相关法规、《美国联邦条例》第 12 卷 326 和 353 篇(可概括称为《银行保密法》)、纽约州银行法第 672(1)条及银行厅相关法规的要求。其违规行为主要包括：

(1) 缺乏恰当的内控制度，不符合《银行保密法》要求的政策和程序；

(2) 未能准确完整地保存交易记录和会计凭证，违反了纽约州银行法第 672(1)条的要求；

依据纽约州《银行法》第 44 条的授权，监管机构有权对任何违反纽约州银行法的银行金融机构施以民事罚款处罚。

由于以色列贴现银行纽约分行未能够遵循联邦法令的要求维持一套有效的反洗钱程序和控制措施，也未能够遵循纽约州法令的要求准确完整地保存交易记录和会计凭证，监管机构裁定以色列贴现银行纽约分行违反了纽约州《银行法》第 10 条的要求，未能安全合理的经营其业务。

此处罚书包含的处罚条款，主要是为了解决纽约州银行监管厅在其 2005 年检查报告中阐述的以色列贴现银行纽约分行不当经营行为的问题。假如双方都同意此份处罚书，纽约州银行厅将不再对贴现银行处以任何额外的处罚措施。

仅为解决上述处罚，以及避免采取进一步行动或者听证会，以色列贴现银行纽约分行签署了“民事处罚罚款命令同意书”，同意向纽约州银行监管厅缴纳 600 万美元的罚款。

本命令书于 2006 年 10 月 20 日生效。

(资料来源：中国人民银行网站 . http://www.pbc.gov.cn)

本章小结

(1) 中央银行支付清算业务是指中央银行作为一国支付清算体系的参与者和管理者，通过一定的方式和途径使金融机构之间的债权债务清偿及资金转移顺利完成并维护支付系统的平稳运行，从而保证经济活动和社会生活的正常进行。中央银行支付清算业务通过结算与清算活动完成。

(2) 中央银行支付清算业务包括清算机构、支付系统和清算制度。

(3) 中央银行代理国库的业务就是接受政府委托，代表国家管理财政的收入和支付。

(4) 中央银行会计是针对中央银行的职能和业务范围，按照会计的基本原理，制定核算形式和核算方法，中央银行的会计业务就是体现和反映中央银行履行职能，监督管理和核算财务。

(5) 调查统计是中央银行获取金融信息的基本渠道，在中央银行的业务活动和履行职能的过程中发挥非常重要的信息支撑作用。同时，由于中央银行的权威性和其信息来源的可靠性、准确性，因此，中央银行的调查统计也是观察、分析和研究一国经济金融状况的重要途径。中央银行的调查统计包括金融统计和经济调查统计，其中金融统计处于核心地位，是中央银行调查统计业务的主要内容。

(6) 良好的信用环境是充分发挥市场灵活性与市场在资源配置中基础性作用的基本保证。管理信贷征信业、推动建立社会信用体系已经成为中央银行的一项重要工作。由于多数发达国家的征信服务机构都是独立于政府之外的私营征信机构，而我国则是由人民银行成立专门的征信管理局负责承办信贷征信管理工作，拟定信贷征信业发展规划、管理办法和有关风险评价准则等。

(7) 反洗钱对维护金融体系的稳健运行，维护社会公正和市场竞争，打击腐败等经济犯罪具有重大的意义。洗钱是严重的经济犯罪行为，不仅破坏经济活动的公平公正原则，破坏市场经济有序竞争，损害金融机构的声誉和正常运行，威胁金融体系的安全稳定，而且洗钱活动与贩毒、走私、恐怖活动、贪污腐败和偷税漏税等严重刑事犯罪相联系，已对一个国家的政治稳定、社会安定、经济安全以及国际政治经济体系的安全构成严重威胁。

复习思考题

(1) 中央银行的支付清算业务有何作用?

(2) 国库的职责和权限包括哪些内容?

(3) 中央银行会计有哪些特点?

(4) 简述中央银行会计分析的内容。

(5) 什么是征信? 简单分析我国的企业信贷征信系统和个人信贷征信系统。

(6) 查阅相关资料，谈谈中国人民银行反洗钱制度的建设情况。

第7章 中央银行货币政策的目标选择与决策

学习目标

(1) 了解中央银行的货币政策；

(2) 理解中央银行货币政策对经济运行的影响；

(3) 理解中央银行货币政策的最终目标及其相对重点的选择；

(4) 掌握中央银行选择货币中介目标和操作目标的主要标准和客观条件；

(5) 掌握中央银行选择货币政策决策的基本依据。

制定和实施货币政策，对国民经济实施宏观调控，是中央银行的基本职责之一。货币政策作为宏观经济简介调控的手段，在整个国民经济宏观调控体系中居于十分重要的地位。了解货币政策的特征与功能、货币政策备选目标及相互之间的关系、我国的货币政策目标等内容是理解货币政策的功能，掌握货币政策目标及其选择的基本理论的前提。

关键词

货币政策；最终目标；中介目标；操作目标；物价稳定；充分就业；经济增长；国际收支平衡；金融稳定；存款准备金；法定准备金；超额准备金；货币供给量

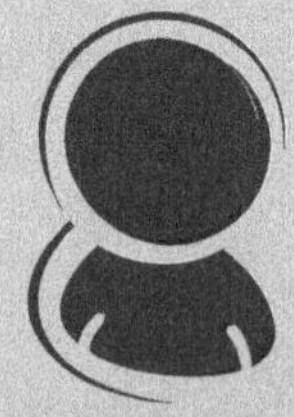

7.1 货币政策在宏观经济及调控体系中的作用

7.1.1 货币政策的概念内涵

1. 货币政策的定义

从广义上讲,货币政策是指政府、中央银行和其他部门有关货币方面的规定和所采取的影响货币数量的各种措施。从狭义上讲,货币政策是指中央银行通过调节货币与信贷总量,影响社会总需求和总供给,促进宏观经济目标实现的方针和措施的总称。货币政策的变化会引起总需求和总供给的变化,一般价格水平的变化,经济增长速度和经济结构的变化,国际收支平衡变化等。它是现代市场经济国家最重要的宏观经济调控手段之一。

2. 货币政策的内容

货币政策包括:政策目标、实现目标的政策工具、检测和控制目标实现的各种操作目标和中介目标、政策传递机制和政策效果等基本内容。

3. 货币政策的特征

(1) 货币政策是一项总量经济政策和宏观经济政策。在市场经济条件下,结构调整主要是由产业政策等来完成的,货币政策主要通过对社会总需求的调控而产生影响。

(2) 货币政策是调节社会总需求的政策。货币的供给形成对商品和劳务的购买能力,货币对商品和劳务的追逐形成社会总需求;利率水平通过对投资需求、消费需求的调节而影响到社会总需求;汇率的变化将通过对进出口贸易、国际资本流动的影响,形成对社会总需求的调节。

(3) 货币政策调节机制的间接性。货币政策的运行主要是通过货币供应量、信用总量和利率水平等市场机制的作用对经济行为主体产生间接作用的。

(4) 货币政策目标的长期性。货币政策是一种结合短期性与长期性,运用短期性的政策调节措施来达到长期性目的的工具。

4. 货币政策的功能

(1) 促进社会总需求与总供给的均衡。社会总供给是经济发展长期累积的结果,影响总供给的因素在短期内是比较稳定的。因此,实现社会总供给与总需求的均衡,主要通过对社会总需求的调控来完成。社会总需求的最终表现形式是以货币形式支付的购买能力,货币供应量同社会总需求发生关联,并成为决定社会总需求的一个主要因素。因此,利用货币政策工具调控货币供应量成为货币政策调节宏观经济的着力点,这也构成货币政策的主要功能。

(2) 促进充分就业,实现社会稳定。就业水平的高低受经济规模、速度和结构等因素的影响。货币政策通过一般性货币政策工具的运用可对货币供给总量、经济规模和速度产生重要影响,从而对就业水平产生影响。通过选择货币政策工具的运用可影响货币供给结构、经济结构,从而对就业水平产生影响。

(3) 促进国际收支平衡,保证汇率相对稳定。在经济和金融日益全球化、国际化的宏观环境下,一个国家汇率相对稳定是保持其国民经济稳定健康发展的必要条件。而汇率的相对稳定又与国际收支平衡是密切相关的。货币政策通过本外币政策协调,本币供给的控制,利率和汇率的适时适度调整等,对促进国际收支平衡,保持汇率相对稳定具有重要作用。

(4) 确保经济稳定。中央银行利用货币政策稳定经济,一方面要防止货币供给成为经济波动的根源;另一方面也要利用货币政策抵消其他经济因素对经济稳定的冲击。只有这样,才能为经济社会的运行提供一个良好的货币金融环境。

7.2 货币供求与社会总供求

货币供给是一定时期内由中央银行和存款货币银行提供的各种货币形式的总量。货币需求则是一定时期内社会公众能够而且愿意以货币形式持有的各种资产的需要。货币均衡是指货币供给量与货币需求量基本适应的状态,它是一种不断从失衡到均衡的动态调整过程。

社会总供给是指一个国家在一定时期内所能提供的所有商品和服务的总量。它主要由一定时期的生产能力和净进口等因素决定。社会总需求则是一个国家在一定时期内对各种商品和服务的需要总量。社会总供求均衡是指总供给与总需求基本适应的状态,它也是一种不断从失衡到均衡的动态调整过程。

货币供求均衡与社会总供求均衡之间具有十分紧密的联系。这主要可从以下几个方面来考察。

(1)货币供给促使社会总需求的形成。现实的需求是有支付能力的需求,货币供给决定支付能力,从而决定总需求。但是,现实的需求不仅受支付能力的影响,而且受需求意愿的影响。需求意愿不仅受现实的收入水平影响,而且受预期收入水平及消费倾向等因素的影响。因而总需求与货币供给的变动在量上和时间上可能并不一致。

(2)社会总需求影响社会总供给。在现代经济中,生产的目的是满足市场需求,供给的变动以需求的变动为前提。但由于供给和需求的决定因素不一致,总供给与总需求的变动在量上和时间上也可能不一致。

(3)社会总供给决定了真实货币需求。有多少商品和劳务的供给,客观上就要求有相应的货币量来表现和实现其价值。

(4)货币需求决定货币供给。客观上有多少货币需求,现实中就应该提供多少货币供给。当货币供给与货币需求相适应时,即是实现了货币均衡;反之则为货币失衡。

7.3 货币政策对经济运行的影响

1. 货币政策对货币供给的影响

通常认为货币政策对经济运行具有重要影响,但也存在不同的观点。分歧主要表现在两个方面：

(1) 货币供给是内生的还是外生的，即中央银行能否有效地控制货币供给；

(2) 货币供给量的调整对实际经济是否有影响，即货币是否"中性"。

货币供给究竟是内生的还是外生的，我们可以通过对货币供给决定公式的分析来说明。

货币供给决定公式：

$$M_s = m \cdot B$$

式中，M_s 为货币供给量；m 为货币乘数；B 为基础货币。

基础货币是由通货 C 和存款准备金 R 这两部分构成，即 $B=C+R$，货币供给量是由通货 C 和全部存款货币 D 这两部分构成，即 $M_s=C+D$，那么，

$$m = \frac{M_s}{B} = \frac{C+D}{C+R} = \frac{C/D+1}{C/D+R/D}$$

式中，C/D=通货－存款比率；R/D=准备－存款比率。总体来看，在决定货币供给的三个基本因素即通货－存款比率(C/D)、准备－存款比率(R/D)和基础货币(B)中，通货－存款比率的大小主要取决于公众的行为，但也受中央银行政策调整的影响。准备－存款比率的大小，特别是超额准备的大小，主要取决于存款货币银行的行为，但中央银行对此有很大的影响力。基础货币主要取决于中央银行的行为，中央银行根据货币供给的意向，运用政策工具直接影响基础货币的数量。因此，货币供给虽然不完全是外生的，但中央银行对其基本上是可控的。

如果对上面的货币供给决定公式作更细致的划分，其基本结论仍是如此。由于存款准备金是由法定准备金和超额准备金构成，所以有：

$$R=(r+e)D$$

式中，r 为法定准备率；e 为超额准备率。由于全部存款(D)是由活期存款(F)、定期存款(T)和储蓄存款(S)构成，所以有：

$$D = F+T+S$$

因此：

$$m = \frac{M_s}{B} = \frac{C+F+T+S}{C+(r+e)(F+T+S)} = \frac{C/D+F/D+T/D+S/D}{C/D+(r+e)(F/D+T/D+S/D)}$$

$$= \frac{c+f+t+s}{c+(r+e)(f+t+s)}$$

这样，现金比率 $c(c=C/D)$、活期存款比率 $f(f=F/D)$、定期存款比率 $t(t=T/D)$、储蓄存款比率 $s(s=S/D)$、法定准备率 r、超额准备率 e 等六个因素，再加上基础货币(B)，这七个因素决定了货币供给总量。其中，r 由中央银行决定，中央银行对 B 的控制能力也很强；e 基本上由存款货币银行决定，但中央银行对其也有很大的影响力；c、f、t、s 这四个因素主要取决于公众的行为，但也受中央银行各种政策特别是利率政策的影响。因此，货币供给虽不完全是外生的，但中央银行对其基本上是可控的。说货币供给是基本可控的，是因为货币供给的决定因素中，部分是中央银行完全可控制的，部分是中央银行可以通过其政策工具加以影响的。货币供给的实际控制效果如何，还取决于中央银行对影响货币

供给因素变动的正确预测和实施货币政策时的有效操作。

2. 货币政策对经济的影响

（1）货币政策对产出、就业和通货膨胀的影响

通常认为货币供给量（M_s）的变化会对价格（P）或通货膨胀产生重要影响。

因此，货币政策对经济增长、就业和通胀的影响可以通过 $AD-AS$（总需求和总供给）模型来分析。

如图 7-1 所示，货币政策对经济的影响是通过货币供给的变动来推动总需求曲线移动，使经济的均衡点从原有均衡点向新均衡点移动实现。在实行扩张性的货币政策时 M_s 增加，AD_1 右移为 AD_2，与总需求的变点由 E_1 右移至 E_2，价格总水平由 P_1 上升为 P_2，产出水平由 Q_1 提高到 Q_2。随着 M_s 的进一步增加，通货膨胀和经济增长都进一步上升，但经济增长速度放慢，而通货膨胀加剧。反之，随着 M_s 减少，通货膨胀和经济增长都在下降，开始时经济增长下降速度低于通货膨胀的下降速度，但随着 M_s 的进一步减少，通货膨胀和经济增长都进一步降低，经济衰退速度逐步加快，而通货膨胀下降幅度却在减少。

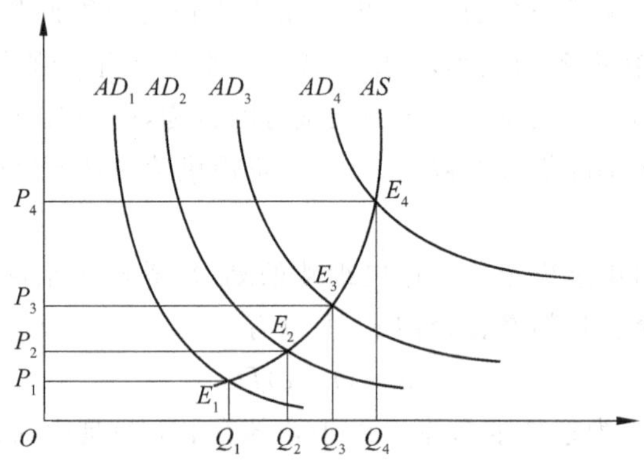

图 7-1　货币政策对经济的影响

因此，货币政策通过对总需求的影响，从而影响总供求均衡，影响经济增长和通货膨胀，所以货币政策对经济运行的调控是有效的。但由于总供给曲线的差异，总需求的变动对经济增长与通货膨胀的影响是不同的。因而总供给曲线的形状就成为理解货币政策效应差异的焦点。

（2）货币政策对经济波动的影响

货币政策具有扩张和紧缩经济的作用。适当的紧缩性货币政策有利于抑制经济的进一步膨胀，而当经济衰退和萧条时，适当的扩张性政策可以刺激投资和消费。因此，货币政策是抑制经济波动、促使经济稳定增长的重要宏观调控手段。但是，由于货币政策作用的时滞影响和货币政策使用时机、力度等掌握难度的影响，货币政策的不当也可能加剧经济的剧烈波动。

（3）货币政策对金融稳定的影响

适当的货币政策有利于金融稳定，而不适当的货币政策会导致金融动荡。当经济中出现经济泡沫和金融泡沫时，宽松的货币政策可能加剧泡沫的生成，为泡沫和金融动荡留

下隐患；反之，当经济出现泡沫时，过度紧缩的政策可能加剧动荡。

7.4 货币政策的目标选择

7.4.1 货币政策目标体系

货币政策目标包括最终目标、中介目标和操作目标三个层次。

最终目标是中央银行通过货币政策操作而最终要达到的宏观经济目标，如稳定币值、经济增长、充分就业、国际收支平衡和金融稳定等。但是，中央银行并不能对这些目标加以直接控制，而只能通过货币政策工具对它们施加间接的影响和调节，使之进入中央银行的目标区。由于这个过程具有较长的时滞，如果中央银行等到这些影响和效果在最终目标上反映出来再对政策进行修正，可能已为时太晚，因而其错误也将是难以挽回的。因此，为了及时准确地监测和控制货币政策的力度和效果，中央银行需要有一套便于决策和控制的中介目标和操作目标，将货币政策工具的操作与货币政策的最终目标联系起来。

与货币政策工具紧密联系的是操作目标，它是中央银行通过货币政策工具能够有效准确实现的直接政策变量，如准备金、基础货币等，如再作细分，还有法定储备、超额储备及借入储备、非借入储备等。这些变量对货币政策工具的变动反应较为灵敏，是政策工具操作直接引起变动的指标，也是在中央银行体系内首先变动的指标。

中介目标处于最终目标和操作目标之间，是中央银行在一定的时期内和某种特定的经济状况下，能够以一定的精度达到的目标，主要有货币供给量和利率。在一定条件下，信贷量和汇率等也可以充当中介目标。这些中介目标是政策工具操作后，经由中央银行体系内部指标变化，引起整个金融体系指标变化的目标，它们与货币政策的最终目标联系紧密。它们的变动可以较好地预告最终目标可能出现的变动。最终目标、中介目标和操作目标的宏观性从强到弱，可控性从弱到强构成一个重要的目标体系。中央银行通过对操作目标、中介目标再到最终目标的跟踪，可以及时有效地监测和控制其货币政策效果。

7.4.2 货币政策的最终目标

1. 最终目标形成的历史过程

1929—1933 年经济大危机前，亚当·斯密“看不见的手”和“萨伊定律”占据统治地位，认为市场具有自发调节经济均衡发展的功能，但这一功能实现的前提是货币稳定，中央银行的基本职责是防止通货膨胀，因而这一时期的货币政策目标是单一目标，稳定币值。

1929—1933 年的大危机既冲击了传统理论也冲击了金本位制。金本位制退出。大萧条出现了大量失业，也使得凯恩斯的国家干预经济的理论盛行。在这一背景下，货币政策目标就由单一目标演化为稳定币值与充分就业两大目标。

20 世纪 50 年代中后期，整个世界经济得到了迅速恢复和发展。日本、欧洲经济发展大大快于美国，为了保持自身的经济实力和地位，各国都将经济增长列为货币政策的目标。

20世纪60年代开始，国际交往日益频繁，各国政府逐渐认识到，国际收支平衡的重要性，一些国家收支逆差的出现，使维持布雷顿森林体系的固定汇率发生困难，伴随着以后发生的两次美元危机，一些国家又将平衡国际收支作为货币政策和目标。因此，央行的货币政策目标发展为稳定币值，充分就业，经济增长，国际收支平衡。

20世纪90年代以来，许多国家和地区相继发生金融危机，1995年墨西哥金融危机，1997年亚洲金融危机，1998年俄罗斯金融危机，金融稳定的重要性日益凸现，因此，货币政策目标包括了稳定币值、充分就业、经济增长、国际收支平衡和金融稳定。

2. 货币政策目标

（1）物价稳定

由于通货膨胀和通货紧缩都会对经济运行构成较大的负面影响，所以，中央银行货币政策的一个传统目标便是维持价格水平的稳定。

物价稳定目标并不是中央银行一经设立就确立的，而是随着社会经济问题的产生和变迁而发展与完善的。金本位制时期，物价稳定的目的已经形成，但并没有形成有效的货币政策。“第二次世界大战”后，美国经济出现了巨大的通货膨胀压力，货币政策重心便逐渐转向物价稳定。特别是20世纪六七十年代的“滞胀”及周期性不断发作的通货膨胀压力，使得中央银行将物价稳定作为货币政策的主要目标之一。

所谓物价稳定是指一般物价水平在短期内没有显著或急剧的波动，保持在一定的限度内。物价水平高低的衡量标准使用的是物价指数。主要指标有3种：一是国民生产总值平减指数；二是消费物价指数；三是批发物价指数。

（2）充分就业

充分就业成为货币政策目标的意义，可以从高失业率带来的巨大负面影响来反映：第一，高失业率会带给人们许多灾难；第二，高失业状态一般代表着有大量的闲置资源未被充分利用，形成社会资源的浪费，降低了产出和收入水平。充分就业目标的确立受到1929—1933年资本主义国家经济大萧条的影响。随着1946年美国就业法案的通过，各国政府竞相效仿，充分就业成为货币政策的主要目标之一。

所谓充分就业是指凡有劳动能力并愿意参加工作者，都可以在较合理的条件下，随时找到适当的工作。充分就业并不是人人都有工作，而是指将失业率维持在一个较低的合理的限度之内。衡量充分就业的指标是失业率，也就是一个社会劳动力中处于失业状态的人数与全社会劳动力人数的比率。一般而言，维持在5%～6%的自然失业率就可以认为是达到了充分就业。

（3）经济增长

经济增长决定着人们生活水平的长期走势，因而成为货币政策的重要目标之一。第二次世界大战之后，各国政府纷纷开始关注经济增长问题，并将经济增长确定为货币政策的最终目的。

所谓经济增长，是指一国在一定时期内所生产的商品和劳务总量的增长，也可以用人均国民生产总值的增加来衡量。理解经济增长必须区分短期的经济增长与长期的经济增长，并分析其关系；不仅要考察经济增长的数量指标，还要考察经济增长的质量。经济增长通常用国民生产总值、国民收入的增长率或其人均值来衡量。无论使用哪一种指标，都必须是指它的实际变量，而不能使用名义增长率。

(4) 国际收支平衡

国际收支状况对国内经济有强烈的影响，因而成为货币政策的重要目标。

国际收支平衡是指一个国家在一定时期内对其他国家全部货币收入和全部货币支出相抵后基本平衡，即略有顺差或略有逆差。衡量国际收支平衡与否，一般是根据国际经济交易的性质和自主性交易的结果来判断。

(5) 金融稳定

随着经济金融化的发展，金融市场对经济运行产生很大的影响。于是，货币政策开始关注利率的稳定和金融市场的稳定。保持金融稳定，是避免货币危机、金融危机和经济危机的重要前提。货币危机是由货币严重贬值带来的货币信用危机。在不兑现的信用货币条件下，一旦发生信用危机，将可能直接威胁到该货币的流通及其生存。货币危机既可能由国内恶性通货膨胀，对内严重贬值引致，也可能由对外严重贬值引致。前者如 20 世纪 40 年代后期中国的法币、90 年代俄罗斯的卢布，后者如 1997 年亚洲金融危机国家的货币。亚洲金融危机爆发之初就是一种对外严重贬值的货币危机。货币危机通常演变为金融危机。

保持金融稳定，是避免货币危机、金融危机和经济危机的重要前提。特别是在当今世界经济一体化、金融一体化的浪潮冲击下，保持一个国家的金融稳定具有更加重要的意义。

7.4.3　货币政策最终目标间的关系

1. 物价稳定与充分就业

菲利普斯曲线(Phillips Curve)：1958 年伦敦经济学院教授菲利普斯(A. W. Phillips)提出的用以描述失业率与货币工资变化率之间存在的一种稳定的、此增彼减的替代关系的曲线。后人将菲利普斯曲线修改成失业率与通货膨胀率之间关系的曲线。菲利普斯曲线的存在，说明失业率与物价变动率之间存在非此即彼的关系。如果要使失业率降低，通货膨胀率就会增加，物价就会以更快的速度上涨；如果要控制通货膨胀，使物价上涨率下降，必须承受较高的失业率。

2. 物价稳定与经济增长

从长期来看，物价稳定与经济增长之间具有一致性。稳定的物价，可以减少市场的不确定性，充分发挥市场的功能，维持经济的长期增长；而经济的持续增长又有利于生产充足的商品，保持物价的稳定。

从短期来看，对物价稳定与经济增长的关系，理论界有不同的看法。无论理论纷争有多大，从政府行为来看，由于政府越来越关注经济的短期增长，所以不时地可以看到利用适度的通货膨胀来刺激经济增长的情况。所以，对什么是合适的通货膨胀，如何控制通货膨胀的“惯性”，仍是政府利用通货膨胀刺激经济增长的难解之题。

3. 物价稳定与国际收支平衡

物价稳定与国际收支平衡分属于货币政策的内部目的与外部目的。由于影响国内经济因素与影响国际经济关系的因素各不相同，中央银行同时实现其内部目标和外部目标更为困难。

外部不均衡对内部均衡的影响。内部均衡表明物价处于稳定状态。此时，如果存在国际收支的顺差，为了解决顺差，会造成经济的紧缩和物价的下跌；如果此时存在国际收支的逆差，平衡国际收支的政策会造成外汇储备的增加，起到扩张基础货币和货币供应量的作用，从而影响物价的稳定。

物价对国际收支状况的影响。当本国出现通货膨胀时，本币对内贬值与国外未出现通货膨胀的货币相比，外国的商品价格显得更为低廉，出现汇率高估现象，有利于外国商品的进口而不利于本国商品的出口，结果是出现逆差，导致国际收支失衡。

4. 经济增长与国际收支平衡

在正常情况下，一国经济增长，将有利于提高本国商品在世界市场上的竞争力，有利于提高自己的出口能力。促进经济发展，往往会提高国民收入和人们对商品的需求及购买能力。由于进口一般是国内国民收入的递增函数，这样就会导致进口的增加。为了促进经济增长，必须增加投资，不仅要动员国内的储蓄，而且要利用一切手段吸引外资，加强对外资的利用。其结果可能带来资本项目的逆差。

5. 经济增长与充分就业

奥肯法则(Okun's Law)：由奥肯发现的GDP与失业之间的经验关系。该法则指出，当实际GDP相对于潜在GDP下降2%时，失业率上升大约1%(较早估计的比率是3∶1)。根据奥肯法则，在失业率与自然失业率之差和实际国民收入与潜在国民收入之差之间存在一种负相关关系。这说明，实际经济增长越接近潜在的国民收入增长率，失业率便越接近自然失业率。

7.4.4 中央银行货币政策目标的权衡与选择

最终目标存在的冲突，必然引起政策目标的取舍。纵观当今国际，常用的取舍方式有以下几个。

1. 单一规则

货币政策目标是保持适度的货币供应，且这一目标长期不变。

2. 相机抉择

相机抉择指央行在操作货币政策工具来实现既定目标时，不受任何固定程度或原则的束缚，而是依时度势灵活取舍，以期最优地调整到与经济运行态度相适应。即根据具体经济情况进行决定和选择。

3. 临界点原理

临界点原理是结合本国对某一问题所能承受的限度，找出临界点来选择和实施货币政策目标。

4. 轮番突出选择

根据不同时期的经济状况，轮番采取不同类型的货币政策，以实现政策目标，这是当代各国普遍采用的方法之一。

在货币政策操作规范中，规则与相机抉择之争经久不衰。

7.4.5 各国货币政策目标的选择

货币政策目标之间存在着不一致性和冲突性，各个国家所选择的货币政策目标是不一样的。即使在同一国家，在不同的社会经济发展阶段，货币政策目标的侧重点也有所不同。西方各国货币政策目标比较见表7-1。

表7-1 西方各国货币政策目标比较

国别＼时间	20世纪五六十年代	20世纪七八十年代	20世纪90年代以来
美国	充分就业为主	货币稳定为主	反通货膨胀为唯一目标
英国	充分就业兼顾国际收支平衡	货币稳定为主	反通货膨胀为唯一目标
加拿大	充分就业、经济增长	物价稳定为主	反通货膨胀为唯一目标
日本	对外收支平衡、物价稳定	物价稳定、对外收支平衡	物价稳定、对外收支平衡
意大利	经济增长充分就业	货币稳定兼顾国际收支平衡	货币稳定兼顾国际收支平衡
德国	稳定通货兼顾对外收支平衡为主	货币稳定兼顾国际收支平衡	货币稳定兼顾国际收支平衡

7.4.6 中国货币政策目标

中国人民银行专门行使中央银行职能后，明确确定了中央银行货币政策目标为“发展经济，稳定货币”。这一货币政策目标被理论界称为“双重目标”。

1995年颁布的《中国人民银行法》明确指出，我国的货币政策的目标是：“保持货币币值的稳定，并以此促进经济增长。”这一表述一方面强调了货币政策的单一目标是稳定币值、稳定物价；另一方面也没有将这一目标绝对化，体现了货币政策依靠稳定物价，为长期经济增长提供良好环境，并促进长期经济增长的宗旨。

“保持货币币值的稳定，并以此促进经济增长”的目标既不同于单一的反通胀政策，也不意味着主张稳定与增长并重的政策。三者之间的区别在于：单一的反通胀政策也是以单纯追求物价稳定为目标，为实现物价的稳定可以不惜牺牲经济增长；稳定与增长并重的政策以同时实现较高的经济增长率和稳定的货币环境为目标，期望实现无通货膨胀的高经济增长；“保持货币币值的稳定，并以此促进经济增长”的政策则要求在抑制物价上涨幅度的同时维持适度的经济增长率，并且绝不以牺牲经济增长为前提。

自2008年金融危机以后，“为防止中国经济增长由偏快到过热和价格由结构性增长演变为明显的通货膨胀”[①]，中国的货币政策由保币值，促增长的较宽松的双重货币政策向以控制通胀、稳定增长为重点，同时调整结构、促进就业以及防范金融风险的多目标的稳健性货币政策转型。2012年第四季度的货币政策执行报告中指出“中国人民银行将继续实施稳健的货币政策，保持政策的连续性和稳定性，增强前瞻性、针对性和灵活性，处理

① 货币政策司.2008年中国货币政策执行第一季度报告，2008.

好稳增长、调结构、控通胀、防风险的关系"[①]。多目标的货币政策的实行意味着我国货币政策随着经济发展更加深化和与时俱进的发展[②]。

专栏 7-1　周小川：中国不具备实施单一货币政策目标的条件

【财新网】（记者 李增新） 中国人民银行行长周小川7月8日表示，中国货币政策并不具备瞄准"低通胀"的单一政策目标的条件，由此不能仅仅依赖价格型工具，而要在需要时使用数量型工具。

周小川在国际经济学会第16届全球大会上称，过去经济学界比较认同央行瞄准"低通胀"这一单一货币政策目标，因为这可以避免其他政治因素影响货币政策。

在本次危机前，全球许多央行都实施了单一货币政策目标，特别是一些新兴市场国家，结果它们大多在过去十年内享受了低通胀。但有一种看法认为，新兴市场的低通胀很可能是受到了劳动力成本低廉的影响。

周小川说，中国非常慎重地考虑过货币政策目标的问题，最终决定不能采用单一政策目标，而是瞄准四大政策目标：低通胀、增长、就业与国际收支账户平衡（含汇率政策）。

周小川表示，单一政策目标发挥积极作用，需要两个条件：

其一，是货币政策传导机制是顺畅的，即央行调整政策利率，会传导至长期利率，会刺激或抑制投资，最终影响增长和就业。"但这一传导机制是受各种条件制约的。"

其二，是国际收支账户无须央行干预。但在中国，当国际收支账户出现巨额顺差时，"我们就得用基础货币来干预外汇市场，以达到收支基本平衡。"然而顺差又是贸易政策、经济政策及汇率政策共同作用的结果。

"由于并不具备这两个条件，中国难以采用单一货币政策目标。"周小川说。同样出于这两个原因，在货币政策工具的选择上，中国还不能仅仅依赖价格工具；相反，数量型工具往往必要甚至在某些场合会达到更好的效果。

（资料来源：财新网．http://international,caixin.com/2011-07-08/100277637.html）

7.5 货币政策的中介目标和操作目标

7.5.1 货币政策中介目标和操作目标的含义

1. 货币政策中介目标和操作目标的含义

货币政策的中介目标又称为货币政策的中间目标、中间变量等，它是货币政策的主要组成部分，处于最终目标和操作目标之间，其变动可以较好地预示最终目标可能出现的变动，包括货币供给量、利率、银行信贷规模和汇率货币政策目标体系。

① 货币政策司．2012年中国货币政策执行第四季度报告，2013.

② 周小川．财新峰会，2012.

操作目标，也被称为近期指标，在货币政策日常贯彻执行中发挥着重要作用，是最接近货币政策工具的金融交易，包括准备金、基础货币、短期市场利率等。它们直接受货币政策工具影响，是货币政策工具操作直接控制的指标，但与最终目标关系不太稳定。

2. 建立中间目标和操作目标的意义

中央银行的货币政策目标其实也是一个国家的宏观经济目标。宏观经济目标的实现是国民经济各部门协调配合的结果。虽然中央银行通过实施货币政策发挥作用，但仅仅通过货币政策工具的操作，调节货币供应量变化从而间接影响宏观经济目标，无法直接控制和实现宏观经济目标。由于货币政策的制定、实施到影响金融市场参与者的行为、改变货币供应量进一步影响实体经济，最后实现宏观经济目标是一个漫长的过程，在这个过程中间市场机制发挥作用如何、经济环境变化等存在不确定性等，这些都影响着宏观经济目标的实现。

因此，如果将宏观经济目标作为最终货币政策目标，中央银行通过在货币政策工具和最终货币政策目标之间建立用金融指标表示的操作目标和中间目标，形成"政策工具—操作目标—中间目标—最终目标"的目标体系，有利于在政策实施以后密切观察这些目标的实现状况，以便随时修正政策的力度和方向，保证政策的作用机制不偏离政策轨道，获得实现宏观经济目标的最佳效果。

7.5.2　选择中介目标和操作目标的主要标准与客观条件

1. 选择中介目标和操作目标的主要标准

(1) 相关性：作为中介目标的金融指标必须与最终目标密切相关，作为操作指标的金融指标也必须与中介目标密切相关，它们的变动必然对最终目标或中介指标产生可预测的影响。如作为中介目标的货币供给量和利率，必须与作为最终目标的经济增长、币值稳定和就业等指标之间具有可预测的影响力。通过对货币供给量或利率的控制，即可实现对最终目标的控制。

(2) 可测性：对作为操作目标和中介目标的金融指标进行迅速和精确的测量是对其进行有效控制的前提。一方面，中央银行能够迅速获取这些指标的准确数据；另一方面，这些指标必须有较明确的定义并便于观察、分析和监测。作为中介目标，只有在政策"偏离轨道"时它能比最终目标更快地发出较为准确的信号才是有用的。作为操作目标，只有在政策"偏离轨道"时它能比中介目标更快地发出较为准确的信号才是有用的。

(3) 可控性：作为操作目标和中介目标必须是中央银行能够应用货币政策工具对其进行有效控制的金融指标。如果中央银行不能有效地控制操作目标和中介目标，即使已发现其偏离政策目标也没有办法使其恢复到正确轨道。

(4) 抗干扰性：作为操作目标和中介目标的金融指标应能较准确地反映政策效果，并且较少受外来因素的干扰。只有这样，才能通过货币政策工具的操作达到最终目标。

2. 选择中介目标和操作目标的客观条件

选择中介目标和操作目标时，不仅要注意应尽量满足其选择标准，还应注意各个国家各个时期的客观条件，而不能简单地照搬外国的做法。

首先，考虑经济管理体制、市场发育程度、经济发展水平等因素的制约和影响。例如我国过去实行信贷总量控制，利率对货币供应量就没有什么影响。利率实行管制，利率就不能作为中间指标。利率缺乏弹性，也就难以通过改变利率影响商业银行的超额准备。

其次，考虑各个国家不同时期客观条件变化的因素。例如20世纪60年代美国中介目标主要使用金融机构的贷款利率和债券市场利率，使得美联储常常发生困惑。因为利率上升可能由两种原因引起，其一是紧缩政策、货币供应减少的结果；其二是物价上升形成物价上涨预期导致投机性资产需求增加的结果。前者说明政策已经产生效果，没有问题。后者则表示紧缩政策的力度还需要加强。但是，美联储却难以区别利率的上升究竟是由哪种原因引起的。20世纪70年代，随着通货膨胀的加剧，美联储放弃利率作为中介目标，而改用与物价相关性较强的货币供应量作为中介目标。

7.5.3 可供选择的中介目标分析

可供选择的中介目标主要有：货币供给量和利率。在一定条件下，贷款量和汇率亦可作为中介目标。

1. 货币供给量

货币供给量作为货币政策中介目标的优点是：第一，货币供给量的变动能直接影响经济活动。第二，中央银行对货币供给量的控制力较强。第三，与货币政策意图联系紧密。货币供给量增加，表示货币政策扩张；货币供给量减少，表示货币政策紧缩。第四，不易将政策性效果与非政策性效果相混淆。

但以货币供给量作为中介目标也存在一些缺点，主要是中央银行对货币供给量的控制能力并不是绝对的。货币供给量的变动既取决于基础货币的变动，也取决于货币乘数的变动。后者受多种非中央银行可完全控制的因素影响。如通货—存款比率和超额准备率等，它们主要受公众和商业银行行为的影响。中央银行虽然可以通过利率等政策工具来影响它们，但这种影响是不确定的。特别是在通货紧缩时期，常会出现基础货币增加、利率下降，但货币供给总量增长幅度却下降的非常规变动的情况。另一方面，中央银行通过应用货币政策工具对货币供给量的控制存在一定的时滞。

另外，由于货币供给量是一个多层次概念，以其作为货币政策的中介目标，就存在以哪一层次的货币供给量作为指标的问题。对此各国做法不一，但从发展趋势来看，越来越多的国家把控制重点从 M_1 转向 M_2。

货币供给量可分为：M_0、M_1 和 M_2 三个层次。M_0 为流通中现金；M_1 为狭义货币，等于 M_0＋活期存款；M_2 为广义货币，等于 M_1＋定期存款＋储蓄存款。

在这3个层次的货币供给量指标中，我国中央银行应该以哪一个指标为控制重点呢？这主要取决于这3个指标各自的特点和我国经济的客观实际。

在金融市场发育程度较低、可用的信用工具较少的情况下，现金是主要的信用工具，控制住现金的供给也就在很大程度上控制住了货币总量的供给。因此，在此情况下，现金应作为中央银行控制的重点。在新中国成立以来直至90年代以前我国也主要以现金作为中央银行控制的重点之一（另一重点是贷款总量）。但是90年代以来，随着金融市场的逐步发展，信用工具的日益增多，现金在流通媒介和支付手段中所占比重大幅下降，仅控制现金并不能有效地控制货币供给总量，也不能有效地控制经济的扩张和紧缩。因而，货币控制的重点自然应该向范围更为广泛的货币指标转移。但是，由于我国目前现金的使用仍然占有相当的比重，现金的发行也易于控制，因此，将现金指标作为货币政策的中介目标之一仍然是必要的。

从狭义货币 M_1 和广义货币 M_2 两个指标来看，在发达的金融市场条件下，M_2 与国民收入的联系比 M_1 更为紧密，且 M_2 比 M_1 更便于中央银行控制。因为中央银行很难在短期内控制货币在现金与活期存款和定期存款之间的移动。而对于广义货币来说，这种移动仅是内部结构的变动，中央银行并不需要特别地去控制它，而只要控制住金融体系的信用规模，就能在短期内控制住 M_2 的总量。因此，世界上许多国家逐步将货币控制的重点从 M_1 转向 M_2。我国在 90 年代初期和中期是以 M_1 作为货币控制的重点，而从 90 年代末期开始则逐步将控制重点转向了 M_2。目前，我国中央银行每年年初均对外公布 M_0、M_1 和 M_2的控制目标。

2. 利率

利率作为货币政策的中介目标，具有以下特点：①不仅能够反映货币与信用的供给状态，而且能够表现供求状况的相对变化，利率上升表明银根趋紧，反之则表明银根趋松。②中央银行能够运用政策工具加以较为有效地控制。③数据易于及时收集获得。④作用力大，影响面广，与货币政策诸目标间的相关性高。20 世纪 50 年代和 60 年代，西方各国都以利率作为主要的中介目标；70 年代后改为货币供应量为主，90 年代以来又成为美国等主要国家的首选中介目标。在我国，由于目前仍实行计划利率为主的管理体制，因此，利率主要是作为货币政策工具而非中介目标来使用的。

但是，利率作为中介目标也存在缺点：①中央银行能够控制的是名义利率，而对经济运行产生实质影响的是预期实际利率。预期实际利率等于名义利率减去通货膨胀预期。由于没有计量通货膨胀预期的直接手段，因此预期实际利率是很难准确计量的，中央银行对预期实际利率就很难准确控制。②利率对经济活动的影响更多地依赖于市场主体对经济收益变动的敏感性，即货币需求的利率弹性。货币需求的利率弹性大，则利率变动对经济活动的影响就大，反之则小。而货币需求的利率弹性既受经济体制的影响，也受金融市场发育程度和经济运行状况等的影响。比如在我国目前从计划经济向社会主义市场经济转轨过程中，银行、企业和居民个人作为独立的市场主体地位尚未完全确立，加上金融市场发育程度较低，可选择的投资工具和渠道仍相对较少，转轨时期未来收益、社会保障等问题的不确定性较大等因素都制约了利率调整对经济活动的影响力。此外，在经济运行的不同时期，特别是在扩张和紧缩时期货币需求的利率弹性也是大不一样的。这都会影响利率调整对经济活动的影响力。如我国 1996—1998 年连续 6 次下调利率对总需求的刺激作用并不显著。日本则在经济严重衰退的时候将利率降到 0.5%的极低水平，也无法刺激其经济的复苏。

3. 货币供给量和利率不能同时作为一个国家货币政策的中介目标

货币供给量和利率是市场经济国家常用的中介目标。但不能同时选择这两个指标作为中介目标。因为这两个指标之间并不具有严格的一一对应关系。如果同时选择这两个指标，可能使中央银行处在进退两难的境地。

如果中央银行将货币供给总量作为中介目标，则利率将失去控制。图 7-2 为中央银行将货币供给量作为中介目标的结果。虽然中央银行预期货币需求曲线位于 Md,可是由于经济增长率和通货膨胀率的意外变动,该曲线在 Md_1 和 Md_2 之间波动。因为公众对于持有债券还是持有货币的偏好可能发生变化,使货币需求曲线可能出现意外的位移。如果中央银行将货币总量目标定为 M_2 增长 20%,以使货币供应处于 M^* 位置,那么,中央银行预期利率将在 I^*。但是,如图所示,货币需求曲线在 Md_1 和 Md_2 之间的波动将导致利率在 I_1 和 I_2 间的波动。追求货币总量目标将意味着利率波动。

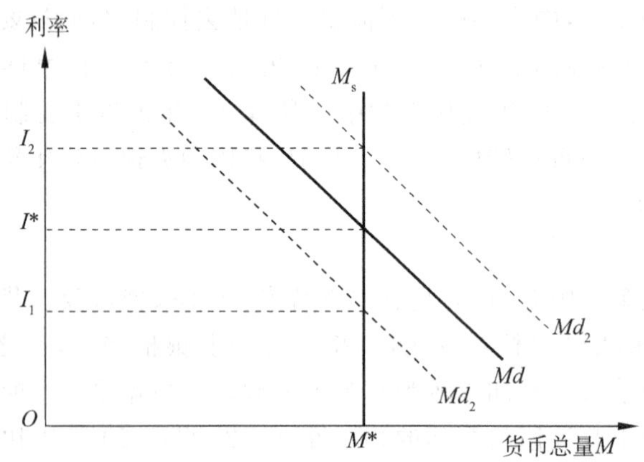

图 7-2　以货币供给量作为中介目标的结果

图 7-3 为中央银行将利率作为中介目标控制的结果。虽然中央银行预期货币需求曲线位于 Md,可是由于经济增长率、通货膨胀率的公众持有货币偏好的意外变动,该曲线在 Md_1 和 Md_2 之间波动。如果货币需求曲线降到 Md_1 以下,利率将降到 I^* 以下,而债券价格将上升。中央银行为了维持其利率目标,将在公开市场出售债券以促使其价格下降和利率上升到目标水平。反之,中央银行将在公开市场购买债券。因此,中央银行盯住利率目标将导致货币供给总量的波动。

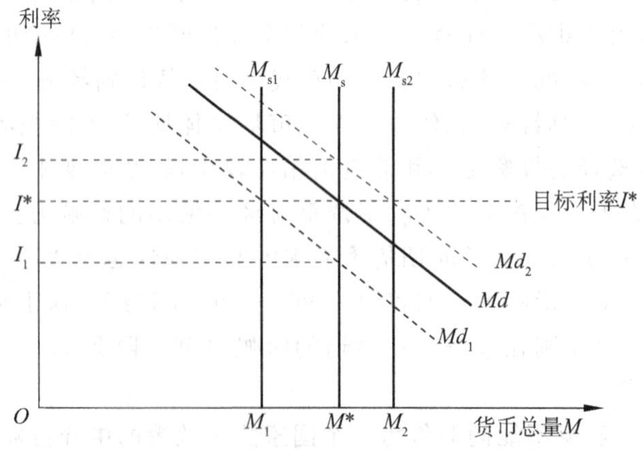

图 7-3　以利率作为中介目标的结果

4. 货币供给量和利率作为中介目标孰优孰劣

从以上分析可见,货币供给总量目标和利率目标是互不相容的。中央银行可以达到其中的任何一个,但不能同时达到两个目标。那么如何在它们之间进行选择呢?根据前面的选择标准，我们再对二者进行一些比较。

(1) 可测性。从表面来看，利率似乎比货币供给量更便于测量，作为中介指标似乎更为有用。与货币总量相比，利率数据不仅能较快地得到，而且也更准确，并且很少修正。而货币供给总量则需多次修正。但是，能够迅速准确地得到的利率是名义利率，通常情况下不能用来计量借贷的真实成本。而真实成本对于预测 GDP 的变化具有重要意义。真实成本可用预期实际利率来衡量。预期实际利率等于名义利率减去通货膨胀预期。由于没有计量通货膨胀预期的直接手段，因此预期实际利率是很难准确计量的。由于利率和货币总量指标均存在可测性问题，因此，仅以此标准，何者更适宜作中介目标并不清楚。

(2) 可控性。前面对货币供给量可控性的讨论说明，中央银行对货币供给总量确实具有一定的控制能力。此外，中央银行通过公开市场业务、调整再贴现率，甚至直接规定利率等办法，对市场利率也具有控制力。但是中央银行只能控制名义利率而不能完全控制实际利率。

7.5.4　可供选择的操作目标分析

中央银行货币政策可选择的主要操作目标有准备金和基础货币。

1. 准备金

准备金是中央银行各种货币政策工具影响中介目标的主要传递指标：法定准备率的变动直接导致准备金的变动再影响到中介目标；再贴现率的变动即通过昭示作用影响市场利率，也通过影响再贴现贷款数量影响商业银行借入储备；公开市场业务则通过债券的买卖影响商业银行的非借入储备再影响中介目标。商业银行准备金越多，其增加贷款的能力就越强，反之就越弱。准备金的增加，意味着市场银根宽松，反之则意味市场银根紧缩。因此，以准备金为操作目标，有利于监测政策工具的调控效果，及时调节和有效控制其方向和力度。

准备金有不同的计量口径：准备金总额、法定准备、超额准备、借入储备、非借入储备等。借入储备是指商业银行等存款货币机构通过向中央银行再贴现和贷款形成的储备，非借入储备则是指商业银行等存款货币机构通过公开市场业务形成的储备。不同的准备金指标的影响因素是不同的。学界对选择哪一个准备金指标作为操作目标存在分歧。货币学派认为准备金总额是对货币供给量的最优控制器。而美联储则认为非借入储备更好。1979 年 10 月至 1982 年 10 月美联储主要使用非借入储备，此后则改为借入储备。

我国在 1998 年 3 月 21 日对存款准备金制度改革以后，将法定存款准备金账户和备付金账户合二为一，同时，将法定准备率下调至 8%。这样，超额储备便成为中国人民银行一个主要的操作目标。

2. 基础货币

基础货币也是中央银行可选择的重要操作目标。基础货币也被称为“强力货币”和“高能货币”，充分显示了其在货币创造中的重要作用。由于货币供给总量等于基础货币乘以货币乘数，在货币乘数一定的情况下，或货币乘数变动可预测的情况下，控制住基础货币也就控制住了货币供给总量。

基础货币是由准备金和流通中现金组成的,二者均是货币创造的基础。因而,作为操作目标,综合考虑二者在内的基础货币比只考虑其中之一的准备金更为有利。特别是在金融市场发育程度较低、现金流递比例较高的情况下,控制基础货币显然比单纯控制准备金更为重要。当中央银行通过公开市场业务购买债券时,其对准备金的影响取决于债券出售者将其所得款项以现金形式持有还是存入中央银行。如果以现金形式持有,则中央银行在公开市场的出售对准备金就没有影响;如存入中央银行,则准备金总额增加。但不管是以现金形式持有还是存入中央银行,其对基础货币的影响都是一样的。因此,中央银行通过公开市场业务对基础货币的控制比对银行准备金的控制确定性要强得多。

当然,中央银行对基础货币的控制也不是完全的。相比而言,由公开市场业务形成的那部分基础货币,中央银行控制力较强;其余部分,即由再贴现和贷款创造的那部分基础货币,中央银行控制力较弱。

此外,通过基础货币控制货币供给总量还取决于货币乘数是否稳定可测。货币乘数并不是一个常数,而是一个经常波动的变量。这必然影响通过基础货币控制货币供给总量的效果。不过,货币乘数的变动还是比较有规律的,一般在短期内变化不大,货币乘数因而是基本可预测的。

基础货币也是我国现行的货币政策操作目标。由于我国目前货币乘数相对稳定,基础货币在货币供应总量形成中具有关键性作用,对存款货币银行的贷款能力有决定性影响。在基础货币中,现金这一指标随着改革的逐步推进其可控性越来越低,尽管我国目前仍实行现金管理,但这种管理的有效性正在递减。鉴于此,我国目前将现金纳入货币供应量的层次目标体系之中进行监控。

7.5.5 货币政策指标选择的历史考察

由于各个指标各有优劣,在什么指标更适宜作为货币政策的中介目标和操作目标这一问题上,学界有许多争论,并无定论。以下对几个主要国家货币政策目标和工具使用历史的简要回顾,可能有益于加深我们的理解。

1. 美国

20 世纪 70 年代以来,美国联邦储备银行基本上接受了货币主义的"单一规则",确定货币供应量作为对经济进行宏观调控的主要手段。进入 20 世纪 90 年代以来,美国宏观经济调控领域发生的最重大事件之一,就是通过了预算平衡案。在新的财政运作框架下,联邦政府已不再可能通过扩大开支、减少税收等传统财政政策刺激经济,从而在相当程度上削弱了财政政策对经济实施宏观调控的作用。这样,货币政策就成为政府对经济进行调控的主要工具。1993 年 7 月 22 日,现任美联储主席格林斯潘突然出人意料地宣布,美联储决定放弃实行了十余年的以调控货币供应量来调控经济运行的货币政策规则,而以调整实际利率作为对经济实施宏观调控的主要手段。这就是现在美国金融界的"泰勒规则"。其含义可简要表述为:在各种影响物价水平和经济增长率的因素中,真实利率是唯一能够与物价和经济增长保持长期稳定关系的变量。泰勒认为,调整真实利率,应当成为货币当局的主要操作方式。"泰勒规则"所确立的"中性"原则既秉承了"单一货币增长规则”的主旨精神，又比“单一规则”更具灵活性，其优点是显而易见的。该规则将规则性和相机抉择为基础进行两种政策模式配合起来，相互协调，以规则性来保证政策的连续性，以相机抉择来为货币政策增加一定的灵活性和应变性。货币当局一方面通过规则性的货币政策作用于人们的预期；另一方面可通过微调操作进行渐进调整，在达到政策目的的同时，又能在很大程度上减缓经济系统的震荡，因此该规则受到了众多学者的重视，并为越来越多的中央银行所接受。从1993年泰勒规则提出，美国宏观经济在通胀率和失业率“双低”的情况下持续稳定增长，以泰勒规则为理论指导的美联储作为货币政策的制定和实施者功不可没，从实践层面证明了泰勒规则的政策效果。哥伦比亚大学、纽约大学以及高盛投资公司众多学者的研究还表明，德国、日本等发达国家，和一些新兴国家与发展中国家的货币操作与利率调控也基本上都是遵循泰勒规则或其演化形式进行的。以上种种表明，泰勒规则对各国中央银行的货币操作具有重要的理论和实践的指导意义。

2. 英国

英国从1993年开始货币政策操作直接盯住通货膨胀目标，不再依赖于其他中介目标，而货币供应量指标只是作为对宏观经济金融进行分析研究的监测指标。自1694年英格兰银行建立以后的三百年里，英国的平均通胀率仅为1.4%。但在经历了第二次世界大战之后，通胀率达到了6%，并且在1965—1980年间平均不下于10.3%。

英国在1945—1996年间面对如此严重的战后通货膨胀，海内外的经济学家都认为政府应该从长期角度在通货膨胀和产出两者之间直接作出权衡。1970年，货币总量目标被引入，先是面对宽口径的货币量，而后面对窄口径。在80年代中期，一些无法预期的变化导致了政府舍弃货币总量目标，转向汇率目标。在1990年，英国加入汇率体系，但在1992年9月16日被迫放弃了会员资格。在这期间，来自国内外的压力迅速累积。在离开汇率体系之后，英国需要建立新的货币政策基础以适应国内目标。1992年10月，在经过英格兰银行和财政部的协商之后，宣布了新的货币政策框架，包括两个方面：①利率作为面对通货膨胀(控制在2.5%以下每年)的直接货币政策目标；②英格兰银行作为设定利率的重要角色。这种变化增强了货币政策的传导性和开放性。在新政策公布的10个月内，通货膨胀率控制在了2.5%以下，在1996年年底又达到3.1%。至今，英国仍然直接盯住通货膨胀目标。

3. 德国

德意志联邦银行的货币政策传导过程较为简单：货币政策工具、货币政策中介目标、货币政策最终目标。1973年前，联邦银行一直是把银行银根作为其货币政策中介目标，具体指标是自由流动储备，包括商业银行的超额储备、商业银行持有的货币市场上的证券存量、短期外国资产及未使用的再贴现限额。把自由流动储备作为货币政策中介目标有一个条件，那就是自由流动储备与银行信贷活动之间要有一个稳定的联系，也就是说联邦银行可以通过控制自由流动储备来达到控制银行信贷、影响货币量和整个经济活动水平的目的。这只有在商业银行需要依靠联邦银行来获得流动性的情况下，联邦银行的目的才能达到。在20世纪70年代前，这种条件是具备的。然而进入70年代后，欧洲货币市场的急剧发展壮大，为商业银行的国际融资活动提供了有利的场所和便利，*CD*市场的出现，行际关系的扩大，都使得商业银行的流动性来源渠道多样化。联邦银行不能再通过改变商业银行的流动性比率来控制银行提供信贷量了。形势的变化使得自由流动储备作为中介目标有时会给货币政策的执行造成错误的信号。1973 年的石油危机及联邦银行一贯实行的紧缩银根的做法，导致市场上对贷款的需求很大，推动利率上升，储备额大增，商业银行为攫取利润尽力降低流动性比率来满足信贷需求，造成联邦银行对银行银根和货币总量失控，致使当年通货膨胀率达到 7%。进入 70 年代后，德国保卫马克的政策目标受到威胁，银行认识到货币供应量与经济波动之间的关系比银行银根与实际经济波动之间的关系更加密切。这样，从 1974 年开始，联邦银行就把中介目标从自由流动储备转向货币供应量。在 1988 年以后，由控制中央银行货币存量转向控制 M_2，并取得了良好的效果。

4. 日本

20 世纪 70 年代以前，日本银行主要以银行同业拆放市场利率作为操作目标，同时也经常关注民间金融机构尤其是都市银行的贷款增加额。进入 70 年代后，随着世界金融形势的变化，主要发达国家都将货币政策的中介目标从利率转向货币供应量，受其影响，日本银行也将中介目标的重点转向了货币供应量。

日本银行最初选择了 M_1 作为主要中介目标，在 1979 年引入可转换大额存单制度后，就改为 M_2+CD。这是因为：1972 年后，日本发生通货膨胀，利率曾大幅上升。在这种情况下，由于活期存款是无息的，因而利率升降便引起活期存款同定期存款之间的资金频繁转移，使 M_1 这个指标不稳定，而 M_2+CD 包括了现金、活期存款、定期存款和 CD 等项，可避免这种不稳定性。M_2+CD 较之 M_1 与将来的收入和支出有着更为密切的因果关系。因为 M_2+CD 能先于收入和支出变动，对未来的收入和支出产生影响。而作为中央银行，最重要的就是要控制与将来可能出现的收入和支出联系最密切的通货指标。20 世纪 80 年代中期，由于划分货币层次的复杂性和金融创新引起新的货币产生，日本银行对货币供应量作为中介目标的依赖性逐渐减弱，注意力转移到一整套以金融市场为背景的金融变量上。在这一时期，市场利率、汇率、资产价格、广义货币都被作为货币政策的主要中介目标，其中市场利率日益成为货币政策操作的中心，作为货币政策的指示器发挥了更加重要的作用。例如 1989 年和 1990 年，日本银行将市场利率的上升视为实施紧缩的货币政策刺激的结果。进入 90 年代末，海外经济的普遍下滑对日本经济也产生了很大的负面影响，美国的恐怖袭击事件更加提高了日本经济前景的不确定性。作为应对措施，2001 年，日本银行改变了主要的操作目标，从隔夜拆借利率转向经常性账户未偿付差额，并且在物价停止紧缩之前始终保持这个政策。虽然日本实施宽松货币政策对经济复苏的影响有限，但对于低谷中的日本经济，还具有很多积极影响。

5. 中国

在 1979 年以前，我国实行的是完全的计划经济体制，强调的是“钱随物走”，资源分配主要通过国家行政命令决定，人民银行的职责是根据国民经济计划供应资金，即“守计划，把口子”，货币政策的目标则是便利计划的贯彻，经济计划的执行结果与计划要求非常接近。货币政策的传导几乎是在人为地进行控制，中间经济变量简单而且变动很小。也就是说，这一阶段，货币政策中介目标的作用并不大，人民银行并不重视中介目标的控制。1979 年之后，我国经济体制发生深刻变革，货币政策对国民经济的影响作用逐步上升，特别是 1984 年人民银行行使了中央银行职能，1985 年信贷管理体制改为“实贷实存”以后，在货币政策传导中，又有许多新的经济变量发挥着重要作用，设置中介目标也被提到了议事日程，而且，选择哪种经济变量作为中介目标也成为理论界争论的焦点。在改革之初，我国货币政策中介目标主要是控制现金量，之后，转向控制广义货币供应量，但当中央银行对基础货币吞吐不能自主操作时，为了货币、金融的稳定，就不得不又将贷款规模也作为货币政策的中介目标。在这之后的十几年里，贷款规模对于抑制信贷需求、控制货币供应量方面确实发挥了重要作用，但随着市场经济的发展，贷款规模的作用在逐步削弱，其弊端也逐步暴露出来。

(1) 贷款规模不利于地区间资金的合理调整和社会资源的优化配置。由于受信贷限额的影响，经常会出现有资金无规模，或有规模无资金的现象，银行绕规模放贷、非法拆借、资金投向证券、房地产等违规现象也陆续出现。资金一反改革之初西北及内陆地区存差、沿海地区借差的状况，沿海地区成了存差、西北及内陆地区形成了借差，差距越来越大。

(2) 贷款规模制约了企业的发展，加剧了企业吃“大锅饭”现象。受季节性因素影响，一个地区即使效益好的企业急需资金，因受贷款限额的制约，也不能从银行取得贷款。另外，银行为了争规模、占指标，不管企业是否需要资金，不管是好企业还是差企业，到年底就大规模突击放贷，造成众多恶性影响。

(3) 贷款规模缺乏严肃性和科学性，已不能真实反映经济运行状况。我国在每年年初都要制订贷款规模计划，而且都力争不突破计划，而到年中，几乎每年都要调整计划，有时到年底还要调整。可见，贷款规模在特定时期，把它作为货币政策的一个手段还有其可行性，而作为中介目标与我国经济运行的现实不甚相符。于是 1998 年，中央银行取消了实行近五十年的贷款规模限制。这一传统调控手段的寿终正寝，标志着我国货币政策当局认识到“信用总量”这一中介目标现实意义的局限性，并已淡化其在货币政策中的调控地位。1993 年，央行首次向社会公布货币供应量指标。1994 年 9 月，中国人民银行首次根据流动性的高低定义并公布了中国的 M_0、M_1 和 M_2 三个层次的货币供应指标。M_0 即流通中现金；M_1 包括 M_0、企业活期存款机关团体部队活期存款、农村活期存款以及个人持有信用卡类存款；M_2 包括 M_1 及城市居民储蓄存款、各种单位和个人的定期存款以及各类信托存款。1996 年，央行采用货币供应量 M_1 和 M_2 作为货币政策的调控目标，标志着我国开始引入货币政策中介目标。1998 年，随着信贷规模控制遭到放弃，货币供应量作为中介目标的地位更是无可争议。目前，我国的货币供应量指标已受到政府的重视，被看作是货币政策取向的风向标。在 1994 年国务院《关于金融体制改革的决定》(以下简称《决定》)以及 1995 年通过的《中央银行法》中，货币政策的目标被表述为“保持币值的稳定，并以此促进经济增长”。同时《决定》明确规定：“货币政策的中介目标和操作目标是货币供应量、信用总量、同业拆借利率和银行备付金率。”同美联储相比，我国货币政策也有“中性”货币政策和“泰勒”规则的影响。比如“保持币值稳定规则”目标和中介目标中的“两量”“两率”。

专栏 7-2　中国货币政策：回归法定目标

2009 年，中国货币政策的宽松程度堪称十余年之最：广义货币供应量增长 27.7%，远远超过货币当局原先预定的增长 17% 的目标，比 GDP 增长率与消费物价涨幅之和高 20 个百分点；新增人民币贷款接近 10 万亿元，几乎为上年新增贷款的 2 倍。

在中国经济遭受国际金融危机冲击之际，高度宽松的货币政策带来的货币信贷激增固然有力地支持了中国经济快速企稳回升，但也被普遍认为助长了资产尤其是房地产价格泡沫，并蕴含了令人担忧的通货膨胀风险。

在此背景下，对近十年来中国货币政策的反思表明，实践中以"促进经济增长，兼顾通货膨胀承受能力"为目标的货币政策孕育了显著的通货膨胀风险与资产价格泡沫风险，回归货币政策"稳定币值，并以此促进经济增长"的法定目标，是有效管理通货膨胀预期、应对资产价格泡沫风险、促进转变经济发展方式的必然之选。

货币政策目标：法规与现实

准确理解货币政策目标，是理解中国货币政策行为的关键，也是改进货币政策必然面对的问题。

按照《人民银行法》的规定，"货币政策目标是保持货币币值的稳定，并以此促进经济增长"。但是，《人民银行法》同时规定，"中国人民银行在国务院领导下，制定和执行货币政策"，因此中国制定货币政策的"货币当局"超出了人民银行的范畴，关键决策权在国务院。

国务院负责的经济社会全局不能仅由物价与经济增长指标进行概括，因此不难理解人民银行行长周小川在中国金融学会 2009 年年会演讲时对货币政策目标所作的诠释，即中国的货币政策历来作为宏观调控的一部分，围绕四个目标来设定：第一是低通货膨胀；第二是经济增长；第三是保持较高的就业率，也可以理解为较多的新增就业；第四是保持国际收支大体平衡。

给各个目标赋予权重，根据加权目标制定最优政策，是教科书和理论研究中通行的"多目标条件下决策"的标准做法，但在实践中并不常见，因为这种决策方法容易过于机械。实践中往往需要确定各个目标重要性的优先顺序。

回顾关于中国宏观调控（主要是货币政策）具体目标的公开资料，主要包括国民经济与社会发展"五年规划"、《政府工作报告》，以及人民银行编制的《货币政策执行报告》，可以推断中国货币政策目标基本上是"促进经济增长为主，兼顾通货膨胀"，在目标之间的权衡主要表现为经济增长与通胀之间的权衡。

首先，国际收支平衡与就业不是货币政策直接关注的重点。近年来，中国经常账户盈余占国民生产总值的比重较高，没有明显的以货币政策措施减少国际收支盈余的迹象。货币政策促进就业的效果，似乎也是通过促进经济增长来间接实现的，这是因为，一方面，货币政策适合影响经济总量，但难以微调结构，而经济结构对就业有显著影响；另一方面，中国目前缺乏及时、可靠、周详的就业数据，已有的季度登记失业率不能灵敏、准确地反映劳动力市场状况，因此客观上货币政策也难以对就业状况变动直接作出反应。此外，人民银行调查统计司发布的《宏观经济形势分析》报告在"中国经济趋势"部分，只谈经济增长趋势与物价变动趋势，不谈就业和国际收支差额趋势，也是货币政策不直接关注国际收支平衡与就业的间接证据。

其次，若干迹象表明，货币当局对经济增长的关注超过对物价的关注。

从"五年规划"看，中国有中期经济增长的定量目标数，但是没有"中期物价稳定"的量化指标。例如，"十一五"规划（2006—2010 年）规定，国内生产总值（GDP）年均增长率的预期目标为 7.5%；"十五"计划（2001—2005 年）规定，年均经济增长速度的预期目标为

7%。但是,“十一五”规划与“十五”计划在谈及物价问题时,仅表示“保持物价稳定”或“价格总水平基本稳定”,未做定量规定。实际上,包括在其他公开场合,中国货币当局从未对何为价格稳定作出具有定量性质的解释。

结合历年《政府工作报告》及《货币政策执行报告》可知,物价方面存在年度量化目标,但量化指标只是逐年相机抉择而定。例如,物价涨幅预期目标在2002年为0～1%,2003年为1%;2004年之后主要在3%与4%之间摇摆,但2008年是个例外,物价涨幅预期目标为4.8%。如果没有关于物价涨幅的中期定量目标,则短期相机抉择主导货币政策在所难免。

货币当局确定这些预期目标的一个重要依据是,公众、企业等对通货膨胀的承受能力。例如,2010年《政府工作报告》解释为何考虑“居民消费价格涨幅3%左右”时,依据之一就是“居民的承受能力”,2008年《政府工作报告》中也有类似的表述,“考虑到居民、企业和社会各方面承受能力,努力避免物价涨幅过大。”至于多大的物价涨幅是居民等可承受的边界,货币当局并未给出明确的解释,但1989年《政府工作报告》显示,1988年“全国零售物价总指数比1987年上升18.5%……超越了群众、企业和国家的承受能力”。

货币经济学研究表明,物价不稳定会影响价格发挥引导资源配置的信号,造成经济扭曲和国民福利损失,并进而认为存在最有利于资源配置的最优通货膨胀率。美联储在讨论何为美国的最优通货膨胀率时,时任美联储主席的格林斯潘曾表示,他认为理想的通货膨胀率应当是零通胀,但是考虑到产品与服务的质量改善因素及物价指数的具体测算方法,美国适度的通货膨胀率大约是2%。

中国的适度通货膨胀率到底是多少,如周小川所言,需要考虑中国从计划经济向市场经济转轨中的价格改革需要,在“不能承受的18.5%的涨幅”之下,到底适度通货膨胀率处在哪个水平或哪个范围,应当通过研究予以明确。

对此问题的认识缺失在实践上容易产生货币政策目标以“促进经济增长”为主的结果。到底什么情形构成“通货膨胀难以承受”,是一个比较模糊、结论弹性相当大的问题,不排除一些被认为可以承受的通货膨胀水平,已经足以对经济产生显著的扭曲,不是货币政策的最优选择。

货币政策中介目标:确定与实施

由于从运用货币政策工具(调节法定存款准备金率、开展公开市场操作等)到影响货币当局关注的经济增长与物价稳定等“最终目标”之间,存在显著的时滞,因此各国货币当局为实现货币政策目标,通常要采用所谓的“中介目标”。到底中介目标应当采用货币供应量还是利率,曾经是货币政策理论与实践中争论的经典问题,选择依据则是利率或者货币供应量之中,哪个与经济增长及物价稳定的关系更加密切,经济受到的冲击主要来自实物经济部分,还是金融领域。

夏斌、廖强获得2002年孙冶方经济学奖的论文《货币供应量已不宜作为当前我国的货币政策中介目标》指出,中国“1993年首次向社会公布货币供应量指标,并于1996年起采用货币供应量M_1和M_2(广义货币供应量)作为货币政策的调控目标,标志着我国开始引入货币政策中介目标。1998年,随着信贷规模控制遭到放弃,货币供应量作为中介目标的地位更是无可争议。”

实际上，直到2005年四季度，《货币政策执行报告》还在披露次年货币供应量增长目标的同时，并列披露次年金融机构新增人民币贷款规模的预期调控目标。虽然此后信贷目标一度从上述官方报告中消失，2010年《政府工作报告》又披露了年度新增人民币贷款7.5万亿元的预期目标。可见，中国货币政策中介目标更像是“货币信贷双目标”，至少是“货币供应量为主、新增信贷为辅”。

上述双重中介目标与中国货币政策“促进经济增长为主，兼顾物价稳定”的最终目标是一致的。由于中国市场经济制度尚不完善，尤其是地方政府与国有企业的预算软约束问题尚未得到彻底解决，因此经济对于利率调整的反应不够灵敏。在这种情况下，货币当局认为货币方面的数量调控在效果上优于价格调控，确定中介目标水平的指导思想就是货币数量论。

按照最传统的货币数量论，货币供应量×货币流通速度＝物价水平×经济实际规模。若以增长率的形式近似表达，则为“货币供应量增长率＋货币流通速度变动率＝物价涨幅＋实际经济增长率”。这正是《货币政策执行报告》披露的货币当局判断货币供应量增长率合理水平、确定货币供应量增长目标的方式。

例如，2001年四季度《货币政策执行报告》在描述2001年M_2增长情况时，认为比经济增长和消费价格涨幅之和高6.4个百分点，与1998年以来各年的长期趋势大体保持一致，因此“货币供应量增长与经济增长基本相适应”；2008年四季度《货币政策报告》表述2009年M_2目标的表述则是，“以高于GDP增长和物价上涨之和约3～4个百分点的增长幅度作为全年货币供应总量目标”。之所以货币供应量增长率要超过GDP增长与物价上涨之和，官方解释是“中国货币流通速度放慢”，因此前文公式中货币流通速度变动率为负。

以货币数量论公式确定M_2增长目标时，如果以GDP增长率代表实际经济增长率，则理论上讲，公式中对应的物价涨幅应当是比消费物价口径更宽的GDP价格平减指数。但是，即使不考虑这个技术细节，中国以上述公式确定M_2增长目标的具体做法仍然略显粗糙。

2001年四季度《货币政策报告》认定2001年“货币供应量增长与经济增长基本相适应”的理由是，M_2增长率超过经济增长与消费价格涨幅之和的程度“与1998年以来各年的长期趋势大体保持一致”。在描述2002年M_2增长目标时表示，“2002年预期经济增长加物价涨幅之和为7%～8%，广义货币M_2预期调控目标为13%左右，基本保持了90年代的平均水平”。由于中国经济仍然处在转轨阶段，多长时间的趋势才能作为长期趋势指导决策？站在2001年四季度观察，1998年以来的趋势与90年代的平均水平相比是否有显著差别？到底哪个应当成为制定M_2增长率的依据？

从《货币政策报告》有披露年份的数据看，即使不考虑国际金融危机爆发之后的2009年和2010年的情况，货币当局为2002—2007年M_2增长率与经济增长加物价涨幅之差额确定的目标，在3～8个百分点之间波动，不可谓不大；该差额波动的依据，并不清楚。如果一直以差额的历史平均水平作为恰当的水平，也未必合理，因为早在2001年四季度，《货币政策报告》即指出，“承认20世纪90年代以来货币流通速度年平均减缓5～6个百分点，其本身包含了承认进一步积累中长期通货膨胀压力的事实”，货币流通速度减缓"也包括货币超经济增长的通货膨胀积累因素……从中长期看,要防止通货膨胀因素的继续积累。"实践中,2002 年之后各年 M_2 的目标增长率均高于 2002 年 M_2 增长 13%的目标,可能意味着通货膨胀因素在继续积累。

以 M_2 高于经济增长率与物价涨幅之和某个水平确定货币政策中介目标的做法再次确认,货币政策兼顾经济增长与物价稳定。而 2001 年四季度《货币政策执行报告》认定 2001 年"货币供应量增长与经济增长基本相适应",而不是"与经济增长及物价稳定基本相适应",则可以作为货币当局关注经济增长胜过物价稳定的间接证据。

虽然按照上述做法确定的 M_2 目标增长率已经积累了通货膨胀风险,但是实际执行的结果是,除 2004 年之外,2002 年以来历年 M_2 增长率均超过目标增长率。从这种意义上讲,近年来中国货币政策存在"系统性宽松"。2009 年 M_2 增长率超过预计目标 10 个百分点,更是系统性宽松的突出表现。实际上,2009 年货币政策中介目标已经失效,货币政策更像是直接盯住"经济增长率保八"这个最终目标。

随着近年来中国外汇储备持续快速增长,中央银行对冲外汇占款增加导致的基础货币扩张的确增加了中央银行实现货币政策中介目标的难度,财政在人民银行的存款大幅波动也是增加货币调控难度的因素,但 M_2 超目标增长的根本原因应当不是中央银行丧失了对货币供应量的控制能力。

从法定存款准备金率、公开市场操作及中央银行票据发行与回笼情况看,中央银行有能力控制基础货币及货币乘数的最大理论值。这个判断的例证包括,从中央银行公布的《货币当局资产负债表》看,近年来不少月份,中央银行还在通过央行票据操作净投放基础货币。例如,2003 年 10～12 月和 2005 年 7 月中国改革人民币汇率体制之前的 6～7 月、消费物价涨幅颇高的 2007 年 9～12 月,中央银行票据操作对基础货币的影响都是净投放。

与确定货币供应量增长率目标的方式相比,货币当局没有披露确定新增贷款目标的具体方式,可以说更加不透明;相同点是确定新增贷款目标的方法也比较粗糙。例如,《货币政策报告》给出的 2004 年人民币贷款新增规模预期目标的理由是,"考虑到 2003 年货币信贷增长过快的滞后效应,2004 年新增贷款规模应低于 2003 年的实际水平"。严格来讲,这个解释只能指导新增贷款规模的调整方向,并不能确定调整的目标水平。此外,尽管货币供应量增长与人民币贷款增长之间并无稳定的对应关系,但是在经济规模与货币供应量基数逐年走高的情况下,为什么 2005 年 GDP 增长 8%、M_2 增长 15%的目标对应着人民币贷款预期新增 2.5 万亿元,2006 年 GDP 增长 8%、M_2 增长 16%的目标对应的人民币贷款预期新增规模仍然是 2.5 万亿元,其中体现了何种货币政策规则,令人费解。

在市场经济条件下,中央银行通常在利率与货币供应量之间择一调控,市场规律会自动决定未调控变量的取值。目前,中国货币当局不仅调控货币供应量及利率,并且调控新增信贷规模,由此带来诸多问题:不仅容易造成金融资源配置扭曲,并且货币政策首先难以兼顾多个中介目标,难以同时说明多重目标具体水平的合理性。加之中国经济转轨阶段货币政策传导机制不够清晰、稳定,中国货币政策的多重最终目标及多重中介目标容易造成中央银行在实施"操作目标、中介目标、最终目标"三步走的过程中,产生中介目标、操作目标不清楚的问题,也增加了中央银行对外解释货币政策行为的困难。

货币系统性宽松:成因与后果

近十年来中国货币政策系统性宽松,不仅表现在货币供应量目标增长率与经济增长及物价上涨目标存在显著的差额,而且表现在货币供应量基本上超目标增长;此外,还表现在中国 M_2 与 GDP 之比(2009 年近 160%)不仅高于巴西、俄罗斯、印尼、南非等新兴市场国家,也高于美国、日本等发达国家。

究其原因,最主要的应当是在纸币流通、内部经济转轨和外部经济条件变化带来较多不确定性的情况下,如果以经济增长为首要目标,政府就有多发货币的倾向。这在 2009 年以扩张性货币政策应对国际金融危机冲击的过程中,表现尤为明显。

从历史经验看,2009 年原定 17% 的 M_2 增长率本可以支持经济增长 8%,这也是货币当局确定该目标的原因。但是,由于在国际金融危机造成实体经济不景气的同时,资本市场投机难以被有效治理,导致大量信贷资金流入股票市场、房地产市场,在这种情况下以货币信贷增长支撑经济增长率"保八"的附带结果,就是货币供应量增长率超过目标 10 个百分点,可谓高度扩张。

此外,所谓的中国"货币失踪"之谜,即货币增长与总需求增长、物价上涨之间的短期数量关系不密切,货币供应量较快增长通常在短期内并未引起严重通货膨胀,也是货币政策虽兼顾通货膨胀,但仍出现系统性扩张的重要原因。

"货币失踪"也可称为"通胀失踪"。其中可能有物价统计不完善的原因。例如,尽管近年来房价持续快速上涨,并带动房租上涨,目前中国消费物价指数中,居住类价格所占的权重仅为 14.69%,被普遍认为有所低估,且大量居民自住房进入居住价格的"推定房租"也有低估的嫌疑,因此消费物价统计可能低估了实际的消费物价涨幅。但是,导致通胀短期失踪的主要原因,更似以下两点:

其一,由于市场经济及配套的社会保障制度不完善,中国收入分配差距拉大;考虑到中低收入群体边际消费倾向相对较高、中高收入阶层边际消费倾向较低,货币供应量增长与总需求之间的短期关系不密切。

其二,与上述现象相关,受中高收入阶层边际消费倾向较低、货币供应量持续宽松蕴含长期通货膨胀风险影响,中高收入阶层增加对可投资品的购买,导致了住房价格持续攀升,而高房价对中低收入阶层产生了"强迫储蓄",进一步抑制了短期通货膨胀压力。

近年来货币政策持续宽松,到底造成了什么样的影响?货币政策既然兼顾以经济增长为主的目标,是通盘考虑的结果,因此评价其效果也需要考察宏观经济整体表现,而不仅是考察价格指标。

从经济增长看,近年经济增长速度总体较快,宽松的货币政策起到了支持作用。但是也积累了显著的风险,主要表现为通货膨胀风险和资产价格泡沫带来的金融风险。

通货膨胀风险的表现之一是,货币政策对通货膨胀的影响力减弱。分析可见,近年来通货膨胀的波动性增大,即使不采用通货膨胀的方差之类的统计指标,从消费物价指数同比增长率的月度变化,就可以直观地感受到这种显著波动:2006 年 2 月消费物价同比上涨 0.9%,2008 年 2 月则达到 8.7%;2003 年至今的通货膨胀率波动性显著超过 1998—2002 年的波动性。对照多方对通货膨胀的解释,可以感受到的是粮食、食品领域的供给冲击在主导通货膨胀,而不是货币政策在主导物价稳定。这与中国近年货币政策持续宽松的判断相一致：正是因为货币信贷供应过剩，货币信贷通常不是影响微观经济主体行为的“紧约束”，经济活动、物价变化主要受货币政策之外的因素影响。

展望未来，多种原因可能导致历史积累的通货膨胀风险逐步释放：

第一，商品和服务的生产、销售结构逐步适应新的收入分配、中高端需求会更多释放，而满足中高端需求会占用更多的资源，改变目前有利于抑制通货膨胀的供求结构；与此相关，尽管粮食产量适度增长，高附加值食品的生产仍然可能带动食品价格走高；

第二，以人为本的发展观有望逐步解决住房难等问题，与高房价等相伴的强制储蓄可能逐步转化为消费需求；

第三，在西方发达国家通货膨胀成因中具有重要作用的传导机制，即“预期通货膨胀—工资议价—生产成本—通货膨胀”，未来在中国的影响力可能渐强，职员“用脚投票”（“民工荒”的部分原因）也可能促使企业家考虑加薪以应对高房价等带来的职员生活费用上升。

除了通货膨胀风险，多年来持续宽松的货币政策导致经济体系中流动性充裕，容易造成严重的资产价格泡沫。其中一项因素包括，持续的高房价也有可能使购房能力较为勉强的中低收入阶层贷款购房，形成中国的次贷风险。2009 年一年中国新增消费性住房贷款超过 2005—2008 年该项贷款新增规模的总和，应引起关注。

中国 2008 年年底以来名为“适度宽松”的货币政策，与格林斯潘担任美联储主席期间，按照“风险管理”思想制定的货币政策颇有相似之处，其核心都是强调货币政策要考虑经济的不确定性，表现都是在面临经济滑坡风险时，大量向经济注入货币。格林斯潘的失误在于，过分关注通货紧缩、经济衰退的风险，忽视了资产价格泡沫可能给经济整体带来的风险，中国货币政策对此应当引以为戒。

在经济面临不确定性的情况下，加强对经济定量分析，包括对各种风险情景进行定量演算，编制测算宏观经济不确定性的定量指数，通盘考虑通货紧缩与资产价格泡沫带来的系统性风险，可以支持和约束货币当局基于主观判断的相机抉择，避免重蹈格林斯潘的覆辙。

货币政策的改进：回归与转变

货币政策系统性宽松会积累通货膨胀风险与资产价格泡沫风险，对此种货币政策进行改进，势在必行。就短期而言，管理好通货膨胀预期已经成为中国货币政策的一项重要任务。

管理通货膨胀预期，最直接的手段是改善货币当局与市场和公众之间关于货币政策的沟通。随着微观经济主体日渐精明，管理通货膨胀预期对货币政策沟通的要求也越来越高。虽然近年来在该领域，货币当局已有不少改进的举措，如 2001 年以来开始公布的季度《货币政策执行报告》、2009 年二季度开始公布的季度《宏观经济形势分析》报告等，但是仍然存在较多不足，首先表现为货币当局不公开对通货膨胀未来演变情况进行定量预测。

有效管理通胀预期的关键在于，对未来物价走势进行分析预测，尤其是定量分析，并承诺在通货膨胀路径偏离目标时，将采取何种措施应对。但是《货币政策执行报告》在“我国宏观经济展望”部分，并不对未来物价变动区间作定量分析；人民银行调查统计司自

2009年二季度开始发布的《中国经济宏观形分析》，虽然根据"物价景气指数、对未来物价预期指数、影响物价变动的因素"分析未来的物价变动趋势，但是不预测未来物价可能的变动范围。

此外，货币当局调整实施货币政策时，未必及时公布原因和政策意图。这在2010年1月提高存款准备金率时仍有体现；更有甚者，在各类金融机构适用的准备金率五花八门的情况下，货币当局调整准备金率时不公布各类机构适用的准备金率原水平是多少、调整后为多少，货币政策透明度显然存在改进的空间。

针对货币政策沟通中存在的上述不足，为管理好通货膨胀预期，中国货币当局应规划推出对于物价走势的定量分析，加强对物价动态和预期通货膨胀状况的定量统计，更多披露货币政策应对未来通货膨胀压力的备用手段，及时公布货币政策调整的原因和意图。在形式上，甚至可用效仿某些中央银行的做法，发布专门的《物价稳定报告》。

但是，从制度来看，货币政策在实践中回归"稳定货币币值，并以此促进经济增长"的法定目标，才是管好通货膨胀预期最重要的手段。与此相配套，在"五年规划"仍然在中国经济活动中占有重要地位的情况下，应当将"中期物价稳定"的定量目标列入"十二五"规划，以制度避免货币政策经常根据短期需要相机抉择的做法。只有切实建立履行货币政策法定目标的制度保障，才能合理确定货币政策中介目标，货币当局才能合理、一致地解释货币政策行为，也才有信心增加货币政策的透明度。

1995年通过的《人民银行法》所确定的货币政策目标，已经体现了市场经济国家货币政策实践与货币经济学研究的成果：短期内货币政策应当用于帮助促进经济稳定，长期内稳定的币值有利于促进经济增长。当时中国市场经济体制粗具雏形，上述法定目标在一定程度上超越了其所处的时代，因此实践中货币政策以经济增长为主，兼顾通货膨胀。如今中国已经建立了比较全面的市场经济体制，深入理解货币政策的能力与局限，回归法定目标正当其时。

综合上述分析可知，实现货币政策切实回归法定目标，还需要转变超出货币政策的观念与体制。"促进经济增长，兼顾物价稳定"的系统性宽松货币政策是中国原先政府主导、强调以固定资产投资带动的经济增长方式下的产物。货币政策回归法定目标，需要合理界定政府职能和国有企业行为，彻底改变预算软约束。货币政策回归法定目标，放弃以系统性宽松货币政策刺激经济增长，有利于通过货币纪律促使微观经济主体克服信贷依赖症，更大程度地依靠微观经济主体的创造性促进中国经济发展。称之为"符合中国经济发展新方式要求的货币政策"，当之无愧。

(资料来源：财新网．http://www.caixin.com)

本章小结

(1) 货币政策是指中央银行为实现一定的经济目标，运用各种工具调节和控制货币供给量，进而影响宏观经济的方针和措施的总和。包括：政策的最终目标、实现目标的政策工具、检测和控制目标实现的各种操作目标和中介目标等基本内容。

(2) 货币政策的主要功能有：促进社会总需求与总供给的均衡，保持币值稳定；促进经济的稳定增长；促进充分就业，实现社会稳定；促进国际收支平衡，保持汇率相对稳定；保持金融稳定，防范金融危机。

(3) 货币供求均衡与社会总供求均衡之间具有十分紧密的联系。通常认为货币政策对经济运行具有重要影响，但也存在不同的观点。分歧主要存在于：其一，货币供给是内生的还是外生的，即中央银行能否有效地控制货币供给的问题；其二，货币供给量的调整对实际经济是否有影响的问题。通常认为货币供给虽不是完全外生的，但仍是中央银行基本可控的。尽管关于货币政策有效性问题存在较大的理论分歧，但从理论演变过程来看，其认识经历了有效—无效—有效的演变；从宏观调控的实践来看，尽管随着金融创新工具的迅速发展，货币政策有效调控的难度在增加，但总体上仍不失为宏观调控的重要工具之一。特别是，货币政策作用的有效发挥是与各个国家各个时期的宏观经济环境、经济波动的不同阶段、各种政策工具的合理使用和有效性协调分不开的。现代市场经济是高度货币化的经济，货币均衡在社会总供求均衡中居于核心地位，因而货币政策在宏观调控中也居于核心地位，同时，货币政策作为宏观调控体系中的有机组成部分，对国民经济的有效调节也需要其他宏观调控手段的有机配合。

(4) 货币政策目标是由最终目标、中介目标和操作目标三个层次有机组成的目标体系。最终目标是中央银行通过货币政策操作而最终要达到的宏观经济目标，如稳定币值、经济增长、充分就业、国际收支平衡和金融稳定等。由于五大货币政策目标之间既有统一性又有矛盾性，货币政策不可能同时兼顾这五个目标。这就出现了货币政策目标的选择问题。为此，经济理论界出现了单目标、双目标和多目标的争论。通常认为货币政策目标并非唯一的，其相对重点也不是固定不变的，而是随国内和国际经济环境的变化而变化的。

(5) 与货币政策工具紧密联系的是操作目标，它是中央银行通过货币政策工具能够有效准确实现的短期政策目标，如准备金、基础货币等。中介目标处于最终目标和操作目标之间，是中央银行在一定的时期内和某种特定的经济状况下，能够以一定的精度达到的目标，如货币供给量、利率等。这些中介目标与货币政策的最终目标联系紧密。它们的变动可以较好地预告最终目标可能出现的变动。

复习思考题

(1) 如何正确理解货币政策对经济运行的影响？

(2) 如何正确理解货币政策的最终目标及其相对重点的选择？

(3) 选择货币中介目标和操作目标的主要标准和客观条件有哪些？

(4) 货币政策决策的基本依据有哪些？

(5) 试结合我国实际，对可供选择的中介目标进行比较分析。

(6) 试结合我国实际，对可供选择的操作目标进行比较分析。

第8章 中央银行货币政策工具与业务操作

学习目标

(1) 掌握一般性货币政策的内涵、特点、适用条件以及改革方向；

(2) 了解选择性货币政策的主要方式及作用原理、作用过程和优缺点；

(3) 理解其他货币政策的主要内容、作用方式等。

中央银行为了实现货币政策目标，需要借助于一些经济杠杆作用于整个经济，这些经济杠杆就是货币政策工具。准确地说，货币政策工具是指中央银行可以直接控制的、能够通过金融途径影响经济单位的经济活动，执行并传导货币政策的重要手段。货币政策的运用可对基础货币、银行储备、货币供给量、利率以及金融机构的信贷活动产生直接或间接的影响。中央银行选择什么样的货币政策工具实现其货币政策目标，总是与当时的社会经济及金融环境等因素紧密相关的。

回顾中国金融改革30多年的历程，与国民经济从计划经济向市场经济的改革进程相适应，中央银行调控方式也经历了从直接调控方式向间接调控方式转变的过程，货币政策框架从无到有，不断完善，期间货币政策工具也经历了从完全的行政性工具向市场化工具的转变。通常情况下，货币政策工具可分为一般性政策工具、选择性政策工具和其他补充性政策工具三类。其中：一般性货币政策工具包括存款准备金政策、再贴现政策、公开市场业务；选择性货币政策工具包括消费者信用控制、不动产信用控制、证券市场信用控制、优惠利率；其他货币政策工具包括直接信用控制和间接信用指导。面对错综复杂的经济环境，货币政策工具的选取是否顺应经济形势就显得格外重要。选取的货币工具，怎样搭配才能真正达到调控目的、提高货币政策工具运用效率，成为研究货币政策工具的重点。

关键词

一般性货币政策工具；选择性货币政策工具；其他货币政策工具；存款准备金政策；再贴现政策；公开市场操作；消费者信用控制；证券市场信用控制；不动产信用控制；优惠利率；利率控制；信用配额管理；流动性比率管理；直接干预；特种存款；道义劝告；窗口指导

8.1 一般性货币政策工具及其业务操作

一般性货币政策工具又称经常性、常规性货币政策工具，是指中央银行所采用的、对整个金融系统的货币信用扩张与紧缩产生全面或一般影响的手段，是最主要的货币政策工具。一般性货币政策工具包括存款准备金政策、再贴现政策和公开市场政策，这三大工具被称为中央银行的“三大法宝”，是影响整个经济最为重要的工具，主要用于控制和调节货币供应量，对社会的货币信用量进行总量控制。一般性货币政策工具的根本特点在于，它是针对总量进行调节，对整个宏观经济运行发生影响。

8.1.1 存款准备金政策——中央银行最具威力的货币政策工具

1. 存款准备金政策的含义

存款准备金政策是中央银行在国家法律所赋予的权力范围内，通过调整商业银行缴存中央银行的法定存款准备率，调节超额存款准备金和货币乘数，以调控货币供应量的一种政策手段。

存款准备金政策是现代金融制度的基础之一。在银行业发展早期，它的最初的目的在于保证商业银行的支付和清算，保证金融机构不至于因受到好的贷款条件的诱惑而将资金过多地贷出，从而保证银行自身资金的流动性和保证存款人的利益。换言之，早期存款准备金政策的功能主要是防御性的，是为了维护商业银行体系的清偿能力，那时准备金的提取和保留只有应付提现、保证存款业务信誉的意义。自1935年之后，美联储首次改变法定准备金率，规定会员银行的最低存款准备限额后，存款准备金政策逐步演变为货币政策工具。到现代，特别是随着法定准备金制度的建立和完善，准备金的早期功能已发生了根本性的改变，它已成为中央银行控制货币供应量的一个强有力的工具，已演变成“发挥金融调节机制”作用的手段。目前，实行央行制度的国家一般都实行法定存款准备金制度。

2. 存款准备金政策的基本内容

(1) 存款准备金的实施对象

一般来说，所有商业银行和其他存款类金融机构都是存款准备金制度的实施对象，但也有些国家按照存款余额的多少来规定其对象。如美联储的法定存款准备金率对任何商业银行和储蓄机构均适用；日本银行制定的存款准备金政策的适用对象是商业银行(包括在日外国银行)、长期信用银行、外汇银行、互助银行、存款余额超过1200亿日元的信用金库、农林中央金库。准备金缴存的范围有三类：交易存款账户，包括支票账户、自动转账账户等；定期存款，包括个人、厂商、政府机构的定期存款；活期存款准备金。

(2) 存款准备金构成

存款准备金，是限制金融机构信贷扩张和保证客户提取存款和资金清算需要而准备的资金。商业银行的准备金由法定准备金和超额准备金两部分构成，其中超额准备金是银行资产业务和创造存款货币的基础。此外，商业银行还可以向中央银行借款和在金融市场上筹资来扩充它的准备金。因此，从准备金的来源来看，商业银行总准备金又可以分为自由准备金和借入准备金两部分。多数国家规定，存款准备金由商业银行的库存现金和商业银行在中央银行的存款两部分组成，能够充当法定存款准备金的只能是中央银行的存款。

(3) 存款准备金率

法定存款准备金率，是金融机构按规定向中央银行缴纳的存款准备金占其存款的总额的比率。法定存款准备金率的适时调整，是该政策工具发挥作用的基本方式。商业银行等金融机构的超额准备金随法定准备金率的调整而增减，能达到改变信用规模、实现货币政策目标的效果。当中央银行提高法定准备金率时，商业银行可提供放款及创造信用的能力就下降。因为准备金率提高，货币乘数就变小，从而降低了整个商业银行体系创造信用、扩大信用规模的能力，其结果是社会的银根偏紧，货币供应量减少，利息率提高，投资及社会支出都相应缩减；反之，亦然。

由于各国对货币供应调控的能力和方式不同，其运用准备金制度的目的也有所不同，因而其规定存款准备金率的高低也不同。韩国在 1987 年 11 月至 1990 年 2 月不到 3 年时间里，将法定存款准备金率从 4.5%提高到 11.5%，共上调 7 个百分点。印度央行也将存款准备金率工具作为对冲流动性的主要手段之一，2004—2007 年先后 10 次将存款准备金率由 4.50%上调到 7.50%，其中 2007 年上调 7 次，以往每次上调幅度为 0.25 个百分点，2007 年 11 月上调幅度达 0.5 个百分点。2003 年以来，我国先后 16 次将存款准备金率由 6%上调到 15%，其中 2007 年上调 10 次，上调幅度到 5.5 个百分点，一定程度上缓解了银行体系流动性快速增长的势头。

专栏 8-1　中国存款准备金率历次调整一览表

单位：%

次　数	时　　间	调　整　前	调整后	调整幅度
45	2012 年 5 月 18 日	(大型金融机构)20.50 (中小金融机构)17.00	20.00 16.50	−0.5 −0.5
44	2012 年 2 月 24 日	(大型金融机构)21.00 (中小金融机构)17.50	20.50 17.00	−0.5 −0.5
43	2011 年 12 月 5 日	(大型金融机构)21.50 (中小金融机构)18.00	21.00 17.50	−0.5 −0.5
42	2011 年 6 月 20 日	(大型金融机构)21.00 (中小金融机构)17.50	21.50 18.00	0.5 0.5
41	2011 年 5 月 18 日	(大型金融机构)20.50 (中小金融机构)17.00	21.00 17.50	0.5 0.5
40	2011 年 4 月 21 日	(大型金融机构)20.00 (中小金融机构)16.50	20.50 17.00	0.5 0.5

续表

次数	时间	调整前	调整后	调整幅度
39	2011年3月25日	(大型金融机构)19.50 (中小金融机构)16.00	20.00 16.50	0.5 0.5
38	2011年2月24日	(大型金融机构)19.00 (中小金融机构)15.50	19.50 16.00	0.5 0.5
37	2011年1月20日	(大型金融机构)18.50 (中小金融机构)15.00	19.00 15.50	0.5 0.5
36	2010年12月20日	(大型金融机构)18.00 (中小金融机构)14.50	18.50 15.00	0.5 0.5
35	2010年11月29日	(大型金融机构)17.50 (中小金融机构)14.00	18.00 14.50	0.5 0.5
34	2010年11月16日	(大型金融机构)17.00 (中小金融机构)13.50	17.50 14.00	0.5 0.5
33	2010年5月10日	(大型金融机构)16.50 (中小金融机构)13.50	17.00 不调整	0.5 —
32	2010年2月25日	(大型金融机构)16.00 (中小金融机构)13.50	16.50 不调整	0.5 —
31	2010年1月18日	(大型金融机构)15.50 (中小金融机构)13.50	16.00 不调整	0.5 —
30	2008年12月25日	(大型金融机构)16.00 (中小金融机构)14.00	15.50 13.50	−0.5 −0.5
29	2008年12月5日	(大型金融机构)17.00 (中小金融机构)16.00	16.00 14.00	−1 −2
28	2008年10月15日	(大型金融机构)17.50 (中小金融机构)16.50	17.00 16.00	−0.5 −0.5
27	2008年9月25日	(大型金融机构)17.50 (中小金融机构)17.50	17.50 16.50	— −1
26	2008年6月7日	16.50	17.50	1
25	2008年5月20日	16	16.50	0.50
24	2008年4月25日	15.50	16	0.50
23	2008年3月18日	15	15.50	0.50
22	2008年1月25日	14.50	15	0.50
21	2007年12月25日	13.50	14.50	1
20	2007年11月26日	13	13.50	0.50
19	2007年10月25日	12.50	13	0.50
18	2007年09月25日	12	12.50	0.50
17	2007年8月15日	11.50	12	0.50
16	2007年6月05日	11	11.50	0.50
15	2007年5月15日	10.50	11	0.50
14	2007年4月16日	10	10.50	0.50
13	2007年2月25日	9.50	10	0.50

续表

次　数	时　　间	调　整　前	调整后	调整幅度
12	2007 年 1 月 15 日	9	9.50	0.50
11	2006 年 11 月 15 日	8.50	9	0.50
10	2006 年 8 月 15 日	8	8.50	0.50
9	2006 年 7 月 5 日	7.50	8	0.50
8	2004 年 4 月 25 日	7	7.50	0.50
7	2003 年 9 月 21 日	6	7	1
6	1999 年 11 月 21 日	8	6	−2
5	1998 年 3 月 21 日	13	8	−5
4	1988 年 9 月	12	13	1
3	1987 年	10	12	2
2	1985 年	央行将法定存款准备金率统一调整为 10%	—	—
1	1984 年	央行按存款种类规定法定存款准备金率，企业存款 20%，农村存款 25%，储蓄存款 40%	—	—

资料来源：新浪财经网 . http://www.sina.com.cn

（4）存款准备金利息

许多国家的中央银行不向商业银行支付存款准备利息，如美国、日本、英国、加拿大、瑞士、德国等，我国是对存款准备金支付利息的少数几个国家之一。尽管我国存款准备金率经过很多次变化，但中央银行对存款准备金支付利息的做法却并未改变，这一做法源于我国人民银行在经济转轨期间所特有的结构性经济调整功能。当时，人民银行一方面通过较高的法定存款准备金抑制金融机构的贷款；另一方面通过大量的中央银行再贷款弥补金融机构的资金缺口，造成金融机构对中央银行的资金依赖，使人民银行对金融机构的资金投向有较大的发言权。为了弥补金融机构较高的法定存款准备金支出，人民银行遂对金融机构的存款准备金支付利息，并一直沿用至今。

（5）存款准备金计算方法

存款准备金的计算方法一般有两种，一种是以存款的余额来计算，另一种是以一定时期内的存款平均余额来计算，这种方法反映了金融机构存款的真实情况，较为合理。

关于缴存存款准备金的基期的确定，一种做法是当期准备金账户制，是指一个结算期的法定准备金以当期的存款作为计提基础；二是前期准备金账户制，是指一个结算期的法定准备金以前一个或两个结算期的存款余额作为计提基础。从目前看，各国中央银行在计提准备金方面各不相同，没有统一的规定。我国中央银行规定，商业银行每日营业终了其存款准备金账户余额不得低于核定存款的 6%，存款按旬考核。

（6）存款准备金执行

存款准备金的执行一般有两种做法，一是按绝对值执行，就是规定在存款准备金执行期内，商业银行每日必须持有的准备金数额；另一种是按平均值执行，是规定在执行期内，商业银行平均每日持有的准备金数额。

(7) 存款准备金罚款

许多国家规定若干处罚条款，在存款准备金不能按时、足额缴纳的情况下，对违反规定的金融机构进行一定的处罚，以确保存款准备金政策的顺利实施。如在1992年，美国规定准备金不足之罚息高于中央银行贷款利率的2%；德国为3%；日本为3%～5%；而英国为0。

专栏8-2　存款准备金政策与制度

存款准备金是指金融机构为保证客户提取存款和资金清算需要而准备的资金，金融机构按规定向中央银行缴纳的存款准备金占其存款总额的比例就是存款准备金率。存款准备金制度是在中央银行体制下建立起来的，世界上美国最早以法律形式规定商业银行向中央银行缴存存款准备金。存款准备金制度的初始作用是保证存款的支付和清算，之后才逐渐演变成为货币政策工具，中央银行通过调整存款准备金率，影响金融机构的信贷资金供应能力，从而间接调控货币供应量。

1998年存款准备金制度改革

经国务院同意，中国人民银行决定，从1998年3月21日起，对存款准备金制度进行改革，主要内容有以下七项：

(1) 将原各金融机构在人民银行的"准备金存款"和"备付金存款"两个账户合并，称为"准备金存款"账户。

(2) 法定存款准备金率从13%下调到8%。准备金存款账户超额部分的总量及分布由各金融机构自行确定。

(3) 对各金融机构的法定存款准备金按法人统一考核。法定准备金的交存分以下情况：

① 中国工商银行、中国农业银行、中国银行、中国建设银行、中国农业发展银行、中信实业银行、中国光大银行、华夏银行、中国投资银行、中国民生银行的法定存款准备金，由各总行统一存入人民银行总行。

② 交通银行、广东发展银行、招商银行、上海浦东发展银行、福建兴业银行、海南发展银行、烟台住房储蓄银行、蚌埠住房储蓄银行的法定存款准备金，由各总行统一存入其总行所在地的人民银行分行。

③ 各城市商业银行的法定存款准备金，由其总行统一存入当地人民银行分行。

④ 城市信用社(含县联社)的法定存款准备金，由法人存入当地人民银行分、支行。农村信用社的法定存款准备金，按现行体制存入当地人民银行分、支行。

⑤ 信托投资公司、财务公司、金融租赁公司等其他非银行金融机构的法定存款准备金，由法人统一存入其总部所在地的人民银行总行(或分行)。

⑥ 经批准，已办理人民币业务的外资银行、中外合资银行等外资金融机构，其人民币法定存款准备金，由其法人(或其一家分行)统一存入所在地人民银行分行。

(4) 对各金融机构法定存款准备金按旬考核。

① 各商业银行(不含城市商业银行)和中国农业发展银行，当旬第五日至下旬第四日每日营业终了时，各行按统一法人存入的准备金存款余额，与上旬末该行全行一般存款余

额之比，不低于8%。

② 城市商业银行和城乡信用社、信托投资公司、财务公司、金融租赁公司等非银行金融机构法人暂按月考核，当月8日至下月7日每日营业终了时，各金融机构按统一法人存入的准备金存款余额，与上月末该机构全系统一般存款余额之比，不低于8%。

从1998年10月起，上述金融机构统一实行按旬考核。

③ 各商业银行(不含城市商业银行)和中国农业发展银行法人按旬(旬后5日内)将汇总的全行旬末一般存款余额表，报送人民银行。

④ 现在执行按月考核存款准备金的城市商业银行和非银行金融机构，暂按月(月后8日内)将汇总的全系统旬末一般存款余额表，报送人民银行。自10月份起统一执行按旬(旬后5日内)报送一般存款余额表的制度。

⑤ 各金融机构按月将汇总的全系统月末日计表，报送人民银行。人民银行定期对金融机构上报的有关数据进行稽核。

⑥ 从2001年1月1日起，各金融机构法人每日应将汇总的全系统一般存款余额表和日计表，报送人民银行。

(5) 金融机构按法人统一存入人民银行的准备金存款低于上旬末一般存款余额的8%，人民银行对其不足部分按每日万分之六的利率处以罚息。金融机构分支机构在人民银行准备金存款账户出现透支，人民银行按有关规定予以处罚。金融机构不按时报送旬末一般存款余额表和按月报送月末日计表的，依据《中华人民共和国商业银行法》第七十八条予以处罚。上述处罚可以并处。

(6) 金融机构准备金存款利率由缴来的一般存款利率7.56%和备付金存款利率7.02%(加权平均7.35%)统一下调到5.22%。

(7) 调整金融机构一般存款范围。将金融机构代理人民银行财政性存款中的机关团体存款、财政预算外存款，划为金融机构的一般存款。金融机构按规定比例将一般存款的一部分作为法定存款准备金存入人民银行。

3. 存款准备金政策的作用

(1) 保证存款货币类机构资金的流动性，降低商业银行过度贷款的冲动

商业银行等存款机构为保持自有资金的流动性，一般都会自觉地保留一定的存款准备金，以备客户提取。如果没有法定准备金政策，商业银行有可能受良好信贷调节的诱惑而将资金大量贷出，从而影响银行资金的流动性和清偿能力。法定准备存款金政策的实施，可以强制银行将备用金存入中央银行，从制度上避免这种情况的发生，以保证银行资金的流动性。

(2) 集中一部分信贷资金，增强央行调节地区和银行间短期资金余缺的能力

存款准备金缴存于中央银行，使中央银行可以集中一部分信贷资金，用以履行其中央银行职能，办理银行同业间的清算，向金融机构提供信用贷款和再贴现贷款，以调剂不同地区和不同银行间短期资金的余缺。

(3) 调节货币供给总量

通过存款准备金率的提高或降低，影响银行信用创造乘数，达到调节社会信用规模和市场货币供应量的目的。存款准备金主要调控社会的货币供给量、并不仅仅调控商

业银行。所以,它已经成为中央银行调节货币供给量、实施货币政策的一个强有力的工具。

4. 存款准备金政策的优缺点

与其他货币政策工具相比,存款准备金政策具有如下优点:①中央银行具有完全的自主权,它是三大货币政策工具中最容易实施的手段;②存款准备率的变动对货币供应量的作用迅速,一旦确定,各商业银行及其他金融机构都必须立即执行,力度大、速度快、效果明显。③准备金制度对所有的存款货币银行一视同仁,所有的金融机构都同样受到影响。

存款准备金政策的不足之处在于:一是经济的振动过于巨大,其调整对整个经济和社会心理预期的影响都太大,所以法定存款准备金政策工具被称为"猛药"。另外,法定准备金率的提高,可能使超额准备率较低的银行立即陷入流动性困境,不宜作为中央银行日常调控货币供给的工具,因此中央银行有将准备率固定化的倾向;二是其政策效果在很大程度上受商业银行超额存款准备的影响。在商业银行有大量超额准备的情况下,中央银行提高法定存款准备金率,商业银行会将超额准备的一部分充作法定准备,而不收缩信贷规模,这就难以实现中央银行减少货币供给的目的。

5. 存款准备金政策的发展方向

我国于1984年开始实施法定存款准备金制度,这也是中国人民银行正式发挥中央银行职能的开始。最初根据不同类型的存款执行差别存款资金准备金率,企业存款、储蓄存款和农村存款的准备金率分别为20%、40%和25%。1985年,中国人民银行第一次调整法定存款准备金率,把工商银行、农业银行、中国银行各种存款的准备金缴存比例一律调整为10%;建设银行也于1985年在中国人民银行开立账户并缴纳法定准备金,当时确定的准备金率为30%,1986年也下调至10%,这样统一的法定存款准备金制度在我国基本形成。1987年,中国人民银行将各专业银行和其他金融机构的一般存款法定准备金率由10%上调为12%,1988年进一步上调至13%。这两次准备金上调的初衷是为了适当集中资金,支持国家重点产业和项目的资金需要,但在实践中,对于抑制当时经济过热、物价上涨过快和货币投放过多的状况也起到了积极作用。由于最初的准备金存款不能用于支付和清算,金融机构除了在中国人民银行开立准备金存款账户外,还需按规定开立一般存款账户,即备付金账户,用于日常资金收付。1989年,中国人民银行对金融机构备付金率也作出具体规定,要求保持在5%~7%之间,这实际上形成了第二法定准备金制度。随着存款准备金作为货币政策工具的地位得到确立,中国人民银行根据不同时期货币调控取向逐步加大了对存款准备金政策的运用力度,并在一定程度上丰富了存款准备金作为货币政策工具的功能。20世纪90年代末,为缓解亚洲金融危机对我国的不利影响,加强货币政策与积极财政政策的配合,中国人民银行主要采取下调存款准备金率的政策手段,继1998年大幅下调存款准备金率后,又于1999年再次将存款准备金率下调至6%。2003年以来,受国际收支不平衡影响,我国面临流动性过剩的问题,存款准备金政策逐步成为我国调剂银行体系流动性的微调手段。同时,中国人民银行还发挥超额存款准备金利率作为货币市场利率下限的作用;2005年以来先后三次下调超额存款准备金利率,对于引导货币市场利率走势发挥了积极作用。虽然法定存款准备金率的调整是一种猛烈的货币政策工具,但由于我国对备付金支付稍低于法定准备金的利息率,从而降低了备付金的成本。这在一定程度上使我国商业银行的备付金率较高。另外，存款准备金与再贷款有很强的关联性。中央银行集中起来的存款准备金又会以再贷款的形式返还给商业银行，这在一定程度上弱化了法定存款准备金率调整所具有的控制货币供应的能力。

二十多年来，存款准备金政策经历了很多次调整，在当时都起到了积极作用——抑制经济过热、物价上涨过快、货币投放过多的状况。因为法定存款准备金率是目前我国最常规的货币政策工具，中央银行的调整不论在力度和频度上，都引起各方关注，国内学术界对存款准备金政策问题越来越关注。国内基本上形成了两派意见：杨真认为，中国人民银行在提高法定存款准备金率的同时，将法定存款准备金制度和金融机构资本充足率、金融机构不良贷款率等指标相结合，体现了该政策工具的货币政策功能由具有中国特色的"结构调整"功能向"风险管理"功能转变。[①] 李扬对于差别存款准备金制度持保留态度，认为由于差别准备金率制度的适用范围事实上相当小，只能针对少数并不重要的金融机构实施，因此难以达到借此调控信贷和货币供应目标的效果。[②] 事实上自存款准备金制度产生以来，很多国家都按照存款的流动性以及银行的规模或经营环境来规定不同的存款准备金率，我国出台该政策更多体现了中央银行向金融体系提示风险的信号。

近几年来，关于改革法定存款准备金率的讨论出现了两种比较极端的建议：一是彻底取消法定存款准备金率。持这一观点的学者认为法定存款准备金事实上是向商业银行征收的一种税，意味着商业银行比不受准备金制度要求的其他金融机构承担了更高的资金成本，中央银行降低法定存款准备金率可以使商业银行更具竞争力。二是建议将法定存款准备金率设定为存款的100%。这一建议由货币主义学派代表人物弗里德曼提出，根据其单一规则的货币政策理论，中央银行只要维持一个稳定的货币供给增长速度即可，在100%的法定存款准备金制度下，美联储可以严格地控制货币供给，因为此时的货币供给将等于基础货币数量。这一建议事实上剥夺了商业银行信用创造的能力，在实践中并不具有可行性。

目前，由于存款准备金率保持较高水平，导致金融机构形成了较高的超额准备金，使中央银行的货币政策意图无法通过金融机构传递到实际经济领域。中央银行货币政策的主要任务已由控制通货膨胀转为防止通货紧缩，对商业银行的信贷管理由防止金融机构超规模转为鼓励金融机构提高其资金使用效率。目前，中央银行对存款准备金制度改革方向是要逐步恢复存款准备金支付清算和作为货币总量调控工具的功能，改变原来主要功能不在调控货币总量而在发挥集中资金，调整信贷结构的作用。在此情况下，有必要调整我国存款准备金政策，深化存款准备金制度的功能，以便更好地发挥存款准备金政策的作用。

8.1.2 再贴现政策

1. 再贴现政策的含义

贴现，是票据持票人在票据到期之前，为获取现款而向银行贴付一定利息的票据转

---

① 杨真．差别存款准备金率制度的经济效应及历史定位．金融论坛，2004(8)：25-29.

② 李扬．中国金融改革30年．北京：社会科学文献出版社，2008：148-160.

让。再贴现，是商业银行或其他金融机构将贴现所获得的未到期票据，向中央银行作的票据转让。贴现是商业银行向企业提供资金的一种方式，再贴现是中央银行向商业银行提供资金的一种方式，两者都是以转让有效票据为前提的。

再贴现政策是指中央银行通过提高或降低再贴现率的办法，影响商业银行等存款货币机构从中央银行获得的再贴现贷款和超额准备，达到增加或减少货币供给量，实现货币政策目标的一种政策措施。

2. 再贴现政策的基本内容

再贴现政策是中央银行最早拥有的货币政策工具 ，一般包括再贴现率的调整和再贴现的资格条件。前者主要影响商业银行的融资成本和资金供应，后者则主要影响商业银行和社会资金运动的方向。

(1) 再贴现率的调整

再贴现率是指商业银行或其他金融机构以贴现所获得的未到期票据向中央银行所作的票据转让。在有些国家，再贴现利率在任何时候都保持在比短期市场利率更高一些的水平上，这时，它是作为一种“惩罚性利率”来限制商业银行过多地向中央银行融资。但是在大多数国家，再贴现利率是一种基准利率，其他各种利率依据再贴现率的变动而调整。再贴现率作为基准利率，制约和影响着全国的利率水平，是其他利率赖以调整或变动的基础。一般来说，中央银行的再贴现利率具有以下特点：

① 一种短期利率。因为中央银行提供的贷款以短期为主，申请再贴现合格票据，其期限一般不超过 3 个月，最长期限也在 1 年之内。

② 一种官定利率。它是根据国家信贷政策规定的，在一定程度上反映了中央银行的政策意向。

③ 一种标准利率或最低利率。如英格兰银行贴现及放款有多种差别利率，而其公布的再贴现利率为最低标准。

对中央银行而言，再贴现是买进商业银行持有的票据，这是一种信用业务；对商业银行而言，再贴现是出让已贴现的票据。商业银行之所以要进行再贴现，一般是由于商业银行的资金发生短缺。再贴现率低，商业银行取得资金成本较低，市场利率就会降低；反之，表示中央银行的资金供给趋紧，市场利率可能上升。中央银行通过制定或调整再贴现率以干预市场利率及市场货币供求，来达到调节货币供应量的目的。

(2) 再贴现的资格条件

再贴现政策是由历史上较早出现的再贴现业务发展而来的。只有在中央银行开立了账户的商业银行等金融机构才能成为再贴现业务的对象。商业银行等存款金融机构向中央银行借款，把它们持有的放款凭证或类似的资产所有权凭证，经背书后出售给中央银行，在技术上称为向中央银行贴现。这项业务之所以称为“再贴现”，是为了区别于企业或公司向商业银行申请的“贴现”和商业银行与商业银行之间的“转贴现”。早期的再贴现业务是一种纯粹的信用业务。随着中央银行职能的不断完善和调节宏观经济作用的日益加强，再贴现业务逐步演化为一种调节货币供给总量的货币政策工具。一般来说，再贴现的资格条件有以下几点：

① 再贴现的基础是贴现，贴现的基础是票据流通。再贴现政策的广泛运用首先需要

票据的广泛流通，同时，客户要愿意以贴现的方式向商业银行进行融资。

② 商业银行要愿意以再贴现、再贷款方式向中央银行借款。

③ 再贴现、再贷款利率要低于市场利率。

因为再贴现利率通常低于市场利率，这使得商业银行套现中央银行信用有机可乘，所以各国中央银行都对这类贷款加以严格限制。许多国家都在金融立法中明文规定，商业银行向中央银行申请再贴现的票据，必须有真实商品为基础。另外，有的国家中央银行还专门制定了再贴现额度。例如德意志联邦银行再贴现额度的总数由联邦银行理事会制定，在总数范围内，联邦银行用一个统一的计算方式来决定分配给各个商业银行的额度。计算方式中包含的因素有：商业银行的资本金数量、商业银行短期放款与资本的比例、各家商业银行有条件可供贴现的票据等。

3. 再贴现政策的作用

再贴现作为中央银行的“三大法宝”之一，它不仅影响商业银行筹资成本，限制商业银行的信用扩张，控制货币供应总量，而且可以按国家产业政策的要求，有选择地对不同种类的票据进行融资，促进结构调整。一般来说，再贴现的作用大致有以下四点。

(1) 再贴现政策能产生告示效果

再贴现政策表明中央银行的政策意向，从而影响到商业银行和公众的心理预期。当再贴现利率提高时，意味着中央银行将进行较为紧缩的货币政策，反之意味着中央银行将实行较为宽松的货币政策。另外，再贴现率作为基准利率，制约和影响着全国的利率水平，是其他利率赖以调整或变动的基础。

(2) 再贴现政策的运用直接影响基础货币和货币供应量

中央银行根据市场资金供求状况调整再贴现率，以影响商业银行借入资金成本，进而影响商业银行对社会的信贷量，调整货币供给总量。比如，当一家商业银行准备金短缺时，要么出售其持有的部分有价证券或者收回部分放款，要么向同业或中央银行借款，如果向中央银行进行再贴现的成本低于出售有价证券或向同业借款的成本，该商业银行自然会以贴现或抵押形式向中央银行借款，补足短缺的准备金，而不用出售有价证券或收回放款。反之，若中央银行再贴现率调高，商业银行向中央银行借款的成本上升，那么商业银行就会减少借款，相应收回客户的贷款和投资，从而使货币供应量缩减。因为引起的波动程度又远比法定准备率为小，所以中央银行一般都经常调整再贴现率来控制货币供应量。

(3) 再贴现政策可以在一定程度上调整信贷结构和资金流向

一种方法是中央银行规定用于再贴现票据的种类和决定何种票据有贴现资格，从而影响商业银行的资金投向；另外一种是对再贴现票据施行差别再贴现率，从而影响各种再贴现票据的再贴现成本和数量。

(4) 再贴现政策具有防止金融恐慌，维护金融稳定的重要作用

在发生银行危机时，再贴现是中央银行向银行系统提供准备金的一种特别有效的办法。通过该渠道，资金可以立即被送到急需的银行。它能够充分体现中央银行最后贷款人的职能，中央银行通过办理贴现业务，从而影响基础货币和货币供给量，在一定程度上防止危机的恶化和蔓延，稳定金融秩序，树立公众信心。

4. 再贴现政策的优缺点

再贴现政策最主要的优点是中央银行可利用它履行最后贷款人职责，并在一定程度上体现央行的政策意图，既可调节货币总量，又可调节信贷结构。然而，再贴现政策也有明显的缺陷。

(1) 中央银行处于被动地位

中央银行能够调整再贴现率，但处于被动地位，不能强迫商业银行来上门要求贴现，再贴现业务的主动权在商业银行。和存款准备金率政策相比，它显得被动、力度不足，不能强制性地发挥作用。另外，再贴现工具的运用也要以发达的金融市场为前提。没有发达的金融市场为基础，再贴现政策便难以发挥调节作用，一般发展中国家的中央银行无法开展此业务。

(2) 再贴现政策缺乏弹性

一方面，再贴现率的随时调整，通常会引起市场利率的经常性波动，这就会使企业或商业银行无所适从；另一方面，再贴现率不随时调整，又不利于中央银行灵活地调节货币供应量。繁荣时期提高再贴现率未必能够抑制商业银行的再贴现需求，因为商业银行的盈利更高；萧条时期降低再贴现率也未必能刺激商业银行的借款需求，因为此时的盈利水平更低。而且再贴现率不能经常调整，否则市场利率的经常波动，会使商业银行无所适从。

(3) 利差将随市场利率的变化而发生较大的波动，使得货币供应量难以控制

当中央银行把再贴现率定在一个特定水平上时，市场利率与再贴现率中间的差价将随市场利率的变化而发生较大的波动。这些波动可能导致再贴现贷款规模乃至货币供给量发生非政策意图的较大波动。再贴现业务的最大缺点在于它具有顺经济走势的倾向，繁荣时期的物价上涨使得再贴现票据的金额上升，货币供给增加；萧条时期的物价下跌，又使得再贴现金额下降，货币供给减少。货币政策因此可能在繁荣时期"火上浇油"，而在萧条时期"雪上加霜"。

(4) 再贴现率调整只能影响利率的总水平，而不能改变利率结构

从对利率的影响看，调整再贴现率，通常不能改变利率的结构，只能影响利率水平。即使影响利率水平，也必须具备两个假定条件：一是中央银行能随时准备其按规定的再贴现率自由地提供贷款，以此来调整对商业银行的放款量；二是商业银行为增加利润，愿意从中央银行借款，当市场利率高于再贴现率，而利差足以弥补承担的风险和放款管理费用时，商业银行就向中央银行借款，然后再贷出去；当市场利率高于再贴现率的利差，不足以弥补上述费用时，商业银行就从市场上收回放款，偿还其对中央银行的借款。只有在这样的条件下，中央银行的再贴现率才能支配市场利率。

(5) 调整贴现率的告示效应是相对的，有时并不能准确反映中央银行货币政策的取向

如果市场利率相对于再贴现率正在上升，则再贴现贷款增加，这时即使中央银行并无紧缩银根意图，但为了控制再贴现贷款规模和调节基础货币的结构，它也会提高再贴现率以使其保持与市场利率联动。这样可能引起公众产生误解，使公众产生通货紧缩的预期。

针对贴现政策作为货币政策工具存在的缺陷，一些经济学家提出了改革建议，主要集中在两个方面：一是是否应该取消贴现政策。弗里德曼认为，为了建立良好的货币控制机制，减少由于贴现贷款规模变动引起的货币供给的非计划波动，中央银行应该终止贴现便利；特别是随着联邦存款保险公司的出现，消除了银行业危机的可能性，因此使用贴现窗口的必要性进一步下降。一些批评者则认为，联邦存款保险公司之所以在防止银行业危机方面发挥了积极作用，主要是因为美联储在背后发挥了最后贷款人的作用。由于近年来金融危机时有发生，银行倒闭数量也日益增多，中央银行使用贴现窗口保护金融体系健康运行的必要性变得越来越明显。二是关于贴现率是否应该与市场利率挂钩。支持者认为将二者挂钩可以消除市场利率与贴现率之间利差的大幅波动，从而切断贴现贷款规模波动的主要来源；同时，中央银行不必对贴现率进行调整，可以缓解市场对中央银行政策意图可能产生的误解，从而取消贴现率的告示效应。反对者则认为，当市场利率受意外冲击上升时，保持贴现率不变有助于缓解市场的恐慌情绪，并通过增加贴现贷款供给起到抵消部分市场利率上升的效果。

5. 再贴现政策的发展方向

西方国家的中央银行最先使用再贴现政策这一货币政策工具。在金融市场不发达、融资主要是单一的间接融资的情况下，再贴现率变动的作用是很大的。但是，后来由于金融市场和公开市场业务的发展，再贴现的地位下降，再贴现率的作用也减弱，因为商业银行融资的渠道增加了，商业银行可以不通过再贴现来融通资金。随着其他货币政策工具尤其是公开市场业务的出现，再贴现业务不再承担中央银行向市场提供流动性的主渠道作用，充当最后贷款人已成为再贴现业务最为重要的作用。当金融机构受突发事件影响，在向其他金融机构寻求流动性援助之后仍然不能缓解其流动性不足的压力时，贴现窗口将作为金融机构获得流动性支持的最后一扇门，成为基础货币的最终供给者。从发达国家的实践看，尽管贴现窗口提供的基础货币规模相对较小，但当金融市场受自然灾害、金融危机等因素影响难以发挥其正常的融资功能时，贴现窗口将起到增强市场信心的作用，并使金融市场避免出现大的波动，从而发挥稳定整个金融体系的功能。此外，一些国家还通过调整贴现利率表明货币政策松紧的信号，具有较强的宣示作用。在主要发达国家，贴现率往往构成货币市场利率的上限，贴现率与货币市场利率之间的利差水平不仅可以反映出货币市场利率的波动状况，也可以从一个侧面表明中央银行是否提倡机构运用贴现窗口进行融资。

再贴现政策的实施是以完善和发达的票据市场的存在为前提条件的。近年来，在中央银行的政策推动下，我国的票据市场发展很快，但从总体上看，我国票据市场的业务量还非常有限，目前在我国，再贴现政策作为货币政策工具的作用并不十分明显，对银根的松紧影响不大。因为自 1998 年 3 月改革再贴现利率生成机制以来，我国曾先后 4 次下调再贴现利率，特别是 1999 年 6 月 10 日再贴现利率一次性从 3.96%下调到 2.16%。再贴现利率大幅下调后，再贴现利率低于转贴现利率，使商业银行办理贴现业务过度依赖中央银行的再贴现，这成为商业银行从中央银行获取短期经营利润的一种重要手段。而出于规范票据市场，降低金融风险的目的，中国人民银行在 2001 年 9 月把再贴现利率由 2.16%提高到 2.97%，较同期同业拆借市场利率偏高。由于再贴现利率过高，贴现与再贴现之间利差太小，金融机构盈利空间太小，再贴现急剧下降，使大量的票据贴现游离于中央银行的宏观调控之外，从而有损于我国票据市场的长远发展。受此影响，金融机构由再贴现转向转贴现，使得再贴现形同虚设，其直接的后果是中央银行失去了再贴现政策这一货币政策工具，中小金融机构和中小企业融资难度增加。所以，再贴现利率既不能太低，否则就会给商业银行过大的盈利空间，造成票据市场业务过度地依赖中央银行的再贴现；也不能太高，这样不利于引导和促进票据市场的发展，也不利于再贴现利率准确传导中央银行货币政策的意图。为了克服再贴现政策的局限性，有经济学家提出将再贴现率同市场利率挂钩，即按高于市场利率的一个固定数额来确定一种惩罚性再贴现率。这样中央银行既可以发挥最后贷款人作用，又可以限制商业银行牟利行为发生，同时还可以使中央银行虚假信息消失。固定再贴现率与市场利率之间的利差，可以剔除导致再贴现贷款数量波动的根源。因此，中央银行应灵活调整再贴现利率，使之与市场利率的变动情况相对称，并应加快票据市场的发展，为再贴现政策的灵活运用提供基础。

专栏 8-3 中国人民银行再贴现政策概况

再贴现是中央银行对金融机构持有的未到期已贴现商业汇票予以贴现的行为。在我国，中央银行通过适时调整再贴现总量及利率，明确再贴现票据选择，达到吞吐基础货币和实施金融宏观调控的目的，同时发挥调整信贷结构的功能。

自 1986 年人民银行在上海等中心城市开始试办再贴现业务以来，再贴现业务经历了试点推广到规范发展的过程。再贴现作为中央银行的重要货币政策工具，在完善货币政策传导机制、促进信贷结构调整、引导扩大中小企业融资、推动票据市场发展等方面发挥了重要作用。

1986 年，针对当时经济运行中企业之间严重的货款拖欠问题，人民银行下发了《中国人民银行再贴现试行办法》，决定在北京、上海等十个城市对专业银行试办再贴现业务。这是自人民银行独立行使中央银行职能以来，首次进行的再贴现实践。

1994 年下半年，为解决一些重点行业的企业货款拖欠、资金周转困难和部分农副产品调销不畅的状况，中国人民银行对“五行业、四品种”（煤炭、电力、冶金、化工、铁道和棉花、生猪、食糖、烟叶）领域专门安排 100 亿元再贴现限额，推动上述领域商业汇票业务的发展。再贴现作为选择性货币政策工具为支持国家重点行业和农业生产开始发挥作用。

1995 年年末，人民银行规范再贴现业务操作，开始把再贴现作为货币政策工具体系的组成部分，并注重通过再贴现传递货币政策信号。人民银行初步建立了较为完整的再贴现操作体系，并根据金融宏观调控和结构调整的需要，不定期公布再贴现优先支持的行业、企业和产品目录。

1998 年以来，为适应金融宏观调控由直接调控转向间接调控，加强再贴现传导货币政策的效果，规范票据市场的发展，人民银行出台了一系列完善商业汇票和再贴现管理的政策。改革再贴现、贴现利率生成机制，使再贴现利率成为中央银行独立的基准利率，为再贴现率发挥传导货币政策的信号作用创造了条件。适应金融体系多元化和信贷结构调整的需要，扩大再贴现的对象和范围，把再贴现作为缓解部分中小金融机构短期流动性不足的政策措施，提出对资信情况良好的企业签发的商业承兑汇票可以办理再贴现。将再贴现最长期限由4个月延长至6个月。

2008年以来，为有效发挥再贴现促进结构调整、引导资金流向的作用，人民银行进一步完善再贴现管理：适当增加再贴现转授权窗口，以便于金融机构尤其是地方中小金融机构法人申请办理再贴现；适当扩大再贴现的对象和机构范围，城乡信用社、存款类外资金融机构法人、存款类新型农村金融机构，以及企业集团财务公司等非银行金融机构均可申请再贴现；推广使用商业承兑汇票，促进商业信用票据化；通过票据选择明确再贴现支持的重点，对涉农票据、县域企业和金融机构及中小金融机构签发、承兑、持有的票据优先办理再贴现；进一步明确再贴现可采取回购和买断两种方式，提高业务效率。

（资料来源：中国人民银行网站 . http://www.pbc.gov.cn）

8.1.3 公开市场政策

1. 公开市场政策的含义

公开市场，是指各种有价证券自由成交，自由议价，其交易量和价格都必须公开显示的市场。公开市场政策是指中央银行在金融市场上公开买卖有价证券，借以改变商业银行的准备金，进而影响货币供应量和利率，从而实现其货币政策目标的政策行为。当中央银行认为应该增加货币供应量时，就在金融市场上买进有价证券（主要是政府债券）；反之就出售所持有的有价证券。

公开市场业务最初是苏格兰银行将其当作维持准备金的重要工具，现在已经发展成为各国中央银行干预货币市场、资本市场和外汇市场，调节货币供应量、控制信用规模，干预本国经济的最典型的市场化货币政策工具，目前也是中央银行最有力、最常用也是最重要的货币政策工具。

2. 公开市场政策的基本内容

（1）公开市场政策的操作计划

公开市场操作室决定负责公开市场业务，根据中央银行货币政策意图和商业银行储备状况，操作室制订操作计划并加以实施。

（2）公开市场政策的操作目的

公开市场操作有两个目的：一是维持既定的货币政策，又可称为保卫性目的。保卫性目的是指中央银行在实施货币政策时，发现银行储备、货币供应量受到一些意外因素的影响，为消除这些因素影响，通过采取回购性操作进行临时性调节，但货币总量较长时期内基本不变。二是实现货币政策的转变，又可称为主动性目的。主动性目的是要通过改变商业银行的准备金水平和基础货币，使社会货币供应量在一个较长时期内增加或减少。在通常情况下，中央银行在调整货币供应量时，这两种目的同时存在。

（3）公开市场政策的操作对象

中央银行并不是与所有的金融机构进行公开市场操作，而是选择一些资产总额大、资金力量雄厚、能在二级市场参与大额债券交易的金融机构作为操作对象。目的是要有利于中央银行公开市场操作的政策信号的传导。中央银行公开市场操作是与政府债券一级交易商进行的，按买卖证券差异，有广义和狭义之分。广义对象主要是政府、公司债券、银行承兑汇票、外汇黄金等；狭义对象主要是政府债券，特别是国库券。

专栏 8-4　**2013 年度公开市场业务一级交易商名单**

中国农业银行股份有限公司	中国银行股份有限公司
中国工商银行股份有限公司	交通银行股份有限公司
中国建设银行股份有限公司	国家开发银行
招商银行股份有限公司	中国光大银行股份有限公司
中国民生银行股份有限公司	上海浦东发展银行股份有限公司
中信银行股份有限公司	兴业银行股份有限公司
中国邮政储蓄银行有限责任公司	广发银行股份有限公司
汉口银行股份有限公司	上海银行股份有限公司
福建海峡银行股份有限公司	北京银行股份有限公司
富滇银行股份有限公司	南京银行股份有限公司
杭州银行股份有限公司	恒丰银行股份有限公司
平安银行股份有限公司	齐商银行股份有限公司
广州银行股份有限公司	哈尔滨银行股份有限公司
江苏银行股份有限公司	徽商银行股份有限公司
厦门银行股份有限公司	河北银行股份有限公司
天津银行股份有限公司	大连银行股份有限公司
贵阳银行股份有限公司	洛阳银行股份有限公司
长沙银行股份有限公司	西安银行股份有限公司
上海农村商业银行股份有限公司	北京农村商业银行股份有限公司
汇丰银行(中国)有限公司	花旗银行(中国)有限公司
渣打银行(中国)有限公司	中信证券股份有限公司
第一创业证券股份有限公司	国泰君安证券股份有限公司
中国国际金融有限公司	中银国际证券有限责任公司
广州农村商业银行股份有限公司	宁波银行股份有限公司

(资料来源:中国人民银行网站 . http://www.pbc.gov.cn)

(4) 公开市场政策的交易方式

公开市场操作的交易方式分为现券交易和回购交易两种。现券交易包括现券买断、现券卖断,回购交易包括正回购和逆回购。现券交易是中央银行直接从二级市场上买入或卖出有价证券,进行基础货币的投放或回笼,它通常以拍卖方式同证券交易商进行现货买卖。回购交易分为正回购交易和逆回购交易两种。其中正回购是指中央银行先向经纪人出售证券并约定在未来一定时期内再购买此证券,适用于解决银行准备金临时过剩问题,是中央银行从市场收回流动性的操作。逆回购交易指中央银行先向证券经纪商购买证券,并约定于规定日期内再由证券经纪商向中央银行购回证券的交易行为,适用于解决商业银行准备金临时性不足问题,是中央银行向市场上投放流动性的操作。

(5) 公开市场政策的操作时间

公开市场政策操作时间可以分为定期和非定期操作。定期操作是中央银行定期在二级市场上进行交易的行为,它事先公开其将进行的证券、外汇拍卖或赎回计划,为商业银行提供流动性资金,操作具有预先性和公平性。非定期操作是不定时发生的操作,是预先不公开、事后也不报告的离散型操作行为，此操作速度快、灵活性强，但预先性和公平性差。

(6) 公开市场政策的经济、金融环境

公开市场业务必须具备以下三个条件，才能充分有效地发挥作用。

① 中央银行必须具有强大的、足以干预和控制整个金融市场的金融实力。央行对公开市场政策必须有足够的弹性操作权力，必须拥有相当的库存券，能自主决定买卖证券的种类、数量及时间等。这是中央银行运用公开市场业务的重要前提。

② 要有一个发达、完善和全国性的金融市场，证券种类齐全且达到一定规模；拥有全国性信息流动自如的金融市场，先决条件是证券市场必须高度发达，并具有相当的深度、广度和弹性等特征，保证央行独立行使货币政策。

③ 必须有其他政策工具的配合。如没有存款准备金制度，就不能通过改变商业银行的超额准备来影响货币供应量。公开市场业务最大的不足是缺乏这三个条件的国家不能有效地运用这个政策手段；此外，它的收效缓慢，因为国债买卖对货币供给及利率的影响需要一定时间才能缓慢地传导到其他金融市场，影响经济运行。

3. 公开市场政策的作用

公开市场业务的作用过程简单描述为：市场资金短缺或剩余时，中央银行买进或卖出证券，进而导致基础货币增加或减少，商业银行准备金就相应增加或减少。于是，商业银行的信贷能力就随之增强或减弱，导致贷款和投资的增加或减少。此时，市场中货币供给就出现供给量增大或缩减的现象，利率也开始变动。最后，刺激投资支出增减。具体说来有以下几点。

(1) 调控存款类金融机构的准备金和货币供应量

央行可以在公开市场上通过买卖有价证券增加或减少超额准备金，从而影响存款银行的贷款规模和货币供给总量。

(2) 可以影响利率水平及结构

公开市场业务通过买卖证券，导致相应的市场利率变动，从而影响利率水平。中央银行可以通过两个渠道影响利率水平：当中央银行买进有价证券时，一方面，证券需求增加，证券价格上升，影响市场利率；另一方面，商业银行储备增加，货币供给增加，影响利率。当中央银行卖出有价证券时，利率的变化方向相反。此外，买卖不同期限的证券也可以改变市场对不同期限有价证券的供求水平，进而改变利率结构。

(3) 可以减轻政府利息支出压力

中央银行在公开市场上买卖政府债券，特别是买卖国债时，是一种向政府提供资金融通便利的行为，能帮助政府减轻利息支出压力。同时，中央银行卖出政府证券使得利率上升，利率上升抑制了需求，从而有助于减轻通货膨胀的压力。

(4) 与再贴现政策配合使用，可以提高货币政策效果

当中央银行提高再贴现率时，如果商业银行持有较多超额储备而不依赖中央银行贷款，使紧缩性货币政策得以奏效。这时，中央银行若以公开市场业务相配合，在公开市场卖出证券，则商业银行储备必然减少，紧缩目标得以实现。

4. 公开市场政策的优缺点

作为中央银行最重要的货币政策工具之一，公开市场业务具有明显的优越性，这主要体现在：

① 中央银行公开市场政策可以灵活准确地达到预定目标。通过公开市场业务可以用较小的规模和步骤直接调控银行系统的准备金总量，使其符合政策目标的需要，是中央银行进行日常性调节较为理想的工具。②中央银行通过公开市场业务可以“主动出击”，避免“被动等待”，主动权完全在中央银行。中央银行的操作规模大小完全受自己控制，这不同于再贴现政策，中央银行运用再贴现政策可以改变再贴现率和再贴现条件，但是它不能直接控制贴现的数量；③公开市场业务操作可以对货币供应量进行微调，也可以进行连续性、经常性、试探性甚至逆向性操作，以灵活调节货币供应量，不会像存款准备金政策那样对经济产生过于猛烈的冲击。它可以随时紧跟经济、金融的短期变化，有时即使出现某些政策失误也可以及时地加以修正，而其他货币政策工具则不能迅速地逆转。由于公开市场业务的诸多优点，已使其成为大多数国家央行经常使用的货币政策工具。

专栏 8-5　部分国家和地区央行公开市场操作开展情况

部分国家和地区中央银行公开市场操作开展情况一览表

国家(地区)	启用时间	交易工具	交易方式
英格兰银行	1694 年	商业票据、政府债券	买卖、回购
美国联邦储备系统	20 世纪 20 年代	政府债券	回购、买卖
加拿大银行	1935	政府债券	买卖、回购
法兰西银行	20 世纪 30 年代	货币市场债券、国债	买卖、回购
瑞士国民银行	20 世纪 30 年代	银行债券	买卖
澳大利亚储备银行	20 世纪 50 年代	政府债券	回购
德意志联邦银行	1955 年	政府债券、票据	回购、买卖
韩国银行	1961 年	政府债券、货币稳定债券、外汇基金债券	回购、发行
日本银行	1962 年	政府债券、票据、大额可转让存单	回购、买卖
菲律宾中央银行	1970 年	国债、中央银行债券	买卖、回购
巴西中央银行	1970 年	政府指数债券、中央银行债券	买卖、回购
墨西哥银行	1978 年	国债	买卖、回购
泰国银行	1979 年	政府债券、中央银行债券	回购、发行
印度尼西亚银行	1984 年	中央银行存单、银行承兑汇票	回购、买卖
新西兰储备银行	1986 年	政府债券、中央银行债券	回购、买卖
马来西亚银行	1987 年	政府债券、中央银行债券	回购、买卖
新加坡金融管理局	20 世纪 80 年代	国债	发行、回购
斯里兰卡中央银行	1984 年	中央银行债券、国债	发行、回购
埃及中央银行	20 世纪 80 年代	国债	发行、回购
阿根廷中央银行	20 世纪 80 年代	国债	买卖、回购
印度储备银行	20 世纪 80 年代	国债	买卖、回购
波兰国民银行	1990 年	中央银行债券、国债	买卖、发行、回购
俄罗斯中央银行	1994 年	国债	买卖、回购、逆回购
中国人民银行	1994 年	外汇、国债	买卖、回购、逆回购
中国香港地区金融管理局	20 世纪 90 年代	外汇基金票据	买卖

（资料来源：中国人民银行(1994—1996 公开市场业务年报)）

但是，公开市场操作较为细微，对大众预期的影响和对商业银行的强制影响较软弱，还容易受到诸如商业周期、货币流通速度变化、商业银行的信贷意愿等因素的影响，同时必须具备一个高度发达的证券市场。具体说有以下几点缺点：①缺乏政策意图的告示作用，其对公众预期的引导作用较差；②各种市场因素的变动可能减轻或抵消公开市场业务的影响力，如资本流动、国际收支等；③需要以较为发达的有价证券市场为前提；④需要商业银行和公众的配合；⑤受经济周期影响大等。

5. 公开市场政策的发展方向

我国中央银行目前在外汇市场和国债市场实施公开市场操作。我国的外汇市场公开操作于 1994 年随外汇交易市场建立而正式启动，而人民币公开市场业务于 1996 年 4 月 9 日正式启动。我国的外汇公开市场采取场内交易的操作方式，在中国外汇交易中心进行。中国人民银行公开市场业务操作室代表中央银行在外汇市场上进行操作。1996 年，人民银行主要采用的交易方式是回购交易。到 2000 年，公开市场操作已发展为债券回购和现券买卖两种基本交易方式。1996 年，中国人民银行开始进行公开市场操作时，操作的工具是财政部当年发行的短期国债。1998 年公开市场业务重新恢复以后，可供交易的不仅有国债，还有中央银行融资券和政策性金融债券。1999 年，人民银行把包括 2700 亿元特别国债、423 亿元专项国债、1600 亿元建设国债都纳入操作工具的范围。2003 年4 月 22 日至 12 月底，中国人民银行共发行 63 期票据，发行总量为 7226.8 亿元，发行余额为 3376.8 亿元。中国人民银行从 1998 年开始建立公开市场业务一级交易商制度，选择了一批能够承担大额债券交易的商业银行作为公开市场业务的交易对象。目前。公开市场业务一级交易商共包括 50 家商业银行。这些交易商可以运用国债、政策性金融债券等作为交易工具与中国人民银行开展公开市场业务。从交易品种看，中国人民银行公开市场业务债券交易主要包括回购交易、现券交易和发行中央银行票据。公开市场操作已成为中国人民银行货币政策日常操作的重要工具，对于调控货币供应量、调节商业银行流动性水平、引导货币市场利率走势发挥了积极的作用。

但就中国货币市场的发展情况来看，作为公开市场操作主要对象的国债市场在发行数量、品种和期限结构上仍然不能适应货币政策操作的需要。如从期限结构上看，1 年期以内的短期国债数量极少，大约只占 10%，国债主要以 3 年期和 5 年期为主，并且在发行的国债中仅有 30%左右能够上市流通。这就造成了我国国债市场实际规模不大，流动性相对较低，限制了中央银行运用国债进行公开市场操作的能力。通过中央银行票据的发行，一定程度上弥补了货币市场短期工具不足的状况。

以上三大政策工具的选择和协调配合至关重要，中央银行必须结合本国经济和金融实际，有选择地加以运用。

8.2 选择性货币政策工具

选择性货币政策工具，是指中央银行针对某些特殊的经济领域或特殊用途的信贷而采用的信用调节工具，它的目的在于影响银行资金运用方向和信贷资金利率结构。与侧重于货币总量调节的一般性货币政策工具相比，选择性货币政策工具侧重于信贷资金的机构性调节，因此，又被称为“质的管制”，主要包括：证券市场信用控制、消费者信用控制、不动产信用控制、间接信用控制、优惠利率等。

1. 消费者信用控制

消费者信用是由银行或企业提供给消费者的信用。银行提供给消费者的信用，采用的是消费贷款方式；而企业提供给消费者的信用，则是采用分期付款的方式。不论是哪种形式的消费者信用都是在消费者暂时没有钱购买商品时，对其提供信用而扩大销售量的一种手段。这种消费者信用一方面可以刺激消费，繁荣市场；另一方面也会造成虚假的社会需求，加剧通货膨胀。为了不使虚假需求扩大和通货膨胀加剧，中国人民银行需要对消费信用加以控制。

消费者信用控制是指中央银行对不动产以外的各种耐用消费品的销售融资予以控制的一种措施，目的在于影响消费者对耐用消费品有支付能力的需求，核心在于规定分期付款购买消费品时第一次付款的最低限额和贷款的最长偿还期限，以及适用于分期付款的商品种类。此类工具在房地产管理中最为常见。

消费者信用控制的主要内容包括：①规定分期购买耐用消费品首期付款的最低限额；这样既可以降低该类商品信贷的最高贷款额，又能限制那些缺乏现金支付首期付款的消费。②规定消费信贷的最长期限，即最长在什么时间内必须全部付清，从而提高每期还款金额，限制平均收入水平和目前收入水平较低的人群的消费。③规定可用消费信贷购买的耐用消费品种类，对不同消费品规定不同的信贷条件，这样可以限制消费信贷的规模。该类措施在消费膨胀时能够有效地控制消费信用的膨胀；相反，在经济衰退时，应放宽取消这些限制措施，从而提高消费者对耐用消费品的购买能力，刺激消费回升。

2. 证券市场信用控制

为防止信用膨胀的投机活动，中央银行对各商业银行办理的有价证券的贷款进行控制。证券市场信用控制作为对证券市场的贷款量实施控制的一项特殊措施，是指央行对有价证券的交易规定应支付的保证金限额，目的在于限制用借款购买有价证券的比重，抑制过度的投机。如中央银行规定保证金比率为60%，则买方要缴纳购进证券价格60%的现款，只能向银行贷款40%。中央银行根据经济形势和金融市场的变化，随时调整保证金比率，最高可达100%。这样，中央银行可以通过此举限制大量资金流入证券市场，调节信贷供给结构，使较多的资金能够用于生产和流通领域。

证券市场信用控制的主要内容包括：①规定以贷款方式购买证券时，第一次付款的金额。②根据金融市场状况，随时限高或调低保证金。保证金是作为贷款抵押品的证券市价和所发放贷款之间的差额，或者差价。保证金比例以百分比形式规定了最大差额，设立保证金比例是为了通过控制用于购买股票的信贷防止股票市场过度投机。例如，保证金比例设在100%，实际上就是禁止使用任何信贷用于购买股票；保证金比例是75%，则意味着借款额只能是作为抵押品的证券价值的25%。中央银行规定保证金限额，既可以控制证券市场的信贷资金的需求，稳定证券市场价格；又能够调节信贷供给结构，通过限制大量资金流入证券市场，使较多的资金用于生产和流通领域。

3. 不动产信用控制

不动产信用控制是指央行对商业银行等金融机构向客户提供不动产抵押贷款的管理措施。其主要内容有:对不动产贷款规定最高限额;对不动产贷款规定最长期限;对不动产贷款规定第一次付款的最低金额;对不动产贷款规定分期还款的最低金额。采取上述措施的目的主要在于限制房地产投机,抑制房地产泡沫。不动产需求特别是住房消费具有投资额大、期限长等特点。所以不动产政策相当敏感,它的投资对经济增长具有乘数作用,与宏观经济走势紧密相关。因此,实施不动产信用控制能控制不动产信贷规模,抑制过度投资,避免经济波动。

美国在第二次世界大战和朝鲜战争时期,为了确保经济资源的合理利用,在设置规则限制消费信用的同时,还设置规则限制不动产信用,以抑制通货膨胀。随后,这种监管手段在世界范围内推广开来。我国在 20 世纪 90 年代初曾出现房地产过热的情况,各种资金大量流向房地产投机,形成了庞大的房地产泡沫。为了限制房地产投机,国家采取了一系列措施限制信贷资金向房地产业的过度流入,对抑制房地产泡沫发挥了一定的作用。在 20 世纪 90 年代以来,中国人民银行颁布了《关于开展个人消费信贷的指导意见》、《个人住房贷款管理办法》等不动产信贷管理办法,加强了不动产信用控制。

4. 优惠利率

优惠利率是指央行对国家拟重点发展的某些部门、行业和产品规定较低的利率,以鼓励其发展,有利于该国产业结构和产品结构的调整与升级换代。实行优惠利率有两种方式:一种是央行对需重点扶持发展的行业、企业和产品规定较低的贷款利率,由商业银行执行;另一种是央行对其票据规定较低的再贴现率,引导商业银行的资金投向和投入量。优惠利率不仅在发展中国家多有采用,发达国家也普遍采用。

8.3 其他政策工具

1. 直接信用控制

直接信用控制指中央银行基于总量和结构信用控制的目的,通过有关法规对商业银行等货币存款机构的信用创造业务进行直接干涉的活动与政策规定等。其手段主要包括利率最高限额、信用配额、流动性比率管理和直接干预等。规定存贷款利率或最高限额是最常用的直接信用管制工具。

(1) 利率控制

中央银行规定存贷款利率或最高限额,是最常用的直接信用管制工具。其目的在于防止商业银行用提高利率的办法在吸收存款方面进行过度竞争,以及为牟取高利进行风险存贷活动。

我国在计划经济时期执行严格的利率管制。随着金融改革的逐步深化,央行对利率的管制逐步放松,我国正处于利率市场化的过程中,商业银行的存贷利率仍由中央银行规定,仍实行计划为主的利率管理体制。目前,我国的利率有三个层次:第一层次为中央银行基准利率;第二层次为金融机构存款和贷款利率;第三层次为金融市场利率。利率管制的目的主要是为了防止银行用提高利率的办法进行吸收存款的竞争,这样会提高银行的融资资本,增加信贷风险。但是利率控制也存在很大的缺点,利率随资金供求变化自动调整的作用得不到正常的发挥;利率很难准确地反映资金市场的供求状况。所以,随着我国金融体制改革的逐步深化和金融市场的逐步发育和完善,利率市场化将是一种必然趋势。

(2) 信用配额管理

信用配额管理是指央行根据金融市场的供求状况和经济发展的需要,分别对各个商业银行的信用规模加以分配和控制,从而实现其对整个信用规模的控制。该控制方式一般被资金供求相对紧张的发展中国家广泛采用。在我国计划经济时期和从计划经济向市场经济转轨时期,信用配额管理是主要的信用控制手段。但我国从 1998 年 1 月 1 日后取消了对国有商业银行的贷款规模限额控制,此后改为"计划指导、自求平衡、比例管理、间接调控"的信贷资金管理体制。中央银行通过对基础货币的调控来实现对货币供给总量的控制。

(3) 流动性比率管理

流动性比率是指流动资产与存款的比率。规定商业银行的流动性比率,是中央银行限制信用扩张的直接管制措施之一。规定较高的流动比率不仅可以限制商业银行的信用扩张,而且可以降低其经营风险。因为规定的流动性比率较高,商业银行能够发放的贷款特别是长期贷款的数量就减少。但过高的流动性比率则不利于商业银行的盈利和经营能力。为保持中央银行规定的流动性比率,商业银行必须采取缩减长期放款、扩大短期放款和增加易于变现的资产等措施。因此,一般说来,流动性比率与收益率成反比,与商业银行经营风险成正比。

(4) 直接干预

直接干预是指央行直接对商业银行的信贷业务、放款范围等加以干预。中央银行直接干预的方式有:直接限制放款的额度,直接干预商业银行对活期存款的吸收,对业务经营不当的商业银行拒绝再贴现或采取高于一般利率的惩罚性利率,明确规定各家银行的放款或投资的范围,以及放款方针等。

许多国家政府将货币政策指向特殊的部门或行业,以推动社会目标的实现和行业增长。例如,墨西哥中央银行使用其对商业银行的法定准备权力,将贷款导向特定行业和低收入住宅建筑;日本中央银行向特定的公司贷款,以利于达到经济增长的目的;如我国中央银行对业务经营不当的商业银行拒绝再贴现或采取高于一般利率的惩罚性利率;直接干预商业银行对存款的吸收等。

(5) 特别存款

特别存款就是中央银行在银行体系中出现过剩超额准备时,要求按照这一比例把这种超额准备缴存中央银行冻结起来的一种存款方式。当银行体系中出现过剩的准备时,就会产生信贷过度扩张的可能。在通货膨胀时期,中央银行可以要求银行体系存入特种条款,以紧缩银行体系的放款,从而控制货币供应量。采取特种存款以冻结超额准备,可能是比公开市场操作更为有效和直接的措施。另外还有一种补充特种存款,这种存款是当银行有息存款超过规定比率时，必须向中央银行存入无息存款，从而防止银行高利吸收存款。

一些经济学家认为，在发展中国家，由于证券市场不够发达，中央银行通过开办特种存款业务，可以取得类似公开市场政策的效果。我国也曾开办特种存款，它是中国人民银行为了保持金融机构之间的平衡协调发展，避免个别部门或某类贷款的过度增长，要求某个或某几个金融部门向人民银行缴纳一定比例的存款，其目的是为引导信贷投资投向，保证重点项目资金的需要。

2. 间接信用指导

间接信用指导，是指央行通过道义劝告和窗口指导的方式对信用变动方向和重点实施间接指导。其优点是较为灵活，但其发挥作用的大小，则取决于央行在金融体系中是否具有较强的地位、较高的威望和足够的控制信用的法律权力和手段。我国在从计划经济向社会主义市场经济转轨过程中，宏观调控方式逐步从以直接控制手段为主向以间接调控手段为主转变，道义劝告和窗口指导具有重要作用。

(1) 道义劝告

道义劝告是指央行利用其声望和地位，对商业银行和其他金融机构经常发出通告、指示或与各金融机构的负责人进行面谈，交流信息，解释政策意图，使这些机构自动采取相应措施来贯彻央行的政策。中央银行根据市场、物价的变化趋势、金融市场的动向、货币政策的要求等，对银行的贷款重点和贷款规模进行指导。这种指导不具有强制性，不依靠法令赋予的特殊权力，而是通过各金融机构领会政策意图，自愿合作。

道义劝告工具的优点是较为灵活，无需劳民伤财花费行政费用。其缺点是没有法律的约束力，所以其效果视各金融机构是否与中央银行合作而定。道义劝告作为一项信用控制的手段，至少具备三个条件：一是中央银行在该国的金融体系中有较高的威望和地位；二是该国的道德水准较高，遵纪守法的意识强；三是中央银行拥有信用控制的足够的司法权限和法律手段。总地说来，道义劝告之所以能够在现行的金融体制下得以实施，关键在于中央银行的领导地位，中央银行的声望越高、地位越独立，道义劝告的作用也越明显。

(2) 窗口指导

窗口指导又称“贷款增加额限制”、“资金运用平衡衡量指导”，是指央行根据产业行情、物价趋势和金融市场动向，规定商业银行的贷款重点投向和贷款变动数量等。窗口指导是指中央银行通过劝告和建议来影响商业银行信贷行为，属于温和的、非强制性的货币政策工具。窗口指导是一种劝谕式监管手段，监管机构向金融机构解释说明相关政策意图，提出指导性意见，或者根据监管信息向金融机构提示风险。窗口指导是监管机构利用其在金融体系中特殊的地位和影响，引导金融机构主动采取措施防范风险，进而实现监管目标的监管行为。

“窗口指导”曾一度是日本主要的货币政策工具。日本银行利用其在金融体系中的威望和日本金融机构对日本银行的较高依赖关系，通过日本银行与金融机构的频繁接触，指导它们遵守日本银行提出的要求，从而达到控制信贷、调节货币供应量的目的。同时，窗口指导也暗示贷款的使用方向，以保证经济优先发展部门的资金需要。后来，经过长时间的实践，为了保证货币政策的顺利实现,这种劝告性的信用控制手段逐渐转化为强制性的手段。

我国在取消贷款规模控制以后,更加注重窗口指导的作用,在1998年颁发了产业投资指导政策,以指导商业银行的贷款方向;从1998年3月份开始,中国人民银行坚持每个月与各家商业银行一起召开经济金融形势分析会。在这个会议上,中央银行通报全国金融情况,同时根据形势发展预测货币政策趋势;各综合经济部门介绍各部门的经济运行情况,各商业银行介绍各行的情况,同时向中央银行提出货币信贷政策要求。这种会议发挥了沟通信息、统一意见的作用。此外,还定期比如按年或按月对国有商业银行下达贷款增量的指导性计划,引导其贷款规模控制。

由于中央银行对商业银行,尤其是对各大银行的业务活动具有很强的控制力,因此,道义劝告和窗口指导能够发挥很大的作用。间接信用指导的优点是较为灵活,中央银行具有较高的威望以及控制信用的足够的法律手段和权力。相较其他货币政策工具而言,间接信用指导灵活性大,所引发的经济波动也较小。

本章小结

(1) 货币政策工具是指中央银行可以直接控制的、能够通过金融途径影响经济单位的经济活动,执行并传导货币政策的重要手段。按操作对象不同,货币政策工具可划分为一般性货币政策工具、选择性货币政策工具和其他货币政策工具三大类。

(2) 一般性货币政策工具,也称为总量调控工具,是对货币供应量和信用总量进行调节与控制的政策工具,主要包括法定存款准备金政策、再贴现政策和公开市场操作。这三大工具被称为中央银行的"三大法宝",是影响整个经济最为重要的工具。法定存款准备金政策、再贴现政策和公开市场操作的主要内容、作用过程和优缺点各不相同。

(3) 选择性货币政策工具是指中央银行针对某些特殊的经济领域或特殊用途的信贷而采用的信用调节工具,主要方式有:消费者信用控制、不动产信用控制、证券市场信用控制和优惠利率等。

(4) 其他货币政策工具分为直接信用控制和间接信用指导两种。直接信用控制是指中央银行以行政命令的方式对金融机构尤其是商业银行的信贷活动进行直接控制,其主要的方式有利率控制、信用配额管理、流动性比率管理、直接干预和特种存款。间接信用指导是指中央银行通过道义劝告和窗口指导的方式对信用规模、信贷流向等进行间接指导。

复习思考题

(1) 货币性政策工具从操作对象上分为哪几种?

(2) 一般性货币政策工具有哪些?

(3) 比较分析三大基本货币政策工具各自的优缺点和适用条件。

(4) 选择性货币政策工具有哪些?

(5) 直接信用控制和间接信用指导的主要内容各是什么?

第9章 中央银行货币政策传导机制与效应

学习目标

(1) 了解货币政策传导机制和传导过程；

(2) 熟悉货币政策传导机制的一般理论；

(3) 理解货币政策传导效应及其衡量指标；

(4) 认识货币政策时滞与货币政策效应之间的关系；

(5) 知道影响货币政策效应的其他因素。

货币政策传导机制理论是在传统货币供求理论的基础上，探讨货币供给量的变化对就业、产量、收入和价格等实际经济因素产生影响的方式，途经和过程的学说。本章阐述了货币政策传导机制的作用过程。

关键词

货币政策传导机制；货币政策传导过程；目标变量；中介变量；操作变量；黑箱理论；内部时滞；外部时滞；货币政策效应

9.1　货币政策传导机制

9.1.1　货币政策传导机制的概念

货币政策传导机制(Conduction Mechanism of Monetary Policy),指的是中央银行运用货币政策工具影响中介指标,进而最终实现既定政策目标的传导途径与作用机理。货币传导机制是否完善及提高,直接影响货币政策的实施效果以及对经济的贡献。

金融市场在整个货币政策传导过程中发挥着极其重要的作用。首先,中央银行主要通过市场实施货币政策工具,商业银行等金融机构通过市场了解中央银行货币政策的调控意向;其次,企业、居民等非金融部门经济行为主体通过市场利率的变化,接受金融机构对资金供应的调节,进而影响投资与消费行为;最后,社会各经济变量的变化也通过市场反馈信息,影响中央银行、各金融机构的行为。

9.1.2　货币政策传导机制的构成

货币政策传导机制主要体现在经济变量传导过程和微观主体传导过程两个方面。

经济变量传导过程为:货币政策工具—货币政策操作变量—货币政策中介变量—货币政策目标变量。其中,目标变量是指货币政策最终目标的变量指标,包括币值稳定、经济增长、充分就业、国际收支平衡和金融稳定;中介变量是指货币政策中介目标的变量指标,主要有利率与货币供应量等;操作变量是指操作货币政策工具直接改变的变量,相当于货币政策操作目标的变量指标。

微观主体传导过程是通过金融市场的参与者——微观主体行为选择的变化改变经济变量来实现的,即中央银行—金融机构—投资者—国民收入。

以我国为例,在20世纪90年代以后,我国金融宏观调控方式逐步转化,货币市场进一步发展,逐步形成“中央银行—货币市场—金融机构—企业”的传导体系,初步建立了“货币政策—操作变量—中介变量—目标变量”的间接传导机制,其中操作变量为基础货币,中介变量是货币供应量和贷款,目标变量则为GDP和CPI。

研究一国的货币政策的作用机制,首先需要考察货币政策的目标变量、中介变量和操作变量三者之间的关系问题。

1. 中介变量与操作变量的关系

操作变量对中介变量的传导机制,主要体现在不同操作变量对不同中介变量的弹性大小方面。以M_0、M_1、M_2这三个层次的货币供应量作为具有代表性的中介变量,以基础货币、实际存款准备率和货币结构比率作为具有代表性的操作变量,通过中央银行资产负债表、货币概览表的对比分析,可以推断不同的操作变量与主要中介变量的关系。

(1) 基础货币(B)与货币供应量(M_1、M_2)

基础货币在中央银行的全部负债业务中占比极大,它们是中央银行发行的现金通货和吸收的存款总称，相当于资产负债表负债方的储备货币。实际上，利用资产与负债的关系来体现基础货币的货币性质，因此将基础货币定义为中央银行账户的负债方。从另一方面而言，基础货币可认为是中央银行放出的信用，是中央银行的资产业务。无论中央银行购买外汇、黄金、国债，还是向各类金融机构提供信贷支持，其放出的信用，首先形成了金融机构在中央银行的存款。金融机构对在中央银行存款的使用，便形成了社会上的货币供应量。其中，包括活期存款、定期存款、储蓄存款及其他存款。活期存款与中央银行发行的现金通货成为一国的狭义货币供应量 M_1，再加上定期存款和其他存款等，则构成一国的广义货币 M_2，因此，基础货币这一操作变量直接作用于中介变量 M_1，进而对 M_2 产生影响。

(2) 存款准备率(r)与货币供应量(M_1、M_2)

存款准备率包括：一由中央银行规定的法定存款准备率；二是由法定存款准备和超额准备组成的实际存款准备率。存款货币银行向中央银行缴存存款准备金，除了为了执行金融制度的规定以外，也有满足其自身业务经营规律的要求存在，因此，尽管存款准备金受到法定存款准备率的限制，但实际准备金与法定存款准备金之间总有数量上的差额，这个差额被称为“超额准备金”。而这些超额的存款准备金与法定存款准备金一样，都形成对银行体系信用扩张的限制。所以，货币政策的操作变量应该是实际存款准备率，通过这一操作变量直接作用于 M_2，并通过 M_2 的收缩或扩张对 M_1 发生拉动或限制的作用。

(3) 货币结构比率(q)

货币概览表中负债方“货币”项下有流通中现金和活期存款两个子项目，“准货币”项下也有定期存款、储蓄存款及其他存款等子项目，货币结构比率正体现了各子项目所占的份额。同时，在“货币”项目中记录了狭义货币供应量 M_1，“货币”与“准货币”两个项目之和就构成了广义货币供应量 M_2。货币结构比率的变动，一方面，影响着 M_1 占 M_2 的比重，如流通中现金、活期存款等分别占比；另一方面，影响着商业银行的信用扩张，如流通中现金影响到商业银行创造派生存款的能力。

2. 操作变量与政策变量的关系

体现在中央银行资产负债表中的一系列业务活动，是其货币政策的具体操作过程。假定以基础货币、货币准备率和货币结构比率作为具有代表性的操作变量，那么通过中央银行资产负债表中的资产方业务和负债方业务的对比分析，可以推断各主要政策工具与不同的工具变量的关系。

(1) 法定存款准备率与实际存款准备量

作为操作变量，实际存款准备量包含了法定存款准备与超额存款准备两项内容。因此，作为货币政策变量，法定存款准备率的调整首先影响的是实际存款准备金中法定部分与超额部分的比例。当中央银行紧缩或放松银根时，商业银行可能会减少或增加其在中央银行账户上的超额准备。商业银行对资产流动性的偏好程度，将决定法定存款准备率对存款准备总量的弹性大小。一般情况下，调整法定存款准备金率，对商业银行等金融机构的影响还是非常明显的。

(2) 再贴现率与基础货币

再贴现率作为一种政策工具，影响着中央银行对商业银行的贷款利率。中央银行调整再贴现率，会影响商业银行融入资金的成本，从而起到改变商业银行在中央银行获得融资支持的规模。因此，再贴现率是调控商业银行在中央银行贴现的票据量和获得的贷款量，进而影响中央银行基础货币投放量的一个变量。再贴现率的效果如何在很大程度上取决于商业银行。因为，向中央银行请求贴现票据以获得信用支持，仅是商业银行融通资金的方式之一，商业银行还可以动用出售证券、发行存单等方式来融资。所以，中央银行采用再贴现率工具是否获得预期效果，取决于商业银行的态度。

(3) 公开市场业务与基础货币

公开市场业务作为一种政策变量，不仅仅是指中央银行在证券市场上公开买卖有价证券的行为，也包括其买卖的数量及价格；同时，中央银行在外汇市场上公开买卖外汇的业务也属于公开市场业务范畴。上述行为，显然属于中央银行资产业务操作，或者叫做中央银行投放或收回基础货币的操作。中央银行通过在公开市场的操作，改变商业银行的资产—负债规模，从而影响整个社会的货币量和信用量。除此之外，中央银行通过买卖证券价格，直接影响市场利率的波动，以实现收缩或扩张信用的目的。与法定存款准备率相比，公开市场业务更具有弹性；与再贴现率相比较，公开市场业务的主动权完全掌握在中央银行手中。因此，公开市场业务是有较强的作用力、较大的弹性和较弱的时滞性①。

9.1.3 货币政策传导机制的影响因素

货币政策传导过程能否顺利实现预期目标，主要取决于中央银行如何正确选择政策工具、操作目标、中间目标以及准确实施货币政策工具的时机和力度。除此以外，在货币政策传导过程中，还可能受到多种因素的影响和制约。

1. 宏观经济形势

宏观经济形势环境对货币政策的影响不小，往往起着主要作用，影响和制约着货币政策的传导。因为宏观经济的大环境对经济主体的选择决策影响很大，所以会影响到各类经济主体对货币流的态度，从而影响到货币政策传导的速度。一般而言，经济活跃时，货币政策传导速度会相应加快；而经济低迷时，货币政策传导效率则大大降低。

2. 与其他政策的协调程度

货币政策主要体现在总量的调节和稳定物价水平的效果上，而像财政政策这一类则更多地表现在结构调整和资源配置方面。各种经济政策都有着各自的功效与不同的优缺点，彼此之间需要相互协调配合，才能达到预期的政策目标。由于现实经济运行中不仅仅是单方面的问题发生，更多地表现为多方面的失衡，因而货币政策必须与其他政策相协调配合，才能保证货币政策传导机制的畅通有效。

3. 金融市场的完善程度

金融市场是货币政策传导的重要载体，是货币政策传导的基础。在市场经济条件下，从货币政策工具的启动到最终对企业和居民行为的影响，都是依托于金融市场来完成的。金融市场通过价格信号和供求关系把中央银行行为、金融机构行为、企业和居民行为组成

① 王广谦．中央银行学．北京：高等教育出版社，2006：2.

一个有机统一体。因此，一国货币政策传导是否畅通、有效，与该国的金融市场是否健全、完善有着很大的关系。

4. 企业与金融机构的市场化程度

企业和金融机构是货币政策传导的重要对象，其市场化的程度将直接影响到货币政策投放效果。中央银行的货币政策，首先作用于金融机构，然后传导至企业和居民，进而影响到国民收入和物价水平等经济变量。因此，只有企业和金融机构以市场作为资源配置的有效手段，充分市场化，才能对中央银行的货币政策调控反应灵敏、准确，使货币政策调控产生效果[①]。

9.1.4 货币政策的传导过程

货币政策的传导过程也可看作是货币政策的制定和实施的过程。首先是选定最终目标；其次选择政策工具和与政策工具、最终目标关系较为密切的操作指标和中介指标；最后根据不同的经济金融状况，实施政策工具，从而引起经济指标的变化。

在这个过程中，货币政策的贯彻实施能否产生预期效果并不完全取决于中央银行的主观愿望，而是很大程度上取决于经济金融环境的好坏和社会各主体的行为调整是否与中央银行的意志相吻合。其货币政策传导过程需要依赖以下各个环节的顺畅进行。

1. 从中央银行到金融市场

金融市场是中央银行货币政策传导必不可少的基础。一国金融市场的发展状况决定了中央银行宏观调控方式、调控工具及调控效果。如果金融市场欠发达，可交易的金融工具少，金融产品规模小，那么中央银行则只能较多地采取直接调控方式和手段，才能达到预期效果。反之，如果金融市场发达，可交易的金融产品量大且品种多，那么中央银行调控方式和调控手段的选择余地较大，可以更多地采用间接调控手段。

2. 从中央银行到各金融机构

金融机构组成了金融市场，它是中央银行宏观调控的对象之一。它连接着中央银行与其他经济主体。从某个角度来说，中央银行对宏观经济的调控就是通过运用各种货币政策工具，直接或间接地调节各金融机构的超额准备金，以便控制各金融机构的信用创造能力，达到调节货币供给量的效果。所以，金融机构的行为以及是否能对中央银行发出的信号作出迅速反应，直接决定着中央银行调控效果。

3. 从金融机构和金融市场到企业和个人的经济行为

中央银行的宏观调控并不直接面对企业和个人，而是借助于其对金融机构和金融市场的调控来改变或者影响企业和个人的行为，如企业和个人的融资机会、融资成本和融资便利性等。可以说，中央银行宏观调控对金融机构和金融市场的影响是直接的，而其对企业和个人的影响是间接的。金融机构和金融市场的变化对企业和个人的行为产生直接影响。不论是金融机构、金融市场，还是企业和个人，都会因中央银行政策意向来调整自己的经济行为。在这一过程中，货币政策传导能否有效，关键在于企业和个人的经济行为受

---

① 杜朝运．中央银行学．厦门：厦门大学出版社，2010：10.

金融市场的影响程度。也就是取决于融资体制、企业和个人与金融机构的关系以及对市场融资的依赖程度等。

4. 从个人和企业的投资与消费到国民收入的变动

企业和个人的投资与消费的变动，必然引起整个国民收入的变动，但这种变动是否顺应中央银行政策意愿，则取决于整个宏观经济环境是否有利于投资和消费。与此同时，投资体制、企业运行机制、消费倾向和消费习惯等都会对国民收入产生影响。

货币政策传导过程涉及经济发展的方方面面，既有中央银行的内部因素，也有外部因素。有些过程中央银行是可以直接控制的，而有些过程则无法直接控制，如何选取一个主线来传导货币政策，是中央银行实现预期目标的首要条件[①]。

专栏9-1 我国股票市场的货币传导机制

在以商业银行为主导的金融体系中，银行是货币政策传导的主要渠道，股票市场对实体经济的影响极为有限。自20世纪90年代以来，随着通过股权融资企业的增多，企业对银行贷款的依赖性相对下降，银行信贷市场的相对规模呈现递减的趋势，货币政策传导中银行信贷渠道的作用在下降，股票市场在货币政策传导机制中的作用日益增强，即货币政策工具通过影响股票资产的相对价格、改变股票市场参与者的行为，进而影响到实体经济。股票市场对货币政策传导机制的影响主要表现如下。

一、货币政策传导主体多样化

在间接融资占主导地位的情况下，金融市场参与者单一，货币当局主要通过贷款规模控制、约束企业的货币资金需求，以达到既定的宏观经济目标。随着股票市场的不断发展，货币政策的传导主体呈现出多元化的趋势。第一，居民作为个人投资者成为越来越重要的货币政策传导主体。主要原因为：其一，随着居民个人可支配收入的增长，越来越多的居民进行股票资产的投资，因此，货币政策变动将影响到居民的资产投资收益，进而影响到消费与投资。其二，居民的消费信贷市场不断膨胀、企业的信贷规模却在不断萎缩，居民在信贷传导渠道中的作用逐渐增强。当货币当局采取扩张性的货币政策时，股票资产价格呈上升趋势，这会通过财富效应刺激居民的消费信贷需求，商业银行的消费贷款规模扩大。其三，越来越多的机构投资者成为货币政策传导主体。货币政策的变动无疑会对这些机构的投资收益产生影响；其四，外国投融资机构成为货币政策的传导主体之一。越来越多的外国投融资者进入国内股票市场从事证券投资、存贷款等业务，其筹资与投资行为受到国内货币政策的影响，从而使其成为货币政策传导中不容忽视的主体。

二、货币政策传导链更加复杂

一是从调控工具到货币政策中间目标的传递变得复杂。随着金融机构的市场化程度逐步提高，货币政策的传导渠道和传导主体逐步增多。货币政策工具的变动会引起股票等金融资产价格的变化，而经济主体对股票资产价格变动存在着不同的预期，各种经济变量的互动关系更加复杂，货币当局宏观经济模型的设定将更为困难。另外，随着股票市场

---

① 付一书．中央银行学．上海：复旦大学出版社，2009：2.

的一体化程度加深，货币政策的传导将更多地受到国际因素的影响。本外币货币政策互动效应增强，改变了原来封闭条件下的货币政策作用渠道。经济周期的变化、国内外投资者预期的改变以及国际资本流动等都会影响到国内股票价格水平的变动，从而使货币政策的传导链更加复杂。

二是给物价稳定目标带来了挑战。货币政策一般以商品、劳务价格水平稳定作为最终目标。但是，随着股票价格变动，传导货币政策的渠道越来越重要，将一般物价水平作为货币政策最终目标是不完全的。一般物价水平的稳定有助于经济的稳定与增长，但是并不能保证金融的稳定。资产价格的膨胀与急剧下跌往往出现在宏观经济稳定的环境中。股票价格的波动与一般物价水平的背离使货币当局最终目标的实现受到挑战。

三、削弱了以货币供应量作为货币政策传导中介目标的效力

股票市场的发展势必引起货币供需总量和结构发生变化。首先，从影响货币需求方面，股票市场对货币需求量大大增加，股票市场通过财富效应等影响货币需求，从货币的供给量看，股票市场发展导致直接融资规模的扩大，从而引起间接融资比重不断下降。间接融资数量的下降将使商业银行的客户结构发生重要变化，其贷款意愿下降，贷款增长幅度则趋缓，间接导致货币供给量减少。其次，使货币供应量增长的可控性下降。所以，20 世纪 80 年代中期以来，许多西方主要国家以货币供应量作为货币政策中介目标。此目标的实现以相当稳定的货币需求为前提，但在金融全球化、自由化的趋势下，货币需求呈现出不稳定的态势。随着股票市场的深化发展，金融创新浪潮涌现，具有流动性与收益性的金融工具不断推出，货币性资产与非货币性资产的界限变得模糊，货币供应量的层次结构也将更加丰富和多样化，这无疑会使货币供应量指标的可测性和可控性进一步下降。再次，若一国货币当局采取扩张性货币政策，而货币供应量增长并没有转化为相应的名义需求增长，这是由于公众对股票等金融资产收益预期比固定资产投资收益预期要高，新增货币量投入了股票市场，使股票资产价格攀升；固定资产投资在扩张性政策情况下仍然没有被扩大，货币供应量与物价水平的相关性降低。因此，20 世纪 90 年代以来一些国家纷纷放弃了货币供应量目标。

（资料来源：潘红园．股票市场的货币政策传导机制及效率分析．生产力研究，2011(5)）

9.2 货币政策传导机制理论

从表面上看，货币政策传导机制主要涉及中央银行货币政策工具的选择和实施。从本质上看，是分析货币数量变化如何能影响经济的过程，以及如何选择和协调各市场主体行为的问题。因此，由于存在对上述问题的不同理解，从早期到现代经济学界，产生了不同的货币政策传导机制理论。

9.2.1 货币作用过程理论

早期学者对于货币作用过程的研究成果集中体现在传统货币数量论的相关表述中。

该理论的核心内容是，一国货币数量变化的直接作用结果将是物价水平的相应变化。早在18世纪，爱尔兰经济学家理查德·坎蒂隆在《商业性质概论》一书中谈到货币数量理论时，就详细阐述了货币传导机制的初始思想：一国货币数量增加主要是通过三个途径来实现的，一是金银等贵金属矿藏的发掘开采；二是国际贸易活动带来的顺差；三是来自外国的补贴或来自国外的财产转移等。由于贵金属矿藏开采所引起的货币数量增加会导致人民收入和支出的增加，并导致商品价格上涨。如果货币数量增加来自国际贸易顺差或外国财产转移，也同样引起居民消费和投资的增加，并带来市场上商品价格的上涨。

西方较早研究货币政策传导机制的还有瑞典学派的创始人维克塞尔，他将利率分为自然利率和银行贷款利率，提出了货币政策传导的“累积过程理论”。该理论认为，当货币利率低于自然利率时，企业就会增加投资，提高产量，从而获取超额利润。对于消费者而言，这时市场利率较低，消费者就会转向消费而不储蓄，引起消费品需求增加，推动消费品价格上涨。消费品价格上涨相应带动资本品的价格上涨，这种经济累积性扩张过程要一直持续到市场利率与自然利率相等时为止。维克塞尔研究货币传导过程的目的是希望找到实现货币利率与自然利率趋于一致的方法。

传统经济学家们认为：在一定时期内，一国的商品数量和货币流通速度在短期内无法发生变化。国民产出在完全竞争均衡机制下，通常处于充分就业水平，而货币流通速度受制度性因素的影响，在短期内基本保持稳定不变。因此，在早期的经济理论研究中，货币的作用过程非常简单，即货币供应量 M_s 增加，物价水平 P 就上升，名义收入水平 Y 也会增加[①]。简单表示为：

$$M_s \rightarrow P \rightarrow Y$$

9.2.2 凯恩斯学派的货币政策传导机制理论

1. 传统的凯恩斯学派的货币政策传导机制理论

凯恩斯在1936年出版的《就业、利息和货币通论》一书中，提出了他关于货币与经济关系的看法，后来他的理论在其追随者的发展和修正上，形成了凯恩斯学派的货币理论。

凯恩斯在继承和发展瑞典学派维克塞尔理论的基础上提出了传统的利率传导机制理论。凯恩斯认为货币政策传导关键变量是利率。货币政策主要通过利率传导，也就是利率变动影响消费和投资，进而影响宏观经济。他与维克塞尔一样，认为经济在短期中是非均衡的。尽管货币政策不是应对经济萧条的有效手段，但是，他们还是认为应该在经济衰退时实行扩张性货币政策，繁荣时实行紧缩性货币政策，调节总需求，以实现稳定经济的目的。同时，凯恩斯也指出，不能刺激利率而实行太低的利率，否则会陷入“流动性陷阱”。

从经济思想发展史来看，利率传导理论应该算作是最早被提出的货币政策传导理论。但从早期休谟的短期分析、费雪的过渡期理论、维克塞尔的累积过程理论中所涉及的利率传导理论均未得到关注，直到凯恩斯的《就业、利息和货币通论》问世及后来IS-LM模型的建立才正式引起学术界对利率传导机制的研究。利率传导机制的基本途径可表示为：

---

① 杜朝运. 中央银行学. 厦门：厦门大学出版社，2010：10.

货币供应量 $M\uparrow$ → 实际利率水平 $i\downarrow$ → 投资 $I\uparrow$ →总支出 $E\uparrow$ →总产出 $Y\uparrow$

上述含义，如果中央银行采取扩张性的货币政策，将会使货币供给量增加，从而引起货币市场上的资金价格即利率的下降，利率下降意味着企业投资的资金成本下降，这将刺激企业增加投资，社会的投资支出将会增长，就业随之增加。如此一来，社会的总体消费能力将会增长，总支出将增加，社会总产出也会随之增加。如果中央银行采取紧缩性的货币政策，货币供给量减少，则货币政策作用的传导机制与上述过程相反。

凯恩斯有效需求理论的重要假设前提之一，即社会经济运行中的资源未能得到充分利用，现实经济生活中存在着非自愿失业的现象。因此，货币供应量的增加在实现充分就业之前并不会引起物价和工资水平的上升，只会引起国民收入的增加；然而，随着货币供应量的进一步增加，国民收入和物价水平会同时上升；在实现充分就业后，货币供应量增加的唯一效果是价格水平上升，而不会对国民收入产生任何影响。

凯恩斯的理论体系特别强调财政政策对于刺激有效需求的积极作用，因而也被称为局部均衡分析。它只表明了货币市场变动对商品市场的影响，而没有显示它们之间的相互影响[①]。

2. 希克斯的 IS-LM 模型

希克斯于 1937 年在局部均衡分析的基础上对宏观经济的均衡进行了分析，建立了 IS-LM 模型。该模型的假设前提有两个：一是经济中只存在货币与债券两种资产；二是金融市场以利率出清。在此前提下，该模型描述了在价格水平不变的条件下，经济中利率和总产出的对应关系，反映了货币市场和商品市场相互作用并趋于均衡的过程。其分析如下：

(1) 假定货币政策工具的运用使货币供给增加，在既定的产出水平下，利率会相应下降，进而刺激投资，投资的增加通过投资乘数的作用会引起总产出的增加，于是总收入也相应增加。

(2) 产出量的上升使货币需求量上升。在没有新的货币供给投入的情况下，货币供求的对比就会使下降了的利率回升，这是商品市场对货币市场的作用。

(3) 利率的回升又会使总需求减少，产量下降。产量的下降又导致货币需求下降，那么利率又会回落。这样的变化会循环往复。

(4) 这一过程最终会逼近一个均衡点，在这个点上，货币市场和商品市场同时达到均衡。在这个过程中，利率是不断波动的，利率可能较原来的均衡水平低，而产出量较原来的均衡水平高。

封闭经济中的利率传导机制被典型地概况为[②]：

增加准备金 $R\uparrow$ →社会货币存量 $M\uparrow$ → 实际利率水平 $i\downarrow$ → 投资 $I\uparrow$，
消费 $C\uparrow$ →国民收入 $y\uparrow$

9.2.3 货币主义学派的货币政策传导机制理论

以米尔顿·弗里德曼为代表的芝加哥大学的一些经济学家提出一个新观点：货币对

---

① 杜朝运．中央银行学．厦门：厦门大学出版社，2010：10.

② 付一书．中央银行学．上海：复旦大学出版社，2009：2.

总需求的变动是至关重要的。弗里德曼及其追随者的货币理论后来被称为货币主义学派理论。该学派认为，在货币政策传导机制中，起主导作用的是货币供应量，而不是利率。货币需求取决于人们的持久性收入，可以理解为长期收入的平均预期值；资产选择的多样性，使得有重要意义的利率将不止一种；假定货币和商品互为替代，则货币数量的变动可能对总支出产生直接的影响；货币的预期收益率不是一个常量。

由此，货币主义学派的主要论点是：持久性收入是决定货币需求的主要因素，由于持久性收入的稳定性，货币需求函数也是稳定的。此外，货币需求对利率变动是不敏感的，也就意味着货币流通速度是可以准确预测的。因而，货币主义学派提出的货币政策传导机制是：货币数量的变动引起总支出水平的变化，总支出水平的变化进而影响总产出的变化。如果中央银行采取一个扩张性的货币政策，则传导过程为：

$$货币供给量\ M\uparrow \rightarrow 总支出\ E\uparrow \rightarrow 总产出\ Y\uparrow$$

由于货币主义学派没有揭示出货币供给量影响总支出变化的渠道，而仅仅是指出其会引起总支出变动，所以，人们又把货币主义的政策传导机制称为“黑箱理论”。

9.2.4 凯恩斯学派与货币主义学派的货币政策传导机制理论的区别

由于凯恩斯学派和货币主义学派强调的经济变量不同，从而使得两个学派在理论上产生了分歧。两个学派理论上的主要区别有几个方面。

1. 对利率在货币政策传导机制中的作用认识不同

凯恩斯学派非常重视利率指标在货币政策传导机制中的作用，认为如果调整货币供应量后，未能影响利率水平，那么货币政策是无效的。而货币主义学派则不重视利率指标在货币政策传导机制中的作用，其认为在增加货币供应量的初期，会降低名义利率和实际利率，但不久名义利率就会因货币收入增加和物价上涨而上升，而实际利率则可能回到并稳定在原先的水平上。因此，货币主义学派认为中央银行在决定货币乘数时，应关注货币供应量指标，货币供应量的变动能够直接影响社会的总支出和货币收入。

2. 对货币对各因素影响作用上的认识不同

凯恩斯学派认为，直接对产量、就业和国民收入产生影响的是投资，而货币对国民收入等因素的影响是间接的。货币主义学派则认为，货币供应量的变动与名义国民收入的变动有着直接的联系。由于货币流动速度是一个稳定的函数值，因此货币供应量的增加成为直接引起名义国民收入增加的主要因素。

3. 对货币政策传导机制的作用过程认识不同

凯恩斯学派认为，传导机制首先是在金融资产方面进行调整，即首先在货币市场进行调整，然后引起资本市场的变化，投资增加，通过乘数的作用，增加了消费和国民收入，最后影响到商品市场。货币主义学派则认为，传导机制可以同时对货币市场和商品市场发生影响，并且受其影响的不仅仅是金融资产，而且也包括实物资产。货币主义学派反对凯恩斯学派仅强调一种资产价格，其认为货币资产与实物资产是相近的替代品，因而中央银行通过调整货币供应量能够影响到一系列的资产、利率和产出。

尽管存在着分歧，但是两个学派的理论均有缺陷。弗里德曼的货币政策传导机制扩大了资产结构的范围，认为资本市场在货币政策的传导过程中具有先导作用。但他和凯恩斯一样，没有考虑到微观基础在该理论体系中的作用。

9.2.5 其他货币政策传导机制理论

1. 资产价格传导机制理论

资产价格传导机制理论是由先后获得诺贝尔经济学奖的著名凯恩斯主义者詹姆斯·托宾和弗朗科·莫迪利亚尼等所倡导的。托宾假设金融市场上存在多种资产，认为利率变动影响财富，财富影响消费和投资。因此，资产选择理论的主旨并不是流动性，而是安全性与收益性的权衡。货币政策通过股票价格的传导的另一渠道是对消费者的财富效应。这种传导效应的理论基础是弗朗科·莫迪利亚尼的生命周期理论。该理论认为，一个典型的消费者对其在人生每个阶段的消费取决于终生稳定的收入，临时收入不会增加其消费。所以，一个理性的消费者，合理预期其一生收入，并以一个稳定的消费率平均分配消费水平。消费者终生收入包括工资收入、实物资产及金融资产。其中，金融资产是消费者终生收入的重要组成部分，而普通股又是金融资产构成中的重要组成部分。因此，当股票价格上升时，金融资产增加，消费者的终生收入相应增加，消费支出随之增加，最终促进产出增长[①]。

资产价格传导理论强调资产相对价格与真实经济之间的关系，其基本途径可表示为：

货币供应量 $M\uparrow$ → 实际利率 $i\downarrow$ → 资产(股票)价格 $P\uparrow$ → 投资 $I\uparrow$ → 总产出 $Y\uparrow$

2. 布伦纳—梅尔泽财富调整理论

布伦纳与梅尔泽把经济体系分为四个部分：产品市场、货币市场、证券市场以及实物市场，其中产品市场的变量是流量，其他三个市场的变量是存量。在这四个市场中，只有货币市场的价格不是由其自身决定的，而是由货币市场和中央银行共同决定的。

布伦纳与梅尔泽认为货币传导首先是影响利率和资产价格。当中央银行采取扩张性的货币政策，需要向市场增加货币供应，以便公开从市场上买入有价证券后，就会造成市场的流动性增加，货币供给相应增多。社会公众就会发现，他们的资产结构中货币量增加，这时货币的边际效用相对于其他资产的边际效用降低，就会调整资产结构，用新增货币购买证券和实物资产，从而使市场利率降低，资产价格上升。利率的下降和资产价格的上升过程将持续到人们愿意持有新增货币时为止，即货币供给与货币需求平衡。

当央行公开买入证券资产时，假如初始状态是均衡的，则货币政策的传导如下。

(1) 对实物市场和证券市场的影响

当央行为了扩大货币量而购买证券时，人们手中的证券将减少，货币量将增加，利率将下降。为使公众手中的货币增加，证券和实物的价格应当上升；但若使公众手中的证券减少，证券的价格应上升，而实物的价格应下降，因此当中央银行为了扩大货币供应量而购买证券资产时，证券的价格将上升，而对实物价格的影响则不确定。布伦纳与梅尔泽则假定实物资产的价格由货币市场来决定，货币量增多，资本品的价格则上升，反之则下降，

---

① 顾巧明，胡海鸥．中外货币政策传导机制理论比较研究．上海管理科学，2010(4)：45.

因此货币供应量的增加会造成证券价格和实物价格的上升。

(2) 对货币市场的影响

公开市场购买导致银行储备的增加，进而引起银行负债和资产的倍数扩张，因此增加了货币量，从而导致利率的下降、证券和实物价格的上涨。

(3) 对产品市场的影响

通过上述两个阶段的调整，利率的下降以及实物价格的上升，产品的需求就会增加，从而打破了产品市场的均衡。要重新达到新的均衡，必须使产量提高。

布伦纳与梅尔泽的理论强调了利率的作用，这是弗里德曼理论所不具备的。现代货币主义经济学在分析货币政策传导机制时扩大了微观主体的资产范围。另外，现代货币学派和凯恩斯学派在分析时有一个共同的假设，就是信贷双方不存在信息不对称，资金短缺方可以在各种融资方式之间进行自由选择，这显然是不符合实际的，后来的新凯恩斯学派放松了这一假定。

3. 资产负债表渠道

伯南克(Bernanke)和格特勒(Gertler)提出了资产负债表渠道，该理论分为企业的资产负债表和居民的资产负债表两个方面，前者又叫非对称信息效应，后者又叫流动性效应。

(1) 企业资产负债表渠道

资产负债表渠道，也称为净财富渠道(net wealth channel)。在这种渠道之下，货币政策通过影响借款人的受信能力达到放大货币政策影响力的作用，这种渠道是由伯南科和格特勒于 1995 年首先提出的。

一个需要贷款的项目的信息对于贷款人与借款人来讲是不对称的，借款人拥有更多的信息，借款人对所贷项目的识别存在识别成本，这样贷款人为了防止企业家败德行为而给自己带来损失，就会把借款合同建立于净值之上。如若净值较低，缺少借款人为其贷款提供的担保品，借款人的逆选择倾向就会高，这样净值下降就导致银行对其投资支出贷款的下降。在净值下降时，公司所有者在公司资产中的存量价值也降低了，使他们更倾向于从事风险性高的投资项目，银行的贷款不能收回的可能性上升，这样净值下降同时增加了道德风险。净值下降所导致的道德风险问题同样会降低银行对该企业的贷款。

货币政策可以通过影响资产负债表而对经济产生影响。扩张性的货币政策可以使股票价格(P)上升，同时提高了公司的净值并提高投资支出。其传导作用如下：

货币供应量 $M\uparrow$ → 价格 $P\uparrow$ → 逆选择↓，道德风险↓ → 贷款↑ → 投资 $I\uparrow$ → 总产出 $Y\uparrow$

扩张性的货币政策会通过降低名义利率的效应，来提高净现金流，从而提高公司的资产负债表的质量，减少逆选择和道德风险问题。作用机制为：

货币供应量 $M\uparrow$ → 实际利率 $i\downarrow$ → 企业利息成本↓ → 净现金流↑ → 逆选择↓，道德风险↓ →贷款↑ → 投资 $I\uparrow$ → 总产出 $Y\uparrow$

(2) 居民资产负债表效应

信用渠道对消费者开支也同样有影响，特别是对消费者的耐用消费品和住房的消费。对那些无法获得银行以外信用的消费者来讲，货币紧缩导致的银行贷款下降，将直接导致他们对耐用消费品和住房的购买量下降。同样，利率上升因使消费者的现金流受到逆向影响会导致居民资产负债表的恶化(Mishkin,1996)[①]。

根据流动性效应的观点,居民资产负债表是通过影响消费者意愿而不是贷款人的意愿而起作用的。如果消费者拥有很多耐用品和住房,一旦财务上出现问题,消费者就要被迫出卖他们的耐用品或住房来增加货币,耐用品和房屋都是非常缺乏流动性的资产,在被迫出卖这些资产时,这些资产将贬值。相应的,如果消费者持有的金融资产相对较多,如存款、股票和债券等,在需要时,这些金融资产很容易按市场充分价值卖出,以增加居民持有现金量。综上所述,如果消费者对自己陷入财务困境的可能性预期较高,他将减少持有缺乏流动性的耐用品和住房等资产,多持有更具有流动性的资产。

消费者的资产负债表状况,对消费者评价自己是否可能陷入财务困境具有重要的影响。尤其是,当消费者相对其负债而具有大量的金融资产时,会估计自己发生财务危机的可能性比较小,于是就将更愿意购买耐用品和房屋。另外,当股票价格上升,金融资产的价值也将上升,消费者耐用品开支将上升。借助于货币与股票价格之间的联系,产生了新的货币政策操作渠道:

货币供应量 $M\uparrow$ → 价格 $P\uparrow$ → 金融资产价值↑ → 财务危机可能性↓ →
消费者耐用品开支↑ →总产出 $Y\uparrow$

4. 信用传导机制理论

由于不满足传统理论以利率效应来解释货币政策在长期资产开支方面的影响,强调金融市场中的不对称信息作用的新的货币传导机制观点产生了。来源于信用市场的信息问题产生了两个基本的货币传导渠道:银行借贷渠道和资产平衡表渠道。信用渠道关键的前提条件是银行贷款与债券不是完全替代的,并强调了银行资产与负债的不对称性。这样就使信用渠道成为与传统利率渠道完全不同的渠道。

利率与资产价格传导机制都是从借款人的角度进行分析,而信用传导机制是从贷款人的角度进行分析。信用传导机制的基本途径可表示为:

货币供应量 $M\uparrow$ → 贷款供给 $L\uparrow$ → 投资 $I\uparrow$ → 总产出 $Y\uparrow$

信用传导机制可以分为狭义银行信贷渠道、广义银行信贷渠道、银行资本金渠道。

(1) 狭义银行信贷渠道

狭义银行信贷渠道首先是由伯南克和布林德(1988)提出的,他们认为,在信息不对称环境下,银行贷款与其他金融资产不完全可替代,特定借款人的融资需求只能通过银行贷款满足,因此,除了一般利率传导途径外,货币政策还可能通过改变金融中介特别是商业银行为厂商提供贷款的供给行为来影响投资和消费,从而影响总产出水平。

衡量狭义银行信贷渠道是否存在的关键是看货币政策会否对银行的贷款供给行为产生显著影响。伯南克(1989)对此进行了实证检验,经验数据显示非货币金融因素并非只是对未来产出变动的预期反映,而是货币因素之外的因素决定了大萧条的深度,信贷市场的崩溃阻断了金融中介链条,进而放大了货币因素的作用。

(2) 广义信贷渠道

广义信贷渠道是由伯南克和格特勒(1989,1995)提出的,他们认为只有银行信贷和企

---

① 蒋敏．西方货币政策传导机制理论评述．南开经济研究,2000(2):53.

业资产负债表两个渠道共同作用，才能帮助解释货币政策的宏观经济效应。他们认为投资水平取决于企业的资产负债状况：较高的现金流量和资产净值对于投资有影响，一方面是它增加了内部融资的来源；另一方面是它提供了更多的抵押品而减少了外部融资的成本。广义信贷渠道的一个前提假设是货币政策对企业的资产负债表具有非中性的影响。穆什(Mushin，1996)把资产负债表效应具体化为以下三个子效应。

① 现金渠道的具体传导途径。当央行采取扩张性货币政策后，货币供给增加，利率降低，企业的对外债务降低，现金流增加，企业的逆向选择和道德风险降低，银行的贷款增加，投资增加，产出增加。

② 非预期的价格渠道的传导途径。当央行采取扩张性货币政策后，货币供给增加，非预期的价格水平上升，企业盈利增加，这将导致企业的逆向选择和道德风险降低，银行的贷款增加，投资增加，产出增加。

③ 居民流动性效应的传导途径。当央行采取扩张性货币政策后，货币供给增加，资产价格上升，居民的金融资产价值(FA)增加，陷入财务危机的概率降低，对耐用消费品和住房的投资支出增加，产出增加。

(3) 银行资本金渠道

1988 年《巴塞尔协议》签订以来，对于审慎监管造成的银行风险承担行为出现了大量的研究(如 Dewatripont & Tirol，1994)。但直到 20 世纪 90 年代后期，才开始对实施资本充足率监管的宏观经济效应进行分析。对于货币政策效应的讨论也是在此时开始关注资本充足率这一约束条件的，并进而提出了与货币传导机制的信贷渠道相关的银行资本金渠道。Berger 和 Udell(1994)分析了巴塞尔协议资本充足率标准对银行信贷的影响，他们发现提高资本充足率后，银行将被迫调整其资产构成，由贷款转向不受资本充足率约束的政府债券从而限制了银行的信贷渠道。Hancock (1995)采用大量的银行数据并使用向量自回归方法估计了资本金约束对银行资产组合行为的动态影响，结果发现无论银行的资本是否充足，资本充足率要求都导致银行在 90 年代受到比 80 年代更为强烈的影响。

5. 汇率传导机制理论

随着经济一体化的发展，各国经济的相互依存度不断加强，人们越来越关注货币政策通过汇率渠道对经济的影响。汇率是开放经济中一个极为敏感的宏观经济变量，因而它也引起了众多学者的研究，而关于货币政策的汇率传导机制的理论主要有购买力平价理论、利率平价理论和蒙代尔—弗莱明模型等。蒙代尔—弗莱明模型(Mundel 1963；Fleming，1962)分析了固定汇率制和浮动汇率制下的货币政策传导机制和效果。在固定汇率制下，中央银行采取扩张的货币政策，则国内利率下降，从而导致资本外流，本币贬值。为稳定汇率，中央银行将进行干预，结果市场上货币供应量减少，抵消了扩张货币政策的效应。在浮动汇率制下，汇率由市场决定，政府不需要进行干预，此时货币政策能够通过汇率变化传导至实体经济中去。当中央银行采取扩张的货币政策，国内利率下降，本币贬值，净出口增加，从而使国民收入增加。货币政策的汇率传导机制的基本传导可表示为：

货币供应量 $M\uparrow$ → 实际利率 $i\downarrow$ → 汇率 $E\downarrow$ → 净出口 $NX\uparrow$ → 总产出 $Y\uparrow$

专栏 9-2 我国货币政策的传导机制

我国货币政策的传导机制，经历了从直接传导向直接传导、间接传导的双重传导转变，并逐渐过渡到以间接传导为主的阶段。

一、传统体制下的直接传导机制

这种机制与高度集中统一的计划管理体制相适应。国家在确定宏观经济目标时，如经济增长速度、物价稳定和国际收支平衡，已经通过国民经济综合计划将货币供应量和信贷总规模乃至该项指标的产业分布和地区分布包括在内。因此，中央银行的综合信贷计划只是国民经济计划的一个组成部分。中央银行的政策工具唯有信贷计划以及派生的现金收支计划，在执行计划时直接为实现宏观经济目标服务，这种机制完全采用行政命令的方式通过指令性指标运作。其特点是：第一，方式简单，时滞短，作用效应快；第二，信贷、现金计划从属于实物分配计划，中央银行无法主动对经济进行调控；第三，由于缺乏中间变量，政策缺乏灵活性，政策变动往往会给经济带来较大的波动；第四，企业对银行依赖性强，实际上是资金供应的“大锅饭”。

二、改革以来的双重传导机制

我国改革以来至 1997 年，货币政策直接传导机制逐步削弱，间接传导机制逐步加强，但仍带有双重传导特点，即兼有直接传导和间接传导两套机制的政策工具和调控目标。

(1) 第一个环节是运用货币政策工具影响操作目标——同业拆借利率、备付金率和基础货币。信贷计划、贷款限额是直接型的货币政策工具，其影响直达中介目标贷款总规模和现金发行量。直接传导过程中没有操作目标，或许可以称季度、月度的贷款，现金指标是其操作目标。这个环节是调控各金融机构的贷款能力和金融市场的资金融通成本。

(2) 操作目标的变动影响到货币供应量、信用总量、市场利率。信用总量的可测性不强，目前还不太使用；我国实行管制利率，不存在市场利率，只有中央银行根据经济、金融形势变化来调整利率。这个环节是金融机构和金融市场、企业和居民在变化了的金融条件下，作出反应，改变自己的货币供给和货币需求行为，从而影响到货币供应量的变动。

(3) 货币供应量的变动影响到最终目标的变动。改革之初，货币转化为存款和现金比较透明，贷款总量基本反映了货币供应量，只要守住了贷款就几乎守住了货币供给。但发展到现在，两者的相关性减弱，只控制贷款并不能完全调控住货币供应量，直接控制的效果减弱。然而，在货币政策间接调控货币供应量的机制不完善的条件下，只能两者并用。在经济过热、通货膨胀严重时，直接控制比间接调控的效果更好，所以并没有马上放弃它，形成了双重调控的特点。

近年来，我国经济经历了高通胀后“软着陆”成功，商业银行推行资产负债比例管理，各级政府防范金融风险意识大大加强，取消贷款限额的条件基本成熟。1998 年我国不失时机地取消了对商业银行的贷款限额，标志着我国货币政策传导机制从双重传导过渡到以间接传导为主。

然而，我国的社会主义市场经济体制仍在建立之中，商业银行和企业的运行经营机制还不健全，所以货币政策传导效应也有待提高。只有真正按现代企业制度的要求加快商业银行和企业的改革步伐，使其对中央银行的货币政策传导反应灵敏，才能完善货币政策传导机制。

（资料来源：刘真真．中国货币政策传导机制的研究，经营管理者，2009(16)）

专栏 9-3 从货币政策的传导看扩张性货币政策的局限性

作为宏观经济政策的重要组成部分，货币政策的主要目的在于综合运用各种货币政策工具来调节货币供给，影响经济主体的货币需求，从而对全社会的投资水平和消费支出规模产生影响，并最终影响社会总供给和社会总需求，使之达到一种动态的平衡状态。由此，从中央银行具体制定和实施货币调控到实现货币政策的最终目标之间，必然有一个相关的传导过程。以扩张性货币政策的传导为例，这一过程可分为三个层次：

(1) 中央银行根据刺激社会需求，推动经济增长的既定货币政策目标，运用各种货币政策工具增加基础货币投放，提高商业银行派生存款创造能力，并降低利率水平。这是扩张性货币政策是否有效的基础。但是，在现阶段中央银行投放的基础货币有相当一部分并未进入多倍存款货币的创造过程，其原因在于银行资金的内部短路现象，它是指银行体系增加的准备金没有最终用于向工商企业和居民的放款，而是滞留在了银行体系内部，或是用于银行之间的资金拆借和证券买卖，或是以超额存款准备金的形式存在。这种现象在客观上起到了减少基础货币的作用，基础货币的减少又通过多倍存款货币的紧缩进一步缩减了货币的实际供给，导致社会资金相对减少。

(2) 商业银行在接受中央银行提供的基础货币，超额存款准备金大量增加的基础上，对中央银行的具体调控作出反应，即根据中央银行扩大货币供给的意向相应调整其业务，动用超额准备金扩大向工商企业和居民个人放款的规模并调低放款的利率水平，同时通过派生存款创造机制影响货币供应总量的增加。作为在中央银行和工商企业及居民之间充当传导媒介的商业银行，在利益驱动的基础上，能否对中央银行的宏观调控意图作出“顺应政策风向”的迅速反应，是货币政策顺利传导的基本保证。但是，由于现阶段商业银行资产的单一化以及现存的银行信贷配给机制自身抑制需求和减少流通中货币的作用，加上银行出于风险控制的目的，在中央银行实行扩张性货币政策，放松银根时，出现了日益普遍的“惜贷”和银行资金内部短路现象，大量资金滞留于银行体系内部而未形成对投资和消费的拉动效应。

(3) 工商企业和居民个人根据中央银行发出的放松银根的政策意向，在商业银行扩大放款规模，金融市场上资金供给充裕、利率水平下降的情况下，相应扩大其投资和消费支出，最终实现货币政策刺激社会需求，推动经济增长的目标。这一层次是货币政策传导的关键，近年我国宏观金融调控的实际效应业已证明，现阶段，即使在积极财政政策的配合下，无论是社会消费支出，还是投资支出，扩张性的货币政策均无法有效拉动。应该说，当前我国出现的通货紧缩趋势其实质是体制性的，是我国现行经济包括金融体制中诸多深层次矛盾的集中反映。

通过以上分析，我们看到我国现行的货币政策传导机制存在严重的阻塞现象，它不仅存在于对实质经济有着最终影响的第三层次上，也存在于货币传导的前两个层次上，使得扩张性货币政策对经济的有限拉动作用又打折扣。

（资料来源：金融时评．中国经济时报，2009-06-14）

9.3 货币政策效应

9.3.1 货币政策效应的衡量

1. 货币政策效应的含义

货币政策效应是指货币政策操作通过货币政策的传导机制作用于总支出，最后实现既定目标所取得的效果。其反映的是中央银行指定和执行货币政策后，社会经济运作的情况。从中央银行制定货币政策到具体执行货币政策、货币政策的受众对象调整市场行为到行为结果的出现，这个过程中需要经过许多环节，受到多种因素的影响。能否出现中央银行预期的效果，既受到中央银行内部因素的制约，也受到中央银行外部因素的影响。概括起来有以下一些因素：一是货币政策的时滞；二是市场主体的预期；三是经济周期，四是其他因素（如市场、体制、信息等）。这些因素共同作用影响了货币政策效应。

2. 货币政策效应的衡量

货币政策的实施效果如何，必须通过一系列具体的能够量化的指标来体现和检验。衡量货币政策效应的指标有两类：一是外部效应指标，反映的是目标变量对中介变量的状态；二是内部效应指标，检验的是中介变量对政策变量操作的反应。

（1）外部效应指标

① 反映总体社会经济状况的指标

货币政策的主要目的是为了促进经济增长、解决就业和国际收支平衡等宏观问题。因此，可以根据国民经济发展比例和效益指标来考察货币政策的执行情况。具体使用的指标有：第一，国内生产总值指数和国民生产总值指数。这两个指数反映一国在一定时期内的经济增长状况。第二，失业率。失业率反映的是在劳动年龄内、具有劳动能力、无业而要求就业的人员比例，其在一定程度上可以显示经济增长的潜力。第三，国际收支概况。国际收支平衡表反映的是一国在一定时期内的对外经济关系和对外经济依存度。

② 反映通货膨胀程度的指标

在不兑现的信用货币制度下，物价水平波动的主要原因在于货币供给过度。过多投放货币，必然引起物价上涨，因此利用物价水平指标可以直接考核通货膨胀程度。具体使用的指标有：第一，国民生产总值平减指数。它反映以现价计值的构成国民生产总值的商品和劳务价格相对于基期年份的价格变化，是最为综合的价格指数。第二，商品零售价格指数。它反映的是不同时期商品零售价格水平变化程度和变化趋势，可以按全部商品综合编制，也可以按各类商品分别编制。第三，消费物价指数。它反映的是不同时期城乡居民生活费用水平变化程度和趋势，一般根据日常生活需要的消费品零售价格和劳务费用支出编制。第四,批发物价指数。它反映了不同时期商品批发价格水平变化程度和趋势,可以按全部商品综合编制,也可以按各类商品分别编制。

2. 内部效应指标

① 反映货币供给数量及结构变化的指标。主要有:第一,货币供给量增长率。其反映的是在一定时期内货币供给量 M_0、M_1、M_2 增减变动的相对数指标。第二,货币供给量结构指标。在这里主要是指 M_0 占 M_1 的比重和 M_1 占 M_2 的比重。M_0 和 M_1 体现着现实的社会购买力;M_2 还包括了一部分储蓄性质的潜在或未来的社会购买力。如果社会购买力出现过剩,这与 M_1 的增长率过高有关;反之,社会购买力不足,则与 M_1 的增长率过低有关。

② 反映币值的指标。货币供给的数量变化,往往体现着货币的币值上。当货币的供给出现过度情况时,则引起物价上涨,单位货币所能购买的商品或劳务将发生减少。由此可见,货币的币值能够通过商品的物价水平波动状态反映出,货币币值变动的反映指标主要是货币购买力指数。

9.3.2 货币政策的作用时滞

影响货币政策效应的第一个因素是货币政策时滞。所谓货币政策时滞是指从货币管理当局需要制定货币政策,到这项政策最终发挥作用所需要的时间过程。从中央银行制定货币政策开始,到执行货币政策,再到市场主体作出反应,既定目标发生变化,过程中的每一个环节都需要一定的时间消耗。货币政策时滞可以分为内部时滞和外部时滞。

1. 内部时滞

货币政策的内部时滞是在货币政策的决策主体内部发生的,即在中央银行环节形成的时滞。它描述的是中央银行在整个货币政策中的行为,具体来说就是指从宏观经济金融运行偏离正常的运行轨道,客观上需要宏观当局采取调控措施开始,到中央银行逐步意识到经济金融中存在的问题、着手进行信息采集、分析并最终进行货币政策决策的一个时间过程。内部时滞又可细分为认识时滞和决策时滞。

(1) 认识时滞

认识时滞指的是从现实经济运行客观上有实施货币政策的需要开始,到中央银行认识到确实需要进行货币政策实施所耗费的时间。这段时滞主要是搜集各种信息资料,进行观察、分析、判断而产生的时间。

(2) 决策时滞

决策时滞是指中央银行认识到确实需要采取行动到制定出新货币政策这段时间。这段时滞存在的原因是因为中央银行要根据经济形势研究对策、拟订方案,并对所提方案做可行性论证,最后需要审定批准。每一个步骤都需要耗费时间,而时间的长短,取决于中央银行对作为决策依据的各种信息资料占有程度和对经济、金融形势的分析、判断能力,这体现着中央银行的决策水平和调控能力。

2. 外部时滞

货币政策的外部时滞是指从中央银行采取行动开始,直到对政策目标产生影响为止所需要的时间。这也是作为货币政策调控对象的市场主体对中央银行实施货币政策的反应过程。外部时滞又分为操作时滞和市场时滞。

(1) 操作时滞

操作时滞是指从调整政策工具到其对中介变量发生作用所耗费的时间。这段时滞存在的原因是因为在实施货币政策过程中,无论使用哪种货币政策工具,都要通过操作变量的变动来影响中介变量而产生效果。其时滞的时间长短取决于商业银行等金融机构对中央银行政策的态度、对政策工具的反应能力,以及金融市场对中央银行政策的敏感度。

(2) 市场时滞

市场时滞是指从中介变量发生反应到其对目标变量产生作用所需要的时间。中介变量的变动是否能够最终对目标变量发生作用,取决于调控对象的反应程度。这段时滞的长短主要取决于货币政策的操作力度和金融部门、企业部门对政策工具的弹性大小。

外部时滞相对于内部时滞而言,更客观些。其无法像内部时滞那样由中央银行掌握,而是由社会经济结构与产业结构、金融部门和企业部门的行为等多种因素综合决定的复杂变量,这使得中央银行对这段时滞很难进行实质性的控制。

如果货币政策时滞的分布比较均匀,货币政策当局还有可能通过对未来名义国民收入水平的变动状况进行预测并采取相应的政策行动,使名义国民收入水平在其所希望的正常水平上变动,从而提高货币政策的效率。但是实证的研究表明,货币政策时滞不但较长,而且分布极不均匀,容易受到客观经济因素的影响而出现变化。这样,货币政策能否按照预期的政策目标,有效地抑制经济波动,就必然存在着相当大的不确定性。从货币政策的角度看,要准确掌握货币政策实施之后在每一个政策时距内所产生的影响力度等显然是十分困难的:在很多条件下,宏观当局在分析当期的经济金融运行状况变化时,难以区分这种变化究竟是哪一次的调控措施产生的效果、在多大程度上产生的这种效果、不同的调控措施分别发挥了多大的作用、在下一阶段还将发挥多大的作用等。

9.3.3 其他因素对货币政策效应的影响

1. 市场因素对货币政策效应的影响

市场的发育程度、市场体系的完备程度、市场主体以及市场运作规范等因素,都会对货币政策传导产生影响。

(1) 充分发育的市场

充分发育的市场是货币政策能够有效传导的基础。其表现应该是完整统一的市场,没有地区、部门的分割和封锁,区域市场和全国市场以及国际市场相互连通,价值规律、供求规律和竞争法则有效发挥作用。金融市场在货币传导中的作用主要表现为:第一,金融市场是货币政策传导的必要载体。第二,金融市场是利率政策的传导中介。第三,金融市场的发达程度直接影响到货币政策传导效应的大小。

(2) 完备的市场体系

完备的市场体系不仅包括各类金融市场,也包括各类商品市场和生产要素市场。就金融市场而言,应该包括银行同业拆借市场、票据市场、股票市场、债券市场、外汇市场、黄金市场以及各种衍生金融产品市场。市场种类的缺乏将会影响各种金融资源的流动,从而阻碍货币政策的有效传导。

(3) 合格的市场主体

金融机构是金融市场的主体,是连接中央银行与微观经济运行的桥梁和纽带。金融机构健全与否、金融机构功能的强弱以及行为调整能否与中央银行保持一致,直接影响到货币政策效应。无论是银行类金融机构还是非银行类金融机构,在货币政策传导过程中都会发挥一定作用,甚至产生积极影响。

(4) 规范的市场操作

公平竞争的市场是和规范操作密不可分的。规范的市场操作能为中央银行制定正确决策提供有效的信息反馈,为货币政策传导提供良好的市场环境,从而提高货币政策传导的有效性。反之,市场的竞争不规范只会引起价格混乱,扰乱金融市场秩序,严重时会引起金融资产价值的虚拟增长,引发金融泡沫,形成金融风险。

2. 体制因素对货币政策效应的影响

货币政策作为一种宏观经济的间接调控手段,其效应的有效传导是以具有独立市场地位的企业、金融机构和个人行为的配合为基础的,不同的经济体制对经济主体的行为有不同的影响[①]。

(1) 体制因素对货币政策效应的影响

企业的行为机制决定了企业对货币政策的反应程度,而企业的反应程度又决定了货币政策是否能够通过企业顺利传导,从而发挥政策效应。市场主体型企业要比计划体制下的行政依附型企业拥有更充分的经营自主权,能够对企业外部环境的变化作出积极反应,货币政策效应会优于后者。

(2) 体制因素对金融部门的影响

在市场经济体制下,金融机构追求利润最大化,因而对外部环境的变化有积极反应的内在动力,具备根据货币政策变化调整期经营行为的能力。而在计划经济体制下,国有银行利润上缴使其缺乏追求利润的最大化动力,进而缺乏对外部环境变化的敏感度,再加上不需要自负盈亏,往往造成国有银行缺乏预算约束的制约,造成大量的呆账,成为金融风险的隐患。因此,计划经济下的国有银行很难配合中央银行实现货币政策的顺利传导。

(3) 体制因素对居民行为的影响

居民的基本经济行为包括其作为劳动供给者取得收入、作为消费者支出货币以及进行储蓄和投资。其行为目标是自身效用的最大化,包括消费效用最大化和储蓄投资利润最大化。在市场经济条件下,居民可充分有自主决策权,根据国家政策调整而相应调整自己的收入、消费、储蓄和投资行为,从而使得货币政策传导达到预期目的。而在计划经济体制下,居民的自主决策权受到一定程度的抑制,使得以利益诱导为特征的货币政策可能收效甚微。

3. 信息因素对货币政策效应的影响

迅速、及时、准确而完备的信息是市场各主体准确决策的基础。信息因素对货币政策效应的影响主要表现在以下方面。

---

① 付一书. 中央银行学. 上海:复旦大学出版社,2009:2.

(1) 中央银行和公众之间的信息非对称

一般而言,中央银行对信息的掌握比公众有优势,而非对称的信息状态给公众选择带来了很多的不确定性,从而影响到政策的可信度和有效性。公众信息获取越少,对未来形势的预期越是不确定,越会导致其行为的短期性和保守性,进而导致扭曲的投资行为和消费行为,使货币政策的有效性降低。因此,中央银行如果事先公布政策取向和一些相关的货币供给变动信息,增加公众对信息的掌握程度,则可以引导公众选择,这样将有利于货币政策目标的实现。

(2) 银行和借款人之间的信息非对称

借款人往往比贷款人更加了解自身情况。信息不对称可能将导致银行发放贷款时的逆向选择和道德风险上升,是银行贷款量下降,从而影响投资支出。当银行能够获取越多越准确的信息,则货币政策的传导也会越顺畅。

(3) 信息披露准确性对货币政策传导的影响

企业向银行提供真实有效信息将有利于企业与银行之间建立起互相信任的关系。在间接融资比重较大的国家,银行的贷款量对总产出影响较大,因而提供真实信息将使货币政策能够有效传导。上市公司的虚假年报和会计事务所、审计事务所出具虚假证明等信息欺诈行为,会影响人们的投资愿望,也将造成股票市值波动,如此既不利于企业的投资决策,也不利于家庭单位的消费决策。

4. 金融创新对货币政策效应的影响

金融创新是指在金融领域内各种要素进行新的组合。例如新的金融产品、新的交易方式、新的金融市场和新的金融机构等。其对货币政策的影响巨大,主要表现在降低了中介指标的可测性、可控性,削弱了相关性,直接对货币政策传导机制产生影响。具体反映在以下几个方面。

(1) 金融创新使货币政策的传导机制发生变化

随着金融创新的发展,将使得越来越多的非银行金融机构涉及其中,这直接导致非银行金融机构在货币政策传导过程中将扮演日益突出的中介角色。

(2) 金融创新增大了货币政策传导时滞的不确定性

金融创新的不断涌现和扩散,改变了金融机构和社会公众的行为,造成货币需求和资产结构处在复杂多变的状态,从而加重了传导时滞的不确定性。因而,货币政策的传导在时间上难以准确把握,传导过程中的易变性加强,对货币政策效应的判定带来一定困难。

(3) 金融创新使货币乘数加大并更加复杂多变

货币乘数受存款比率、定期存款比率、法定存款比率和超额存款准备金率等因素的影响较大。而金融创新通过提高通货以外的金融资产报酬率,增大了持币机会成本,可能导致公众减少通货持有量,从而影响到通货存款比率,间接影响货币乘数。有时,金融创新可能还带来货币资金转账的加速和便利,减少了成本费用,使得公众愿意持有活期存款而相应减少现金持有量等,均会引起货币乘数的变化。

5. 经济周期因素对货币政策效应的影响

经济周期的波动无论是对企业的经营状况和投资预期,还是对居民收入和消费支出以及银行存贷款规模,都会造成很大的影响。在不同的经济周期阶段,货币政策的传导效应将呈现不同的状态:经济萧条时期,扩张性的货币政策传导效应较差,在经济复苏时期采用扩张性货币政策将能够取得较好的效果;经济繁荣时期,人们投资愿望强烈,力度较小的紧缩性货币政策效果将不明显,而在经济衰退时期,紧缩性货币政策将呈现较好效果。因此,为了提高货币政策有效性,中央银行对货币政策的调整应该提前作出政策判断。

专栏 9-4 货币政策运行有效性

货币政策有效性是宏观经济学者和政策决策者关注的重要命题。货币学派较早研究货币数量对产出的影响,他们认为货币供应的变动影响产量、就业和物价的变动,而且是影响这些变动的主要因素和根本原因。他们的研究显示货币政策可以通过不同渠道,诸如非预期的货币冲击、真实或名义黏性、菜单成本等来影响产出。

从我国货币政策运行的情况来看,我国的货币政策近年来面临着多重困境,不仅在目标选择、时机把握、风险管理方面存在制约,而且在"控通胀"和"保增长"间进行抉择和取舍的效果方面,也存在明显的不对称性,具体表现为以下几点。

1. 经济行为人"货币幻觉"消失导致货币政策目标错配行为

金融学理论认为,产生"货币幻觉"的行为人在投资、消费和储蓄时,常常会忽视那些明显已经被通货膨胀扭曲的信息,冲动地把心理价位抬高到实际价位之上,由此导致的错误逻辑往往能够催生经济繁荣乃至经济泡沫。货币幻觉一旦消失,就全部转化为通货膨胀,使得货币政策无法实行预定目标。我国现阶段有两方面因素对货币幻觉形成抑制。一方面因素体现在预期支出的上升。随着医疗保险制度、住房制度以及养老保险制度改革深入推进,使公众对未来支出的预期陡然上升。在存在未来支出刚性的情况下,公众自然就会减少目前消费,增加储蓄。这样,存款货币创造的过程就被打断;另一方面因素体现在预期收入的下降。由于我国内外部市场环境的变化,居民收入增速下降,资本市场和金融市场指数下滑,房地产市场未来走势呈现出不确定态势,这种情况使公众预期收入下降。因此,众多持理性预期的公众,就势必会增加银行存款与现金形式持有的资产,这就在一定程度上使得借助于"货币幻觉"以实现货币政策目标的手段失灵。

2. 企业经营状况的恶化影响货币政策有效性

作为社会主义市场经济的微观主体,企业直接影响到货币政策的实施和商业银行的经营绩效。在日益加剧的全球化冲击下,国内企业正面临着国际先进生产力和管理水平的残酷竞争,工信部运行监测协调局统计数据显示,2011 年 1～7 月,我国小微型企业经营困难加剧,中小企业整体利润率不到 3%,传统进出口大省广东、浙江等地一些中小企业还因民间借贷的高利贷债务链断裂而倒闭。而规模以上企业代表的上市公司平均资产负债率水平也由 1998 年年底的 43%上升到 2010 年 10 月的 52.7%,企业家信心指数也随之发生波动。究其原因,主要有以下几点。

(1) 中国长期以投资拉动为发展取向,工业增加值的增长远远快于服务业的增长,这导致了经济发展的"路径依赖",并存在着某种程度的"锁定"和自我强化作用,进一步加剧了失衡现象;

(2) 中国在国际贸易中的分工与地位并未发生根本性改变,还未能完全实现从"中国制造"到"中国创造"的转变，必然形成以原材料、初加工产品等低技术产品生产为主的部门的生产能力迅速扩大，其经济规模增长大大快于以研发、服务等高技术产品提供为主的部门的局面(施炳展，2011)；

(3) 中国仍然存在着要素价格扭曲现象，劳动力、资本、土地等生产要素价格不同程度的低于真实的市场价格，刺激了一些收益高、见效快的经济部门投资，而一些收益较低或相对稳定、生产周期长的经济部门则发展比较慢，导致企业商品价格指数失衡。

3. 内外经济失衡对货币政策传导机制产生影响

随着我国出口贸易和外商直接投资的快速增长，双顺差催生了巨大规模的外汇储备。2010 年的外汇储备规模突破了 2.3 万亿美元。与此相对应，通过外汇占款渠道投放的基础货币在货币投放总量中的地位日益明显。外部经济的失衡使得中央银行部分地失去了对货币供给的控制力，从而一定程度上丧失了货币政策的独立性。从实际操作来看，我国现阶段在选择货币数量工具时，更多地限定在法定存款准备金率和央行票据方面，也就是说，在维持较低利率或难以短期内大幅上调利率的条件下，只能通过更多地调整法定存款准备金率和发行央行票据来收紧银根。更进一步，若银行流动性不足日渐普遍，银行对企业的信贷不仅规模收紧，而且利率必然会上浮，将进一步提高实体企业融资成本，降低经济活力。货币政策传导不顺畅、存在异质性的根本原因，在于制度性因素、创新性因素以及结构性因素等方面的制约。

为进一步推进经济健康发展，扩大内外有效需求，除了在货币政策工具选择、货币政策时机把握以及货币政策传导机制等方面采取措施外，还需要从以下方面着手：

(1) 分阶段、有计划、审慎性加强货币政策的相关制度建设。货币管理当局应该建立健全相关的体制，完善货币管理职能和管理方式，强化经济主体的"自律"，倡导信息的"透明度"。应以大力推进利率市场化，进一步发挥利率在货币政策信号间接传导中的作用，积极疏通对各类金融机构的再融资渠道，采取前瞻性措施增强商业银行的信用度，以更好地发挥各类金融机构在传导货币政策信号方面的作用来推动市场机制的完善，而不是只依靠货币政策来干预经济的运行。

(2) 在发展货币市场的基础上，推进货币政策工具的创新。货币政策工具创新有利于将配置金融资源的主动权更多地交给市场，以便充分调动市场主体的积极性。货币政策工具创新的基础是货币市场的发展，而货币市场发展的前提条件是利率市场化。在当前及今后一段时期里，我国有必要在加快利率市场化的基础上，大力发展常规性货币政策工具、选择性的货币政策工具、补充性货币政策工具以及其他政策工具。

(3) 充分发挥市场机制在货币政策传导中的作用，引导公众预期，改善货币政策传导环境。我国货币政策结构性矛盾是客观存在的，并且一定程度上还比较突出。主要表现为中小企业贷款难、农民贷款难以及县域金融萎缩等问题，这是货币政策面临的一项挑战。我国应该优化信贷结构，加强小企业资金支持力度，多措并举，拓宽小企业融资渠道，加大对创业投资的引导和支持，使农村地区蕴含的巨大市场潜力发挥出来。

(资料来源：李亚敏．货币政策有效性与内外均衡．财经科学，2012(1))

专栏9-5 中国货币政策传导机制效应

货币政策传导机制效应是指中央银行对操作目标的调节和中介目标的传递，以及使最终目标朝货币当局合意的目标区间移动的有效性程度。如果货币政策的操作目标、中介目标和最终目标均及时达到预计区间，货币政策传导机制的有效性就高；反之，货币政策传导机制的有效性就低。

一、金融危机时期适度宽松的货币政策传导效应

2008年9月至2009年10月，为应对国际金融危机的冲击，中国实行了适度宽松的货币政策。

1. 货币政策操作目标的效应

2008年9～12月，中央银行5次下调存贷款基准利率，4次下调存款准备金率；从2008年7月份起逐步调减中央银行票据发行规模和频率。2009年年末基础货币余额为14.7万亿元，比年初增加1.8万亿元，同比增长14.1%，但较2006—2008年基础货币平均增长率26.2%相差一半，没有预期的大幅度增长，货币政策操作目标效果不明显。

2. 货币政策中介目标的效应

2008年12月份，狭义货币M_1及广义货币M_2增长率开始企稳回升，但流通中现金M_0增长并不明显，而且存在较大的向下波动的压力。因此，在这期间，货币政策操作对中介目标有一定的效应。

3. 货币政策最终目标的效应

(1) 从国内物价水平看，2009年2～10月，CPI和PPI出现同比下降的趋势。但是，从2009年下半年开始，房屋销售价格指数一路飙升，资产价格泡沫扩张，货币政策的价格传导效应十分不理想。从汇率水平看，2009年人民币对美元汇率中间价最高为6.8201元，最低为6.8399元，人民币对美元双边汇率保持稳定，基本上在6.81～6.85元的区间内运行，人民币汇率相对平稳。

(2) 从货币政策促进经济增长的作用来看，它有效抑制了工业增加值下降的趋势，2009年10月份已经恢复到金融危机前的水平。GDP从2009年二季度起回升，2009年GDP较上年增长了8.4%，全国城镇居民人均消费支出增长了9.5%，固定资产投资增长了30%。2010年GDP同比增长10.3%，全国城镇居民消费支出增长了9.8%。但是，总产出的增长更多的是靠固定资产投资拉动，而货币政策对消费的影响并不明显。

总之，金融危机时期，适度宽松的货币政策在扩张货币供应量、降低金融危机冲击、促进经济复苏方面起到了重要作用，但效应并不明显。

二、后金融危机时期稳健的货币政策传导效应

2009年10月以来，中国货币政策从适度宽松的货币政策过渡到稳健的货币政策。其中，2009年10月至2011年12月，经济复苏，通胀压力较大，货币政策稳中偏紧；2011年12月以来，经济疲软，货币政策稳中偏松。

1. 稳中偏紧的货币政策传导效应

2009年10月至2011年12月，经济复苏，通胀压力增大，货币政策稳中偏紧，提高了存贷款基准利率和存款准备金率，增加了中央银行票据发行规模和频率等，同时加强通胀

预期管理，控制物价过快上涨，防范资产价格泡沫。

(1) 货币政策操作目标的效应。2009 年 12 月，外汇占款持续增加，给基础货币适度增长带来压力。2010 年 1 月至 2011 年 6 月的一年半时间内，12 次上调存款准备金率，大型金融机构的存款准备金率达 21.5%，达到最高点；2010 年 10 月—2011 年 7 月，5 次上调存贷款的基准利率，存款利率达 3.50%，贷款利率达 6.56%。同时，公开市场操作加大回收流动性力度。2010 年累计发行中央银行票据 4.2 万亿元，开展正回购操作 2.1 万亿元。2011 年累计发行中央银行票据 1.4 万亿元，开展正回购操作 2.5 万亿元。2011 年 12 月末，基础货币余额为 22.5 万亿元，同比增长 23.2%，货币乘数为 3.79。在稳中偏紧的货币政策下，中国货币扩张能力仍然较强，货币政策操作目标的效果不明显。

(2) 货币政策中介目标的效应。这一时期，央行对货币政策中介目标的传导有一定效率。2010 年 5 月份开始，M_1、M_2 增长率迅速回落，M_0 增长率不明显。

(3) 货币政策最终目标的效应。其一，从物价水平看，稳中偏紧的货币政策对 CPI 和 PPI 几乎没有产生影响，效果并不明显。2011 年 12 月 CPI 同比增长 4.1%；PPI 增长率屡创新高，2011 年 12 月达到了 1.69%。从汇率水平来看，人民币兑美元汇率波动较大，人民币面临较大的升值压力。2011 年年末，人民币对美元汇率中间价为 6.3009 元，比上年末升值 5.11%。其二，从货币政策对经济增长的作用来看，稳中偏紧的货币政策的目标是经济实现平稳增长，而不是过快增长，但实际执行下来并没有缓解投资过热。2010 年四季度 GDP 同比增长 9.8%，比上年增长 10.3%。2011 年四季度 GDP 同比增长 8.9%，比上年增长 9.2%。城镇的固定资产投资仍高速增长，2011 年 3 月同比增长 31.24%。

总之，后金融危机时期实行的稳中偏紧的货币政策在控制货币供应量、稳定经济增长等方面有一定效果，但与中央银行的政策目标相差甚远。物价过快增长、人民币面临升值压力、投资过热等问题没有得到很好的解决，经济调节处于顾此失彼的状态。

2. 稳中偏松的货币政策传导效应

2011 年 12 月以来，GDP 开始逐季回落，经济增速放缓，价格涨幅逐步回落。货币政策适时适度进行预调微调，稳中偏松，通过暂停发行 3 年期中央银行票据，下调存款准备金率和存贷款基准利率，等等，向市场释放流动性，以增强经济运行活力。

(1) 货币政策操作目标效应

中央银行先后于 2011 年 12 月 5 日、2012 年 2 月 24 日和 5 月 18 日三次下调存款准备金率各 0.5 个百分点。2012 年 6 月 8 日、7 月 6 日又两次下调金融机构人民币存贷款基准利率。稳中偏松的政策产生了一定效果。6 月末，基础货币余额为 22.8 万亿元，同比增长 12.1%，比年初增加 3445 亿元。6 月份金融机构外汇占款余额环比增加 490.85 亿元，基础货币的扩张能力有所增强。

(2) 货币政策中介目标的效应

2011 年 10 月以来，货币供应量增速总体回升，但增速较低，效果不显著。2012 年 6 月末，M_2 余额为 92.5 万亿元，同比增长 13.6%，与上年末基本持平。M_1 余额为 28.8 万亿元，同比增长 4.7%，比上年末低 3.2 个百分点。M_0 余额为 4.9 万亿元，比上年末低 3.0 个百分点。6 月底，贷款余额有所增加，但较上年末低。全部金融机构本外币贷款余额为63.3万亿元，比上年末低0.2个百分点。非金融企业人民币存款余额为31.1万亿元，同比少增5184亿元。6月末，财政存款余额为3.2万亿元，同比少增34亿元。

(3) 货币政策最终目标的效应

① 从物价水平看，CPI和PPI降幅继续扩大。2012年第二季度，CPI同比上涨2.9%，涨幅比上个季度回落0.9个百分点，比上年同期大幅回落2.8个百分点。PPI同比下降1.4%。从汇率水平来看，人民币汇率双向浮动明显。6月末，人民币对美元汇率中间价为6.3249元，比上年末贬值240个基点，贬值幅度为0.38%。自2005年人民币汇率形成机制改革以来至2012年6月，人民币名义有效汇率升值23.12%，实际有效汇率升值30.40%。

② 从货币政策对经济增长的影响来看，投资、工业企业利润、财税收入等增速都放缓。2012年上半年，固定资产投资(不含农户)完成15.1万亿元，同比增长20.4%；扣除价格因素实际增长18.0%，比上年同期回落1.0%。全国规模以上工业增加值同比增长10.5%，增幅较上年同期低3.8%。全国财政收入(不含债务收入)6.38万亿元，同比增长12.2%，增速比上年同期低19.0%。

总之，在后金融危机时期，稳中偏松的货币政策在扩张货币供应量、扭转经济下行态势、稳定经济增长方面的效果与中央银行的政策意图相差甚远，效应较低。

(资料来源：何慧刚，何诗萌．中国货币政策传导机制的效应分析．云南社会科学，2012(6))

本章小结

(1) 货币政策传导机制(Conduction Mechanism of Monetary Policy)：中央银行运用货币政策工具影响中介指标，进而最终实现既定政策目标的传导途径与作用机理。货币传导机制是否完善及提高，直接影响货币政策的实施效果以及对经济的贡献。货币政策传导需要依靠以下环节的顺畅：从中央银行到金融市场、从中央银行到金融机构、从各金融机构行为和金融市场到企业及个人的投资与消费、从个人和企业的投资与消费到国民收入的变动。

(2) 货币政策传导机制理论是在传统货币供求理论的基础上，探讨货币供给量的变化对就业、产量、收入和价格等实际经济因素产生影响的方式、途径和过程的学说。主要有货币作用过程理论、传统的凯恩斯学派的货币政策传导机制理论、希克斯的IS-LM模型、货币主义学派的货币政策传导机制理论以及其他学派理论。凯恩斯学派和货币主义学派的货币政策传导机制理论的区别在于两个学派强调的经济变量不同，从而使得两个学派在理论上产生了分歧。两个学派理论上的主要区别：一是对利率在货币政策传导机制中的作用认识不同；二是对货币对各因素影响作用上的认识不同；三是对货币政策传导机制的作用过程认识不同。

(3) 货币政策的作用时滞是影响货币政策实施效果的一个重要因素。以中央银行为主体，货币政策的作用时滞可以从内部和外部两个方面来考察。货币政策的内部时滞是在货币政策的决策主体内部发生的，即在中央银行环节形成的时滞，它描述的是中央银行在整个货币政策中的行为，具体来说就是指从宏观经济金融运行偏离正常的运行轨道，客观上需要宏观当局采取调控措施开始，到中央银行逐步意识到经济金融中存在的问题、着手进行信息采集、分析并最终进行货币政策决策的一个时间过程。内部时滞包括认识时滞和决策时滞两段。货币政策的外部时滞是指从中央银行采取行动开始，直到对政策目标产生影响为止所需要的时间。这也是作为货币政策调控对象的市场主体对中央银行实施货币政策的反应过程。外部时滞包括操作时滞和市场时滞两段。

（4）货币政策效应是指货币政策操作通过货币政策的传导机制作用于总支出，最后实现既定目标所取得的效果。其反映的是中央银行制定和执行货币政策后，社会经济运作的情况。从中央银行制定货币政策到具体执行货币政策、货币政策的受众对象调整市场行为到行为结果的出现，这个过程中需要经过许多环节，受到多种因素的影响，主要有货币政策时滞、市场主体、体制因素、市场因素、信息因素、经济周期和金融创新等。货币政策的实施效果如何，必须通过一系列具体的能够量化的指标来体现和检验。衡量货币政策效应的指标有两类：一是外部效应指标，反映的是目标变量对中介变量的状态；二是内部效应指标，检验的是中介变量对政策变量操作的反应。

复习思考题

（1）简述货币政策传导机制的构成。

（2）对西方货币政策传导机制主要理论的内容进行概述。

（3）怎样衡量货币政策效应？

（4）哪些因素会影响货币政策效应？

（5）货币政策时滞对货币政策效应有什么影响？

（6）如何提高我国货币政策效应？

第10章 中央银行与金融监管

学习目标

(1) 了解金融监管的产生和发展；

(2) 理解金融监管的含义和必要性；

(3) 掌握金融监管的体制和内容；

(4) 理解金融监管与金融稳定。

金融监管是金融监督和金融管理的复合称谓，是对市场失效的纠正。对金融业实施监督管理，是中央银行的基本职责及重要职能之一。金融监管的主体由政府监管和非政府监管两部分组成。金融监管体制依据金融体制，可以分为多元金融监管体制和单元金融监管体制。中央银行的金融监管包括对金融机构的监管和对金融市场的监管，对商业银行的监管是中央银行最主要的监管领域。中央银行对金融市场的监管包括对货币市场、资本市场及外汇市场的监管。由于金融业的特殊性和现代经济体系中金融地位的显著增强，通过金融监管保证金融业的稳健运行越来越成为经济与社会健康发展的关键，金融监管的重要性也越来越突出。

关键词

金融监管；外部监管；金融监管体制；金融监管模式；金融业结构模式；稽核；现场检查；非现场检查；事前监管；事中监管；事后监管；金融稳定

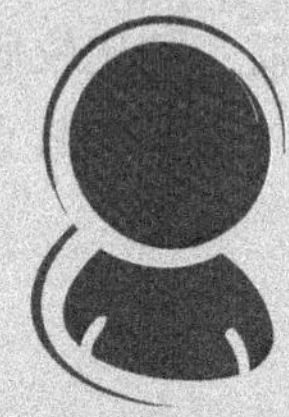

10.1 金融监管的必要性

10.1.1 金融监管的含义

金融监管(Financial Supervision)是金融监督与金融管理的复合称谓。一个国家或地区的金融体系是金融监管的对象,而中央银行或其他金融监管当局是金融监管的主体。金融监管主体是作为社会公共利益的代表,运用国家法律赋予的权力去监管整个金融体系的特殊机构。金融监管有狭义和广义之分。

1. 狭义的金融监管

狭义的金融监管是指中央银行或其他金融监管当局依据国家法律法规的授权对整个金融业(包括金融机构以及金融机构在金融市场上所有的业务活动)实施的监督管理。

2. 广义的金融监管

在上述监管之外,广义的金融监管还包括了金融机构的内部控制与稽核、同业自律性组织的监管、社会中介组织的监管等。

有关金融监管的定义较多,本书首先列举几个较有代表性的。

原中国人民银行行长戴相龙与黄达教授主编的《中华金融辞库》中,将金融监管定义为:"金融监管一词是金融监督和金融管理的复合词,它是指一个国家(地区)的中央银行或其他金融监督管理当局依据国家法规的授权对金融业实施监督管理的称谓。"

王广谦主编的《中央银行学》中对金融监管的定义是:"金融监管是金融监督与金融管理的复合称谓。从词义上讲,金融监督是指金融主管当局对金融机构实施全面的、经常性的检查和督促,并以此促使金融机构依法稳健地经营、安全可靠和健康地发展。金融管理是指金融主管当局对金融机构及其经营活动实行的领导、组织、协调和控制等一系列的活动。"

张贵乐和吴军主编的《中央银行学》中,则将其定义为:"金融监管就是监管当局对各类银行和其他金融机构的监督检查和管制,以保证金融体系的安全、稳定,确保存款人的利益。"

谢平、蔡浩议等编著的《金融经营模式及监管体制研究》中,对金融监管的定义是:"金融监管是一国政府监管当局对金融机构实施的监督和业务管制,包括市场准入、业务范围及特定业务管制、风险控制、市场退出等诸方面的立法和执法实践。"

刘锡良在《中央银行学》中指出:"金融监管是指一国政府根据经济金融体系稳定、有效运行的客观需要以及经济主体的共同利益要求,通过一定的金融主管机关,依据法律准则和法规程序,对金融体系中各金融主体和金融市场实行的检查、稽核、组织和协调。"

除了以上这几则相关定义外,其他的解释还有很多,例如冯媛媛在其硕士论文《金融监管的比较研究》中,将金融监管解释为:"从字面上看,应当包括监督和管理两个方面,国外更是将其直接分为金融监督和金融规范。金融监管的起点是一个科学的金融体系,而其努力的目标应该是一个更科学的金融体系。”

10.1.2 金融监管的产生和发展

金融关系在人类有了金融活动的时候就产生了，它大体包括金融交易关系、金融监管关系、金融调控关系。银行业起源于欧洲中世纪的货币兑换业，最初的银行业并不存在金融监管，也未出现过对银行业进行监管的系统法律和监管机构。以 1567 年法国、西班牙、葡萄牙政府拒绝偿还银行贷款为典型事件，政府丧失信用的行为导致了中世纪银行业的衰落，此后出现了政府和商人密切合作的银行及在城市政府管理下的银行。从 1580 年起，先后在米兰、阿姆斯特丹、纽伦堡等城市建立了在城市政府管理下的银行办理存款、贷款和转账结算业务，服务的对象从政府转变为商人。在城市政府管理下的银行的出现，标志着世界金融史上首次出现了有金融监管的银行业。

金融监管在保证金融体系的稳定和保护存款人等投资者的利益方面有着重要的意义。金融监管是伴随着近代银行的产生而开始的。央行制度建立之前，金融监管主要体现在商业银行的内部管理上。央行制度建立后，金融监管成为其重要职责之一，在一定意义上说，正是金融监管的必要性促进了央行制度的诞生。金融监管包括系统性监管、审慎性监管、业务发展方式监管三大类型，三者相互依存，在金融监管的理论与实践中成为一个统一体。从金融监管的实践过程来看，早期的金融监管主要是对商业银行发行银行券和保证支付方面的监管，主要包括确定银行券的发行资格和发行准备，建立存款准备金制度等。而现代的金融监管随着各国经济和金融的发展，尤其是在实行不兑现的信用货币制度后，金融的作用和风险日益突出，金融监管的职能也逐步强化，其内容和范围大大扩展。从总体上看，金融监管经历了一个由最初的全面监管到放松监管，再到重新监管三个演变过程。

1. 金融监管初步形成过程

14 世纪到 15 世纪意大利的威尼斯是银行业的发源地。典型的资本主义银行以 1694 年英国英格兰银行的成立为标志。1782 年成立的北美银行是美国的第一家商业银行。虽然在出现银行业及银行业以后发展的一段相当长的时期内，都没有针对银行的专门立法，但与银行相关的立法很早就存在了。一般认为，具有实质意义的以银行业为主的系统性金融监管起源于英国和美国。伴随着银行业的发展进程，证券交易在 16 世纪的西欧也已产生。当时的里昂、安特卫普都已经有了证券交易所。股票、公司债券及不动产抵押债券等有价证券也先后出现。美国的第一个证券交易所——费城证券交易所诞生于 1790 年。早期的证券市场完全是自由市场，基本上依靠自律管理，没有专门性证券立法，只有一些如加利福尼亚州 1879 年禁止以信用方式购买证券的零星宪法。

受古典和新古典自由主义经济思想的影响，20 世纪 30 年代之前的金融监管很少直接干预金融机构的日常经营行为，更不对调节利率等的金融服务和市场价格进行直接控制。从方法和手段上讲，这一时期的金融监管比较尊重市场选择的结果，基本上不使用行政命令，而是强调自律；关于市场准入、业务范围等方面的限制也类同于公司法的规定，相对来说比较宽松和灵活。

1863 年美国成立了通货监督局，国会通过了《国民货币法》，其中有许多有关规范银行业务活动的规定，可以说这是世界上最早以法律形式确定的金融监管制度。次年，美国又对该法加以修正并更名为《国民银行法》，其宗旨是确立联邦政府对银行业监督和干预的权威，建立统一监管下的国民银行体系以取代分散的各州银行，从而协调货币流通，保证金融稳定。为了防范金融风险，美国国会又于 1913 年通过《联邦储备法》，这是自《国民银行法》颁布半个世纪以后，美国金融监管最富革命性的进展。

1929—1933 年，资本主义世界爆发了影响最为广泛、持续时间最长、后果最严重的经济危机。在大危机中，金融体系的脆弱和风险充分暴露，金融体系的安全受到严重冲击。包括一些大银行在内的大批银行在危机中破产、信用瓦解、利率失控。这次大危机对世界各国中央银行的金融监管产生了深刻影响。大危机后，各国纷纷放弃"自由银行制度"，加强金融监管。如美国，在整个 20 世纪 30 年代，都致力于建设与完善以银行监管和证券监管为主体的金融监管体系。1933 年制定《格拉斯-斯蒂格尔法》，该法成为美国金融监管的标志性法律；1956 年通过了《银行控股公司法》；1977 年通过了《社区再投资法》。这三个法案构成了这一时期美国实行严格的金融监管的基本法律基础，使美国金融业从此以其严格的金融监管而蜚声全球。

2. 金融监管的放松阶过程

发达国家金融自由化的趋势其实在 20 世纪 60 年代末就已开始。当时，由于高通货膨胀率和金融市场的创新活动，不少发达国家，如英国、加拿大、法国、丹麦、瑞典等都采取了一些放松金融监管的措施。这些措施主要包括取消贷款和金融批发业务的利率限制、取消不同类型金融机构跨行业经营的限制、放松国际信贷监管等。

1970 年，美国联邦储备委员会采取 10 万美元以上大额存款利率自由化，至 1975 年，美国又进一步取消证券市场的股票委托手续费规定，这标志着金融监管放松的开始，各国的经济滞胀加速了金融自由化的发展。20 世纪 70 年代以后，广泛和直接的金融监管被认为是过度和压制性的，损害了金融机构和金融体系的效率与发展。在金融自由化浪潮的推动下，各国普遍放松金融监管，甚至取消了一些过期和无效的管制措施，直接的行政性干预也逐渐被放弃，金融机构开始享有更大的经营自由，跨地区综合经营成为一种趋势。这一时期发达国家和地区在金融监管方面的改革包括机构的调整和相关法律的修改，发展中国家的情况虽然有所不同，但几乎也在同一时期走上了金融自由化的道路。

3. 金融重新监管过程

从 1997 年亚洲金融危机以及后来的俄罗斯金融危机，到 2001 年以阿根廷为代表的南美洲金融危机，全球金融业的发展似乎走到了自由的极限。一次又一次的金融危机以及由此引发的经济倒退甚至政治危机，使人们迫切地希望对金融机构进行系统、有效的金融监管。加之 2002 年前后美国陆续出现的上市公司作假案，导致金融市场的诚信严重受损，更促使人们开始全面反思政府完全放松金融监管所产生的问题，并尝试建立更为有效的新的金融监管机制。

概括这次金融重新监管，它所追求的是符合 21 世纪经济发展和金融市场稳定的新型金融监管，追求的是符合经济和金融日益全球化下的金融监管，追求的是避免政府过度干预又能有效监督金融市场运行的金融监管。

10.1.3　金融监管的必要性

1. 金融监管理论

为什么需要进行金融监管，传统的理论解释直接套用一般的政府管制理论，从金融市场的不完全性与金融市场失灵出发，论证政府对金融机构和市场体系进行外部监管的必要条件，遵循着一种危机导向的发展路径。20 世纪 30 年代前，金融业以混业经营为主，中央银行以"最后贷款人"的身份监管金融机构，中央银行的监管职能在理论上得到确立。鼓励竞争、自由放任是金融监管的主要思想，主流经济学家主张自由市场经济，反对任何形式的政府干预。20 世纪 30 年代至 70 年代，主要国家实行严格的分业经营，金融监管的模式演变为分业监管，监管的重点是防范系统风险，这一时期，市场不完全性和信息不充分为严格的分业监管提供了理论基础，主流经济学家主张国家干预。20 世纪 70 年代末至 90 年代，金融业突破了分业经营的壁垒，向混业经营转变，金融监管有所放松，强调效率和金融机构的竞争力，在理论上则强调以"金融压抑"和"金融深化"为主要内容的金融自由化，自由主义重新抬头，政府管制放松。20 世纪 90 年代至今，混业经营成为主流，金融监管注重金融体系风险的管理和控制，强调效率和安全并重，金融监管理论研究的重点转向国际协作监管、金融危机处理以及全球金融体系的安全，全球化和新经济的出现给传统经济理论和政策主张带来了挑战。

现代金融监管理论则从金融活动的本质属性和金融体系运作的特殊性出发，分析引入外部监管的必要性。如在银行业，银行系统本身的脆弱性与风险性成为引入监管的现实基础。单个银行机构的脆弱性源于其特殊的资本结构，即负债经营，自有资金少，资产负债率高，财务杠杆率高。从单纯的财务分析看，这种特殊的资本结构造成单个银行抵御风险能力低；从制度经济学理论来看，自有资本较少不可避免地激励经营者的冒险行为。银行系统的脆弱性则源于银行风险的传染性。在信息不对称的条件下，"先到先提"规则和"羊群效应"会造成市场恐慌、银行挤兑；在信息完全的条件下，资金往来和债务网络所导致的网络效应使银行风险迅速传染。银行监管本身的公共品性质要求政府履行保护存款人利益的监管职能。银行危机影响作为债务人的广大存款人利益，由于信息不对称问题的存在，监督成本很高，数量众多而分散的中小存款者存在着普遍的"搭便车"倾向，既没有积极性也没有能力去监督银行。在这种情况下，监管成为一种公共品，需要政府提供。银行系统的公共品性质也要求政府履行维护银行系统稳定的监管职能。

以下是两种具有代表性的金融监管理论。

（1）金融脆弱说

这一理论认为金融业是一个特殊的高风险行业，这种特殊性决定了国家特别需要对该行业进行监管。因为金融业特殊的高风险一方面表现在所经营对象的特殊性上。金融机构经营的不是普通商品，而是货币资金，包括债券、股票、保险单等虚拟商品。它们的经营都以信用为基础，而信用本身就包含了许多不确定性因素，这就决定了金融机构的经营具有内在的风险，一旦风险成为现实，就会动摇社会公众对金融机构的信任，引发金融危机。另一方面表现为风险的连带性。由于信用的连锁性，一个金融机构陷入风险危机，往往引起社会公众对其他金融机构失去信任，极易在整个金融体系产生风险的连锁反应，特别是在现代金融的国际化发展中，一个国家的金融风险还会牵连其他国家，并可能引发世界性的金融危机。为了控制金融机构的经营风险，避免发生国内外金融风险的“多米诺骨牌效应”，需要国家对金融业实施严格的金融监管。

另外，银行业具有内在的不稳定性，表现为银行资产和负债的流动性难以配合。由于经济生活中存在信息不对称，存款者不可能准确监测和评估个别银行的财务状况，不可能把高流动性银行和低流动性银行、经营状况良好的银行和经营陷入困境的银行区别开来。所以无论何时，当存款者对银行安全变得担心起来时，他们就会提走资金，由此形成的银行挤兑可能蔓延到有清偿能力的银行，甚至导致整个银行体系的崩溃。银行的脆弱性决定了金融系统的脆弱性。在各类金融中介机构中，银行是最容易引发金融危机的部门。与银行相比，非银行金融中介机构的系统风险总的来说很小，甚至不存在。即使存在，也主要是通过与银行系统的联系发挥作用。因此，在金融监管的制度安排中，银行监管处于核心地位。

(2) 社会利益说

这一理论是在20世纪30年代世界经济金融危机出现后提出来的。这种理论认为，金融监管的基本出发点就是要维护社会公众的利益。社会公众利益分散于千家万户、各行各业，维护这种利益的职权只能由国家法律授权的机构去行使。该理论的基点是市场存在着缺陷，纯粹的自由市场会导致自然垄断和社会福利的损失，还会因外部效应和信息不对称性带来不公平的问题。按照经济学原理，当某一经济单位所从事的经济活动存在着某种外在效益，尤其是存在着某种外在不经济或外在成本时，其自我运行所达到的利益目标就不可能与社会利益保持一致，这就需要代表社会公众利益的国家对其活动进行必要的干预，以引导或强制其活动尽量与社会公众的利益保持一致。所以，为了维护社会公众利益，国家有必要对金融业进行监管。

2. 金融监管的必要性

金融监管的必要性主要体现在以下三个方面。

(1) 金融是现代经济的核心

金融体系是全社会货币的供给者和货币运行及信用活动的中心，金融的状况对社会经济的运行和发展起着至关重要的作用，具有特殊的公共性和全局性。金融业在国民经济中处于特殊的重要地位，决定了对金融业的监管是一个国家社会经济稳定发展的必然要求。

(2) 金融业是一个存在诸多风险的特殊行业

金融机构在经营中面临的风险主要有信用风险，即到期的贷款可能收不回来；流动性风险，即到期不能偿还负债；收益风险，即负债成本可能超过资产收入；市场风险，即资产现值可能低于购买时的价值；管理风险，即管理者不称职带来的风险；还有汇率风险、利率风险和许多其他风险等。一旦金融机构发生危机或破产倒闭，将直接损害众多债权人的利益，后果是十分严重的。金融监管可以帮助管理者将风险控制在一定范围之内，保证金融体系的安全。只有金融体系安全运行，才能保持公众对金融体系的信心，从而保证国民经济的健康发展。

(3) 维护金融秩序，保护公平竞争，提高金融效率

良好的金融秩序是保证金融安全的重要前提，公平竞争是保持金融秩序和金融效率的重要条件。为了金融业的健康发展，金融机构都应该按照有关法律的规定规范经营，不能搞无序竞争和不公平竞争。这就需要金融主管当局通过金融监管实现这一目的，以保证金融运行有序、竞争公平且有效率。

10.1.4 当代金融监管发展趋势

目前,国际金融监管模式的变革呈现出以下几方面的趋势:一是从分业监管向混业监管转变;二是从机构性监管向功能性监管转变;三是从单向监管向全面监管转变;四是从封闭性监管向开放性监管转变;五是合规性监管和风险性监管并重;六是从一国监管向跨境监管转变。

金融监管体制模式受特定环境、背景和条件影响,因此,我们不能一味地模仿西方国家的做法。但是,这并不意味着我们可以漠视国际金融业的发展趋势。当前,金融的国际化、自由化和市场化趋势加强,金融的国际渗透性、传导性增强。在开放的经济形势下,资本的跨国经营使得只靠一国当局难以对外资银行进行有效的监管,各国必须加强国际合作。我国更应广泛、深入地研究国外金融监管的最新成果,积极参与国际或地区性的银行监管组织的活动,维护我国金融业整体利益,建立与各国金融监管当局的定期磋商和交流制度,有效加强对银行跨境活动的监管,并在加强国际合作的同时做好对外资金融机构的有效监管。同时,我国金融机构内控机制的建立必须服从国家的有关法律、法规以及金融监管机构的监管要求,确保将各种风险控制在规定的范围内,以实现自身的发展战略和经营目标。此外,还要充分发挥金融业行业自律组织的监管作用。

金融监管的有效性还取决于诸多外部因素,其中的一个很重要的因素就是要进一步规范政府行为。与此同时,还应当充分发挥社会公众的监督作用,发挥金融机构利害关系人的外部约束力量的作用,使社会各个层面特别是新闻媒体关注金融业的运行,形成经济区域内的金融安全网。在金融全球化的国际大背景下,混业经营已成为全球金融发展的大趋势。如果我国依然坚持分业经营,不仅无法维护金融体系的安全,还将使金融业的运行效率低下,束缚我国金融业的发展。我国的金融业要实行混业经营,就必须对分业的金融监管体制加以改革。目前,我国金融监管体制采取的依然是根据既定金融机构的形式和类别进行监管的传统方式。当然,在金融监管体制不能有效维护金融体系安全的情况下,贸然实行混业经营必将导致金融风险的增加。因此,我国金融业要实行混业经营就必须对现有的金融监管体制加以变革,而功能性金融监管体制是新形势下我国金融监管体制的最佳选择。

金融全球化正以其不可逆转之势深刻影响各国经济与社会的发展。在新的历史机遇与挑战面前,我们必须头脑清醒地确立我国在全球经济、金融格局中的战略地位,制定更具有能动性的金融发展的政策,积极优化并完善我国的金融监管体制,使我国金融继续朝着稳定健康的方向发展。

10.2 金融监管的体制与内容

10.2.1 金融监管体制的含义

金融监管体制是金融监管体系和基本制度的总称。金融监管体制实质上就是关于由谁来监管、由什么机构来监管、按照什么样的组织结构进行监管、相应的由谁来对监管效果负责和如何负责的问题。金融监管体制是金融业协调稳定发展的保障系统，其目的是通过建立一种较为完善的监管机制，实现外部监督管理下的有效内部约束，从而有效地防范金融风险甚至金融危机。纵观各国金融监管体制的历史变化，金融监管体制是各国历史和国情的产物。当金融监管的市场环境或政治环境发生了变化，不同国家甚至同一国家不同时期的金融监管体制都处于不断发展变化过程中，使得金融监管体制没有恒定不变的形式。

从广义上讲，金融监管体制包括监管目标、监管范围、监管理论和监管方式、监管主体的确立及权限划分等。从狭义上讲，金融监管体制主要是指监管主体的确立及其职责、权限划分。如果从组织体系、运行机制等方面来认识，金融监管体制则是指为了实现特定的社会经济目标而对金融活动施加影响的一整套机制和组织结构的总和。

10.2.2 金融监管模式及金融业结构模式

金融监管模式常常与金融业结构模式（金融业经营模式）有一定的关系。金融监管模式是指金融监管机构确定被监管对象的标准，一般分为两种模式，即功能监管和机构监管。金融业结构模式，即金融业经营模式，一般也有两种，即分业经营制和混业经营制。相对应地，金融监管体制模式也有分业监管体制模式和集中监管体制（混业监管体制）模式。有时，还把介于完全分业监管和完全集中监管之间的过渡模式称为不完全集中监管体制模式。

1. 金融监管的两种模式

（1）功能监管

功能监管是按照经营业务的性质来划分监管对象的，如将金融业务划分为银行业务、证券业务和保险业务。监管机构针对业务进行监管，而不管从事这些业务经营的机构性质如何。其优势在于监管的协调性高，在监管中发现的问题能够得到及时处理和解决；金融机构资产组合总体风险容易判断；可以避免重复和交叉监管现象的出现，为金融机构创造公平竞争的市场环境。

（2）机构监管

机构监管是按照不同机构来划分监管对象的，如银行机构、证券机构、保险机构、信托机构等。其优势在于当金融机构从事多项业务时，易于评价金融机构产品系列的风险。另外，可避免不必要的重复监管，在一定程度上提高了监管功效，降低了监管成本。

2. 金融业结构的两种模式

（1）分业经营制

分业经营制是指现代金融的三大领域——银行业、证券业、保险业分开经营，其核心业务各不相同，互不交叉，其机构分开设立，互不隶属。

（2）混业经营制

一般指同一金融机构可以同时经营银行、证券、保险等金融业务，以促进金融机构之间的有效竞争，并充分利用金融资源，达到提高金融机构的创新能力和高效经营的目的。

20世纪30～80年代，西方发达国家存在两种金融体制，以美国为代表的分业经营、分业管理体制和以德国为代表的混业经营体制。20 世纪 80 年代以来，英国、日本、加拿大、韩国纷纷进行了金融体制的改革，打破了分业经营的金融业结构模式，走向混业经营。如今，混业经营已成为金融业结构模式的主要趋势。

10.2.3　金融监管体制的类型

依前文所述，金融监管体制实质上就是关于由谁来监管、由什么机构来监管、按照什么样的组织结构进行监管、相应的由谁来对监管效果负责和如何负责的问题。根据分类的标准不同，金融监管体制的类型也各不相同。

1. 根据金融监管权力的分配结构和层次划分的金融监管体制

(1) 双线多头的金融监管体制

双线多头的金融监管体制即中央和地方两级都对金融机构有监管权，即所谓"双线"；同时每一级又有若干机构共同行使监管职能，即所谓"多头"。这种模式适用于地域辽阔、金融机构多而且情况差别大，或政治经济结构比较分散的联邦制国家，如美国和加拿大。

这种模式的优点是：能较好地提高金融监管的效率，防止金融权力过分集中，因地制宜地选择监管部门，有利于金融监管专业化，提高对金融业务服务的能力。缺点是：管理机构交叉重叠容易造成重复检查和监督，影响金融机构业务活动的开展；金融法规不统一，使不法的金融机构易钻监管的空子，加剧金融领域的矛盾和混乱；还会降低货币政策与金融监管的效率。

(2) 单线多头的金融监管体制

单线多头的金融监管体制即全国的金融监管权集中在中央，地方没有独立的权力，即所谓"单线"；在中央一级由两家或两家以上机构共同负责的监管模式，即所谓"多头"。这种模式反映了一个国家权力集中的特性和权力制衡的需要，如德国、法国均属这种模式。

这种模式的优点是：有利于金融体系的集中统一和监管效率的提高，但需要各金融管理部门之间的相互协作和配合。缺点在于：在一个不善于合作与法制不健全的国家里，这种体制难以有效运行，也存在机构重叠、重复监管等问题。

(3) 集中单一的金融监管体制

集中单一的金融监管体制即由一家金融机构集中进行监管。这种监管模式在发达国家和发展中国家都很普遍，大多数发展中国家的银行监管体系是高度集中的单一体制。如埃及、坦桑尼亚、巴西、菲律宾、泰国和印度等，都是由中央银行负责监管银行体系。而至今尚未建立中央银行的一些国家，如新加坡、巴林、沙特阿拉伯等国，是由准中央银行——货币当局或金融管理局负责监管其银行体系。

这种模式的优点是：金融管理集中，金融法规统一，金融机构不容易钻监管的空子；克服了其他模式相互扯皮、推卸责任的弊端；能为金融机构提供良好的社会服务。缺点在于：易于使金融管理部门养成官僚化作风，滋生腐败现象。

2. 根据监管主体设置划分的金融监管体制

(1) 单一全能型

单一全能型即由一家监管机构对所有金融机构的全部金融业务进行监管。实行这种模式的国家还不多,但有增加的趋势。

这种模式的优点是:对被监管者来说,若只与一个监管机构打交道,可在一定程度上减少成本;一个单一综合的监管机构可能会更加有效地监督这些机构的所有经营,而且可以更好地察觉不同业务部分潜在的支付危机;在单一机构里,监管者的职责更加固定、明确,能够防止不同机构之间互相推卸责任;在处置金融风险的过程中,单一全能监管机构更具有政策的一致性、协调的权威性、反应的及时性,能更加存效地利用监管资源。

(2) 多头分业型

多头分业型即由两个或两个以上的管理机构分别对金融机构按业务类型进行监管。世界上绝大多数国家实行这种模式。

3. 根据功能和机构划分的金融监管体制

(1) 统一监管型

统一监管型即对于不同的金融机构和金融业务,无论审慎监管,还是业务监管,都由一个机构负责。目前有英国、日本、韩国等国家实行这种模式。

这种监管模式的优点是:统一监管不仅能节约人力和技术投入,更重要的是它可以大大降低信息成本,改善信息质量,获得规模效益;改善监管环境。避免由于监管者的监管水平和监管强度的不同,不同的金融机构或业务面临不同的监管制度约束;随着技术的进步和人们对金融工具多样化要求的不断提高,统一监管能迅速适应新的金融业务,适应性强,责任明确。

(2) 分头监管制

分头监管制即将金融机构和金融市场按照银行、证券、保险划分为三个领域,分别设置专门的监管机构,负责包括审慎监管和业务监管在内的全面监管。

这种模式的优点是:监管专业化优势,每个监管机构只负责相关监管事务,这种专业化监管分工有利于细分每项监管工作;监管竞争优势,每个监管机构之间尽管监管对象不同,但相互之间也存在竞争压力。缺点是:各监管机构之间协调性差,容易出现监管真空和重复监管,不可避免地产生摩擦;从整体上看,机构庞大,监管成本较高。

(3) 牵头监管型

这种模式是分头监管型的改进型。在实行分业监督的同时,随着金融业综合经营的发展,可能存在监管的真空或业务交叉,几个主要监管机构为建立及时磋商协调机制,相互交换信息,防止监管机构之间的扯皮推诿,特指定一个监管机构为牵头监管机构,负责不同监管主体之间的协调工作。该模式的典型代表是法国。

(4) 双峰监管型

这种模式是设置两类监管机构,一类负责对所有金融机构进行审慎监管,控制金融体系的系统性金融风险;另一类负责对不同金融业务监管,从而起到双重保险的作用。如澳大利亚和奥地利都是这种模式的典型代表。

这种模式的优点是:与分业监管相比,它降低了监管机构之间相互协调的成本和难度,同时在审慎监管两个层面内部,避免了监管真空或交叉、重复;与统一监管模式相比,它在一定程度上保留了监管机构之间的竞争和制约关系,同时在各自的领域保证了监管规则的一致性。

（5）功能监管型

这种模式是美国自1999年《金融服务现代化法案》颁布后，在改进原有分业监管体制的基础上形成的监管模式。使用“伞形”功能监管模式，由联邦储备理事会负责审慎监管，即从整体上指定美联储为金融持股公司监管人，负责综合监管；同时，金融持股公司又按其所经营业务的种类接受不同行业主要功能监管人的监督；“伞式”监管人与功能监管人必须相互协调、共同配合。

一个国家的金融监管体制，与其政治、文化、法律和历史传统有着密切关系。金融监管的组织模式也与经济及金融体制有关。金融监管模式并无优劣之分，不同经营体制与不同监管体制的各种组合都有成功的实例，世界上没有一个“最理想监管模式”可在全球适用，关键是根据自身国情选择最适合的模式。

10.2.4　金融监管的内容与手段

金融监管的内容相当广泛，按照不同标准可划分不同类型。按照监管的对象，可以划分为对银行性金融机构的监管与非银行性机构的监管；对金融市场的监管，对外汇外债的监管。按照监管对象所处的不同时期，可分为事前监管、事中监管和事后监管。按照监管的技术方法，可以划分为风险监管和预防监管等。以下分析按照监管对象所处不同时期来进行划分的类型。

1. 事前监管

事前监管又称市场准入的监管。市场准入是金融机构获得许可证的过程，各国对银行等金融机构实行监管都是从实行市场准入管制开始的。金融机构的准入关系到金融业的结构和规模，关系到金融业的稳定和保护存款人的利益。实行市场准入管制是为了防止不合格的金融机构进入金融市场，保持金融市场主体秩序的合理性。市场准入管制的最直接表现体现为金融机构的开设需要金融管理当局的批准，如开业登记、审批的管制。金融管理当局对进入市场的金融机构审查已经基本标准化，通常包括三个方面的内容。

（1）申请人的财产基础

申请人的财产基础，通常表现为对申请人最低资本金的限制要求。例如，美国规定在联邦注册的商业银行资本金在扣除筹建费用之后需要达到100万美元。日本商业银行的最低资本金为10亿日元。在我国，商业银行最低资本金要求最严，市场准入的门槛最高。《商业银行法》规定：设立商业银行的注册资本金最低限额为10亿元人民币。我国对金融机构市场准入的最低资本金规定见表10-1。

表10-1　中国对金融机构市场准入的最低资本金规定

金融机构类型	最低注册资本金
商业银行	10亿元人民币
城市合作银行	1亿元人民币
农村合作银行	5000万元人民币
外资银行、合资银行	3亿元人民币等值的自由兑换货币
证券公司	1000万元人民币

续表

金融机构类型	最低注册资本金
保险公司	2亿元人民币
企业集团财务公司	5000万元人民币
外资财务公司、合资财务公司	2亿元人民币等值的自由兑换货币
全国性金融信托投资机构	5000万元人民币

(2) 申请人的素质和经历

申请人的素质和经历,包括高级管理人员和工作人员及其知识、经验和信誉。金融业专业性强、风险大,对经营人员的素质要求高。金融机构需要具有符合开业资格的法定代表人、高级管理人员和相当比例的有一定经验的从业人员。对于高级管理人员要求有较高的理论水平、丰富的从业经验和信誉状况。对一般人员要求有一定的业务知识和从业经验。

(3) 新金融机构开设以后的盈利前景和对当地金融的影响

新的金融机构应该具有良好的盈利前景,这是金融机构稳定经营的前提,而且可以对当地经济造成较好的影响。同时,新的金融机构必须符合当地经济发展需要,符合当地金融业发展的政策和方向,符合当地分业经营或者混业经营的规定以及金融业公平竞争的要求。即使申请人符合上述两方面的条件,如果金融监管当局认为新的金融机构的开设不符合当地的情况,或者新的金融机构的进入将加剧竞争、对当地金融秩序产生不良影响,仍然可以拒绝新金融机构的开业。

市场准入制度视金融制度不同,内容也稍有不同。如果是实行金融业分业经营的国家,那么在申请开业的时候,还必须注明业务内容和范围。例如1999年以前的美国和1998年以前的日本实行分业经营,银行、证券和保险的业务相互分离,不能交叉经营。我国目前也实行分业经营,严格限制银行参与非银行金融业务。

市场准入制度有利于防止不合格金融机构的开业和预防不合格申请人进入金融业。

2. 事中监管

事中监管也称市场运作过程的监管,就是对金融机构经营过程的日常监管。金融机构经批准开业后,监管当局还要对金融机构的运作过程进行有效监管,以便更好地实现监管目标的要求。事中监管的目的是防范金融风险。以商业银行市场运作过程的监管为例,事中监管主要包括下面几个方面的内容。

(1) 资本充足比率的监管

资本充足比率,即资本充实率。它是保证银行等金融机构正常运营和发展所必需的资本比率。金融机构,特别是银行,经营的对象是货币这一特殊商品,从理论上讲银行开展经营活动并不需要资本或需要的资本很少,但是资本又是银行在经营活动中承担风险的能力和在遭遇损失时得以避免破产的最后手段。因此,资本充足比率是维持银行稳健经营所必需的。各国金融管理当局一般都有对商业银行资本充足比率的监管,目的是监测银行抵御风险的能力。资本充足率有不同的口径,主要有资本对存款的比率、资本对负债的比率、资本对总资产的比率、资本对风险资产的比率等。1988年《巴塞尔协议》关于核心资本和附属资本与风险资本的比率规定,已经被世界各国普遍接受,是银行监管中资本充足比率的最重要、最基本的标准。其中规定银行资本与加权风险资产的比率应高于8%,核心资本的比率不得低于4%。我国《商业银行资本充足率管理办法》第七条规定:"商业银行资本充足率不得低于8%,核心资本充足率不得低于4%。"

(2) 流动性监管

所谓流动性监管是指银行根据存款和贷款的变化,随时以合理的成本举债或将资产按其实际价值变现,随时满足客户(存款人和贷款人)的资金需求。1997年巴塞尔委员会《核心原则》中指出,流动性管理的目的是确保银行有能力充分满足其合同承诺。流动性有两方面的含义:一是债务到期日的偿付能力;二是履行贷款承诺的能力。当流动性不足时,银行无法以合理的成本迅速增加负债或变现资产获得足够资金,不能及时满足客户提款或借款需求,其后果就是银行利润受到挤压,声誉遭受影响,甚至导致支付危机。流动性问题是清偿能力监管的核心问题,这一问题对金融机构尤其重要,因此金融监管当局对银行的流动性非常重视。对于流动性问题,金融监管当局实际上着重考虑三个方面:资产变现或举债的难易程度与所需时间的长短;变现时可能的资本或利息损失;变现或举债时的成本负担。

(3) 业务范围的监管

业务范围的监管是对金融机构业务范围的监管,是指对各金融机构从事的业务种类进行限制。商业银行可经营哪些业务,不可以经营哪些业务一般是有限制的,银行业务活动范围管理始终受到是采取分业经营还是混业经营方式的影响。由于经济、金融业的发展程度、金融监管的水平以及传统习惯的差异,各国对金融机构业务范围的限制程度不同。并且不同的国家货币信用发展程度不一,经营体制运转的特征差异决定了银行业务活动范围管理的内涵。在当今金融市场一体化、经营业务多样化和金融创新层出不穷的形势下,银行业务的传统界限正在被打破,混业经营成为趋势。但是,各国应立足于国情和金融稳定,对金融机构的业务范围进行监管。

(4) 资产和负债的风险管理

追求最大限度的利润是商业银行经营的直接目的,因此,商业银行会把吸收的资金尽可能地用于贷款和投资,尽可能地集中投向盈利高的方面。由于获利越多的资产,风险相对就越大,故资产和负债的风险管理涉及银行经营的各个方面,其中重点是资产管理。银行资产中贷款占了很大比率,贷款质量的好坏成了关键。大多数国家的监管当局都尽可能限制贷款投向的过度集中,通常限制一家银行对单个借款者提供过多的贷款,以分散风险。在经济、金融环境不断的变化中,任何形式的风险集中都可能使一个正常运转的金融机构陷入困境。对银行风险集中程度作出有效的评估,需要对银行业务的深入了解和一套科学的分析和评估方法。

(5) 外汇风险管理

外汇风险管理包括两个方面:一是汇率风险;二是对特定国家的资产和负债过于集中引起对该国的国际收支失衡和国家风险。在外汇风险领域里,大多数国家对银行的国际收支的趋向很重视,以监视银行经营管理为主要方式,制订了外汇风险管理制度,并力图使监管的程序适应对国内业务的管理。大多数国家由于外汇管制制度的不同,其金融监管当局对商业银行外汇风险的监管也不同。美国、法国、加拿大等国对外汇的管制较松,英国、日本、荷兰等国对外汇的管制较严。

(6) 准备金管理

银行的资本充足性与准备金政策之间有着内在的联系,因此对资本充足性的监管必须考虑准备金因素。监管当局必须确保银行的准备金是在充分考虑谨慎经营和真实评价业务质量的基础上提取的。准备金政策和提取方法的统一是增强国际金融体系稳定性的重要因素,也有助于银行业在国际范围内的公平竞争。

(7) 内部管理

仅仅有金融监管当局的监管是不够的,为了提高监管效率,需要各个金融机构加强内部监管。因此,监管当局要求银行按照有效、审慎、全面和独立的原则建立抵御各类风险的内控制度,包括组织结构、人员素质、内控机制等。

我国商业银行在组织结构上建立了三道监控防线:一线岗位双人、双职、双责;相关部门、相关岗位之间相互制约;内部监督部门对各岗位、各部门和各项业务全面实施监督反馈。

在人员素质上,实行任职资格、离任审计和责任到人的制度。

在内控机制上:严格控制对各类贷款的发放和使用;建立风险评估和控制为核心的信贷风险管理制度;建立对贷款的立项、调查、审核、决策以及以贷款的检查监督为主要内容的信贷资产管理责任制;建立监测信贷风险和监测借款企业经营风险的预警系统以及监测信贷风险的考核指标系统。

3. 事后监管

事后监管也称为市场退出的监管。尽管有事前、事中的监管,仍然会有一些金融机构由于各种原因陷入困境或面临倒闭。金融机构市场退出,一般是由于金融机构不能偿还到期债务,或者发生了法律法规和公司章程规定的必须退出的事由,不能继续经营,而必须进行拯救或破产清算的过程。金融机构退出市场的原因和方式可以分为两类:主动退出与被动退出。主动退出是指金融机构因分立、合并或者出现公司章程规定的事由需要解散,因而退出市场,其主要特点是主动地自行要求解散。被动退出则是指由于法定的理由,如由法院宣布破产或因严重违规、资不抵债等原因而遭关闭,监管当局将金融机构依法关闭,取消其经营金融业务的资格,金融机构因此而退出市场。

与一般工商企业不同,金融企业即使陷入资不抵债的状况,倒闭也仅仅是最后选择。事实上,在国外大银行的歇业需要得到监管当局的批准,因为金融业具有外部经济。一旦金融机构发生支付危机,金融监管当局或中央银行首先需要分析该金融机构支付危机的性质、该金融机构经营存续的可能性以及该金融机构倒闭的外部效应,然后决定是否对其通过最后贷款人的职能进行援助。

如果支付危机的性质并不是由于非预期的外部冲击,而是源于金融机构本身的冒险经营,那么金融监管当局可能放弃对其实施援助,但也并不马上选择让其倒闭的方法,而往往是组织其他金融机构并购和接管该金融机构。所谓并购就是由健全金融机构购买和承担危机金融机构的资产和负债。并购又可以分为金融监管当局提供资金援助的援助性并购和监管当局不提供资金援助的非援助性并购。其他民间金融机构进行非援助性并购,是因为通过并购可以获得该金融机构的客户资源、开辟新的市场,如果是对分支机构的开设有严格管制的国家，还可以通过并购增加大量分支机构，获得在极短时间内迅速扩张业务的好处。接管则往往带有命令的性质，发生在金融机构大多为国家所有的国家。当某国有金融机构发生危机时，由金融监管当局命令另一家国有金融机构接管该发生危机的国有金融机构，并购和接管能够保留客户资源、继续使用有关客户的信息，降低交易成本，也可以避免金融机构倒闭给社会带来的震动。

各国对金融机构市场退出的监管都通过法律予以明确，并且有很细致的技术性规定。对金融机构的退出监管有利于维护存款人利益，保证金融业服务的连续性和防止银行势力操纵市场，鼓励银行正常合并，促进银行业发展。

10.2.5 金融监管的手段方法

不同国家，不同时期的金融监管手段是不同的。如市场体制健全的国家，主要采用法律手段。市场体制不发达的国家，更多地使用行政手段。总的来说，金融监管当局综合运用法律手段、经济手段、政策手段和行政手段进行监管，其手段和方法主要如下。

1. 金融监管的手段

（1）法律手段

法律手段即国家通过立法和执法，将金融市场运行中的各种行为纳入法制轨道，金融活动中的各参与主体按法律要求规范其行为，运用法律手段进行金融监管，具有强制力和约束性。各金融机构必须依法行事，否则将受到法律制裁。因此各国监管当局无不大力地使用法律手段，即使是在一些不发达的发展中国家，也都积极完善立法，使金融监管拥有相当的力度。要使法律手段发挥监管作用，必须树立金融法律的权威性和有效性，立法要超前，且执法要严格。

（2）技术手段

监管当局实施金融监管必须采用先进的技术手段，如运用电子计算机和先进的通信系统实现全系统联网。这样监管当局不仅可以加快和提高收集、处理信息资料及客观评价监管对象的经营状况的速度和能力，还可以扩大监管的覆盖面，提高监管频率，及时发现问题和隐患，快速反馈监控结果，遏制金融业的不稳定性和风险性。运用电子计算机进行监管，实际上是将监管当局监管的内容量化成各项监测指标，通过资料的整理、分析和对比，最后以监控指标的形式反映金融业的业务经营活动状况，判断风险程度。

（3）行政手段

行政手段指政府监管当局采用计划、政策、制度、办法等进行直接的行政干预和管理。运用行政手段实施金融监管，具有见效快、针对性强的特点。特别是当金融机构或金融活动出现波动时，行政手段甚至是不可替代的。但行政手段只能是一种辅助性的手段。从监管的发展方向看，各国都在实现非行政化，逐步放弃用行政命令的方式来管理金融业，而更多地用法律手段、经济手段。因行政手段和市场规律在一定程度上是抵触的，虽收效迅速，但震动大，副作用多，缺乏持续性和稳定性。但完全摒弃行政手段也是不现实的，因为即使是市场经济高度发达的国家，在特殊时期仍然需要它。

(4) 经济手段

经济手段指监管当局以监管金融活动和金融机构为主要目的,采用间接调控方式影响金融活动和参与主体的行为。金融监管的经济手段很多,如在对商业银行进行监管时,最后贷款人手段和存款保险制度等就是非常典型的经济手段。在证券市场监管中,金融信贷手段和税收政策都是重要的经济手段。

2. 金融监管的方法

(1) 事前检查筛选

事前检查筛选是指金融监管当局通过对金融机构开业资格的审查和注册登记,把不合格的申请者排除在市场之外。注册登记前审查的主要内容有:资本金状况、人员素质状况和管理机构是否符合产业政策,管理机构的历史、规模、网点、结构等内容。其中,人员和资金是最主要的内容。如德国等国家要求,一个银行的高级管理人员中必须有两个以上知识和经验丰富、信誉好、有管理能力的人。通过事前检查筛选,可减少或杜绝不合格金融机构的产生,从总体上减小金融风险。

(2) 现场检查

现场检查有时又被称为现场稽核,是指中央银行派监管人员到金融机构进行实地检查。通过亲临现场对金融机构的会计凭证、账簿、报表、现金、物资财产和文字资料进行检查、分析和对有关人员和事件进行查访,以对金融机构进行全面的综合评估。现场检查方法最早是美国联邦储备银行对商业银行进行检查的方式,由于该方式可靠,以后为各国中央银行普遍采用。现场检查包括检查人员与被检查银行主要负责人的谈话,通常由检查人员对银行的经营策略、经营管理上的疑点以及风险管理等内容进行提问,然后对被检查银行的资产质量、资本充足率以及风险管理能力进行检查。

(3) 非现场检查

非现场检查有时也称为非现场稽核。中央银行通过对金融机构的业务报表、报告和其他相关资料的分析,检查银行执行审慎监管政策的情况,评估银行的经营管理水平,发现银行的潜在问题并督促解决,确定需优先考虑进行现场稽核与检查的银行,并了解整个银行业的发展趋势。

非现场检查是银行监管过程中的一种重要手段,其与银行的管理报告密切相关,因为它在很大程度上取决于银行向监管机构呈送的报表资料。简单而言,非现场检查有三个主要目标:一是对银行状况进行评估。通过早期预警技术,监管当局可及时采取措施帮助银行解决问题。二是对有问题的银行进行紧密监控,便于监管当局防止银行问题的蔓延和扩大;同时,通过非现场检查,可直接使监管当局不断地获取监管信息,有助于监管当局区分不同的情况采取处置措施。三是对银行业的现状和发展动态作广泛的评估,使银行监管的政策措施稳妥有效。

(4) 定期报告分析

定期报告分析是一种非现场检查的方法,是指金融监管当局要求金融机构按要求定期提交有关经营活动的资料和报告,按照一定的程序和标准进行整理和分析,对金融机构的经营状况和发展趋势作出评估。定期报告提供了金融机构经营状况的关键性数据以及资产负债表、损益表和发展规划等。对定期报告的分析通常采用趋势分析法和对比分析法。金融机构定期报告的内容及时间间隔因金融机构规模大小不同及报告内容不同而异。

(5) 内部审计和外部审计

内部审计是由金融机构自行组织实施的审计。审计的内容包括检查自身会计控制、营运控制、行政管理控制等的完整与准确,参与检查和修改业务政策和业务程序,并对金融机构的盈利情况作出评价。

内部审计是金融机构进行内部控制的重要组成部分。内部审计有利于保证金融机构内部控制的有效性和稳健经营。许多国家的金融监管当局对内部审计不但有明确的要求,而且对内部审计的情况进行现场检查。

外部审计是指金融监管当局要求由金融机构外部的注册会计师事务所和审计机构审查金融机构的账目和财务报表,并协助监管当局监督金融机构的经营活动。外部审计有利于提高金融监管的客观公正性。

(6) 信用评级

信用评级是指金融监管当局或者社会资信评估机构通过对金融机构的资本充足程度、资产质量、管理水平、盈利能力和资产的流动性等因素的考察,对金融机构的经营状况按一定的标准进行评级。通过对金融机构的信用评级,使获得较高评级的金融机构获得更多的发展机会,使获得较低评级的金融机构产生改善经营的压力,从而提高金融资源配置的效率,降低经营风险。

(7) 内部监管

金融机构的经营管理者的重要职责之一是建立完善的内部监督和控制体系,保证本部门的安全和稳健经营。英国等一些国家的监管当局特别重视通过内部监管方法进行监管。通过监管当局同被监管金融机构的经营管理者积极对话和合作,完善被监管者内部监管体系,有利于金融机构的稳健经营和提高监管的有效性。

(8) 行业组织和社会公众监督

许多国家的金融业行业协会,如银行家协会等,在不同程度地发挥着对金融机构的监督作用。行业组织促进了金融机构和信息的交流,有助于降低金融机构的经营风险。有的行业组织还建立了相互救援机制。另外,通过报纸、杂志、专业报告、学术研究和其他形式,使社会公众获得金融业运行的信息,也是实现有效监管的方法之一。

10.3 金融监管与金融稳定

金融是现代经济的核心,金融危机的爆发通常波及面广,会造成严重的经济损失。因此,金融稳定是一个全球性课题。

10.3.1 金融稳定概述

早在 20 世纪 90 年代初,瑞典等国就提出了金融稳定(Financial Stability)的概念。

1997 年亚洲金融危机之后，国际社会普遍开始重视金融稳定的研究，国外学者主要从金融稳定的影响因素和产生后果两方面来开展有关金融稳定的研究。从现状来看，各国中央银行、国际金融组织和专家学者主要从金融不稳定和金融稳定的两个角度来定义金融稳定。

1. 金融稳定的定义和内涵

(1) 从金融不稳定的角度定义

事实上，金融的不稳定源于金融自身的发展。从本质上讲，金融是一种暂时的跨期交换行为，即资金提供方通过暂时让渡资金的使用权或控制权来换取资金在某一相应时间内价值的增值，而资金的借用方以承诺实现资金价值增值从而获得一段时间内资金的使用权。但这种交换的关键在于交易双方之间的信用。由于金融交易行为和承诺的实现受到各种因素的制约，因此，以信用为基础的金融行为的本质特征即金融风险。

而从"金融不稳定"入手，阐述对金融稳定的理解，这种定义方法主要是从金融不稳定的特征来间接描述金融稳定的内涵，将金融稳定定义为"不存在金融不稳定"(Absence of Financial Stability)。例如，美国联邦储备委员会副主席罗杰·佛古森(Ferguson，2003)认为，金融不稳定具有以下三个基本特点之一：①某些重要金融资产的价格严重偏离经济基本运行轨道；②从国内或全球范围看，市场运作和信贷供给出现严重扭曲；③前述第二项的结果导致总支出严重偏离经济的生产能力。国际清算银行前任总经理安德鲁·克罗克特(Andrew Crockett，1996)认为，金融不稳定是由金融资产价格的波动或金融机构无法履约所引起的。哥伦比亚大学教授 Frederick Mishkin(1999)认为，造成金融不稳定的原因是经济中的各种冲方因素干扰了信息传递，致使金融体系不能正常运转。加拿大银行顾问 John Chant(2003)认为，金融不稳定是一种状态，它可能损害特定金融机构和金融市场的运转，致使其不能为其他经济实体进行融资，同时还可能损害家庭、公司以及政府部门等。还有类似的分析认为，由于维护金融稳定就是要应对系统性风险，避免金融危机的爆发，因此，应侧重于研究系统性风险。十国集团的一份报告(G10，2001)强调，系统性金融风险是一个事件所引发的经济价值损失或对金融系统相当部分的信心丧失，以及相关不确定性的提高，其严重程度是可能对实体经济产生不利影响。可见，金融稳定是指金融系统的各主要组成部分及其决定因素能够良好运作，并能抵御系统内部和外部的冲击，从而促进经济发展的一种动态过程。

(2) 从金融稳定的角度定义

这种定义方法主要是从金融稳定的特征来直接描述其内涵。目前比较权威的是欧洲中央银行的定义，即"金融稳定是指这样一种金融环境：在这种环境中，金融中介、金融市场以及市场基础设施均处于良好状态，面对各种冲击时都不会降低储蓄向投资转化的资源配置效率"。从这个定义来看，金融稳定实际上描述的是一种状态，包括机构、市场和金融基础设施三个方面的协调发展，其中基础设施除包括支付体系或网络系统等硬件外，还应包括法律框架等软环境。国际清算银行对金融稳定的定义是指构成金融体系的主要机构和市场的稳定。其中，金融机构的稳定是指不存在潜在的、能够衡量的、超过限度的经济损害的压力，不发生中断或需要外界援助才能够履行合同义务的事件；金融市场的稳定是指不存在引起更广泛危害的价格变动，市场的参与者有信心以能够反映市场基本力量的价格进行交易，在基本因素没有发生变化时，市场不会在短期内剧烈波动。例如，国际货币基金组织研究员 Aredt Houben 等(2004)认为，在金融稳定状态下，金融体系应具备以下功能：一是在各种经济活动中能有效地分配资源；二是评估和管理金融风险；三是承受各种冲击。英格兰银行副行长 Andrew Large(2003)认为，金融稳定由投资者或公众的信心来维持，而金融稳定的威胁则来自于各种冲击的传染效应。荷兰中央银行行长 Nout Wellink(2003)认为，一个稳定的金融体系应能有效地分配资源和承受各种冲击，防止各种冲击对实体经济和金融机构产生不良影响，同时金融体系作为一个整体应能充分发挥筹集资金、分散风险和分配资源的功能。英国金融服务局执行董事 Michael Foot(2003)认为，金融稳定要满足以下四点：一是币值稳定；二是失业率接近自然失业率；三是经济中主要金融机构和市场正常运转；四是经济中的实物资产或金融资产的相对价格变化不会影响币值稳定和就业水平。德意志联邦银行在 2003 年 12 月的月度报告中指出，金融稳定描述的是一种状态，在此状态下，金融体系即使面对各种冲击、外来竞争压力和深度结构调整，也能有效履行分配资源、分散风险和结算交易等主要职能。

国际金融组织对金融稳定的理解，反映在国际货币基金组织(International Monetary Fund，IMF)和世界银行(World Bank，WB)于 1999 年 5 月发布的金融部门评估规划(Financial Sector Assessment Program，FSAP)中。该规划重点关注成员国金融部门的系统风险及脆弱性问题，通过对成员国金融机构、金融市场、支付体系、监管和法律体系等的评估，找出其金融体系的优势和劣势，了解其在发展和技术合作方面的需求，控制其主要的危机源，并帮助优先安排应对措施或优化成员国的金融体系。FSAP 从宏观经济政策的稳健性和透明度、审慎监管对金融机构稳健运行的影响、金融基础设施(包括公司治理、会计和审计标准等)的有效性等方面评估、监测成员国及其他经济体的金融体系的稳健性和脆弱性。

(3) 金融稳定的层次和内涵

金融稳定的概念是随着实践的发展而发展的。从金融发展的历史看，在中央银行产生以前，货币发行是由商业银行来运作的，这使得货币供应量得不到合理的调控，时而发行过量，造成通货膨胀；时而发行不足，造成通货紧缩，并加剧经济的周期性波动。此外，银行挤提事件的不断发生，也经常导致整个银行系统的恐慌，对经济发展形成不利影响。针对上述两大问题，西方国家在 19 世纪末、20 世纪初纷纷成立中央银行，其主要职能有两个：一是控制货币发行，维持币值稳定；二是充当最后贷款人角色，防止由于银行挤提而发生环境性危机。可见，中央银行的产生和发展是金融史上的一个里程碑，它构成了金融稳定概念第一个层次的内容。

中央银行的诞生大大加强了现代市场经济国家对经济实行宏观调控和金融监管的能力。凯恩斯主义经济学在 20 世纪 30 年代以后的盛行也为中央银行发挥作用提供了一个前所未有的舞台。20 世纪 30 年代大危机以后出现的存款保险制度为金融稳定的总体框架增加了新的内容。随着现代市场经济和金融体系的不断发展以及经济全球化程度的不断提高，中央银行不断面临着新的挑战，这些挑战从不同角度为金融监管提出了更高的要求。

第二次世界大战之前各主要西方国家货币竞相贬值对世界经济造成的负面影响表

明，金融稳定必须考虑外部冲击问题。20 世纪 30 年代的大萧条表明单纯依靠中央银行的货币政策无法使经济摆脱危机，财政政策也应发挥重要的刺激作用。这就是说，金融稳定必须考虑整个宏观经济政策的协调。20 世纪 90 年代巴林银行和国际商业银行等倒闭案表明，对银行体系的独立监管更有利于金融稳定，并由此引发了澳大利亚、英国、日本和韩国等国金融监管体制的改革，主要是将金融监管职能从中央银行或财政部等机构中独立出来。同时，巴塞尔委员会推出了关于银行监管的核心原则。至 20 世纪 80 年代以来，新兴市场转轨国家发生的系列债务危机、货币危机和金融危机表明，一国的公司治理结构、破产框架、会计标准和准则、信息披露制度等，都会对金融稳定产生直接影响。简而言之，人们开始重视所谓金融基础设施的健全。为此，国际货币基金组织和世界银行在 20 世纪 90 年代末推出"金融部门评估规划（FSAP）"，试图从宏观经济政策环境（包括中央银行的职能和货币政策）、金融基础设施、金融监管框架、金融机构和金融市场等角度，并参考各国际组织制定的 10 项国际标准和准则，对一国金融稳定状况进行全面评估，同时引入金融稳健指标和压力测试等新的方法。应当说，以金融稳定评估项目为代表的评估框架比较典型地反映了金融稳定的第二个层次的内容，标志着当代金融稳定的实践上升到了一个新的高度。

即使如此，如何建立一个稳定的国际货币体系以减少外部冲击仍是一个重大问题。随着布雷顿森林体系的瓦解，在维护全球金融稳定评估项目框架中，汇率问题不再是一个需要监督的内生变量，而成为一个外生变量，或是作为事实上的前提而存在。近年来，随着中国经济的发展，人民币汇率在国际上日益受到关注。这一切都表明国际货币体系乃至全球金融体系的稳定正在构成金融稳定的第三个层次。

总的来说，金融稳定是一个广义概念。金融稳定不仅涵盖金融体系本身的各个方面，如金融基础设施、金融机构、金融市场和金融监管框架，也涵盖对金融体系产生直接重大影响的国际、国内宏观经济运行的相关政策以及本国的财政状况。其中，金融基础设施（包括金融法规、监管框架、支付体系、统计数据的质量和透明度、会计制度和破产框架等）是金融体系赖以稳健运行的基础。国际货币与金融体系的运行对一国金融稳定产生了深刻的影响，货币稳定是金融稳定的重要组成部分。由于金融体系处于经济的核心地位，且其各个组成部分之间联系紧密，因此，维护金融稳定是一项全面、系统的工程。

(4) 金融不稳定的两种表现形式

① 货币危机与金融稳定

金融稳定与货币稳定是两个紧密联系但又相互区别的概念。货币稳定通常被界定为价格水平或者总产出的稳定以及货币汇率不发生大幅度变动；金融稳定则主要是指金融系统能够承受各种冲击、正常运转并发挥功能。传统的经济学观点认为，中央银行实施金融稳定和货币稳定的目标是一致的，因为金融不稳定的主要原因是货币不稳定。从狭义来看，在金融体系稳定时，货币可充分履行价值尺度、流通手段、支付手段和储藏手段等职能，也就是说，在很大程度上，金融稳定和币值稳定是目标一致的。货币的大幅波动是金融稳定的主要威胁，这已经成为共识。首先来看通货膨胀的情况：当通货膨胀发生时，市场主体关于当前经济形势和远期回报的错误估计很可能迅速传播，同时非生产性贷款迅速上升，因为高涨的经济形势使得贷款者难以区分单个借款人和投资项目的质量，价格由此螺旋上升最终导致金融危机;而在通货紧缩发生时,市场主体认为中央银行难以提供必要的流动性以解决通货紧缩问题,事实上,通货紧缩倾向于触发债务实际价值的循环递增,从而推动通货紧缩进一步恶化,并最终造成投资热情下降,影响实体经济的发展。因此,只有价格稳定才能支撑理性投资和可持续增长,能为宏观经济的发展创造良好的环境,而这也有助于金融稳定。历史上几次大的金融危机都是由于价格的剧烈震荡所致。

但目前也有一些学者认为,中央银行有效控制通货膨胀会引发人们对未来经济发展过分乐观的预期。这种过分乐观的预期会导致资产价格的错位,在长期内极有可能诱发金融不稳定。因为维持两者稳定的政策工具存在重叠,如短期利率调整和公开市场操作都要服务于货币稳定和金融稳定的目标,这样就有可能导致为了维持货币稳定目标而使得中央银行无法采取合适的措施以解决金融波动,或者是为了维持金融稳定而影响货币稳定(流动性支持往往需要央行投放大量的基础货币,这会造成潜在的远期通胀威胁)。因此不能认为货币稳定必然导致金融稳定,也不能单纯为了寻求金融体系的短期稳定而放弃货币稳定目标。也就是说,即使经济处于价格稳定的状态,金融危机依然有可能发生。例如,日本的银行危机出现在 20 世纪 90 年代早期,当时价格处于低通货膨胀水平,但借贷资产价格的循环作用仍然促使金融危机的形成。在 1998 年,日本的市场价格虽然较低,但是两位数的货币供给增长率以及房地产、股市价格的暴涨都加速了经济泡沫的形成,尽管短期的通货膨胀预报显示状况良好,但是考虑到货币供给的强劲增长有可能导致价格波动,必须采取前瞻性的政策措施,此时紧缩性货币政策应当是合理的选择,然而对经济形势的错误估计产生了错误的货币政策,最终导致日本金融危机的爆发。相比之下,美国联邦储备委员会所采取的合理措施在很大程度上避免了金融危机的形成,在 1999 年至 2000 年之间,美国联邦储备体系大幅提高联邦基金利率,以加速经济系统中隐含的泡沫破裂,从而美国联邦储备体系不得不接受比预期更低的通货膨胀率直至泡沫消除,此举使得美国甚至全球经济避免了一场灾难。

由以上看出,货币危机可以这样定义:对货币的攻击导致了储备大量流失,或者货币急剧贬值,或者两者兼而有之。这个定义不仅涵盖了对固定汇率的投机性攻击,如 1997 年 7 月 2 日之前泰国的经历;还涵盖了迫使货币突破已经建立的爬行钉住体制或者汇率区间而进行较大幅度贬值,再如 1997 年 8 月 14 日印度尼西亚卢比汇率浮动之前汇率区间的扩大。由于外汇储备流失也计算在内,这个指标也反映了失败的投机性攻击。

有关货币危机的最新研究表明,货币危机与实体市场和金融市场中的传染效应相关联。诸如利率上升或者原油价格变化这样的全球性冲击可能同时影响一系列国家,由此引发大范围的危机。这些危机会产生溢出效应,但其本身确实是基于经济基本面的危机。

② 银行危机

银行业的困境有两种,一是单个银行困境;二是系统性银行困境。有关单个银行困境的原因,理论上更多的是从微观角度开展研究。决定银行困境的重要微观因素是一国整体制度框架的质量。由于道德风险、信息披露有限、公司治理框架薄弱、存款保险过度或者监管水平低所导致的市场纪律差,是决定信息不对称的程度、银行管理的质量以及脆弱性累积的关键因素,这些都会引发系统性银行危机。在系统层面上,宏观经济因素,如利率变动、汇率贬值的冲击,商品价格冲击,经济增长减速和资本外流等,也是危机的重要决定因素。

在预测单个银行破产情况方面，传统的方法是根据微观因素进行研究。研究表明，不良贷款率高、盈利水平低、资产负债表不匹配、流动性低、公司治理结构差和承担风险过度会导致银行脆弱并陷入困境。特别是在发展中国家，对利率、汇率和股票价格的冲击，经济发展减速和衰退，都能造成单个银行困境。在金融自由化期间或者之后，一家银行自身固有的有关资产负债表会暴露得更充分，从而有可能出现银行危机。

单个银行的困境有可能导致银行体系的破产。在信息不对称的条件下，信息不充分的存款人会错误地认为：其他人提取存款是因为知悉了有关银行资产质量恶化的信息。若银行体系不能提供充分的信息来证明其可靠性，金融恐慌就有可能使银行体系破产。另一种银行危机理论认为，银行挤兑与那些使存款人改变风险态度的事件相关，诸如极端的季节性波动、大型公司（尤其是大型金融企业）的意外倒闭以及经济大幅度的周期性下滑。

银行危机还可以通过银行间存款市场进行传导。同业拆借使得整个银行体系联系在一起，也使得单个银行的困境可以溢出影响整个银行体系。金融机构的规模、银行间市场和其他金融市场的功能等因素将决定这种传染的可能性。从这个意义上说，新兴市场中的银行风险更大。银行倒闭会造成大量流动性短缺，这会导致其他银行倒闭。这样即使银行之间没有任何信息或者合同联系，整个银行体系也有可能发生系统性的危机。

货币危机和银行业危机经常同时发生。银行危机之所以重要，是因为证券业和保险业往往是微观风险、单一市场主体的风险，而银行的风险往往会迅速通过银行体系扩散为系统风险。

(5) 我国中央银行关于金融稳定的定义

中国人民银行在其《中国金融稳定报告(2005)》中对金融稳定的定义是：金融稳定是指金融体系处于能够有效发挥其关键功能的状态。在这种状态下，宏观经济健康运行，货币和财政政策稳健有效，金融生态环境不断改善，金融机构、金融市场和金融基础设施能够发挥资源配置、风险管理、支付结算等关键功能，而且在受到内外部因素冲击时，金融体系整体上仍然能够平稳运行。

中国人民银行在其《中国金融稳定报告(2005)》中认为，正确理解金融稳定，需要把握好以下几个方面：一是要正确处理好改革、发展和稳定的关系。在判断金融稳定形势、处置金融风险的工作中，要坚决贯彻党中央、国务院关于一切服从稳定大局的方针政策，深入基层，体察民情，综合考虑金融风险对金融、经济、政治和广大人民群众的影响，落实科学发展观，构建和谐社会。二是要高度关注金融体系的系统性风险。应强调金融体系的整体稳定及其关键功能的正常发挥，注重防止金融风险跨行业、跨市场、跨地区传染，核心是防范系统性风险。三是要处理好维护金融稳定和防范道德风险的关系。金融稳定并不追求金融机构的"零倒闭"，而是要建立一个能使经营不善的金融机构被淘汰出局的机制，加强市场约束，防范道德风险。四是处理好维护金融稳定和提高金融效率的关系。既要通过审慎监管降低金融体系的风险，又要避免出现因监管过度使市场主体承担过高成本、抑制金融创新、阻碍金融效率提高的状况。五是要动态地看待金融稳定。在金融体系相对稳定的时候，也要重视潜在风险，建立健全金融风险预警机制和金融安全网，及时处理风险苗头。六是要全面考察影响金融稳定的各个层面，不仅要强调金融机构和金融市场的稳定，而且要关注宏观经济、金融基础设施和金融生态环境对金融稳定的影响。七是要采用定性和定量相结合、理论和实践经验相结合的分析方法，综合评判金融稳定情况，既要注意金融稳健指标体系的建设，又要防止用单一、简单的量化标准来衡量金融稳定。

10.3.2 维护金融稳定的框架

1. 从经济整体角度维护金融稳定框架

要从经济整体角度构建金融稳定的框架，首先要把经济分为金融经济和实体经济两部分，并分析它们的相互作用和央行在维护金融稳定方面所扮演的角色，并指出央行在面对各种冲击时应采取的应对措施(包括措施的种类和实施的强度)，然后再考虑经济中各个要素的相互作用，最后推出经过综合作用后金融体系所出现的稳定状态。一般情况下，金融不稳定由两大类因素引起：一类源于金融体系的内生冲击，它直接影响金融体系的运行，威胁金融稳定；另一类源于实体经济的外生冲击，它间接影响金融体系的运行，诱发金融不稳定。这两类因素相互作用，共同对稳定的金融环境形成威胁。而央行的作用是通过货币政策工具直接控制源于金融体系的内生冲击，间接影响源于实体经济的外生冲击以维持或恢复金融稳定。

2. 从央行角度构建维护金融稳定框架

央行承担着维护金融稳定的职能。它在与其他监管机构共享信息的同时，还须对整个经济体系进行宏观监测，以尽早发现风险苗头并采取应对措施。由于央行货币政策工具所能作用的主要范围是金融体系，所以其监测重点也应是金融市场、金融机构和金融基础设施等。而且，鉴于实体经济可能影响金融体系，央行也应对其进行监测，同时还须与相关部门联合，共同控制来自实体经济的风险。在对这几个部分进行监测时，央行应设置分析和识别系统，对不同的经济状态进行分类，即何种状态意味着金融稳定，何种状态意味着出现风险以及何种状态意味着发生危机等。为此，还应该制定明确的评估标准，以便采取相应的政策措施，直至实现金融稳定。

维护金融稳定是一项系统性工程。以中国为例，根据《中国人民银行法》赋予的防范和化解金融风险、维护金融稳定的职责，中国人民银行与其他部门密切配合，共同维护金融稳定。在具体工作中，维护金融稳定被分为监测和分析金融风险；评估和判断金融稳定形势；采取预防、救助和处置措施及推动金融改革三个层面。中国人民银行需遵循以上三个层面的框架来维护金融稳定。

其一，对金融风险进行监测，需密切跟踪和分析宏观经济环境、金融市场、金融机构、金融基础设施和金融生态环境及其变动情况。其二，按照有关评估标准和方法，评估和判断宏观经济环境、金融机构、金融市场、金融基础设施和金融生态环境对金融稳定的影响。其三，根据评估和判断的结果，采取应对措施。在金融运行处于稳定状态时充分关注潜在风险，采取预防措施；在金融运行逼近不稳定的临界状态时，采取救助措施，对有系统性影响、财务状况基本健康、运营正常、出现流动性困境的金融机构提供流动性支持，并通过重组和改革，转换机制，促使这些机构健康运行；在金融运行处于不稳定状态时，积极迅速采取危机处置措施，对严重资不抵债、无法持续经营的金融机构，按市场化方式进行清算、关闭或重组，强化市场约束，切实保护投资者利益，维护经济和社会稳定。

10.3.3 维护金融稳定的措施

1. 金融安全网

金融安全网是政府用以预防和应对金融业遭受不利冲击导致的传染性挤兑破坏的一组政策制度设计。从流程角度划分，它包括预防性管理、应急管理和市场退出管理三部分，其中，预防性管理主要是指对金融机构的市场准入、经营行为的监督管理以及公众信心稳定机制和安全预警机制；应急管理主要是指如何对困境中的金融机构进行救助，以稳定金融系统；市场退出管理主要是指对不良金融机构的处理，也即市场退出政策。金融安全网所使用的制度工具有审慎监管、存款保险制度、最后贷款人制度、市场退出政策等，其涉及的制度执行主体包括金融监管当局、存款保险机构、中央银行等。

金融安全网的各组成部分构成一个紧密衔接、有机结合的整体。它们各有特点，相互影响，其功能具有耦合性与互补性。一方面，无论是否存在存款保险和最后贷款人制度，审慎监管都承担着对金融业的监督管理职能，因而是金融安全网的第一道防线，它主要承担"预防"功能，并有助于弥补存款保险和最后贷款人制度中存在的缺陷，如道德风险和市场纪律放松，从而成为防止滥用金融安全网的重要屏障。另一方面，存款保险与最后贷款人制度在金融机构救助中发挥互补作用，二者都有保护存款人利益、维护金融稳定的作用。但前者是直接的，后者是间接的；前者是法定的，后者多取决于央行自由裁量，是随意的；前者通过防止挤兑来保护存款，后者通过保护存款防止挤兑。最后，市场退出机制是金融安全网最后一道防线，其作用在于对不可救助的金融机构，以法定程序妥善处理债权债务关系，降低经营失败对社会的影响，保持金融体系稳定。

（1）金融安全网的功能与收益

金融安全网涵盖了金融机构风险管理的全过程，从事前预防到事中管理，最后是事后处理，其直接目标是防范应对金融危机，维护金融稳定；最终目标是促进金融体系效率提升，推动金融业可持续发展。其功能主要如下。

① 危机防范功能

维持公众对金融体系的信心对金融稳定有重要意义，金融安全网的首要功能即建立事前的风险预警、防范机制，稳定公众信心，并以此稳定整个金融体系。监管当局通过对金融机构市场准入、经营合规性和风险性实施监督管理，控制风险的形成、集聚和外化，有较强的事前安全屏障作用。存款保险制度一般具有明确的补偿和拯救标准，在消除金融机构和存款人之间信息不对称，防止公众心理恐慌和挤兑，维持公众信心等方面具有特殊作用。最后贷款人制度通过对危机机构提供流动性援助，避免流动性危机向清偿性危机转化，也有一定的事前危机预防功能。

② 风险分摊补偿功能

通常，金融危机是一种流动性危机，流动性缺失使损失无法通过合理渠道弥补，而损失能否迅速弥补和合理分摊正是危机处理能否顺利进行的重要前提，也是稳定公众信心的关键。存款保险的实质就是一种将个别机构的风险在整个金融业内部进行分摊和补偿的机制，其宗旨是借助"共同保险"机制将危机经由保险公司分摊、转嫁到整个金融系统，维护金融安全和稳定。

③ 危机救助功能

危机发生后，及时采取适当救助措施，使危机机构早日走出困境，尽可能减少负外部性，有助于维持金融稳定。其中，存款保险制度和最后贷款人制度是危机拯救处理的核心机制。

④ 退出管理功能

责令经营不善、失败的金融机构及早退市，可有效降低金融体系道德风险，减少重组成本，恢复金融体系稳健性及公众信心，也可增强市场主体风险意识，提高资源配置效率。

（2）金融安全网的负效应

金融安全网在通过前述功能促进金融稳定的同时也带来了一定的负效应和成本。一个高效的金融安全网，应当充分考虑到成本与效益的问题，兼顾二者。

① 道德风险

一般说来，金融安全网的所有制度安排都可能产生道德风险。道德风险会加大微观金融风险出险概率，且带来寻租、欺诈等行为从而加大风险防范、处置成本，破坏金融体系的稳定。尤其在制度环境薄弱，透明度、威慑力和责任机制较差的国家，由于安全网设计不当而产生的道德风险，可能显著促进金融脆弱性生成，降低金融效率，危害金融发展。

② 逆向选择

如果对于一些防范金融风险的制度实行自愿参加，那些偏好风险、经营较差的金融机构可能会积极参加，投保后又倾向于从事高风险业务，相反，经营稳健的金融机构则不愿参加，形成逆向选择的现象，结果导致应破产的金融机构反得到不当保护而得以继续生存，加大金融体系系统性风险。

③ 资源配置失效

金融安全网机制的缺陷可能扭曲价格信号。由于流动性问题和清偿性问题难以准确区分，导致中央银行等金融监管部门向具有清偿性问题的金融机构提供流动性援助，使本该由金融机构承担的风险转嫁给公共部门，也会降低金融资产的市场配置效率。此外，如果监管者拖延对问题金融机构的处理，会导致理应退出的金融机构延迟退出，从而不良占用资源，产生错配，降低了社会整体利益。

④ 削弱市场纪律

如果金融安全网设置不当，市场纪律可能会受到削弱，从而影响金融体系的稳定性。一方面，金融安全网降低了存款人或债权人等利益相关者对银行监督的激励；另一方面，为弥补市场约束的削弱，对银行的审慎监管进一步加强两方面合力的结果使市场纪律受到严重削弱，并陷入政府对市场纪律逐步替代的错误循环。于是，银行、存款人、借款人等的道德风险加重，市场信号的作用削弱，实体经济资源配置被扭曲，整个金融体系的稳定性受到严重威胁。

2. 我国金融安全网的构建

当前我国的金融安全网由分业经营、分业监管的金融监管体系、政府“兜底”的隐性存款保险制度、以央行再贷款为主要手段的最后贷款人制度以及政府行政主导下的金融机构接管、撤销等退市制度组成。其主要不足包括：一是政府介入过深，市场约束严重不足，政府监管与市场纪律的关系严重失衡；二是在金融稳定与金融效率的关系上，片面强调稳定与安全，忽视效率的提高，导致我国金融机构、金融体系竞争力不足，阻碍了金融行业的发展；三是道德风险与逆向选择严重，制度成本过高，效益低下；四是立法层面的制度设计粗泛，可操作性弱，一方面，导致行政机关自由裁量权过大，另一方面，相关主体责、权、利不明，机会主义泛滥；五是风险处置效率低下，效果不佳，大量风险因素只是在金融体系内跨越时空转移而未能从根本上消除，导致我国金融体系包含大量潜在风险。

为实现金融业长治久安，在提升效率的基础上推动我国金融体系长期可持续发展，应当按照"积极稳妥推进市场化改革进程，在提高效率的基础上实现金融稳定与金融发展，在动态稳定中实现金融效率提升"的总体思路，在准确把握我国国情的基础上，借鉴成熟市场经济国家相关经验，积极稳妥地针对制度缺欠重塑我国金融安全网。在制度重构过程中，应坚持如下基本点：

(1) 激励相容。安全网设计必须注意控制道德风险，而要消除道德风险，最根本的是按照激励相容原则，使安全网的运行尽可能模拟市场运作，或至少创造一些市场激励机制。

(2) 切合国情。金融安全网应该建立在健全的制度基础之上，体现它所处的特殊金融体系和经济系统的特征，必须注意和宏观经济政策的协调。为了保证有效性，安全网制度安排还应具备准确、动态评估所处金融体系结构特征，并能对金融结构的变化迅速作出反应调整。

(3) 成本与收益权衡。设计和运行良好的金融安全网，必须全面权衡收益和成本，为了防止安全网的成本超过其收益，设计者必须在初始成本、监管费用、安全性、市场活跃度和参与者反应之间实现微妙的平衡，特别是应从制度层面杜绝自觉或不自觉地扩展安全网而增加边际成本的行为。

(4) 有限保护。即金融安全网必须置于市场约束的基础上，例如通过市场淘汰低效率金融机构，通过对存款提供部分保护使存款人产生选择银行的激励，控制过度保护导致的道德风险，防止风险在金融体系中积聚。

(5) 完整性。金融安全网一是应覆盖从金融机构进入到退出的全过程；二是原则上应覆盖所有商业性金融机构，包括跨国经营的机构；三是功能必须完整，从审慎监管、存款保险制度到最后贷款人缺一不可，因为各种安全网制度与工具之间更多体现为互补而非替代关系，结构上任何部门安排失当都会破坏安全网整体功能。

(6) 透明度。金融安全网功能的有效发挥需要法律的有效实施、健全的会计和信息披露系统的支持，此三者都与透明度原则有关。在制度运行过程中，一方面各金融机构有关资产、负债、财务收支、风险状况、高管人员的信息均应依法披露，以便监管部门和公众及时掌握信息；另一方面作为安全网基础的有关法律法规应当公之于众。

(7) 制衡与协调。国际清算银行的研究表明，单一监管者的制度模式会导致监管不充分和对监管对象过于宽容。为此，需将审慎规则的制定、监管执行、最后贷款的提供与存款保护等权力及资源在金融安全网不同部门间合理分配，以相互制衡来改善制度执行效果。要最大化金融安全网的整体功效，发挥合力而非相互掣肘，必须实现安全网参与者在信息沟通、紧急救助等方面的协调配合。权利义务的具体划分与一个国家的公共政策、历史传统与法律有关，但制衡与协调原则有助于该国金融安全网参与者建立起既竞争又合作的关系。

本章小结

(1) 金融监管是金融监管与金融管理的复合称谓。由于金融业在国民经济中处于特殊的重要地位，是一个存在诸多风险又关系千家万户和国民经济的方方面面的特殊行业，因此，为了维护金融秩序，保护公平竞争，提高金融效率，必须对金融业实施监管。

(2) 金融监管伴随着近代银行的产生而开始。早期的金融监管主要体现在商业银行自己的内部管理上。中央银行制度建立之后，金融监管成为中央银行的重要职责之一，随着各国经济和金融业的发展，特别是金属货币制度让位于不兑现的完全信用货币制度，金融的作用和金融的风险同时突出出来，中央银行金融监管的职能也日益优化，监管的内容和范围也大大扩展。金融监管与金融调控都是中央银行的重要职能，在最终目标上具有一致性。两者的联系表现在金融监管是实现金融调控的基础保障，金融调控工具的运用是实现金融监管目标的重要手段。但两者在实施手段和侧重点以及具体目标等方面有所不同。

(3) 对金融业监管的具体内容主要有三个方面：一是事前监管，即市场准入的监管，主要是依法对金融机构的设立进行审批，重点审查申请机构的管理人员素质和最低认缴资本额。二是事中监管，即对市场运作过程的监管，包括资本充足性监管、流动性监管、业务范围的监管、贷款的风险控制、外汇风险监管、准备金管理、存款保险管理等；三是事后监管，即市场退出的监管，对接管、解散、撤销、破产等不同的金融机构市场退出方式，中央银行有不同的监管重点和方式。中央银行的金融监管主要依据法律、法规来进行。在具体监管过程中，主要运用金融稽核手段。

(4) 金融监管体制是指金融监管的职责和权力分配的方式和组织制度。由于各国的历史发展、政治经济体制、法律与民族文化传统等方面的差异，在金融监管体制上各国也存在着一定的差别。金融监管体制如按监管机构的设立划分，可分为由中央银行独家行使金融监管职责的单一监管体制和由中央银行和其他金融监管机构共同承担监管职责的多元监管体制；如按监管机构的监管范围划分，又可分为集中监管体制和分业监管体制。

(5) 金融稳定是一个广义概念。金融稳定不仅涵盖金融体系本身的各个方面，如金融基础设施、金融机构、金融市场和金融监管框架，也涵盖对金融体系产生直接重大影响的国际、国内宏观经济运行的相关政策以及本国的财政状况。

复习思考题

(1) 简述金融监管的含义。

（2）分析金融监管的必要性。

（3）简述金融监管的几种理论。

（4）简述金融监管体制的类型。

（5）辨析金融监管的模式与金融业结构模式的区别。

（6）分析金融监管的内容、手段与方法。

（7）简述金融稳定的含义及表现形式。

参考文献

[1] 雷蒙德·戈德史密斯．金融结构与金融发展[M]．周朔，等，译．上海：上海三联出版社，1988.

[2] 卡尔·瓦什．货币理论与政策[M]．陈雨露，译．北京：中国人民大学出版社，2001.

[3] 莱昂纳尔·普赖斯．现代中央银行业务[M]．赵卫华，等，译．北京：经济科学出版社，2000.

[4] 付一书．中央银行学[M]．上海：复旦大学出版社，2009.

[5] 杜朝运．中央银行学[M]．厦门：厦门大学出版社，2010.

[6] 王广谦．中央银行学(第三版)[M]．北京：高等教育出版社，2011.

[7] 蔡志刚．中央银行独立性与货币政策(第一版)[M]．北京：中国金融出版社，2004.

[8] 钱小安．中国货币政策的形成与发展[M]．上海：上海三联书店，2000.

[9] 马寅初．财政学与中国财政理论与现实[M]．北京：商务印书馆，2001.

[10] 谭平．国库制度之研究[M]．上海：民智书局，1929.

[11] 吴庆田．杨丽．中央银行学[M]．南京：东南大学出版社，2005.

[12] 何丽芬．中央银行学[M]．北京：对外经济贸易大学出版社，2007.

[13] 郭凯．一沙一世界——郭凯经济学札记[M]．北京：中华工商联合出版社，2011.

[14] 徐刚，沈禹钧．中央银行概论[M]．上海：上海财经大学出版社，2000.

[15] 崔建军．中央银行学[M]．北京：科学出版社，2005.

[16] 吴庆田，杨丽．中央银行学[M]．南京：东南大学出版社，2005.

[17] 何丽芬．中央银行学[M]．北京：对外经济贸易大学出版社，2007.

[18] 童适平．中央银行学教程[M]．上海：复旦大学出版社，2007.

[19] 张强，乔海曙．中央银行学[M]．北京：北京师范大学出版社，2010.

[20] 李成．金融监管学[M]．北京：高等教育出版社，2011.

[21] 国际货币基金组织．全球金融稳定报告[M]．北京：中国金融出版社，2005.

[22] 黄达．金融学[M]．北京：中国人民大学出版社，2003.

[23] 戴相龙．中国货币政策报告(1999)[M]．北京：中国金融出版社，1999.

[24] 孔祥毅．中央银行通论[M]．北京：中国金融出版社，2002.

[25] 罗斌，龙薇．中央银行学[M]．长沙：湖南大学出版社，2003.

[26] 王胜明．中华人民共和国中国人民银行法释义[M]．北京：法律出版社，2004.

[27] 张红地．中央银行公开市场操作[M]．北京：中国金融出版社，2002.

[28] 潘金生．中央银行金融监管比较研究[M]．北京：经济科学出版社，1999.

[29] 胡海欧，孙慧．中国金融体制的改革与发展[M]．上海：复旦大学出版社，2004.

[30] 刘锡良，等．中央银行学[M]．北京：中国金融出版社，2000.

[31] 弗里德曼·S. 米什金．货币金融学[M]．钱炜青，译．北京：中国人民大学出版社，2006.

[32] 彼得·罗斯．商业银行管理(原书第 7 版)[M]．刘园，译．北京：机械工业出版社，2007.

[33] 范方志，李海海，苏国强．中国中央银行独立性与政治经济周期[J]．社会科学，2005(11).

[34] 范方志，苏国强．中国中央银行研究[J]．经济纵横，2005(10).

[35] 梁毅．我国中央银行独立性现状及其改革趋势的思考[J]．辽宁行政学院学报，2007(2).

[36] 彭兴韵，包敏丹．增强中央银行独立性的研究[J]．河南金融管理干部学院学报，2005(1).

[37] 王国刚．基于资产负债表的央行调控能力分析[J]．金融评论，2010，(1)．
[38] 蔡真．从央行资产负债表解读中国货币政策[J]．银行家，2011，(5)．
[39] 王家福，等．关于中央银行与政府之间关系的研究[J]．中国社会科学研究生院学报，1996(4)．
[40] 吴锡琴，季红艳．试论我国中央银行的独立性[J]．商业经济，2008(1)．
[41] 闫素仙．中央银行独立性与货币政策有效性[J]．当代经济研究，2005(7)．
[42] 陈强．改革完善我国国库管理体制的建议[J]．金融与经济，2001(5)．
[43] 陈明．美国独立国库制度的渊源、演变、弊害及影响[J]．武汉大学学报(人文科学版)，2003(6)．
[44] 李炳鉴．关于我国国库理论及其体制改革问题的再探[J]．财经研究，2000(9)．
[45] 俞亚光．中央银行会计标准研究[J]．金融纵横，2008(5)．
[46] 王维强．世界各国降低或取消法定准备金率背景及影响分析[J]．国际金融研究，2001(6)．
[47] 俞勇．政策监管、金融稳定与金融稳定再贷款[J]．当代金融家，2012(2)．
[48] 李亚敏．货币政策有效性与内外均衡[J]．财经科学，2012(1)．
[49] 蒋敏．西方货币政策传导机制理论评述[J]．南开经济研究，2000(2)．
[50] 王长勇．国库全年超收5000亿，巨额存款为难央行[N]．财经时报，2004-10-18．
[51] 严婷．全球四大央行的资产负债表风险[N]．第一财经日报，2013-04-12．
[52] 聂伟柱．央行资产负债表10年膨胀之后首度缩水5100亿[N]．第一财经日报，2013-01-22．
[53] 沈建光．全球量化放松及影响[N]．金融时报，2012-04-26．
[54] 陈光磊．人民币发行机制改革或已水到渠成[N]．上海证券报，2012-12-27．
[55] 陆前进．央行票据调控手段面临挑战[N]．中国证券报，2008-07-08．
[56] 聂伟柱．流动性管理工具变局：逆回购"上位"[N]．第一财经日报，2012-08-07
[57] 李雨谦．中国外汇储备："钱多"也烦恼[N]．国际商报，2010-07-19．
[58] 中国人民银行资产负债表[EB/OL]．中国人民银行网站．http://www.pbc.gov.cn/publish/diaochatongjisi/126/index.html.
[59] 孙涛．IMF经济学家：中国人民银行已成全球最大央行[EB/OL]．凤凰财经网．http://finance.ifeng.com/news/20110718/4281913.shtml.